新文京開發出版股份有限公司

NEW
WCDP

新世紀・新視野・新文京 ― 精選教科書・考試用書・專業參考書

New Wun Ching Developmental Publishing Co., Ltd.

New Age · New Choice · The Best Selected Educational Publications — NEW WCDP

附 案例分析

第二版

勞資關係

INDUSTRIAL
RELATIONS

吳全成　馬翠華 | 編著

SECOND
EDITION

二版序
PREFACE

由於近年來，勞資問題受到各界注目，更成為企業及勞工的最大挑戰，無論是法規的修訂受到嚴厲的批評（一例一休），或影響大眾安全的問題（遊覽車翻覆），以及退休金問題（年金改革），或罷工（華航、長榮）、停業（復興航空），在在顯示勞資關係衝突與改造年代已經來臨，勞資問題面臨嚴苛的考驗，勞工不會留在家中坐以待斃，勞資關係必須有正確的看法與了解，才能應付錯綜複雜的現象。讀者研讀本書後，得以了解勞資行為及關係、勞工及雇主間的合作、矛盾之形式，並由勞工及雇主間的法律關係得知國家的社會、經濟政策、權力思想及勞務管理等。

本書以最新觀念與法規為主軸，內容力求簡潔，並期望能有一氣呵成之學習效果。除於每章結束後提出「問題與討論」，供學生回顧該章的重要問題外，另有「勞資案例」之編排，使該章所闡述的問題有實務性的思考，能讓讀者獲得更多的啟發與更合理的觀念。讀者使用本書，除在「勞資關係」領域能有所增進外，本書附錄編排的歷屆考題，對於準備各項國家考試者，亦能提供相當之幫助。

本書名為《勞資關係》，然課程內涵包括「勞工問題」、「勞資關係管理」，甚至在「人力資源管理」專章「團體協商」、「工會」、「員工關係」等，在眾多課程中均有參考價值。本書並力求不偏勞方或資方之公正論述，內容試圖在理論上得到實務的應用、在實務上亦能於理論中得到印證。近年來，空中運輸企業與工會的罷工爭議越發興盛，其中涉及搭便車條款的擬定，勞資雙方不讓步、不妥協，造成社會成本負擔。此次改版特別新增 2016 年華航空服員罷工、及美國 RCA 職業災害爭議案例，同時補充勞資關係發展歷程、美國集體勞動法沿革之相關知識，另外，同步更新勞資爭議處理法規相關資訊，使得全書內容更趨完整，本書基於公益立場關懷至甚，爰著筆談論之淺見，盼各界指正。隨疫情全球性擴展，未來勞資關係必有更大的挑戰。

本書能夠順利付梓，要感謝新文京開發出版股份有限公司的協助，現今教科書市場競爭力大，而仍然願意讓本書出版，令人感佩；當然也必須對所有提供意見之個人及團體的先進與朋友們，表示尊敬與謝意，沒有他們的協助，本書也不可能發行。本書編著者雖傾盡數十年的研究及教學經驗，仍感有所不足、亦唯恐有偏誤之處，尚祈學術界及實務界先進不吝指正與賜教。冀望本書的出版，能讓有關勞資問題課程之授課教師、選讀學生及實際從事勞資問題工作的讀者有所助益。

吳全成、馬翠華

編者介紹
AUTHORS

▼ 吳全成 ▲

英國西蘇格蘭大學管理博士

義守大學工業管理學系、企業管理學系教授

中國廈門大學嘉庚學院國際商務學院市場營銷專業教授

經歷：

英國曼徹斯特大學(University of Manchester, UK)訪問教授(Visiting Professor)

澳洲南澳大學(University of South Australia, Australia)訪問研究員(Visiting Researcher)

財團法人勞工研究資料中心基金會理事

財團法人中華勞資事務基金會臺灣勞動智庫委員

中華民國勞工教育協進會理事

專長：

勞資關係、人力資源管理、企業溝通與人際關係、國際商務談判

發表論文一百五十餘篇於知名期刊(SSCI,TSSCI,EI)、一般期刊及重要學術研討會

▼ 馬翠華 ▲

中山大學亞太所法律組博士

中正大學法學院碩士

78 年高考人事行政及格

78 年經濟部乙等特考人事管理及格

109 年南部地區地方法院勞動調解委員（臺南、高雄、橋頭、屏東）

高雄地方法院、鳳山區公所調解委員（一般案件），高等法院高雄分院
家事調解委員

法官學院調解班第一期

103 年勞動部授證勞資調解人

高雄大學兼任法學講師

高雄師範大學兼任助理教授

義守大學兼任助理教授

中華民國不動產服務業全國總工會顧問

高雄市交通局車船管理處主任

高雄市政府所轄機關工會總工會常駐顧問

高雄市輪船股份有限公司及地政局與觀光局工會顧問

財政部高雄國稅局工會顧問

高雄市地政局工會法務長兼勞動調解委員

高雄市政府觀光局工會法務長兼勞動調解委員

高雄東南亞協會理事

高雄市性別人才專家學者

曾任屏東商業科技大學、屏東大仁科技大學，高雄市立空
中大學兼任法學講師

曾任行政機關、公營事業與學校人事主任

前高雄市政府財政局兼公營當鋪人事主管

前高雄市政府勞工局訓練中心兼勞動檢查所人事主任

前臺灣機械股份有限公司人事管理師

目 錄
CONTENTS

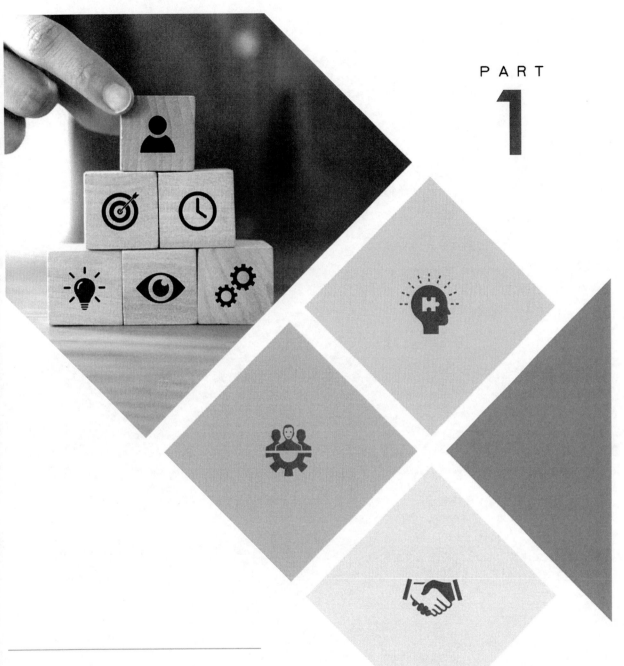

導 論

INDUSTRIAL RELATIONS

勞資關係是個極為廣泛的名詞，理論範圍亦包含甚廣，大凡經濟學、社會學、政治學、管理學和心理學等均牽涉在內，而牽涉的部分更是幾乎包括所有生活在社會中的每一個人。Alexander and Lewer 認為：先進國家之勞工平均約占人口的百分之五十、雇主平均約占百分之五、自雇者及農業部門平均約占百分之十、公務部門平均約占百分之五、再加上勞資雙方之家庭成員則整個國家幾乎有百分之八十的人均牽涉在內。在臺灣，勞資關係的議題討論甚多，然而，真正受到重視只有在近三、四十年才開始。

人們從不同的觀點檢視勞資關係，例如，雇主和員工也許在企業內因對薪資的看法不同而產生爭執，正可能是他們對法令的認知及有關權利義務的內容產生差異，尤其當他們從管理權力來思考或利益衝突時，雙方各自的立場便有所不同，這也使勞資關係成為多樣化之原因。

第一節　勞資關係

壹、勞資關係的意義

對於大多數勞動者來說，工作是獲取財富最重要的方式之一，工作不但是物質財產的主要來源，也是社會地位和個人心理獲得滿足的主要方式；對企業來說，勞動者的工作績效、忠誠度、工資福利是影響生產效率、勞動成本及生產量的重要因素，甚至會影響企業的生存和方式；對整個社會而言，勞資關係還會影響經濟成長、通貨膨脹、失業狀況及全體社會成員的生活。

勞資關係是勞工和雇主的關係，勞資關係以企業的經營權與勞工的勞動權的調和為內容。企業的經營權包括請求勞工給付勞務時，所有企業經營管理所產生的制度或規則。企業的經營權即一般的企業管理之權利，本書不予討論。而勞動權則是勞工為爭取自身利益，在長期的勞工運動下，或國家法令的保護下所產生的各項權利，包括團結權、交涉權及爭議權三權，臺灣勞動三權之內容在第十章至第十二章詳述之。

「勞資關係」(Industrial Relations)從不同的角度、不同的時空，可能有不同的說法與內容。勞資關係或稱勞動關係，或稱工業關係，國內更有稱勞工問題、勞工關係等。而在概念上尚有可能與就業關係、人力資源管理相通。勞資

關係之意義包含有關僱傭活動的特殊規則的現象，是企業組織管理中的另一個專業領域，它的範圍包括在組織上的管理和研究的各項問題。《大英百科全書》將勞資關係的研究，定義為「研究企業組織中的勞資行為及關係，闡明勞工、雇主及勞資間的合作、矛盾和解決矛盾的形式」。羅伯氏勞資關係字典(Roberts' Dictionary of Industrial Relations)的定義是：「廣義地包括所有有關影響勞工個人或團體與雇主之間的關係之謂，其範圍為當一個受僱者在職場面談開始到離開工作為止的所有有關工作間的問題。」[1]綜觀以上，勞資關係即個別的關係：包括招募、僱用、配置、訓練、紀律、升遷、解僱、終止契約、工資、津貼、加班、獎金、入股分紅、教育、健康、安全、衛生、休閒、住宅、工作時間、休息、休假、失業、有給病假、職災、老年和殘廢等問題；或以勞資雙方整體的權利義務關係為出發點，乃以工會與雇主的關係為觀點，亦即著眼於集體的關係者。不管著眼於個別的或集體的勞資關係，既然企業組織是由勞資相互聯繫的部分所組成的社會體系，勞資雙方就必然經常在縱的、橫的和斜的各種關係中，互相溝通與協調，以保持良好的關係。

就狹義而言，Sauer and Voelker(1993)認為勞資關係是企業內勞工與雇主之競爭與合作關係，而該關係的產生是由於勞工與雇主在工作場合(Work Situation)才產生。上述定義乃從僱用(Employment)出發，因而產生的複雜關係。[2]因此，就業與失業的問題、經濟政策，乃至政治環境、社會因素均成為相關之問題。

Bamber and Lansbury(2000)提出「以一般勞資關係的研究著重於團體協商制度、仲裁制度及其他各種工作規範的探討者，將勞資關係視為處理就業關係(Employment Relations)的所有面向，包括人力資源管理(Human Resource Management)的所有問題」。[3]

日本學者佐護譽(2000)比較臺灣、日本與韓國人力資源管理時，以臺灣的工會與雇主團體、團體交涉及勞資協議制度，為勞資關係的內容，加上工資制

---

[1] H. S. Roberts, 《Roberts' Dictionary of Industrial Relations》, Manoa: University of Hawaii Industrial Relations Center, 1970.

[2] 參考 R. L. Sauer and K. E. Voelker, 《Labor Relations: Structure and Process (2nd Ed.)》, New York: MacMillan Publishing Company, 1993.

[3] 成之約譯，Greg J. bamber; Russell D. Lansbury; Joseph S. Lee 編著，《比較就業關係序論：比較勞資關係》，臺北：華泰書局，2000 年。

度，而為人力資源管理的主要架構。[4]國內學者陳繼盛(1976)從法律層面談勞資關係，認為是「從屬的勞動者與雇主之間的法律關係……勞資關係之法規分為個別的勞資關係法規及集體的勞資關係法規兩大類」。[5]張天開(1980)研究各國勞資關係制度，認為勞資關係的產生，「自從工業革命開始以後，勞資間的待遇爭執，更形嚴重……除了工資數字以外，也因生產技術與結構的變革，種類加多，諸如安全、衛生、福利、訓練、退休、撫卹、假期等問題，牽涉至廣，使得勞資關係形成了一個複雜多端的現代經濟與社會問題，甚至與政治制度的良否，也有莫大的關係。」[6]乃從社會學之角度定義之。

貳、「勞資關係」之稱謂

勞資關係的和諧與否，可以展現出社會的強弱及經濟的興衰。勞動者與雇主之間在勞動過程中所形成的社會經濟關係的統稱。對勞資關係的研究，一般我們把勞動力的提供者稱為勞工、工人、勞動者或受雇者。勞工是一個社會概念；工人則是通俗使用的概念；而受雇者則是民法上的概念。這些概念除了人們對它的客觀認知之外，基本上沒有加入主觀價值判斷。但如果賦予主觀價值判斷，則會大不相同。茲分別說明一般吾人所稱之勞資關係、勞動關係、勞工關係、勞雇關係、勞使關係與產業關係如下：

一、勞資關係

勞資關係，在不同的國家或不同的體制下又被稱為勞資關係、僱用關係、勞使關係或勞工關係等。這些概念含有明確的價值取向：不同的稱謂，是從不同角度對於特定勞資關係的性質和特點的把握及表述。

二、勞動關係

「勞動關係」係指資本與勞動之間的關係，其主體明確、關係清晰，含有對立的意味，為強調勞方、資方的界限分明所展開的關係，自然也包含了一致性與衝突性在內。

---

[4] 蘇進安、林有志譯，佐護譽著，《人力資源管理—臺灣、日本、韓國》，臺北：東大圖書公司，2000 年。

[5] 陳繼盛，《勞資關係》，臺北：正中書局，1976 年。

[6] 張天開，《各國勞資關係制度》，臺北：中國文化大學，1980 年。

三、工業關係

「工業關係」在英文釋譯來說，其與勞資關係是為同一個名詞；在中文語法上來說，工業關係則更強調以勞動為中心來發展，著重於勞動力、以勞動者為本位，強調勞工組成的團體，也比較強調工會與雇主之間的互動過程，尤其是集體談判的過程。

四、勞雇關係

「勞雇關係」又稱僱用關係，它以僱用法律關係為基礎，強調受雇者與雇主之間的關係，重點在權利與義務之結構問題。

五、勞使關係

「勞雇關係」之其稱謂源自日本，主要是為了更準確地說明勞動者與勞動力使用者之間的關係，排除其價值判斷，因而用中性溫和的表達，替代勞資關係這個具有對抗意味的概念。

六、產業關係

「產業關係」又稱就業關係(Employment relations)，源自美國。在歐洲國家使用亦為廣泛。產業關係分為狹義和廣義兩種。狹義包括勞動者、工會與雇主之間的關係；廣義指產業及社會中管理者與受雇者之間的所有關係，包括僱用關係的所有層面，以及社會經濟環境生產關係的主體，不但包括了勞資雙方，且還包括了政府一方。過去多數國家對產業關係的研究大多集中在勞資關係這一領域，其內容只包括工會的功能和影響，但近年來產業關係的研究範圍已經逐步擴大到與工作相關的全部問題，諸如：工作績效、工業安全和健康、僱用歧視、員工滿意度、工作安全以及國際安全、產業關係比較研究等。[7]

參、勞資關係的本質、型態與內涵

Salamon(1992)認為勞資關係受到其他社會活動的影響，因此與經濟的、社會的和政治的關係特別重要（如圖 1-1 所示）。[8]

---

[7] 程延園，《集體談判制度研究》，北京：中國人民大學出版社，2004 年。

[8] 參考 M. Salamon，《Industrial Relations: Theory and Practice(2nd Ed.)》, Hertfordshire: Prentice Hall International (UK) Ltd, 1992.

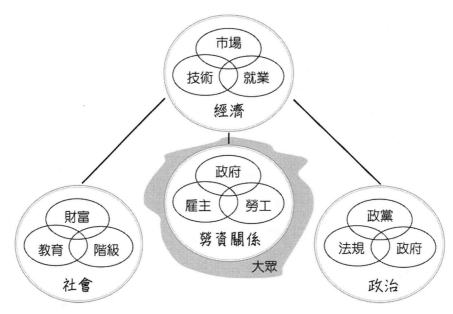

圖 1-1 勞資關係與經濟、社會及政治的關係

※資料來源：參考 Salamon(1992)。

一、本質

　　勞資關係乃在僱傭行為中所產生的關係，是組織管理的一個特定領域，本質上以管理者及勞動者個人及團體間所產生的、由雙方利益引起的合作、衝突、力量和權力關係的總和，同時受到經濟、技術、政策、法律制度和社會文化背景的影響。

　　當勞資雙方進行生產（包括產品與服務）工作，遵守一套既定的制度規則，並以勞動契約或團體協約方式（甚至是一種心理契約的形式），規定雙方的權利和義務。由於勞資雙方的利益、目標和期望常常會出現分歧、產生衝突，甚至背道而馳，因而衝突也在所難免。衝突的形式，在勞動者方面，有可能是抱怨、曠工、離職、罷工、怠工和抵制；在管理者方面，有可能是懲戒、解僱、關廠等，勞資雙方選擇合作還是衝突，端賴雙方力量的對比，故力量是決定行動的因素，而力量的造成，包括勞動市場、經濟市場和技術的環境，甚至是政治社會的環境。

　　一般認為管理者擁有決策權力，管理者在勞資關係處於主導地位，但這種關係並非固定不變，在某些情況可能會發生逆轉，因為勞動者雖是以勞動換取報酬，同時也要求從工作中獲得人性尊嚴與工作滿足，因而勞資關係是一種錯

綜複雜的社會關係，在勞資關係的隸屬性中，也兼具平等的社會關係，要求合理的勞動條件，即可能成為勞動者的勞動目標，管理者若能體認勞動者的心聲，調整其管理的方針，加強與勞動者的良好關係，鞏固雙方的夥伴關係，亦即合作關係，以雙贏為目標，勞資關係則可能成為良性的發展，否則，雙方關係可能造成管理上的困難，最後導致萬劫不復的地步。

本書歸納勞資關係的本質，應是泛指各行業的各項廣泛現象，廣度包括勞資的角色、關係、團體、程序和活動，深度包括全國的、企業間的和企業內部的各個部門及工作場所而言。勞資關係的基本涵義是指管理者與勞動者個人及團體之間產生的由雙方利益引起的表現，為合作、衝突、力量和權利義務關係的總和，它並受到社會的經濟法律制度和文化傳統的影響。

二、勞資關係的型態

勞資關係就其構成型態而言，可以分為個別勞資關係和集體勞資關係。個別勞資關係是勞動者個人與雇主之間的社會經濟關係；集體勞資關係則是勞動者集體（即工會）與雇主或雇主組織之間形成的團體對團體的社會經濟關係。

（一）個別勞資關係

個別勞資關係是勞資關係的基本型態，是勞動者個人與雇主之間，為書面或口頭的勞動契約，來確定和規範雙方權利義務。例如：建立變更或解除勞資關係等。個別勞資關係有以下兩個特點：

1. 人格上的從屬性

勞動者要服從雇主的指揮和安排完成一定的工作，雙方之間存在著管理與被管理、指揮與服從的隸屬關係，勞動者提供的是從屬性勞動。勞動者基於明示、默示或依勞動之本質，在一定時間內對自己的作息時間，無法自行分配。各國對人格上的從屬性的理解並不相同：德國代表性學說，認為指「除法律、團體協約及勞動契約另有規定外，在雇主指揮命令下，由雇主單方決定勞動場所、時間、種類等之他人決定勞動而言」。換言之，勞動給付之具體詳細內容不是由勞動提供者決定，而是由勞動受領者決定，側重於「從他人決定勞動的角度」來解釋人格上的從屬性。而日本則側重從人格支配的角度來解釋，認為「人格上的從屬性係勞動者自行決定之自由權的一種壓抑」。國內學者陳繼盛則從勞動者在勞務提供中，需要服從雇主之指揮監督的角度，來解釋人格上的從屬性。

一般而言，人格上的從屬性，只要體現為：一是勞動者要服從用人單位的工作規則：勞資關係的確立，意味著勞動者不但要遵守國家的法律，還要遵守用人單位的工作規則。如：工作時間的起止、休息休假的安排等。勞動者自行自由決定的權利，受到一定限制。二是勞動者要服從用人單位的指示和命令：在勞資關係存續期間，勞動者的工作內容不斷發生變化，勞動契約難以規定到全部工作內容，因此用人單位有指示命令的權利，而勞動者有服從的義務。三是勞動者有接受監督檢查的義務：勞動者在工作中要接受用人單位的考察和檢查，以確定是否遵守工作規則和雇主的指示。四是勞動者有接受制裁的義務：勞動者應對自己的錯誤行為坦承責任，用人單位對違反工作規則的行為，享有懲處權。懲處方式可以從口頭申誡到開除解僱。懲處權的存在對勞動者的內心活動過程，會產生某種程度的干預和強制，這是人格上的從屬性效果之根本所在。

2. 經濟上的從屬性

經濟從屬性的重點，在於勞動者並不是為自己的經營勞動，而是從屬他人，為實現他人目的而勞動。勞動者的工作完全要納入到用人單位的經濟組織與生產結構之中。在勞動過程中，勞動者使用的是雇主的生產工具，生產所需要的原材料也由雇主所提供。雇主基於經營權享有對生產所必備的組織、結構、設備的充分支配和管理的權力。勞動者既不是用自己的生產工具從事生產勞動，也不能用指揮性、計畫性或創作性方法對自己所從事的工作加以影響，這是經濟上的從屬性的最重要含意。判斷經濟上的從屬性的具體標準主要有：一為生產組織歸雇主所有；二為生產工具或器械歸雇主所有；三為原材料由雇主供應；四為責任和風險由雇主承擔。[9]

（二）集體勞資關係

集體勞資關係是在個別勞資關係存在和發展的基礎上形成的。集體勞資關係是在勞動者通過行使團結權，組成工會來實現自我保護，並進而平衡和協調勞資關係。集體勞資關係的一方是工會組織，另一方為雇主或雇主組織，是團體對團體的關係，雙方主要通過集體談判和集體協議的形式來體現其構成，與北美、日本等國家相比，歐洲國家的集體勞資關係更強。集體勞資關係的特點是：

---

[9] 黃越欽，《勞動法論》，臺北：國立政治大學勞工研究所，1991 年。

1. 獨立自主性

集體勞資關係的主體即工會與雇主或雇主組織之間，不存在著相互隸屬或附屬的關係。工會是勞動者自願結合而成的勞工團體，是勞動者利益的代表者、維護者，任何第三者不得干涉、操縱工會的活動。雇主或雇主組織是集體勞資關係的另一方，是由同一行業的團體或者同一職業的從業人員組成的團體，與勞工團體處於對等地位。

2. 團體利益意識

集體勞資關係具有明確的團體利益。工會的目的在於促進勞動條件的改善和提高勞動者的經濟地位。為達到這一目標，工會享有與雇主、雇主組織平等交涉的權利，在勞動條件的談判中，任何一方都無權對另一方發號施令。為確保工會作用的發揮，先進國家一般都規定，凡是雇主代表，包括經理、人事部門主管等屬於對勞動者有直接監督管理權限的人，均不得參加工會，而是另外組織其利益團體。這些對勞動管理事務負有保密義務的人如果加入工會，不但會影響工會的自主性，而且自身也難免陷於左右為難的利益衝突困境。

三、勞資關係的內涵

集體勞資關係是現代勞動法研究的重點，本書對勞資關係的論述，也是以集體勞資關係為主要研究對象。

（一）構面

有關勞資關係「內涵」，根據研究應該包含四個構面，分別為：[10]

1. 勞工穩定構面

主要在探討企業內部的穩定性，包含請假率、曠職率、離職率、解僱率、工作環境等項。

2. 勞工投入構面

從員工最關切之問題分析勞資關係，包含員工薪資、員工福利、員工考績、員工參與、員工激勵、工作滿意等項。

---

[10] 請參閱吳全成、陳俊益、黃國城，《企業勞資關係「內涵」之建構與實證研究》，2010 尊嚴勞動與永續就業研討會，中正大學，2010 年。

3. 勞資爭議構面

主要探討勞資間之爭議行為，包含罷工、關廠等項。

4. 勞資協商構面

從協商之角度分析勞資關係發展，包含員工申訴處理、工會機制、勞資會議、勞資協議、團體協商等項。

其中，依高度、中度及低度關注之因素，包括：

（二）受關注的因素

1. 受高度關注的因素

有工作環境、團體協商、員工薪資、員工福利、關廠、勞資協議及工作滿意等七項，且其歸屬構面是全面性的，因此，企業勞資關係並不能只重視某個構面之影響力。

2. 受中度關注的因素

有離職率、曠職率、勞資會議、罷工、工會機制及解僱率。

3. 受低度關注的因素

有員工參與、員工激勵、請假率、員工考績及員工申訴處理。

肆、勞資關係的研究

Salamon 將勞資關係的研究集中於勞資關係的參與者：工會、管理者及政府（所謂的三角關係 Tripartite Body）的結構功能及過程的探討[11]；Sauer and Voelker 則強調團體協商的參與者、談判過程及執行[12]；Glassman and Cummings 從美國勞工運動的歷史談到政府的角色、團體協商的經濟和非經濟問題、第三團體介入及勞工關係型態的變化等。[13]雖主題並非完全相同，且範圍牽涉甚廣，

---

[11] 參考 R. L. Sauer and K. E. Voelker ,《Labor Relations: Structure and Process (2nd Ed.)》, New York: MacMillan Publishing Company, 1993.

[12] 參考 R. L. Sauer and K. E. Voelker ,《Labor Relations: Structure and Process (2nd Ed.)》, New York: MacMillan Publishing Company, 1993.

[13] 參考 A. M. Glassman and T. G. Cummings,《Industrial Relations: A Multidimensional View》, London, England: Scott, Foresman and Company, 1985.

然歸根究柢，勞資關係形成一門研究的領域，主要係受到 Dunlop 的《勞資關係系統》(Industrial Relations System)一書的影響，今日研究勞資關係的學者已脫離學術研究範疇，及對形式與制度的研究途徑，而將企業組織視為一個開放的社會體系，其中形式上程序的結構及其與外在制度的關聯，只是許多有意義而相關層面的一項而已。這種研究勞資關係的方法，可以由多種專門學科中選用理論工具作探討。該書將此一理論用工業社會學加以涵蓋，亦即屬於勞資社會學領域之一部分。

松島靜雄(1986)認為日本的近代社會，以過去日本的家庭、農村、都市等自然現象為基礎，將勞資關係歸併為勞資社會學，並以其功能而成為「工業社會學」的一環。松島氏認為勞資關係即勞動社會學，其主要研究對象為企業或工會。松島氏並說：在日本這方面的研究興盛乃在 1935 年以後，並已成為今日社會學中成長最快的領域。[14]從學科分類的角度來看勞資關係理論的研究範疇和學科定位，粗略的看法為：「勞資關係理論」(Theory of Industrial Relations)乃是「工業社會學」(The Sociology of Industry)的一環，而「工業社會學」又是「社會學」(Sociology)研究的次級領域。

一、勞動學之範圍

陳繼盛(2002)對勞動學的獨立學門的研究，有獨到的見解，他認為：[15]

（一）勞動學以勞動現象為其研究範圍

勞動學要成為獨立的學門，必須有獨自研究領域的界定，以勞動現象作為勞動學的範疇，一方面可與長期以來的勞工研究活動接續，亦可擴大研究領域而與其他學門相比若。既以勞動現象為範圍，則不論其為經濟性勞動現象或非經濟性勞動現象，常態勞動現象及病態勞動現象，均為勞動學所涵蓋的範圍。

（二）勞動學以勞動問題之解決為目的

勞動學應有實際的貢獻，才有其建構之意義及應有效用，否則將成為學人的清談，成為無用之學，其活動亦將成為無益之事。因此，勞動學要以解決勞動問題為目的，提供對於解決勞動問題有益的概念、原則、原理、學說及理論。

---

[14] 參考松島靜雄著，林顯宗譯，《工業社會學》，臺北：幼獅文化公司，1986 年。

[15] 陳繼盛，《勞動學的建構》，勞工研究第 2 卷第 2 期，2002 年。

（三）勞動學以勞動研究成果之系統整合為目標

　　勞動學要與其他獨立學門同樣成為獨立的學術領域，必須有其整合架構，這個架構要能容納勞動研究所獲知的有用概念、原則、原理、學說及理論，並使其各有定位相互連接成為「點」、「線」、「面」的綜合體，讓人能看到其清晰的相關性，只有零散的知識，無法成為「學」。對於豐富勞動之事有系統的整合，正是勞動學之努力目標，也是其為獨立學門的必要條件。

二、勞動學之對象

　　勞動學以勞動現象為其範疇已如前述，惟在此範疇中，我們不難發現有三個客體顯然是勞動學的研究對象，即勞動力、勞動者及勞動關係，茲分述如下：

（一）勞動力

　　勞動力乃勞動現象中最為人所重視者，藉由勞動力之發揮，人們可以維持生存，可以利用自然，可以開創新世界。因此勞動力當為勞動學上最重要的研究對象。就此研究對象可先就其基礎概念加以理解，再就勞動力之構成、運用及對價等項加以探索，最後並以國家立場觀察其面對問題之對策。而在勞動力為對象的研討中，「效率」即為其指導理念。

（二）勞動者

　　勞動者乃有血有肉的人，勞動力的產出者與所有者，沒有勞動者亦沒有勞動力的出現，因此勞動者當然亦是勞動學上的重要對象。就此研究對象，我們同樣可先就其基礎概念加以理解，再分就勞動者之人格維護、工作保護、生活保障等項加以探索，最後再以國家立場，觀察其面對問題之對策，在勞動者為對象的研討中，「公平」將為其指導理念。

（三）勞動關係

　　勞動關係乃指在勞動過程中，相關人員的互動關係，勞動者產出的勞動力，需要有資本家的購取，及企業家的統一運用，勞動者相互的團結與資本家們的利益爭取都呈現出勞動關係的特殊現象。因此勞動關係自然成為勞動學上另一重要的研究對象。就此研究對象，我們一樣可先就其基礎概念加以理解，再分為：個別的勞雇關係、企業內的員工關係或集體的勞資關係加以探究，最

後還可以國家立場觀察其面對問題的對策。而在勞動關係為對象的研討中,「和諧」顯為其指導理念。

三、勞動學之研究課題

　　勞動學的研究長期以來均以各個學術領域為基礎,有社會學、經濟學、管理學、政治學、法律學、物理學、生理學、心理學、倫理學的勞工問題研究,也形成工業社會學、勞動經濟學、人力資源管理、勞動法、人因工學、勞工安全、勞工衛生、工業心理學、勞動倫理等各該學術領域的分科,但並未在各該學術領域占有主導的學術地位,而勞工問題的研究成果亦從未在「勞動學」概念之下試圖整合。

(一)基礎理論相關課題

1. 就勞動本質論而言:勞動的疏外化、勞動之人格性及勞動之非儲存性均為勞動的本質,我們應予理解。

2. 就勞動價值論來說:勞動價值之形成、勞動價值的演變及勞動價值的學說都是值得我們研究的課題。

3. 就勞動人生觀而言:人生的基本認識、勞動人生觀之型態以及勞動人生觀的變換都是有意義的課題。

4. 至於勞動倫理觀而言:倫理的基本概念、勞動倫理的理念與勞動倫理的實踐都是有關的課題。

5. 至於勞動思想史,實可分為:古代奴隸社會之勞動思想、中世紀封建社會之勞動思想、近代勞動社會之勞動思想以及現代資訊社會之勞動思想,為研究課題,使我們理解勞動思想的源流及變換。

(二)實體理論相關課題

1. 關於勞動力問題課題之整合
   (1) 以勞動力的基礎概念來說:勞動力的意義、勞動力的類型及勞動力的內容,應為其重要的課題。
   (2) 就勞動的構成而言:勞動力與人口結構、勞動力與產業結構、勞動力與企業型態是應加以理解的課題。

(3) 就勞動力的運用而言：勞動力的育成、勞動力的配置及勞動力的轉移，都是有關的課題。

(4) 就勞動力的對價而言：勞動力的測計、勞動報酬的類型、勞動報酬的計付，亦是我們應加以討論的課題。

2. 關於勞動者問題之課題

(1) 就勞動者的基礎概念來說：勞動者的涵義、勞動者之類型及勞動者之特質，應為我們的研究課題。

(2) 就勞動者之人格維護而言：勞動者人格之培養、勞動者人格之尊重、勞動者人格之基本權為研究課題。

(3) 就勞動者之工作保護而言：工作取得之保護、工作過程之保護、工作維持之保護，皆為有意義之課題。

(4) 就勞動者之生活保障而言：基本生活的保障、舒適生活的保障及資產增進的保障均為有用的課題。

(5) 就國家對策而言：仍然可以其政策、立法及行政分別作為研究課題。

3. 關於勞動關係問題之課題

(1) 就勞動關係的基礎概念而言：勞動關係的涵義、勞動關係之類型及勞雇關係之內容應作為研究課題。

(2) 就勞雇關係而言：勞雇關係之成立、勞雇關係之內容、勞雇關係之終止，應為我們的研究課題。

(3) 就員工關係問題而言：員工關係之確立、員工關係之維繫、員工關係之轉換，可成為研究課題。

(4) 就勞資關係而言：勞資關係之主體、勞資關係之互動及勞資關係之處置，應為我們研討的課題。

伍、勞資關係的原理與學科定位

一、原理

　　勞工為了自身的利益，採取兩種不同的途徑謀求改善，一為國家的直接干預，二為勞動者的自力互助。由於勞動者互助團結的行動較為緩慢，故開明的立法者首先以勞工保護救助的立法方式採取行動。於是有管工時、工資、工作環境以及童工、女工之特別保護之立法陸續出現，而對於病假、事故、老年及殘廢等救助措施也開始實施，但此種立法制度的產生於不同國家及環境，有不同的發展。

　　另一謀求改善當時不合理現象的途徑是勞動者自己的團結與自助。當時勞動者開始認識，如他們單獨與企業主談判，永遠無法站在勢均力敵之態勢下，獲得真正自由的談判。他們唯一的強處就是人數眾多，因此他們必須結合起來互相支持，尤其應避免自相競爭貶價，而應以一致行動爭取自己的利益，這種意識導致工會組織運動。同時工廠制度本身把勞動者的距離拉近，給予工會組織運動一個有利的條件，此為工會組織的開始。此時勞動條件不再由個人之談判而由工會以其集體的力量與企業主協商，這也是團體協約的開始，勞動者就企業經營及其生產目的有利害關係之問題，也有加以磋商之必要。[16]

　　勞動權對勞資關係之作用如圖 1-2 至圖 1-4 勞資關係發展圖表示，第一階段為「不平衡的勞資關係」，當十八世紀工業革命後，手工業時期逐漸式微，社會階層發展出新的階級——運用資金成立工廠、僱用勞工為其工作的雇主，及擁有勞力、受僱工作賺取工資的勞工。此時的勞資關係為極度傾斜，勞資的力量差異甚大，此時勞動權受極大之限制。第二階段「稍平衡的勞資關係」，此時的勞資關係由於政府力量的介入，勞動法令讓勞工有了最低的保障，勞資關係較為平衡，勞工也得到最低水準以上的生活，此時勞動權受政府及資方之承認。第三階段「較平衡的勞資關係」，勞工運用勞動權，成立工會、進行團體交涉、利用罷工，逼使雇主就範，此時的勞資實力則為較平衡的狀態，此時勞動權受政府保護，至於勞動權的運用情形與勞資實力是否平衡，端視勞工的團結、談判及罷工實力的多寡而定，即由勞動三權決定勞資關係的良否。

---

[16] 陳繼盛，《勞資關係》，臺北：正中書局，1976 年。

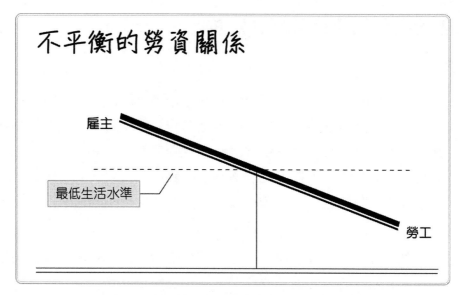

圖1-2　三階段勞資關係發展圖（第一階段）

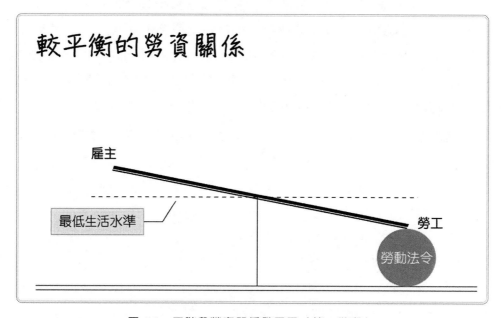

圖1-3　三階段勞資關係發展圖（第二階段）

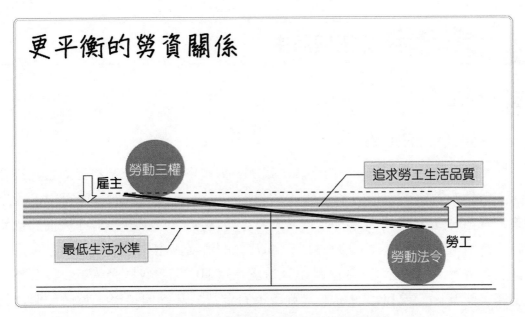

圖 1-4　三階段勞資關係發展圖（第三階段）

二、勞資關係的學科定位

　　然而，在實際的劃定學門的歸屬時，並未有將勞資關係歸入社會學領域者；在美國研究勞資關係的大學內，大部分皆屬於經濟學院，少部分屬於管理學院。因此從科技整合的方式來探討，大致從社會政策、經濟政策、權力思想及勞務管理諸方面，或可得到更多的啟發與更合理的解釋及較正確的觀念，勞資關係的學科定位繪圖如圖 1-5。

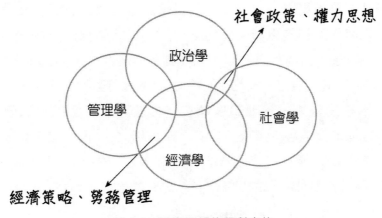

圖 1-5　勞資關係的學科定位

第二節　勞工與雇主

壹、勞工

一、「勞工」的定義

　　美國學界對勞工(Labor)的定義，以「一方提供在貨品及勞務上的生產和分配上所做的貢獻，而他方給予報酬或對價者」為通說。歸納各種對勞工的定義，約有六種說法：1.凡參加經濟活動者，均為勞工。2.凡係依賴工資而非依賴利潤及地租等以謀生者，均為勞工。3.凡在經濟活動中被迫使用他人之生產工具以謀生者，均為勞工。4.除從事及自認在短期中即將成為企業者，以及不自認勞工而其收入或利益亦與工人有所不同者外，其餘因接受工資而受僱於人者，均為勞工。5.凡自認為勞工或其收入及利益與所有勞工相同者，均為勞工。6.凡社會上認其係勞工者，均為勞工。[17]

　　日本學界有從憲法學觀點者，謂「舉凡需藉提供精神上體力性勞力給他人，以獲取薪津報酬等勞力之對價，並藉此而維持生活者」。另有從勞動法學觀點者，謂「不論任何職業，凡以薪資維生者都屬勞工」，其實並無甚大差異。[18]因此，對照上述定義，無論受僱於私人企業或公營事業，均為所指。如此，公務員亦為勞工，而自營事業者如自耕農、漁船主、小商店經營者等，藉自行計算盈虧維生者，則不屬勞工之範圍。

　　我國勞基法雖然規定「受雇主僱用從事工作獲致工資者」為勞工，此與他國之法令並未有任何相異之處，然而，由於適用範圍只侷限在大部分的工業部門，保護勞工的意義已經有所偏頗，也受到各界的批評，因此，在 2002 年修正增加第 3 條第 3 項，規定「一切勞雇關係均應適用勞動基準法。」僅在但書中仍保留「但因經營型態、管理制度及工作特性等因素適用本法確有窒礙難行者，並經本會指定公告之行業或工作者，不適用之」。而事業單位應否適用勞動基準法，依該法第 3 條及其施行細則第 3 條規定，係按該場所單位之主要經濟活動依中華民國行業標準分類相關規定，就事實認定之。

---

[17] 丁幼泉，《勞資關係概論》，臺北：中華大典編印會，1966 年。

[18] 許慶雄，《日本勞工權利之保障－日本憲法之法理》，中山社會科學季刊，5:1，1990 年 3 月。

依照上述之法理，所謂勞工應是：1.受雇主僱用；2.從事工作；3.獲致工資三項要件的人，為法上所稱的勞工。「勞工」乃從事工作而他人給予報酬之工作之人。因此，所謂勞工，意味著有雇主僱用他（她），否則不可能成為勞工；為自己工作之「自雇者」，則不應認定為勞工；且必須從事工作，獲致工資，沒有工作或未得到報酬者，是為義工而非勞工。

二、「勞工」的屬性[19]

（一）具有「指揮監督下從事勞動」之屬性

學者有從勞基法第 2 條第 1 款之規定，推論出所謂勞工必須具備「從屬性」者。亦即，「受雇主僱用，在雇主指揮監督下從事勞動，就其勞動之價值獲致工資者」為具勞工身分[20]。甚至，勞工安全衛生法第 2 條第 1 項之勞工定義，與工廠法施行細則、勞工保險條例或勞工契約法等法令，法條中雖未就勞工加以定義，但仍得解為與勞動基準法之規定同意。現行工會法中亦未就工人加以定義，然其內涵亦不可欠缺「指揮監督下從事勞動」與「獲致工資」之屬性。[21]

（二）具有「從屬於僱用人」之從屬性

在人格從屬性內涵的具體化上，學者亦提出認定的標準，亦即：1.服從營業組織中之工作規則；2.服從指示；3.接受檢查之義務；4.接受制裁之義務、受雇人應對行為負責。而在其所提出經濟從屬性的認定標準則為：1.生產組織體系屬於雇方所有；2.生產工具或器械屬於雇方所有；3.原料由雇方供應；4.責任與危險負擔問題[22]。

學者另有認為「人的從屬性」或「使用從屬性」的特徵為「指揮監督下勞動」及「勞務對價性」，「指揮監督下勞動」之判斷基礎為：1.雇主所為工作指示是否有承諾與否之自由；2.業務遂行過程中有無雇主之指揮監督；3.拘束性之有無。

[19] 邱駿彥，《勞動基準法上勞工之定義》，臺灣臺中地方法院 75 年度訴字第 5026 號判決評釋，勞動法裁判選輯　。

[20] 楊通軒，《勞動者的概念與勞工法》，勞工研究第 2 卷第 2 期，2002 年，頁 39～69。

[21] 邱駿彥，《勞動基準法上勞工之定義》，臺灣臺中地方法院 75 年度訴字第 5026 號判決評釋，勞動法裁判選輯。

[22] 黃越欽，《勞動法論》，臺北：國立政治大學勞工研究所，1991 年。

（三）具有「勞務」之對價性

「勞務對價性」之判斷基準為：如果缺勤時扣薪、加班時受領津貼等報酬之性格得被評價為雇主之指揮監督下，一定時間提供勞務之對價時，視為有對價關係存在。

三、「勞工」的型態

勞工之特性除少數的自雇者外，應有下列三種特性：1.有價受僱以產生近代社會的財富者；2.大體上使用他人供給的生產工具者；3.為工資而出售勞力或勞心者。[23] 由此，以實務的觀點來區分，應可大略分成三種型態：有一定雇主、無一定雇主及自營作業者三種：

（一）有一定雇主之型態

此一類型為較普遍而為一般所認知者，不論其所擔任的是體力的勞動或精神的勞動，其職位之高低上自總經理（非代表事業主處理有關勞工事務時），下至工友及一般所稱之「臨時工」，且不論其行業究屬公營事業，抑或私人企業，其構成之條件在於是否為「一定雇主」。

（二）無一定雇主之型態

該型態乃以是否具有勞僱關係為著眼點，其僱用可能不只一個，但一個時間只有一個，卻在不同時間可以擁有多個雇主的型態。例如：律師與客戶間、家教與學生間、木工與屋主間之關係等，均為此一類型。在工業社會中，分工越細，型態越多。以木工為例：該木工可能在短期內受僱於甲雇主，另一個時期受僱於乙雇主，其雇主並非長久固定者謂之，其構成之條件在於是否為「無一定雇主」。

此類型與「承攬」間仍有一段意義上的差距，例如：清潔工承攬甲公司之清潔工作，又承攬乙公司的清潔工作，其以承攬標的之完成計算工資，與無一定雇主者有所不同，在勞動法學的觀點上，「承攬」並未建立勞資關係。

---

[23] 陳國鈞，《現代勞工問題及勞工立法（上）》，臺北：正光書局，1985 年。

（三）自營作業者之型態

此一類型指凡只有業務，但並不僱用他人以從事業務之人，通常亦屬於勞動法適用之對象，然因自營作業者雖非「雇主」，又非「受雇人」，僅為自身工作，但仍對其自身權利與義務有所決定。因此，從實務的觀點，自營作業者之型態亦被認為是勞工。例如：自營計程車司機、擦鞋工人、自耕農、漁船主、小商店經營者等均屬之。

貳、雇主

2020 年 1 月 1 日施行勞動事件法第 3 條第 2 項規定，雇主，係指下列之人：一、僱用人、代表雇主行使管理權之人，或依據要派契約，實際指揮監督管理派遣勞工從事工作之人。二、招收技術生、養成工、見習生、建教生、學徒及其他與技術生性質相類之人者或建教合作機構。三、招募求職者之人。

一、「雇主」的定義

相對於勞工，雇主是僱用勞工之人。我國勞基法規定：「僱用勞工之事業主、事業經營之負責人或代表事業主處理有關勞工之人」。凡是雇主乃是有僱用勞工之事實，而其身分則包含事業主、負責人或代表事業主處理有關勞工之人。因此，公司之董事長、董事、監察人、總經理及人事部門經理即為雇主之謂。再者，部門之經理因為經常代表事業主，亦為雇主之身分；人事部門之人員因為處理勞工事務亦應為雇主之身分；一般而言，領班以上階級者因為擁有管理者身分之故，其利益也與雇主息息相關，故應歸類為雇主。而領班以下（包括領班）為實際作業之員工，則應歸類為勞工。

美國 1935 年之全國勞資關係法(The National Labor Relations Act, 1935)，將雇主(Employers)定義為「任何直接或間接代理資方的利益之人」；1947 年勞資關係法(The Labor and Management Relations Act, 1947)，則將雇主定義為「任何直接或間接扮演資方的代理人」，其間的不同在於前者僅單純地表現代理人的地位，而後者認定任何領班、督導人員或其他受僱者必須是扮演雇主代理之人，且在全國勞工關係局（National Labor Relations Board，簡稱 NLRB）監督下，對於不當勞動行為產生時，能找出負責的當事人。（詳述於第六章）

二、「雇主」的法理

「雇主」的法理，即「僱用勞工之事業主、事業經營之負責人或代表事業主處理有關勞工事務之人」。其包含之法理有三：

（一）事業主

是指勞動契約當事人之一方之謂。在形式上，必須是勞動契約之一方，在實質上，為擁有該事業之人。故事業主是指事業的經營主體，在法人組織時，是該法人；在個人企業，是該企業主。

（二）事業經營之負責人

是對該事業經營，具有權力與責任之人而言。在合夥事業，是執行合夥事業的合夥人；在公司組織，是董事長或董事；在個人企業，是該企業的主持人。

（三）代表事業主處理有關勞工事務之人

是指承事業主之命令，從勞動條件的決定，乃至具體的指揮監督以及在勞務管理上的各種行為，具有權利與責任之人，如職位較高的廠長、經理、課長、職位較低的領班、督導人員等均「可能」是所指。

三、「雇主」的型態

（一）私人企業

雖然有大小規模之不同，登記有案的大多數公司卻都只僱用很少的人員或臨時工。

（二）公營企業

公營企業之特色為：企業的所有權為一般大眾，而受一般大眾委託、管理及執行工作。企業主管大部分為政府官員，而員工則不是一般公務員。

（三）公共服務業

為一般為人民服務的組織，包含政府機構、全國健康保健組織和地方政府服務當局，包括警察。管理者至所有員工之身分即是所謂的公務員。

（四）非營利事業

這種體系通常其雇員並不以獲得利潤為宗旨，而是以提供社會必要之服務為目的。

總之，「雇主」的概念是相對於「勞工」，在一個事業單位內，擁有所有權及事業經營者，代表雇主行使指揮監督，而具有權利與責任之謂，而這種概念並非一成不變者。因其行使職務時所扮演的角色，具有資方的權利與責任時，即為「雇主」；具有勞方的權利與責任時，即為「勞工」。

參、勞動權的意義、由來與範圍

勞資關係法由勞動權而來，有勞動權方有勞動法。所謂勞動權包括團結權、交涉權與爭議權。以下分別論述。

一、意義

（一）團結權

所謂團結權（或稱結社權），乃指勞工享有組織或加入工會的權利。工會組織，真正受到法律的保護，最早出現於 18 世紀後半葉的英國，現今各國皆普遍設立有工會組織。惟設立工會必依法律規定，如我國工會法明確規定：「為促進勞工團結，提升勞工地位及改善勞工生活，特制定本法。」（第 1 條），「本法所稱主管機關：在中央為行政院勞工委員會；在直轄市為直轄市政府；在縣（市）為縣（市）政府。工會之目的事業，應受各該事業之主管機關輔導、監督。」（第 3 條）。又如美國工會之設立，係以「國家勞工關係法」(The National Labor Relations Act,1935) 及「勞資關係法」(Labor-Management Relations Act,1947)等法令為依據。工會組織之設立要件、會員、職員、經費、監督保護、解散、聯合組織、基層組織與罰則等，均在相關法令載明。

（二）交涉權

所謂交涉權（或稱協商權），乃指勞工運用集體力量，與雇主交涉有關僱用條件和其他勞工權益之權利，亦即勞方（工會代表）依法令規定得與資方（雇主），相互協商談判，以期取得協議之過程。因此，協商權可能包含下列步驟：

1. 工會代表與資方或政府代表，就勞動條件「集體協商」（或稱團體協商，Collective bargaining）。

2. 協商的正面結果，即取得「協議」（或稱團體協約，Collective agreement）。

3. 「可協商」或「不可協商」的範圍係依法令規定或雙方同意。

　　勞資雙方出現「爭議」事端，而需由談判化解，協商如果出現負面結果，即可能釀成更大抗爭（如怠工、罷工）。

　　我國團體協約法規定：「為規範團體協約之協商程序及其效力，穩定勞動關係，促進勞資和諧，保障勞資權益，特制定本法。」（第 1 條）「本法所稱團體協約，指雇主或有法人資格之雇主團體，與依工會法成立之工會，以約定勞動關係及相關事項為目的所簽訂之書面契約。」（第 2 條）

（三）爭議權

　　所謂爭議權（或稱罷工權）乃指勞工團體與雇主無法達成協議，所運用的爭議行為向雇主施壓之權利，罷工是勞資激烈衝突或抗爭的爭議或行動方式，致使勞資關係產生變化，或具正面作用（如雙方各退一步而取得協議），也可能具負面作用（如勞資關係惡化），未可一概而論。我國為了解決勞資糾紛、造成勞資或第三者及社會國家的重大損失，遂制定勞資爭議處理法。明定：「為處理勞資爭議，保障勞工權益，穩定勞動關係，特制定本法。」（第 1 條）

　　我國憲法第 15 條規定：「人民之生存權、工作權及財產權，應予保障。」一方面對財產權之保障予以宣示，另一方面又對勞動者生存、工作權加以規定，以確保勞動者經濟上的基本權，此種規定方式始自威瑪憲法，在憲法中確認個人財產權與勞動者生存權係國家二大支柱，在經濟社會推動之下，勞動立法也循此方向而發展。[24]憲法第 154 條規定：「勞資雙方應本協調合作原則，發展生產事業，勞資糾紛之調解與仲裁，以法律定之。」故我國勞動權乃以憲法之上述條文，得以確立之。唯不若日本憲法第 28 條規定：「勞工之團結權、交涉及其他團體行動之權利，應予保障。」明確宣示對於勞動權之保障。

---

[24] 黃越欽，《勞動法論》，臺北：國立政治大學勞工研究所，1991 年。

　　爭議權是實現協商權的輔助性權利。當團體協商陷入僵局或破裂、資方拒絕談判時，為實現勞方之協約自治原則，工會可以行使爭議權向資方施壓，促使其重新回到談判桌前，或再無法達成協議時，可通過仲裁程序，實現勞資協約自治的最終目標。因而爭議權是實現協商權的一項輔助性權利。

　　又勞動權之關係密切，若無爭議權及團體交涉權，則團結權有如無刃之劍，不過在實際上仍有相當顧慮，因此，一般而言，勞工雖應充分享受，但在國家公務員，則無爭議權。至於警察、消防、監獄等治安上不可或缺之職業，則不能行使此三種權利。當集體談判破裂交涉失敗時，即進入爭議階段。爭議權對勞資關係至關重要，爭議權是勞資雙方在談判中向對方施加壓力、建立有效平衡制約機制的主要手段，同時也是解決衝突的重要方式，它能促使雙方在談判中調整期望值，達成雙方都能接受的協議。依據勞資對等原則，與團結權和交涉權一樣，爭議權也是勞資雙方共有的權利。對勞動者而言，主要有罷工、集體怠工、聯合抵制、設置糾察、占領工廠等爭議形式。雇主的爭議行動主要有關閉工廠、僱用罷工替代者、充當罷工破壞者、黑名單等形式。世界各國普遍公認的爭議行動方式就是罷工和關閉工廠。罷工和關閉工廠是一種經濟戰，除了會給勞資雙方帶來巨大的損失之外，還會給公眾或第三方帶來不便，甚至還會影響有關健康安全的商品和服務的供給。因此，勞動法在規定勞資雙方享有爭議權的同時，也對爭議權的行使進行了限制。這種限制，主要表現為來自公法上的約束和制裁，以及私法上基於集體協議產生的「和諧義務」的約束。考慮到罷工可能給第三方或社會公民帶來危害，有的國家規定工會舉行罷工時，不得妨礙公共秩序的安寧，危害他人生命財產及身體自由，爭議逾越合法界限時，要受到國家法律的制裁。

二、由來

　　勞資雙方在生存權的概念下，勞動者享有勞動權、資方享有財產權，對勞動者而言，勞動權就是生存權，包括個人勞動權和集體勞動權；對資方而言，財產權就是生存權，包括經營權和所有權。茲將勞動者及資方之生存權繪圖如圖1-6。

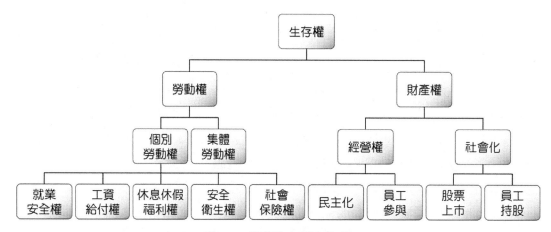

圖 1-6　勞資生存權之內容

三、範圍

　　勞資關係的事項極大多數均屬人力資源管理的範疇，諸如薪資、福利、安全、休假、離退及有關工作條件等事項，在人力資源管理制度之內。不從根本上改進人力資源管理，則無法健全勞動權制度。

　　其次，勞資關係所觸及的勞動權，其權益衝突的主體都與資方的人力策略管理有密切關係，勞工的權利即雇主的義務，雇主如未盡履行義務，勢必影響勞動權之實施成效，故必健全管理者必欲以人力運用、人力發展、人力策略、人性化管理等途徑應用於勞動權機制上，則必重視下述管理措施：

1. 政府推動勞資關係法，即工會法、團體協約法及勞資爭議處理法建制。勞資關係法的建制，即勞工立法，係以勞動基準法為基準，而衍生建構勞工法制，而其中與勞動權最具密切關係之法令，即勞資關係法。

2. 重視員工申訴權(Grievance)之實施。

3. 減少或防止資方「不當勞動行為」(unfair labor practice)。

4. 確立人性化管理體制。

5. 健全國際化人力資源管理。

　　至於防止「不當勞動行為」，原指企業間的不公平競爭(unfair competition)與不正當商業習慣(unfair trade practice)。1935 年美國勞工關係法第 8 條及 1947 年勞資關係法均指：雇主挾其優勢經濟地位所進行的各種反對工會主義或歧視

工會會員之不法行為。現今，不當勞動行為之廣義範疇，泛指雇主或政府之策略與管理之違害員工或勞工權益之非法或不當措施。[25]

四、本書章節安排

本書以勞資關係系統論之概念安排章節，主要分成三大部分：第一部分，第一章導論，包括勞資關係及勞工與雇主；第二章工會與勞資關係理論，包括工會理論及勞資關係理論；第三章歷史發展與勞動環境，包括英美兩國的工會歷史、勞動市場及勞動力；第四章勞資關係機制，包括英國勞資關係法與機制、美國勞資關係法與機制及澳洲勞資關係法與機制。主要在探討勞資關係的一般性內容，讓讀者對勞資關係有概括的認識，並從歷史發展和理論的角度，對勞資關係做全面性的了解。

第二部分，第五章工會組織，包括基層工會與聯合工會、全國性工會、主要國家的工會組織；第六章雇主組織，包括雇主與管理者、主要國家的雇主組織、雇主的管理策略；第七章勞資關係管理，包括勞資關係管理理論、紀律管理與申訴。第八章團體協商，包括團體協商的本質、主要國家的團體協商制度；進一步探討勞資關係在主要國家的做法與實際運作情形，並由資方的管理角度，提出紀律管理等之作法；再者，從工會組織及雇主組織的運作，在先進國家勞資雙方如何進行團體協商，進行探討。

第三部分，第九章我國勞資關係之機制，包括我國的勞動環境、勞資關係之建立；第十章我國工會法與工會組織，包括工會法、我國工會組織現況；第十一章我國團體協約法與團體協商機制，包括團體協約法、團體協商現況；第十二章我國勞資爭議處理，包括勞資爭議與爭議行為、勞資爭議處理法及現況。從我國目前的處境及現狀，討論勞資關係的實際運作，讓讀者得以比較與先進國家的差異，並由此提出我國勞資關係的改進之道。

---

[25] 吳正旺，《勞動三權與勞三法的範疇與趨勢之研究》，萬能商學學報，十五期，99 年 7 月，117～134。

問題與討論

一、 勞資關係之意義為何？學者專家認為勞資關係的範圍有何不同？

二、 勞資關係的本質與型態為何？

三、 勞資關係的原理。

四、 勞工的定義、屬性與型態為何？

五、 雇主的定義與型態為何？

六、 勞動權的意義為何？

案例 勞動節

一、國際勞動節

　　5 月 1 日正確的名稱是「國際勞動節」，1884 年 10 月 7 日，美國勞工聯盟感於工作時間過長，發起「三八制」運動，向企業主要求每日工作 8 小時，教育 8 小時，休息 8 小時之運動。繼而在 1886 年 5 月 1 日舉行大罷工，參加示威運動者達 20 萬人，然而，由於警察趕來鎮壓不幸釀成流血慘案（有 4 人死亡），5 月 4 日芝加哥工會決議在乾草市場廣場舉行群眾大會，警察再度向群眾開火，計有 10 人慘遭射殺，此為歷史聞名的「乾草市場慘案」，事後政府一口咬定是無政府主義者丟的炸彈，警方並大肆逮捕勞工領袖，5 人被判死刑，1889 年在巴黎舉行的第二國際成立大會通過決議，將 5 月 1 日定為「國際勞動節」，以紀念這段壯烈的歷史。

　　1886 年發生在芝加哥草集廣場的事件具有深刻的象徵意義，它象徵著資本主義制度下工人利益和企業主利益的不可調和，它象徵著工人階級除了針鋒相對的鬥爭別無出路，只有這樣它才能爭取自身的解放，擺脫被奴役被剝削的命運。1889 年，在巴黎召開的第二國際首次代表大會決議，每年的 5 月 1 日是國際勞動節，全世界勞動者慶祝的節日（扣除加拿大及美國）。

二、秋天版的勞動節

　　1863 年，美國南北戰爭期間，一個貧窮的愛爾蘭移民應徵上了前線，他 11 歲的兒子，彼得・麥克伽爾(Peter McGuire)為幫助維持一家生計，在紐約街頭給人擦皮鞋，做清潔小工。這些移民家庭發現，新大陸的生活並不輕鬆，很多家庭不論男女老少都得辛勤工作才能維持溫飽。他們必須每天工作十幾個小時，疲乏生病也必須幹活，不幹就會被解雇。

　　彼得 17 歲的時候，他開始在一家鋼琴店當學徒。這個工作比較好，他可以學著怎樣做買賣，但是還是工作時間長，賺的錢卻很少。到晚上，他去開會聽課，學習經濟學，參加討論社會問題。工人們討論的一個重要話題，就是工時太長，賺得太少，工人們太苦。他們談到，工人們要組織起來，成立工會，來改善工人們的處境。1872 年，彼得參加了有 10 萬工人的大罷工，上街遊行，要求縮短勞動時間。

　　從此，彼得認識到，組織起來的工人運動對於工人的未來是至關緊要的。以後數年裡，他經常在工人集會上演講，還遊說地方政府救濟失業工人。在那個時代，彼得走的這條路可不輕鬆。他被看作是一個搗亂者，常常自己就沒有工作。以後，他還到其他城市演講，鼓動工人組織工會。1881 年，他搬到密蘇里州的聖路易市，組織召開了芝加哥木工大會，成立了全國木工工會，他成為美國木工兄弟會的祕書長。

　　彼得的木工工會成為一個樣板，成立工會的風潮席捲美國。工廠工人，碼頭工人，到處都組織起來要求保障勞工權利：八小時工作，穩定有保障的工作職位。彼得和其他工會商議，要設立一個勞工者的節日，這個節日定在七月的獨立日和 11 月的感恩節的中間，讓工人們在這四個月的辛勞中多一天休息和娛樂。這就是九月的第一個星期一。

　　1882 年 9 月 5 日，第一個勞動節大遊行在紐約舉行。兩萬工人穿過百老匯大街，他們的旗幟上寫著：「勞動創造了所有財富」，「八小時工作，八小時休息，八小時娛樂」。遊行過後，他們舉辦野餐，吃喝歌舞。入夜，他們放了煙火。這樣的慶祝活動立即傳播到全國。每年到這一天，工人們紛紛用這樣的辦法來慶祝自己的節日，表達自我覺醒的意識，要求勞工權利。十餘年後，1892年，美國聯邦國會立法確定，這一天為聯邦勞動節。

　　臺灣勞工運動始於西元 1919 年。1923 年北京政府農商部頒布暫行工廠通則，其後全國勞工大會先後在廣州、漢口舉行大會，每年 5 月 1 日分別在各地集會紀念「勞動節」。中共則 1949 年開始將 5 月 1 日定為「勞動節」，每年舉行各種慶祝集會和文藝娛樂活動，並表彰對國家和社會作出突出貢獻的勞動者。
（參考資料：丁林，「世紀中國」網刊，2002）

CHAPTER 02

工會與勞資
關係理論

INDUSTRIAL RELATIONS

　　社會科學家針對社會個人或集體的行為，所提出解釋和預測是難以驗證的。然而，仍有許多人類行為之外的心理、經濟、社會和政治議題被建構成為可資依循的概念、模型或理論。勞資關係在實務上的運作情形，均係由於理論基礎的推演所形成。理論界在集合了人類數百年的經驗後，提出一些可能的解釋，它在真實世界中讓人看得較為清楚，然而，不同派別產生不同的看法，因而形成了不同的理論。本章對於勞資關係之理論與發展的介紹，主要是從歐美各國的歷史脈絡下，解釋勞資關係之歷史發展及理論形成的原因及現象。本章先從工會主義的理論基礎談起，再就勞資關係之歷史發展及理論形成，引出三大勞資關係理論—統合理論、馬克思理論和系統理論，俾對理論之差異了解其概梗。

第一節　工會理論

壹、早期的理論

　　工會理論可分為早期的工會理論與近代的工會理論。早期的工會理論包括韋伯夫婦、潭南邦、何西、布爾曼和康滿斯等人的理論，近代的工會理論可歸納為衝突理論、人際關係學派和勞資關係體系論，茲分述如下：

一、韋伯夫婦：工會以維持並改善其工作生活條件為任務

　　韋伯夫婦(S. Webb and B. Webb)認為工會是「工資收入者的一個經常組織，以維持並改善其工作生活條件為任務」。而工會的基本目標應為「著意調節就業條件，以減除工業競爭對於體力勞動生產者的不良影響」[1]。在韋伯夫婦看來，工會的主要任務是改善工人的工作與生活條件。最初，工會以提高會員技術水準及減少會員數目，作為提高工資待遇的有效方法；後來工會組織加強，工業生產發達，無技術及半技術工人的工作機會增加，工會較難再以限制會員人數來達到增加工資的目的，轉以提高工人的工作技術，以爭取工資待遇的提高。在韋伯夫婦心目中，工會應以社會經濟（團體交涉及工作技術的提高等）及政

---

[1] 張天開，《現代勞工運動》，中國文化大學，頁 1～2。引述自 Sidney and Beatrice Webb，《History of trade Unionism》, New York: Longmans, Green & Co., 1894 及 Sidney and Beatrice Webb,《Industrial Democracy》, New York: Longmans, Green & Co., 1897.

治（選舉、組織及加入工黨）等手段，以達到提高工作條件和生活水準的目標。

二、譚南邦：工會為工作安全的保障

譚南邦(F. Tannembaum)認為：「工人參加工會，不過想得到對於工作安全的保障。」他和韋伯夫婦一樣，屬於「溫和派」的勞工問題專家，他認為工會組織係以保護工人為出發點，其正常發展是朝著工業民主和勞資合作的方向邁進，他也否認馬克思「階級鬥爭」的論調，他肯定了工會主義的重大功能，因為工會可以促進新社會（工會民主社會）的建立。[2]

三、何西：工會以團體交涉為手段

何西(Robert F. Hoxie)將工會的功能分成：1.商業性工會；2.理想性工會；3.革命性工會；4.掠奪性工會；5.依靠性工會。以工會功能做出發點所表達的工會運動的理論基礎，雖係以社會心理為其論點，大體而言係以美國的工會為對象，且以商業性工會居多，因而認為美國的工會以團體交涉為手段，乃係以商業為主要思考。[3]

四、布爾曼：社會對工會運動的同情與協助

布爾曼(Selig Perlman)將勞工運動分為三段：1.工會組織為工人對於職業的意識，因為職業求得不易，工人有儘量保持其職業、發展其工作技能的心態，其目的在維持其工作。2.雇主為保護自身利益，對於工會的要求多加以限制，造成勞資問題。3.社會各階層對於工會運動的同情與協助，如社會主義、工團主義、共產主義，及現代工會的發展，產生重大的影響。[4]

---

[2] 張天開，《現代勞工運動》，中國文化大學，頁 3。引述自 Frank Tannenbaum,《The labor movement, Its conservative function and social consequences》, New York: G. P. Putnam's Sons, 1921.

[3] 張天開，《現代勞工運動》，中國文化大學，頁 4。引述自 Robert F. Hoxie,《Trade unionism in the United States》, New York, D. Appleton & Co., 1921.

[4] 張天開，《現代勞工運動》，中國文化大學，頁 5。引述自 Seling Perlman,《Theory of the labor movement》, New York, MacMillan Co., 1928.

五、康滿斯：工會為政治歷史的一部分

康滿斯(John R. Commons)認為：勞工史是工業與政治歷史的一部分，因此研究勞工史應注意經濟、工業與政治狀況及其邏輯，工會運動的消長和經濟發展的因素緊密相關。[5]

綜合上述理論，歸納如下論點：

1. 勞工運動是工人對於工業化所產生的許多問題的綜合反應。

2. 工會運動逐漸發展成為勞工參與，熱心於工業民主的推進，因而以團體協約與勞動立法等方式，制定法令規章，構成經濟發展中勞資關係演變的準則。

3. 高度工業化的結果，將使管理者與技術人員的地位提高。

4. 在工業社會多方發展的情況下，多元化的工業社會已配合各種不同的需要，由個別漸趨相同，依著類似的軌道前進。[6]

貳、近代的理論

一、柯爾和海曼：衝突理論

柯爾(Clark Kerr)曾指出工業衝突的種類如下：工業衝突之表現方式就如人的創造力一樣是無限的。罷工是最普通也最易見的表現方式。但與雇主的衝突，也可採用和平協商與訴願處理、杯葛、政治行動、抑制生產、蓄意破壞、怠工，或人事轉業等方式。上述方式中，有些如蓄意破壞、抑制生產、怠工，及人事轉業等可發生於個人及整個組織，甚至罷工本身也有許多種。罷工行動可能牽涉到全體工人或只涉及關鍵人物。它也可能採取拒絕加班的形式，或運用某一程序。它甚至可能因為太堅持原則，而使生產中止。由此產生的理論即為「衝突理論」。他認為：工會是勞工在不和諧社會的經濟剝削下，集體反應的產物；他們發現自己重覆地與社會的控制要素進行劇烈的衝突。然而；今天在同樣的社會裡，不妨將工會主義描述為「社會控制機能的重要部分」。茲分述如下：

---

[5] 張天開，《現代勞工運動》，中國文化大學，頁7。引述自 John R. Commons(ed.)，《A documentary history of American industrial society》, Vol. 5., 1910.

[6] 張天開，《現代勞工運動》，中國文化大學，頁8～9。

（一）工會的成就

自從 19 世紀或 1930 年代的「苦日子」以來，由於工會大幅度改善了薪水階級的生活而名聲大噪；這種改善有時也被視為是社會本身已轉變的證據。的確，有些人以為，社會情況的轉變如此劇烈，工會幾乎已沒有存在的必要—此一論點特別受到雇主們歡迎。增加工資與減少工時等實質改變，也吸引許多人的注意。實際上，本世紀以來，國民所得中薪資所占的比例，與 60%的數目相距甚遠。工會未能為其會員成功爭取到任何生產增加的利潤；只是維護經濟成長中固定的收入而已，許多經濟學家認為，即使工會不存在，薪資的數額大致不變。這種觀點很難去證實；至少大多數工會成員相信，薪資提高是他們的組織所促成，而非單單由於雇主們的慷慨或與個人無關的經濟法則產生的。

（二）合法性與穩定性

現代的工會，因為在當代社會中獲得合法地位，而逐漸扮演溫和的角色。在草創初期，雇主們（以及政府）均視之為從事顛覆活動的危險機構。那時，工會所策劃的激烈抵制行動，爆發了許多大規模的衝突。19 世紀的英國雇主經常要求受雇者簽署一份「文件」，宣示自己並非工會的會員，而成為建築業、工程業和其他工業爭執的原因。在 1930 年代的美國，大公司花費數以千元的代價聘請偵探，並擁有私人槍械和催淚瓦斯，以及僱用殺手來對付工會組織。英美兩國的地方政府和中央政府有時也助雇主從事此種對抗。不過，現今的管理者和政府大多與工會妥協，和諧的勞資關係已逐漸可能。

（三）工會的「制度性需要」

海曼(Hyman, 1971)認為：組織的建立或多或少是有意的要實現某些特殊目標，但這些原始目標會隨著時間有所補充和擴大，達成目標的步驟被神聖化之後，反成為行動的目的。為了組織自身的安全與穩定，必須提出「制度性」目標，結果反和明顯的目的有所衝突。同樣的過程內含於工會主義中，作為社會組織的工會，以發展出某種「功能自主性」，他們的成長與整合反而成為目的。

二、梅耶：人際關係學派

「人際關係」學派，通常是用於一群組織鬆散的美國工業社會學家及社會心理學家的頭銜，這些學者們在 1930 及 40 年代發展出他們的主要理論，他們

受到梅耶(Elton Mayo)的影響最大。學派的名稱即顯示出他們心中的理想：就是工人的「士氣」、高生產率、以及工業和平的關鍵，在於工業界「人際關係」的品質。持這種理論的人堅持，雇主可以鼓勵促進團結的社會關係，給予工人們支持，以及確保管理與受雇者之間溝通管道的暢通，來達到他們的目標。這種說法長久以來已引來許多敵對的批評。這種主張曾被指為管理的偏見，對工人的操作途徑，視工廠為一封閉的社區，否定工業衝突的理性，及忽視工會的角色等。許多人際關係傳統方面的著作，都有助於這些批評；而欲以實驗證明這種早期的人際關係假設及處分的企圖，已證實了這些理論不適當。然而儘管人際關係學派的理論太過天真，而在學術上不可信，但他們卻仍然具影響力，尤其在管理教育上。

早期對這種方法在罷工情況中的實際運用，是史高特(J. F. Scott)及何門斯(G. C. Homans)想要解釋戰時(1947)為何底特律不斷地爆發非正式停工，他們說不管這些糾紛牽涉到什麼事件，「最後許多的罷工似乎都是因錯誤不當的溝通而引起的」。具有隨著因新員工的加入而逐漸壯大的勞工力量，工人們因無法向公司、或工會集團申訴其不滿，只好代之以罷工。

三、鄧樂普：系統論

雖然社會科技的解釋，比單純科技決定論要成熟的多，但它的分析卻被拒絕於工廠門外；它忽略了廣大社會對勞資關係本質所造成的影響。有一個概念架構及鄧樂普(J. T. Dunlop, 1958)的「勞資關係體系」的概念可克服這種限制。根據 Dunlop 的觀點，「『勞資關係體系』，可視為工業社會的分析性次系統」。

一個勞資關係體系，是由三工行動者團體所組成一個工人及組織、經理及其組織，與工作地、工作社區有關的政府機構。而這些團體又與三項互相關聯的脈絡所構成的特殊環境互動；這三個脈絡是科技、市場或預算限制，大社區中的權力關係，以及行動者的地位。一個勞資關係體系可創造出一個有關行動者互動與角色的意識形態或理念及信仰共同體，而有助於維繫整個系統。

Dunlop 把這個架構應用到兩種工業（煤礦及建築業），以在勞資關係上比較其國際性的異同。他也用此架構來分析南斯拉夫及開發中國家的勞資關係。

不論明確與否，這種理論的觀點已逐漸成為許多戰後工業衝突研究的潛在基礎。例如：諾爾對英國各工業的罷工傾向之研究，就符合鄧樂普的概念架

構。而自從 Dunlop 的論著於 1958 年出版以來，系統論的概念，即被有關此論題的學術研究所廣泛採用—即使有些採用者對某些意涵並不完全贊同。[7]

{} **勞資關係理論**

　　勞資關係理論可根據各派學者承認組織權威來源的多寡，大略可以將學界切入工業體系內的衝突與合作的角度，粗略分成一元論(Unitarism)與多元論(Pluralism)兩大派別(Gospel & Palmer, 1993)。其中，一元論學者的立場見解較為單純、一致；而多元論學者的看法較為分歧、派系較為複雜。多數一元論的支持者主要為企業的領導人、人際關係與人力資源管理學派的學者，以及號召國家中心的權威主義學者。相對地，工會、勞工、以及支持自由主義派學者，多為多元論的支持著。[8]

---

[7]　馬康莊譯，理查海曼原著，《勞工運動》，臺北：桂冠，1988。

[8]　朱柔若，《政經發展與工運變遷之跨國分析》，臺北：華泰書局，1996 年。

壹、理論分野

　　勞資關係制度之形成，因各國政治、社會、經濟及歷史背景之差異而有所不同，學者對於勞資關係理論，有從一元理論及多元理論的分野，將一元理論及多元理論分開，再將多元理論區分為：新集體主義、統合理論、新放任主義及激進主義。[9]這些是近似於系統理論的組織特徵，包括：一致的政策、管理需求與經濟政策、政府勞資關係公共政策、構成政府、雇主與工會之間的特殊關係。

　　西方學者從不同的立場、理念和對現象的認識出發，認為比較有代表性的約有五大理論學派，按照政治趨向上的「右翼」（保守）到「左翼」（激進）的排列順序為：新保守派、管理主義學派、正統多元學派、自由改革主義學派、激進派。這些學派觀點的相似之處在於：都承認勞資關係雙方之間存在目標和利益差異。其主要區別在：1.對員工和雇主之間的目標差異的重要程度、認識各不相同；2.在市場經濟中，退這些差異帶來的問題提出了不同的解決方案；3.對雙方的力量分布和衝突的作用，以及當前體系所需的改進等方面各執一詞。[10]歸納各學派的觀點和看法如下表：

表 2-1　各學派對勞資關係理論的差異

←←←←←左派　　　　　　　　　　　　　　　　　右派→→→→→

學派 特徵	激進派	自由改革主義學派	正統多元學派	管理主義學派	新保守學派
主要關注問題	減少體系內的力量不均衡	減少不公平和不正義	均衡效率和公平	員工忠誠度的最大化	效率最大化
主要分析研究的領域	衝突和控制	員工的社會問題	工會、勞動法和集體談判	管理政策和實踐	勞動力市場
對雙方力量差異的重要程度的認識	非常重要：體現了體系內勞動和資本之間力量不均衡	相當重要：其差異是不公平的主要來源	一般重要	若雇主接受進步的管理方法，就很不重要	不重要：由市場力量救濟

[9] 朱柔若，《社會變遷中的勞工問題》，臺北：揚智書局，1997 年，頁 9～26。

[10] 程延園，《勞動關係》，第二版，中國人民大學出版社，2009 年，頁 32。

表 2-1　各學派對勞資關係理論的差異（續）

←←←←左派　　　　　　　　　　　　　　　　　　　　　右派→→→→→

特徵　　　學派	激進派	自由改革主義學派	正統多元學派	管理主義學派	新保守學派
所設想的內部衝突的嚴重程度	儘管是依員工力量而變化，卻是基礎性的	依情況而定：在「核心」低，在「周邊」高	一般：受到公眾利益為中心的侷限	若雇主接受進步的實踐，則衝突就很少	根本沒有：由市場力量彌補
對工會在集體談判中的影響的評價	在資本主義社會，工會的效率具有內再侷限性	在「核心」有有限效用，在「周邊」無效	正向的社會效應，中性或正向的經濟效應	持矛盾心理：取決於雙方合作的態度	對經濟和社會產生負面影響
改進員工與雇主之間關係的辦法	激進的制度變化：員工所有和員工自治	增加政府干預和增強勞動法改革	保護勞工集體談判的權利：最低勞動基準立法	推進進步的管理實踐，增強勞資雙方的合作	減少工會和政府對市場的干預

※資料來源：程延園(2009)。

　　本書採取英國學者所羅門(Michael Salamon, 1992)之說法，將勞資關係理論歸納成三大體系：統合理論、馬克思理論及系統理論三大派別。[11]

　　勞資關係統合理論由英國多諾分委員會(Donovan Commission)的學者群研究報告所發展的理論，將勞資關係視為對工作規範的研究，藉由權威主義及干涉主義的關係，產生人力資源管理策略，被視為「牛津學派」(Oxford Approach)。馬克思理論以「衝突理論」為基礎，主張「衝突」的社會階級原理，由進化和革命的演變，產生對制度的控制，被視為「馬克思理論學派」(Marxist Approach)；勞資關係系統理論以「社會系統」為主要概念，由 Dunlop 建立，認為勞資關係系統與經濟次級系統一樣，可視為「多元論學派」(Pluralistic Approach)；而此三種理論的共同焦點均在「社會行動」(Social Action)及勞資合作上。有關勞資關係理論之區別如圖 2-1。

---

[11] 王惠玲，《勞資關係之反思與再造》，思與言 37 卷 3 期，1999 年 9 月，頁 101～118。

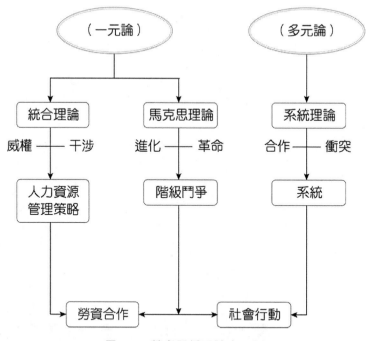

圖 2-1 勞資關係理論之區別

※資料來源：Salamon(1992)。

貳、理論內容

一、統合理論：一元論

統合理論者認為，勞資雙方各自成立團體或組織，並整合成中央集權式之單一組織，由國家賦予勞資團體特殊地位，進行勞動條件之協商。[12]統合理論乃假定勞資關係在一個單一的權威結構和共同的價值觀、利益及目標上。提供資本的雇主和提供勞力的勞工間乃為互補的結合組織，該組織是否和諧或衝突，有賴雙方的合作程度而定。衝突主要係來自於勞方的不滿，其本身就是不合理的行動。衝突的發生，可能是組織本性瓦解、計畫管理決策缺乏溝通、管理當局的好意遭勞工的誤解等，此種解釋乃基於權威主義和干涉主義的結果，高壓政策就變成管理當局的合法工具了。以臺灣為例，其勞資關係即屬於國家統合主義，是統合理論的一種型態。

---

[12] 沈宗瑞，《國家統合理論與臺灣勞工的政治權力》，中山學術論叢 10 期，1992 年，頁 111。

　　到了 1980 年代，由於勞資糾紛不斷發生，統合理論者乃修正其論點，致力於發展人際關係及溝通系統，並且宣傳員工認同，例如：「同舟共濟」(Let's pull together, We're all in the same boat.)的論調等。Fox 於是批評統合理論者乃是一種管理的意識型態(Management Ideology)，認為統合理論是：1.讓權威角色的合法化，將雇主和勞工的利益視為相同，並強調雇主的統治就是整個組織的目標；2.重新肯定衝突的過失不在管理上，而是執行的問題；3.提出各種證據說明對管理決策的批評和挑戰都是錯的。

　　統合理論是勞資關係的精華，是所有組織和工會，以整體和諧為一個共同的存在目的。他們假設所有員工均坦然接受企業目標和經營方式。因此，提供財物的雇主與代表他們的管理階層沒有利益衝突，而那些貢獻他們的勞力和工作技術者，在雇主和管理階層之認知，認為組織是聯合經營的模式，透過該組織才能產生一個高效率、高利潤和高薪資的團隊，勞資和管理者有共同的理念才是目標。的確，雇主和管理者屬於同樣的團隊，然而，這個團隊被期待擁有堅強的領導，由上而下，所有人不斷地工作，並且產生「企業承諾」(Enterprise Commitment)。

　　在管理上，員工或部屬應接受指揮，形成一個獨裁和家長式的管理方法、與員工常保持適當的溝通與聯繫、管理者單獨對企業作決策。相反地，員工及部屬則應該對雇主忠誠，並且根據管理規則，共同承擔經營的後果。企業應用此一理論，就像職業橄欖球隊的名言：「團隊精神和管理當局共存，才能造福所有的人」。此種單一結構和單一工作組織，擁有單一的目的，唯一的當局和一致的言詞是統合理論的特性。「勞資關係」在雇主和被管理者之間，被認為係承擔相互合作與和諧為利益考量的準則(Criteria)。

　　統合理論的另一種涵義是把其他派別或看法當作是病理現象。員工或部屬是無法參與管理、諮詢或權利的決定，工會的理念被看作是非法干預企業的運作和合作的架構。尤其，統合理論對於工會是否有權與管理者之間交涉和衝突的有效性，持否定的看法。那些明顯的衝突包括：1.單純的摩擦。例如：由於不相容的個性或處事的態度；2.錯誤的溝通。例如，有關企業目標或方法未獲良性互動，而造成誤解；3.愚蠢的結果。以錯誤的形式掌握公眾性利益；4.罷工。主事者為了達到目的，造成的員工抗議行為。[13]

---

[13] 參考 A. Fox , Royal Commission on Trade Unions and Employers' Associations Research Papers, 3, 《Industrial Sociology and Industrial Relations》, London: HMSO , 1966, p.12.

　　因此，工會和集體交涉在統合理論者之認知，乃是反社會、反管理機制，透過工會代表的協商是無法解決無益性和破壞性的產業衝突，兩者是競爭的對象而非合作的對象。統合理論最明顯的情形是，在實際運作上，雇主和管理者認為了解理論內涵，才能保障他們的角色，不致讓權威受到挑戰，員工及部屬完全採納他們的決策。因此，人力資源部門乃制定對公司管理有利的各種規章，依照其規定，不須與工會接觸談判。雖然公司被強迫承認工會存在的事實，他們經常非常勉強地接受工會的要求權利。但是，私底下公司仍然由董事會指揮、處理其勞資關係決策，例如，他們會在與工會代表談判前，先針對問題訂定一個限制範圍，作為討論事項。

　　某些員工也支持統合理論。某些較保守的行業，例如：歐洲教會和軍方，傳統上傾向公眾輿論價值，接受管理者的指揮是其天職，紀律可能是這些行業最受重視的準則。總之，傳統統合理論以最單純的形式，強調企業的和諧本質和良好的勞資關係。

　　統合理論者在 1980 年後期，在英國興起與結合人力資源管理(Human Resource Management)，成為研究勞資關係的主流。美國則將人力系統納入成為勞資關係的武器。Kochan, Katz 和 McKersie 等人提議將人力資源及勞資關係合為一個系統，簡稱 HRM/IR System 來考慮，並著手研究組織系統的現象。至今，統合理論者乃是勞資關係理論歷久不衰之研究模式。

二、馬克思理論：激進的一元論

　　馬克思理論之勞資關係，係以階級鬥爭為原理，其最終目的在於：由勞動者主導政權，徹底剷除資本家之存在。此類型之勞資關係存在於前蘇聯、前東歐共產國家及中共，執政之共產黨，取代資本家之地位，成為勞動者之雇主。所謂勞資關係實等同於國家與勞動者之關係，工作崗位為統包統配，而一切勞動條件均由國家決定。馬克思理論者在勞資關係的主張，乃假定生產制度的私有及利潤是影響社會利益的主要因素，由管理者控制整個生產的過程，可能會導致階級衝突，而階級鬥爭是社會改變的來源，如果沒有衝突，社會就會失去活力。

　　馬克思(Karl Marx)解釋勞資關係並不嚴謹，反而是對社會較為廣泛的理論、資本主義社會和社會的改革有較清楚的解析。換言之，馬克思的分析是針

對較有權力的社會，進行社會探討和解釋的一種方式，它並不是一個政治的主張，所以引用馬克思理論並不是很確實，要了解勞資關係與馬克思理論之關聯，必須分離出在廣泛的馬克思分析中的主要特徵，即資本家和工資所得的地位。此外，馬克思對工會主義及團體協商的著墨甚少，基本上，當馬克思在研究 19 世紀資本主義的發展時，因為這兩種制度皆不是在歐洲地區具有堅固的存在基礎。因此，應用馬克思理論是，間接地從後來的學者敘述勞資關係，而不是直接地從馬克思理論而來。

馬克思分析是將社會作為研究假設的起點，社會階層衝突是導致變革的催化劑，這些衝突的發生是來自不同經濟力，換言之，對變革知覺並不是單從壓力為探討對象，結果將會改變前資本主義與社會資本主義之層級基礎特徵，這個概念即是唯物主義的辯證法。辯證的唯物論是採取戒除經濟性基本結構或基礎權力，且辯證的矛盾是出自於社會變革所發生的社會層級，以及相對的經濟利益。

此外，馬克思理論不同於多元論者，政治性的階級衝突是同義於產業衝突，衝突的發生是出自於獲得勞動與出賣勞動，對資本主義是不變的特性，僅是普遍地反應資產階級與資本主義社會階級關係優越的基本權力。

有更多值得注意的地方，勞資關係對馬克思理論者本身並不是最後的目的，而是在資本家與勞動者兩者之間的階級鬥爭，因為資產階級社會必然地會引起無產階級政治的改革，由於無產階級的出現，社會主義與無產階級社會最終會達到共產社會，工團主義與勞資關係衝突只是在資本主義內部固有的特徵，勞動者可能變成改革者，尋求革除資本主義內部在產業階級的基本權力，和建立社會主義的社會。

馬克思理論是根據二個相關的觀點引申出來：第一個觀點是社會和勞資關係。兩者的關係即是雇主與員工之間的關係，即使是在英國和歐美地區之產業社會，仍是以階級為基礎，實質上已具有資本主義觀念，以至於產業衝突逐漸從制度中分離出來，因此，衝突的發生已經受到一般社會的認可，表示社會已經同意組織的安排。第二個觀點是工作團體是社會的一個縮影，社會的組成分子是由個人與社會群體所組成，每個分子都擁有他們的社會價值，並且了解他們自身的權益和目標，所不同的是企業的控制和管理的工作，勞資關係是雇主與工會，以及管理者與工會會員之間，衝突與權力的關係。

　　階級衝突起因於經濟力量的不平等，其主要的不平等，又基於提供資本者和提供勞力者之間的差異。社會和政治的衝突形式，只不過是經濟衝突的一種表現而已。Dahrendorf 為著名的衝突學派社會學者，其「群體衝突理論」乃主張群體衝突是社會結構變遷之動力，他引用 Max Weber 的概念，指權威是命令為某群人服從的機率。產生的群體衝突、階級衝突乃由於：

1. 衝突群體成立時，社會內的群體乃告產生。

2. 衝突的強度取決於組織的情況。

3. 群體衝突引起結構變遷。

　　Dahrendorf 認為公司企業正是強制協調的社會，一方面由於工作需要而具備共同利益和共同價值，另一方面，由於權威結構而存在著準群體的利益衝突。

　　Hyman 則認為「所有契約對雇主而言都是正確的與優勢的，對勞工而言就都是不正確和具劣勢的」。勞資雙方訂定契約的同時，即發生不公平的現象：他認為在薪資制度上（工資、工時、休假等）和維持合理的工作條件上，勞工就必須要誠實，有信心和服從，並且不得傷害到雇主的利益。因此，所謂的「平等僱用」就是賦予一方之雇主有權訂定規則，而另一方之勞工有義務去遵從之意，法律並不是作為雙方利益的仲裁者，而是替經營者的利益和權勢作保證。

　　比較上來說，馬克思主義的傳統在歐陸國家擁有較多的支持，影響力也比較大，對法國與義大利的工會運動更是如此。整體來說，馬克思主義視就業關係的控制過程建立在社會的經濟基礎與階級關係之上。社會的經濟結構與普遍的不平等鑄造出階級意識與行動。在資本主義體系下，馬克思主義見到的是上下等級排列的社會關係，以及勞動力買賣雙方的持續性鬥爭，遂使過去屬於經濟性的議題擴展成控制權的政治鬥爭。在這個過程中，不可能出現權力平衡的局面，任何一種透過工人代表適應資本勢力的嘗試，終歸都會因缺乏穩定性而失敗。因此，這派學者預言會爆發自發性的、以消滅私有財產為目標的工人革命，致力於建立一個沒有工作疏離與勞資衝突的社會型態。不過，此派工人革命、消滅私有財產、工作疏離與階級衝突的預言，近年來也隨著蘇聯與東歐共產主義政權解體後，名為「共產主義」舊政權的內部工業衝突依然存在，工人缺乏權力等等事實的紛紛曝光，而煙消雲散。更何況蘇聯與東歐政權的覆滅有些還是拜工人組織動員之賜。

　　儘管馬克思主義對未來會出現一個沒有衝突的社會預言已遭全盤否定，但是馬克思主義取向的分析模式仍舊吸引了相當大的一群追隨者，而其對既有的就業關係與自由主義論點的批判也提供了另一片別有洞天的思考空間。一般來說，我們可以根據馬克思主義者對工會制度在資本主義體系下所具有的地位與所發揮的功能的不同看法，粗略將之分類為教條派與非教條派兩派。教條派馬克思主義者向來不看好制度變遷的價值，認為只要政治經濟是資本主義式的，剝削的本質就別想有所改善。非教條派則不認為透過制度改革來轉變資本主義的霸權性質是全無可能的事。教條式馬克思主義主張在資本主義制度下，集體協商與統合主義只具有將勞工階級的領袖收編，並將之整合到既有的政治結構之中，以增進雇主長期的控制能力，對勞工階級不但沒有好處反而有害。工會活動只會助長狹隘的部門利益，對勞工階級整體利益毫無助益，集體協商制度的成長致使工會學會適應雇主的利益，支持資本主義的就業關係。換句話說，作為一個制度，工會喪失了挑戰立基於階級分工社會的立場，只能透過協商展現階級對立的屬性，但卻無法使之轉型。非教條派馬克思主義並不認為資本主義社會裡獨立的工會行動一點作用都沒有，反而主張透過工會組織，勞工可從中吸取經驗、獲得階級意識，這都是他們日後發動社會變遷所需要的資產。換句話說，他們相信社會變遷是可以透過緩慢的、制度性的改革，逐步增添勞工階級的力量來實踐的。總體而論，馬克思主義，不論是教條派還是非教條派，都相當強調經濟與政治議題的不可分割性，特別是在勞動力的買賣雙方相互敵對的利益，以及敵對利益團體相對權力大小的重要性，因此相當重視權力關係的探究。所不同的是教條派絕不與資本主義尋求妥協，呼籲全盤推翻資本主義，而非教條派則努力追求勞力市場上較大的經濟與政治的平等，更充實的工作內容，工作場所內更平等的決策制定。很自然地，在相較之下，非教條派的立場在世界各地也獲得社會民主政黨與社會主義政黨人士較多的支持。[14]

　　總之，從馬克思理論的觀點來看，勞資關係並非組織內的規則遊戲，而是社會、政治與經濟的總和。馬克思理論的模式，正如 Fox 所提出的意見：「勞資關係的平衡力量，取決於兩個主要的因素(Factors)—雇主的資本和整個社會的支持—於是勞工的力量便僅存在於邊際效益上，才能取得暫時利益的分配。」

---

[14] 朱柔若，《政經發展與工運變遷之跨國分析》，臺北：華泰書局，1996 年，頁 24～26。

補充　勞資關係發展歷程

　　勞資之間的摩擦和矛盾曾被認為是一種野蠻的關係。從 18 世紀開始，勞資關係被譽為優越於中世紀勞動文明關係，到 20 世紀 20 年代，「工業關係」或「產業關係」等概念，在歐美開始得到普遍使用。其中，勞資之間的階級矛盾甚至衝突成為重要內容，乃至於工人革命的呼聲也很普遍。進而「人事管理」、「人力資源管理」等概念應運而生，但管理色彩愈益明顯。

　　1867 年，《資本論》第一卷問世，馬克思主義勞資關係理論已開始走向成熟的標誌。馬克思的資本論影響許多世代，恩格斯在評論《資本論》時指出：「資本和勞動的關係，是我們現代全部社會體系依以旋轉的軸心，這種關係在這裡第一次作了科學的說明。」《資本論》實質上就是一種勞資關係理論，在把《資本論》當成是馬克思主義政治經濟學資本主義部分之後，相應地勞資關係理論自然便構成了馬克思主義某一階段的政治經濟學。19 世紀 60 年代初，馬克思首次系統地提出了勞動從屬於資本的理論，馬克思認為，在資本主義發展的初期是勞動對資本的形式從屬，勞動和資本之間除了買賣關係之外，還不存在任何政治上或社會上固定統治和從屬關係；而在資本主義成熟時期則是勞動對資本的實際從屬。

　　近年來有學者認為勞資是夥伴關係，在勞資夥伴關係的研究中應加強多層次多視角系統化的研究方法的應用，克服單一變量、單一視角的統計分析研究。另勞資關係必須協調內部管理政策、管理制度與外部環境，建立部門間資源協調機制與勞資夥伴間的社會關係協調機制，同時搭建組織內部與組織外部多重反饋路徑，實現勞資夥伴關係、組織內交換關係和環境評價機制間的均衡狀態。[15]勞資夥伴關係管理實踐在西方企業政府等組織中較為廣泛的應用，Budd 等指出，中國的勞資關係體制與西方勞資關係體制有著明顯的區別，尤其在工會作用、僱傭關係和法律制度等方面。因此，對於勞資夥伴關係管理實踐跨地區遷移就必須結合當地企業自身的特點，予以修正。[16]

---

[15] 張立富、陳浩(2017)，交換關係理論視角下勞資夥伴關係的動態研究，*天津大學學報*，第 19 卷第 2 期。

[16] 張立富、陳浩(2017)，交換關係理論視角下勞資夥伴關係的動態研究，*天津大學學報*，第 19 卷第 2 期。

三、系統理論：多元論

系統理論者的見解認為，勞資關係由勞方、資方及國家等三方面共同形成規範網絡，勞資雙方各自運用其資源，影響政府公共政策之形成，國家僅是反映社會中各種壓力團體利益之平衡，或僅居於中立者、旁觀者之角色。[17]

換句話說，一個複式的社會，是相對地穩定但並不是靜止的。它必須容納不同和分歧施壓團體的意見，能夠使社會和政治發生結構上的改變。藉由施壓團體和政府，利用交涉、讓步和妥協來完成的。

系統理論者是應用政治多元論的分析於勞資關係中，最初出現在鄧樂普(John T. Dunlop)所發展的勞資關係系統，1958 年在美國出版，該理論提供了分析的工具和獲得廣泛充分的理論基礎，勞資關係系統並不是如 Dunlop 所說只有社會經濟系統部分，而是在本身系統內，分離和區別出許多「次級系統」，部分與經濟系統和政治決策系統相重疊且互相作用。根據 Dunlop 的解釋，一個勞資關係系統，可從工業社會和系統結構來探討：

（一）勞資關係社會

一個勞資關係系統可以被看成是，一個工業社會的分析性的「次級系統」，如同工廠之被認為是經濟系統的次級系統一樣。每一個勞資關係系統，例如：一個經濟系統的一個工廠，並非經濟系統的補充，而是社會的獨立和分配的次級系統。

如同一個社會和一個經濟體系的關係與界限一樣，一個社會和一個勞資關係系統也同樣有關係與界限。一個勞資關係系統是一個抽象的概念，如同經濟系統也是個抽象的概念。勞資關係系統論的觀點，允許作各別的分析和理論性的主觀意見。這個觀點已使得其他科學研究—歷史、經濟、政府、社會主義、心理學和法律等，必須重新思考。

（二）分析性問題

Dunlop 認為三個分析性的問題必須清楚界定：

1. 一個勞資關係系統與一個整體的社會之間的關係。

---

[17] 沈宗瑞譯，Peter J. Williamson 著，〈組合主義與系統理論之辯〉，憲政思潮 89 期，1990 年 3 月，頁 60。

2. 一個勞資關係系統與經濟系統之間的關係。

3. 一個勞資關係系統本身的內在結構與特性。[18]

　　每一個勞資關係系統在任何時間的發展，被認為是由可信賴的行動者與可靠的背景所組成，每一個意識型態在勞資關係系統同時地受約束，且由團體制定規則來管理，在工作場所上之工作者和工作社會團體。勞資關係系統在這網絡規則中，包括所制定規則之步驟，以及自己獨立的規則，和決定的工作程序，選擇一個系統的結果，是這些規則的制定最主要影響，是工業社會勞資關係次系統的輸出，這些規則可能有不同的類型和常規。

（三）理論的結構

　　Dunlop 分析勞資關係的主要的四個成分為：

1. 行動主體(Actors)：每一個勞資關係系統均有三種行動主體，即勞工和勞工組織、管理者和管理者組織、政府機構三者。

2. 環境(Contexts)：每一個勞資關係系統均有三種主要的環境背景，即工作場所或工作社會的特殊技術、市場或預算限制、大社會系統中權力的所在和分配情形。

3. 意識型態(Ideology)：在勞資關係系統中的行動主體間，共同存在、足以影響系統運作的思想和信念。例如：英國傳統的自願主義(Voluntarism)乃是系統中成員所共有的思想，它形成了英國勞資關係的重要特色。

4. 規則(Rules)：每一個勞資關係系統中的成員均有共同的思想與信念，其面臨環境的限制，並且經過互動的過程，所產生的規範。這些規範可能以協約、契約、法條、命令或法院的決定出現。

　　Dunlop 的系統理論，在所有勞資關係的研究中，提供了一種革命性的方法，對研究者而言，具有極大的啟示作用。圖 2-2 為系統理論之模型。

---

[18] J. T. Dunlop,《Industrial Relations Systems》, Boston, Massachusetts: Harvard Business School Press, 1993, pp. 44~47.

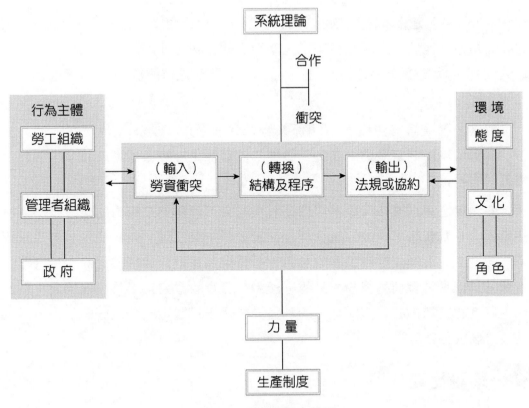

圖 2-2　系統理論之模型

※資料來源：參考 Salamon(1992)及 Dunlop(1993)。

　　多元論者根據 Dunlop 的系統模型理論，產生所謂的勞資關係系統，是具備對某些特定的影響做出反應的、系統的相同特性和結構。Dunlop 描述：勞資關係系統和經濟系統之被視為工業社會的分析性次級系統一樣，是另一個分析性次級系統。勞資關係系統並未和經濟系統相連接；除勞力的取得和報酬與經濟系統相同外，其餘則屬不同的範圍。如生產系統為經濟的範疇，而非勞資關係的範圍，在工作場所所制定的規則是勞資關係系統之中心，而非經濟的範圍。

　　Dunlop 受美國結構功能學派社會學家帕森斯(Parsons, Talcott, 1902~1979)的影響極深，他強調勞資關係的產出(Output)就是勞資關係(Labor-management Relations)運作的規則。這些規則由行動者(Actors)—管理者、勞工和政府，和某些環境(Contexts)—技術、市場、預算及一般社會的權力所在，加上一種意識型態(Ideology)，約束了勞資關係系統，使之渾成一體，並且提供詮釋和了解勞資關係的因素和實務分析的工具，解釋特別的勞資關係以特別的規則所建立，以及在改變系統時，勞資關係如何的改變。

Fox 認為多元論才是西方社會的正統說法，與後資本主義者(Post-Capitalist)的觀點類似。他們承認雇主與勞工之間衝突的存在，其解決不應靠權威性和不斷的談判，而應給予工會最大自由權，法令只不過是解決紛爭的管道之一而已。

總之，系統論者主張勞資關係系統乃管理階層、勞工及政府在一個共識下，因應環境而制定規則的制度。該理論的目標是解釋某規則的建立、轉變及變遷環境因素。

多元論之派別繁多，除系統理論外，吾人可以勞資政三方的角色及勞資解決模式，分為新集體主義、統合理論、新放任主義三者。新集體主義者主張國家應該減少介入勞資經濟事務的角色，勞資應該採取自我團體協商；統合理論者認為國家是勞資利益積極主動的守護者，勞資政應定期舉行三邊協商；新放任主義者認為個人在勞資關係上的利益衝突是不可避免的，最好的解決方式就是簽訂個別勞動契約。

參、理論比較

一、勞資關係理論之比較

上述勞資關係之理論，其結果無非是社會行動或勞資合作，因此，本書由此比較其重點如下：

1. 正統的統合理論強調工作本質是合作性的工作關係，是勞資間互補的關係；衝突的產生，可能是組織內缺乏溝通所引起。

2. 統合理論就是手牽著手(Hand in Hand)的理論，即從管理角度所謂的員工關係，隱含：管理者與員工間的關係是被共同的、統一的目標所支配。

3. 新統合理論比傳統統合理論更為複雜，其所強調是結合員工與消費者，以及管理者變革情境的需求。

4. 馬克思理論者在勞資關係的主張，乃由管理者控制整個生產的過程，會導致階級衝突，而階級鬥爭也是社會改變的來源，如果沒有衝突，社會就會失去活力。

5. 馬克思理論和系統理論是了解勞資關係在確認衝突發生，與對衝突解決的技巧所產生。較為溫和的系統理論所強調的是，結合雇主與員工的力量，並運用資源解決問題。

6. 對照馬克思理論之差異，其最重要部分是在象徵資本家與在經濟市場中，勞動者工作契約階級間之權力抗爭。

7. 系統理論在勞資關係的焦點是，「系統」在制度上的特殊意義。其認為僱傭關係早已經建立，而且在產業社會內實行。

8. 系統理論就是面對面(Face to Face)的理論，亦即管理者與員工或工會的共同目標，強調各自有不同的目標，例如：組織的收益應分配管理者與員工。

9. 統合理論者強調勞資合作，馬克思理論者強調社會行動，而系統理論者則認為：以系統決定勞資合作或社會行動。

二、勞資關係理論之觀點

（一）從統合理論的觀點看

勞資關係乃是以「團結在一個共同的目標」[19]下，緊密的整合在一起的代名詞，亦即統合理論者把管理的角色界定於威權與干涉之間的擺盪。

（二）從馬克思理論的角度看

勞資關係乃是強調組織是社會存在的縮影和仿製，亦即馬克思理論者為改變社會的進化與革命的擁護者。

（三）從系統理論的觀點看

勞資關係乃是強調組織是聯合於不同的兩個同質的團體，它是「一個由各個不同的部門所組成的國家的縮影；在不同利益下，國家試圖維持一種動態的均衡」。亦即系統論者強調勞資雙方處於合作與衝突之間。

---

[19] A. Fox,《Industrial Sociology and Industrial Relations》, Royal Commission Research Paper, No. 3, London: HMSO, 1966, p.2.

　　1980 年以後，由於環境反應導致經濟市場與政治環境改變，勞資間相互協議、集體主義之多元論者、與雇主領導之個人主義單一論者，已經在最近幾年對產業理論，產生了重要的關鍵。

案例 無薪假之法理

一、背景因素

「無薪休假」是因景氣問題衍生，不是法律名詞，更不是雇主可以恣為的權利。事業單位如僅係因一般淡季所致訂單減少、減產，屬可歸責於雇主之經營風險，工資要照付，且必須勞工同意始能實施。如雇主未經勞工書面同意實施無薪休假，無支付工資，係違反勞動基準法的行為應予以裁罰。勞工如不同意雇主片面規定之「無薪休假」，亦可依勞動基準法第 14 條第 5 款或第 6 款終止契約，請求資遣費。

二、定義

無薪假(No-pay leave)，狹義而言，泛指在職業場所中，因工作業務或企業獲利縮減，而導致勞方必須進行縮減工時，與資方不支付勞方休假期間工資的休假行為。廣義的無薪假，則指任何不計薪的請假行為，例如：事假、留職停薪、或超過天數限制的病假等。諾貝爾經濟學獎得主克里斯多福‧皮薩里德斯(Christopher A. Pissarides)指出，如果無薪假的實施經由充分溝通、且仍有給予員工足夠生活的薪資，並強制企業預先及事後給付無薪假其間的員工津貼，可以是「員工和企業雙贏」的一項制度。

三、問題與對策

事實上，我國「勞動基準法」附屬的「勞工請假規則」中並無所謂的「無薪假」。實務上所謂的「無薪假」包含了幾個意義：

1. 無薪假比照「事假」的扣薪比例，扣除無薪假期間工資。

2. 無薪假之休假天數不併計入法定「事假」每年 14 天之額度計算。

3. 泛指職場中因工作業務縮減，以致勞方必須進行縮減工時與資方不支付勞方休假期間工資之休假行為。

此問題原因在於 2008 年由美國連動債所引發之全球金融海嘯下，臺灣多數企業均受到波及，中小型企業開始逐家倒閉，大型企業為求自保開始進行人力精簡措施，如減薪、裁員、無薪假等。雇主本應負擔之經營風險，單方面要求勞工休假。

　　2008 年 12 月 12 日由勞動部勞動力發展署發布無薪假最新解釋：這份聲明中有二個重點：縱使因景氣因素影響，雇主亦不得片面實施「無薪休假」。若需減少工時並減少工資必須經由勞資協商，如勞資雙方達成無薪休假的協議，原約定按月計酬的全時勞工，每月給付之工資仍不得低於基本工資。

　　無薪假直接影響工資，除了工資外，上述權益是否受到約定無薪假後，工資調低而有所影響。勞動部勞動力發展署進一步說明：

1. 勞資雙方如約定月內無薪休假 5 日，應僅扣除此 5 日工資。

2. 勞資商定「無薪休假」致薪資總額變動後，如勞保投保薪資級距變更，應依實際領取工資申報調整；惟不得低於依該分級表第一級。

3. 新制勞工退休金，原則上依實際工資提繳。但勞工為確保權益，於協商時，亦可要求雇主依原來約定的工資提繳。

4. 勞工如有被資遣或退休情形，該無薪休假期間，於計算平均工資時，依法均應予以扣除，往前推計，勞工資遣費及舊制退休金不會因此受到不利影響。

5. 雇主如未經協商合意，片面實施無薪假，有勞動基準法第 14 條第 1 項第 6 款規定違反勞動契約或勞動法令情事，致有損害勞工權益之虞者，勞工得不經預告終止勞動契約，並請求雇主給付資遣費。

　　勞動部勞動力發展署以上諸點規定及說明，無非就是說明「無薪假」違法（非法定休假類別），並闡明休「無薪假」後不得影響勞工權益。

　　企業乃因應上述各種狀況產生出不同的使用方式。茲整理一般企業常見的作法如下：

1. 要求員工每週至少休無薪假 1~2 天，得以特休或其他個人假別抵扣。

2. 要求員工每週放假 3~4 天，工資減半（若低於基本工資者僅發基本工資）。

3. 要求員工等候通知上工。

4. 要求本國籍勞工放假，要求外勞加班。

　　勞動部勞動力發展署一再強調資方安排無薪假需與勞方進行協調，不得片面實施。而往往勞方基於經濟上考量，都會接受這樣的條件。在此提醒勞資雙方在實施當下，仍應經過雙方協議相關事項，以免違法並造成勞資關係破裂。

四、勞雇雙方協商減少工時協議書（範例）

立協議書人：＿＿＿＿＿＿＿公司（以下簡稱甲方）、勞工＿＿＿＿＿＿＿（以下簡稱乙方）。緣乙方任職於甲方＿＿＿＿＿＿＿部門，擔任＿＿＿＿＿＿＿職務，原雙方約定正常工作日數及時間為每日＿＿＿＿＿＿＿小時，每（雙）週＿＿＿＿＿＿＿小時，每月薪資新台幣＿＿＿＿＿＿＿元。

茲因受景氣因素影響致停工或減產，經雙方協商後，乙方同意在甲方不違反勞動基準法等相關法規的前提下配合甲方，暫時性減少工作時間及工資，並同意訂立協議書條款內容如下，以資共同遵守履行。

（一）實施期間及方式：

1. 乙方自＿＿＿年＿＿＿月＿＿＿日起至＿＿＿年＿＿＿月＿＿＿日止，配合甲方變更工作時間及方式：

　　□每日＿＿＿小時，每週＿＿＿日，每月＿＿＿天。

　　□其他＿＿＿＿＿＿＿＿＿＿＿。

　　減少工作時間後每月薪資調整為新台幣＿＿＿＿＿＿＿元。

2. 實施期間乙方得隨時終止勞動契約，此時，甲方仍應比照勞動基準法、勞工退休金條例規定給付資遣費，但符合退休資格者，應給付退休金。

3. 實施期間屆滿後，非經乙方同意，不得延長，甲方應立即回復雙方原約定之勞動條件。

4. 實施期間甲方承諾不終止與乙方之勞動契約。但有勞動基準法第 12 條或第 13 條但書或第 54 條規定情形時，不在此限。

5. 實施期間甲方營運（如公司產能、營業額）如恢復正常，甲方應立即回復雙方原約定之勞動條件，不得藉故拖延。

（二）實施期間兼職之約定：

乙方於實施期間，在不影響原有勞動契約及在職教育訓練執行之前提下，可另行兼職，不受原契約禁止兼職之限制，但仍應保守企業之機密。

（三）新制勞工退休金：

甲方應按乙方原領薪資為乙方提繳勞工退休金。

（四）無須出勤日出勤工作之處理原則及工資給付標準：

實施期間無須出勤日甲方如須乙方出勤工作，應經乙方同意，並另給付工資。

（五）權利義務之其他依據：

　　甲乙雙方原約定之勞動條件，除前述事項外，其餘仍依原約定之勞動條件為之，甲方不得作任何變更。

（六）其他權利義務：

1. 實施期間乙方如參加勞工行政主管機關推動之短期訓練計畫，甲方應提供必要之協助。

2. 甲方於營業年度終了結算，如有盈餘，除繳納稅捐及提列股息、公積金外，應給予乙方獎金或分配紅利。

（七）其他特別約定事項：

_____

_____

（八）協議書修訂：

　　本協議書得經勞資雙方同意後以書面修訂之。

（九）誠信協商原則：

　　以上約定事項如有未盡事宜，雙方同意本誠信原則另行協商。

（十）協議書之存執：

　　本協議書1式作成2份，由雙方各執1份為憑。

（十一）附則：

1. 甲方提供行政院勞工委員會訂定之「因應景氣影響勞雇雙方協商減少工時應行注意事項」（如附件）供乙方詳細閱讀，乙方簽訂本協議書前已了解該注意事項之內容。

2. 本協議書如有爭議涉訟時，雙方合意由＿＿＿＿＿＿＿法院為第一審管轄法院。

　　立協議書人：

　　甲方：＿＿＿＿＿＿＿＿＿＿公司

　　負責人：＿＿＿＿＿＿＿＿＿＿（簽名）

　　乙方＿＿＿＿＿＿＿＿＿＿（簽名）

中　　　華　　　民　　　國　　　年　　　月　　　日

備註：因勞雇雙方協商減少工時態樣不一，勞雇雙方可參照「因應景氣影響勞雇雙方協商減少工時應行注意事項」就具體狀況酌予調整。

 問題與討論

一、重要的早期工會理論有哪些？

二、重要的近代工會理論有哪些？

三、重要的勞資關係理論有哪些？

四、系統理論的內容為何？

五、請比較勞資關係理論之異同。

—————————— **MEMO** ——————————

歷史發展與
勞動環境

INDUSTRIAL RELATIONS

　　勞資關係的歷史與發展可從工業革命開始說起。工業革命促使手工業時代的結束，18 世紀末期，包括手工業在內的家庭工業，因不敵機器生產的改進及管理思想的風起雲湧，終於逐漸沒落。然而，工廠制度的產生則帶來更大的問題，本章以英美兩國為例，說明先進國家的勞工運動歷史，再對先進國家勞資關係的發展加以說明，期能對勞工的歷史與發展有整體的輪廓。

第一節　英美兩國的工會歷史

　　工廠制度在 18 世紀後半開始建立起來，大部分的農業及手工業工人，放棄原來的工作，到工廠工作、領取工資、靠薪資過活，勞資階級因而形成。而工廠內部的管理，亦缺乏有效的管理者、沒有足夠的技術工人及良好的激勵員工的方式等，因而產生極大的問題。更何況工廠所有者為了減低成本，降低工資、增加工時，造成勞資對立及社會問題。紡織工廠在機器時代的早期，顯示出工業革命的最大惡果。被僱於工廠的孩童使用簡陋廠房內排出的廢水，由雇主供給的簡陋宿舍，完全受雇主的控制。還有許多其他因素造成這種狀況：工人不敢要求減少工時或較佳待遇，因為他們怕挨餓。勞工運動乃一方面透過工會保護靠賺取工資為生者的經濟利益；另一方面透過與政黨的聯盟關係，追求政治權力的獲得，以致力於整體社會結構的改造。英國及歐洲各國、美國是開啟勞工運動的先進工業國家，其各自擁有不同的勞資關係體制。本書以英美兩國的歷史與發展說明勞資關係的發展和其艱辛的情形。

壹、英國

　　英國在資本主義發展早期，勞工的工作生活環境相當惡劣，幾乎沒有任何法律和制度上的保障。為了改善生活和工作條件，勞工逐漸聯合起來與雇主進行鬥爭。到了十七世紀後期，勞工自發組成的組織－工會－應運而生。早期工會的一個重要職能就是代表工人就工資和僱傭條件與雇主進行談判。十八世紀末英國出現了第一個工會與雇主簽訂的團體協約，也是世界上第一個勞資的集體協議。[1]

---

[1]　呂楠，《對英國集體談判制度形成過程的歷史考察》，中共常春市委黨校學報，第 5 期（總第 112 期），2008 年 10 月，頁 69～70。

一、英國的工會組織

　　工會早期在法律上一直被視為是違法行為，英國甚至在 1799 年通過反結合法(Anti-combination Act)。在此法案下，任何要求增加工資、縮短工時或足以影響他人工作之一切協議均屬違法，違反者可以處 3 個月有期徒刑。1842 年反結合法被撤銷後，工會活動才不再被視為非法。其後之發展分述如下。

（一）早期的工會

　　18 世紀工業革命開始之際，帶來人類極大的福祉，卻同時帶來極大的痛苦。勞資階級在手工業式微、工廠制度建立以後，正式分家。手工業者因為不敵大量的機器生產，遂尋找由資本家（即雇主）所建立的工廠內，受僱為擔任操縱機器的角色（即勞工），以工資為報酬以為餬口，而雇主則以產品售出的價格，扣除投入的機器設備及土地成本、人力成本及利息後，所得的利潤為其報酬。因此，勞工的報酬剛好是雇主的成本、雇主的報酬剛好是勞工的成本，勞資雙方為追求最大的利潤，往往產生無法避免的衝突。

　　經濟學家亞當史密(Adam Smith)描述了這種情形：「（工業革命之前）在土地私有與資本累積之前的原始社會階段，勞動的產出物，全部屬於勞動者本人。既沒有地主，也沒有雇主，和他分享勞動成果」。「（工業革命之後）無論在什麼地方，一般工資水準，取決於前述兩種人通常會達成的契約。在議訂契約的過程中，雙方的利益絕不相同。工人們希望盡可能獲得高額工資，而雇主們則希望盡可能少付工資。工人們往往聯合起來提高工資，而雇主們也往往聯合起來壓低工資」。[2]

（二）近代的工會

　　19 世紀開始，首先在英國出現工會組織。當時工業發達、生產茂盛，勞工為了改善自己的生活，提出增加工資的要求，雇主多不願答應。勞工為加強其工資要求的力量，遂有集體組織、以集體的力量去對付雇主，這種做法非但不為雇主所允許，也為當時的政府所禁止。這種現象直到歐文(Robert Owen)在蘇格蘭新拉諾村(New Lanark)擁有了一個紡織廠，開始有一些改變。他重新改善該村落的住宅、街道、地下水道及著重教育。他遊說國會通過法律，禁止僱用

---

[2]　謝宗林、李華夏譯，Adam Smith 著，《國富論》，臺北：先覺出版社，2000 年。

未滿 9 歲半之孩童工作、限制每天工作時間不得超過 10 個半小時及禁止童工夜間工作。經過紡織工人陶哈迪(John Doherty)和歐文等人先後的努力，成立了全國性工會，而後於 1868 年成立英國全國總工會(Trade Union Congress, TUC)，1871 年大會通過成立工會國會委員會，派遣代表和政府官員及國會議員聯絡，以謀通過有利勞工的立法，1906 年英國工黨(Labor Party)成立，以後並與保守黨輪流執政至今。這期間，重要的是 1871 年的工會法及 1875 年修正工會法承認工會有和平糾察權(The Right of Peaceful Picketing)的公布，並一直到 1971 年勞資關係法公布以後才正式廢止，影響英國足足 100 年之久。

二、英國的工會發展

英國工會法令的發展應可分為數個時期：壓迫時期、消極認同時期和積極保護時期。

（一）壓迫時期

工業革命之後英國瀰漫著自由放任思想，個人主義觀念主宰著資本主義的社會，一般認為經濟與社會事項應由個人與個人之間的合約來決定，尤其在經濟領域中，更認為個人應該單獨行動，而試圖聯合他人以達到扭曲行動，則視為違反社會次序的行為，因而發展出所謂之不成文法「刑事共謀罪學說」(Criminal Conspiracy Doctrine)。此主張認為行為只要是個人行事則為合法，而若聯合他人共同行動則視為違法行為。由此主張則工人聯合向雇主要求增加工資及減少工時等均視為違法行為。於 1799 年與 1800 年兩度通過「組合法」(Combination Act)，嚴禁人民組織社團向政府或執行單位為爭取利益而抗爭，亦即嚴禁工會組織的設立。[3]

（二）消極認同時期

工會組織雖受到禁止，然工人的團結行動並不受影響，且轉為地下組織而與政府抗爭。1824 年英國遂將「組合法」廢除而允許工會的成立；1859 年通過「工作人侵犯權法案」(Molestation of Workmen Act)將工人藉著和平手段進行罷

---

[3]　R. Price & G. S. Bain, 《Union growth in Britain: retrospect and prospect》, British Journal of Industrial Relations, vol. 11, no. 1, 1983.

工行動排除為犯罪行為。[4]1871 年通過「工會法」(Trade Union Act)、1875 年通過「共謀與財產保護法」(Conspiracy and Protection of Property Act)，規定不能因工會持有的目的而阻礙與雇主的交易行為，而被認為共謀罪，且兩人以上行使勞資爭議行為也不能認為是犯罪行為；於 1875 年通過「雇主與勞工法」(Employers and Workmen Act)，將員工違反勞僱契約具有犯罪義務此法令剔除。雖然工會在法律上受到保障且有了組織的自由，但是在達到目的的過程中，還是有些非自主性的干預。

（三）積極保護時期

20 世紀初期工業國家開始對勞資關係問題作探討。英國於 1906 年通過「勞資爭議法」(Trade Dispute Act)，主要內容為：1.工會基金不必負民事上損害賠償的責任；2.勞資爭議行為不再是民事上的共謀；3.勞資中採取行動的人不負破壞合約的責任；4.和平的糾察行為是合法的。[5]1927 年通過「勞資爭議與工會法」(Trade Dispute and Trade Union Act)。1927 年至二次大戰結束之 1970 年可說是工會法之自由時期。1971 年保守黨政府通過「勞資關係法」(Industrial Relations Act)似乎是對工會在勞資關係上贏取少許的平衡點，但此法令有效存在卻只有 2 年；[6]1974 年工黨政府通過之「工會及勞工關係法」(Trade Union & Labor Relations Act)及 1975 年「員工保護法」(Employment Protection Act)及 1986 年、1988、1990 年之「薪資法」(Wages Act)、「僱用法」(Employment Act)等，這些法令的發展受經濟環境的壓縮及薄弱的工會主義所導出的管理策略所影響，也排除早期工運人士抗爭的事實，然而值得慶幸的，英國的工會，可以在法令的保護下運作執行，是不爭的事實。

貳、美國

美國的工業化是在 1810~1840 年開始，較英國為晚，1850 年以前製造業發展出很多產業，其中以紡織業為最明顯，生產活動均在小型的工廠或工人家中，且密集使用兼職的在家工作者，以改善當時的勞力短缺。到了 1860 年代，

---

[4] K. W. Wedderburn,《The Worker and the Law》, Penguin, 1985, p.310.

[5] 衛民、許繼峰,《勞資關係與爭議問題》,臺北：國立空中大學。

[6] M. Salamon,《Industrial Relations》, UK: Prentice Hall, 1992, p.87.

大量本地的鄉村婦女，及來自國外的移民潮的湧入，而使得工人之間的團結產生困難。於 1860 年技術性工匠組成全國性工會並於該組織人數最多時，於 1886 年組成「全國性的勞工聯盟」(AFL)。[7]

一、美國的工會組織

（一）早期的組織

工會在美國的歷史十分長久。在獨立宣言公布以前，手工業和家庭工業中的技術工人曾聯合組織福利會，其主要目的是在會員重病或死亡時，給予會員及其家屬在金錢上的援助。

1. 早期的地方性職業工會

遠在 1791 年，費城、紐約和波士頓的木匠、鞋匠和印刷工人等，已有單獨的組織，以反對減低工資為其主要任務。這些工會只及於地方範圍，且組織脆弱。除了提供福利之外，他們時常設法爭取工資的增加，最低工資率的訂定、工作時間減少、學徒規則的實施和專門僱用會員的原則，亦即後來的所謂「封閉式工會」(Closed Shop)。和工會組織俱來的，有全體工人停止工作的罷工。紐約麵包工人在 1741 年曾以罷工為手段去做交涉的後盾，但是他們的罷工手段，可以說是大部分用以對付政府，而不是對付雇主，因為麵包的售價，是地方政府以命令規定。第一次正式的罷工，是 1786 年費城印刷工人的罷工，參加的工人，由工會給予協助。1799 年費城鞋匠曾舉行同情罷工，以支持其他罷工的鞋匠。1805 年紐約的製鞋工會，有永久性罷工準備金。

2. 市總工會和全國性工會成立

1836 年費城及紐約市就有 50 個以上的地方工會展開活動。其他城市如波士頓、辛辛那提、匹茲堡等地的工人，也紛紛發起組織職業工會。此後急速發展，使得工會聯合會成為市總工會的組織。這種市總工會(City Centrals)，當時叫做工會聯合會(Trades Unions)，他主要的工作是共同問題的討論和工會製造品的推銷。1836 年，製鞋工人、排字工人、製梳工人、木匠、織布工人均曾分別企圖成立各該業工人的全國性工會組織。

---

[7] 李誠等譯，G. J. Bamber, R. D. Lansbury & J. S. Lee 著，《比較勞資關係》，三版，華泰文化事業，2000 年。

1866 年巴爾地摩的全國勞工會(National Labor Union)成立後，鼓勵以團體協商的方式去促進工業和平。全國勞工會的領導人是西維斯(William H. Sylvis)，他是製模工人，他認為工人必須團結，才能夠擺脫資本家的控制。

（二）近代的組織

1. 勞工武士會

1869 年由史蒂文斯(Uriah S. Stephens)發起，起先是一個祕密組織，但到了 1881 年以後，其祕密性質已不復存在。勞工武士會有一個廣大的目標：以合作代替競爭，在合作的社會裡，供人享受得到他自己所創造的財富。其方法主要是設法減輕銀行的「貨幣力量」，而不是和個別的雇主競爭。其計畫包括 8 小時工作制、男女同工同酬、監獄工與童工的廢止、公用事業的公有制和合作社組織等。內部的衝突逐漸使勞工武士會走上沒落之路，主張運用團體協商權的工會領袖，與主張運用政治改革力量的工會領袖發生衝突。此外，有技術工人和無技術工人的利益，也無法獲得適當的調和，美國勞工聯合會成立以後，勞工武士會人數銳減，到 1917 年就壽終正寢了。

2. 美國勞工聯合會

1881 年 5 個重要的職業工會：印刷工會、鋼鐵工會、製模工會、雪茄工會及玻璃工會在匹茲堡開會，決議成立一個職業聯合會(Federation of Organized Trades and Labor Unions)，由龔柏斯(Samuel Gompers)和史達拉沙(Adolph Strasser)為領導人物，在第一次大戰以前，美國勞工聯合會發展快速，整體組織型態仍以職業工會為主。雖然美國勞工聯合會在龔柏斯的領導下，能夠循著「純正簡明」的工會運動途徑前進。美國勞工聯合會所採取的哲學是：逐漸改善工人的經濟環境，主要的工具是團體協商。有些工會認為工人從事階級鬥爭，採取政治攻勢才是謀求工人利益的最好辦法。經過一個長期的的爭執，美國勞工聯合會的主張，終於獲得全國大多數有組織的工人擁護。

（三）二次大戰後之問題

1. 開放工廠與不景氣時期

1921 年及 1922 年的工業不景氣，使得嚴重的罷工事件相繼發生。反工會運動的雇主，在許多工業（金屬業、汽車製造業、鐵路等）主張工會應該是開

放式工會(Open Shop)而非封閉式工會，為了削弱工會組織，雇主創辦各項福利措施，如運動場所、退休辦法等；並採取壓制的手段，如間諜、罷工破壞者等，由雇主控制的公司工會(Company Unions)也相繼成立。「黃犬契約」(Yellow Dog Contract)－使一個工人不加入工會為其被僱用條件，皆為打擊工會的辦法。

2. 勞工法令之頒布

1926 年鐵路勞工法(Railway Labor Act)雖僅適用於鐵路工人，實已開政策改變之重要端倪。鐵路工人的組織權已被確定，工人參加工會不受雇主的干涉。再來就是 1932 年諾里斯—拉瓜地法(Norris-LaGuardia Act)，該法結束了在勞資關係史中的禁令時期，嚴格限制法院以命令阻止罷工、警戒及抵制的權利，並禁止黃犬契約的簽訂，使工人不得以不加入工會為其僱用條件。1935 年全國勞工關係法(National Labor Relations Act)，保障工人有權「自己組織、成立、參加或協助工會，選擇代表參加團體協商，或其他團體行動，以達到團體交涉或其他互助、保護的權利」。該法並設立一個執行機構－全國勞工關係局(National Labor Relations Board)，其主要的工作包括：(1)防止及補救雇主的「不當勞動行為」(Unfair Labor Practice)－不得對工人的自由組織和團體協商權有所干涉或打擊。(2)在有爭執的情形下，決定代表協商的單位及舉行無記名投票的代表選舉，以決定工人願意接受哪一個工會代表他們做團體協商。除了勞資關係的立法外，其他有關勞工的立法，諸如：最低工資、最高工時的規定、1935 年社會安全法、1938 年公平勞工基準法等。

（四）現今的勞工組織

美國勞工史上的新紀元是 1955 年美國勞工聯合會與產業組織大會(The Congress of Industrial Organization)的合併(AFL-CIO)。成立大會通過了政策和組織的型態，由各會員工會派遣代表參加大會，並且成為決策機構。在大會休會期間，管理的機構是一個理事會，由理事長、財務祕書和 27 個副理事長所組成。另常務理事會的職責是提供理事長及財務祕書的諮詢，另外還有一個代表會議，研究理事會所交下的政策擬議事項。圖 3-1 為 1955 年勞聯－產組的組織系統表。

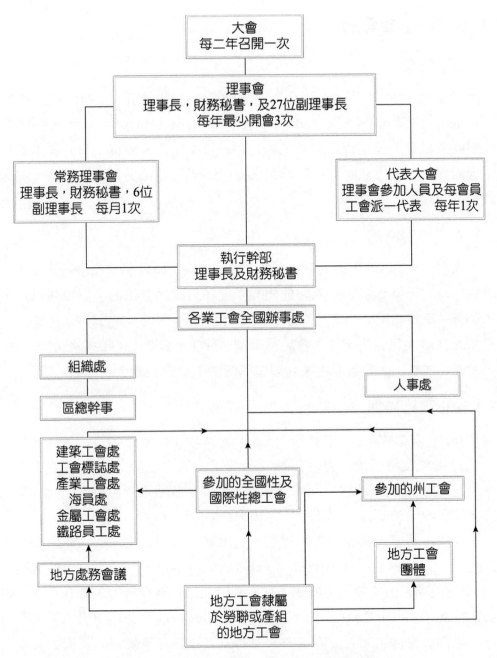

圖 3-1　1955 年「勞聯─產組」的組織系統表

二、美國的工會發展

（一）壓迫時期

美國早期的司法判決「刑事共謀罪學說」也被應用，1806 年美國費城 (Philadelphia)的鐵匠工會(Federal Society of Journeymen Cordwainers)對工資不滿，向雇主提交一分工資費率表，並且拒絕替不按費率表付工資的雇主工作，雇主因而提起訴訟，法院判決鞋匠們意圖提高工資非法進行共謀犯罪，並處以罰款。

（二）消極認同時期

美國在 1842 年的 Commonwealth v. Hunt 案中麻薩諸塞州最高法院法官判決工會本身並非共謀犯罪，除非他們的手段和目標是非法的，這項判決無意限制了勞資爭議中使用「刑事共謀罪學說」，也就是支持了工會此勞工組織，行使其目的的合法權利與義務。工會組織受到法律上的認同也開始其發展，工會組織也相繼的成立，且對抗雇主不合理待遇的罷工行動相繼產生。

（三）積極保護時期

1926 年美國制定了「鐵路勞工法」(Railway Labor Act)為第一個聯邦勞動法，只適用於鐵路事業，但這個法案承認了受雇者組織工會與團體協商的權利。而於 1932 年美國‧羅斯福總統當選，改變了政治環境，於 1933 至 1934 年間許多成功的罷工爆發。1935 年「華格納法」(The Wagner Act)通過，此法案第一次賦予工人組織工會和罷工的權利，並由聯邦政府保證該權利。此法案被稱為「勞動大憲章」(Magna Charter of Labor)，其中第 7 條保障受雇者的權利；而於第 8 條更明示雇主侵犯受雇者下列權利時並不為法律所容，即為「雇主的不當勞動行為」(Unfair Labor Practices by Management)。同時更明示雇主必須誠意接受協商的責任，尤其針對工資、工時及工作條件等規定。美國由於「上述法律」的保障，而使得工會數量大增，也增加了雇主與工會的抗爭現象，而多次的產業大罷工，也造成美國人民與社會的不滿，尤其資方對勞工運動更是頭痛，此時人民選出了民主黨主控的國會，遂於 1947 年制定了「勞資關係法」(Labor Management Relations Act)，針對 1935 年的「全國勞工關係法」加以修正，建立了一系列不當勞動行為，特別規範「工會的不當勞動行為」內容。

由此可知，英美兩國工會發展是歷經艱難，而能有今天的成就，實有其工業發展的經濟背景、人們對社會的訴求與政治的發展，然其中重要因素則為勞工的團結與工運人士的努力，才能使得兩相力量的消長與發展。

第二節 勞動市場與勞動力

各國勞動環境是複雜的，所涵蓋的因素也很多，在勞動市場裡，人們又如何用他所具備之專業技術與常識、工作能力、工作意願在就業市場作專業性之工作選擇，以滿足人力資源之需求。本章先就勞動市場之重要性作一敘述；然後探討影響勞動力的重要因素，進而，對勞動力分析現今就業市場之改變，包括勞動供給、勞動需求、工會的影響及勞動市場的促進。

勞動市場影響勞資關係的層面涵蓋政治、經濟、與社會。就政治而言，包含政府之勞工政策、政黨主張、勞動法規；就經濟而言，受各種經濟指數所牽動及勞動參與率之影響；對社會而言，其牽動層次則包含整個社會動態與靜態，諸如實務性工作、人事管理、勞資協商，以至於薪資標準與結構、勞動條件與勞資法規，更牽涉到員工之招募與任用及員工之退休制度與福利政策。而勞動市場改變則整個勞資關係也隨著改變，也就是說整體經濟的變遷直接影響勞動市場，而間接影響勞資關係者，則為出生率、男女性之工作意願、及職業訓練與勞工教育之成果等。

壹、勞動市場之性質

「勞動市場」(Labor Market)是一種勞工經濟概念，指某一地區、某一時間勞動需求者願在某一價格水準下購買多少勞動，以及勞動供應者願在某一價格水準下，提供某一數量勞動的市場活動而言。[8]勞動市場一般常與就業市場(Employment Marketing)相提並論，事實上，兩者涵義完全相同，均指勞動市場區域(Labor Market Area)內，勞動供給與需求的關係或交互作用。「勞動市場區域」則是指一個市場或地區，而這市場或地區可以地理性來區分，也可以某公司或工廠作為一區域；而市場也可為全國性或州或縣、市之整體而言。在市場或區域內，為供給與需求人力者進行買賣交易的場所。由於勞動市場影響勞資

---

[8] 行政院勞工委員會職業訓練局編印，《就業市場資訊作業基準手冊》，1994 年。

關係的法令與實務,而影響包括:工作實務、人事管理、集體協商、薪資水準與構造、僱用的工作條件與法令、招募、與雇主的錄取與解僱政策等等。而往往由於勞動市場的改變,而牽動整個勞資雙方均需做處理與調整,也就是說勞動市場,一方面受一般經濟活動、技術變遷與未就業市場變動的影響;而另一方面也受出生率、婦女再就業、以及職業教育與訓練的影響。由於勞動市場影響及被影響的層面,可知勞動市場之性質可分為三方面來談:經濟性、社會性和政治性。

一、經濟性

就經濟性而言,勞動市場之所以被認為重要,在於牽涉到每個家庭的經濟性生活動態,在經濟上,家庭成員展現他(他們)的服務以獲得家庭收入,也可能為了博得更好及足夠的收入而投入更多的工作時間,犧牲了正常的休閒生活及該有的生活品質。當沒有工作或狀況不佳時,則整個家庭的經濟狀況便可能處於不良或惡劣的狀況,這時每個家庭成員本身的作法、理念或有不同,例如選擇再接受技術性教育或職業、專業訓練以贏得工作而重回勞動市場。往返於勞動市場與家庭間之勞工,因得到新的工作技術或理念,家庭收入改變,並牽動整個社會環境。倘若選擇失業,閒置在家則家庭經濟相對受到變遷,對社會經濟而言,增加了社會福利成本。故而,不論「勞動市場」是正面或負面的變動,均是牽動整體經濟,及整個社會環境的品質與水準的命脈。

二、社會性

就社會性而言,每個工作者用工作以換得「金錢上的報酬」,大部分工作者－「勞工」,以獲得應得的收入而去購買生活所需,去維持自己認為的「生活品質」。而雇主以金錢上的支出,去滿足勞工所做的「服務」,對整體勞動市場而言,它牽涉整個經濟、生活品質及「物價指數」。對社會而言,它引動民生動態與勞動市場供需的調和,也因就業與失業而帶動整個社會環境的變遷。

三、政治性

在經濟循環體制內,所謂勞資關係問題:例如工作條件、薪資等等。也就是在經濟體制內,買賣雙方,勞動市場就是所謂的「買方－享用服務的雇主」與「賣方－提供服務的勞工」,在經濟體制內一起決定他(或他們)所提供服務

的「價格」與「服務的分配」，在發生任何交易前，買方與賣方須先決定所提供服務的範圍、服務的規則與提供服務所應得到的報酬等等。

　　而在民主化國家，均制訂保障勞工相關法令。諸如：禁止奴隸政策及性別歧視、就業機會平等，及受雇者有選擇工作及離職的權利，也因此勞動市場需要政治與政黨的支持，構成勞動市場與經濟、社會、政治三者的息息相關。[9]

貳、勞動市場之理論分析

　　若針對某個國家研究其勞動市場，則須研究其勞資關係的結構，而勞動市場是不斷而且無時無刻的改變，其影響因素可為工會會員層次、工會組織的力量、政黨對於集體協商與罷工的相關力量、工作條件與薪資結構、對於招募與解僱勞工之管理政策及對高階性、高技術性勞工之決策策略。當勞動市場是充足與廉價時，且未就業者占高比率時，則雇主傾向引導一重大罷工，而勞工也只得勉強接受直到情況改變為止。而當勞工市場吃緊時，即不易獲得勞工時，雇主害怕失去勞工則作出一些利於勞工之條款。[10]而對失業者而言，此時較容易找到利於自己的工作而同時工會也能於這時段時期增加集體協商的需求條件。而這種勞工需求與勞工過剩確實受經濟景氣與工業結構的影響。現就其供、給兩方面來探討。

一、勞動供給

　　勞工之供給主要有兩個因素：1.全國人口總數之年齡與性別結構；2.在工作年齡者之工作參與率。而第一種因素為眾人皆知受出生率之影響以及社會結構之變遷，但第二種為人口數之影響參與率及工作率。也因此由整個勞動市場去探討參與率及勞動力結構。

　　在此勞動市場可加強工會力量與政策，整個人力資源之管理政策讓兩性之勞動參與率達到相同的趨勢。因對整個勞動市場而言，加入勞動市場對一般人而言無非具有社會及經濟責任，在經濟上而言，無非增加家庭收入以提高家庭之生活水準或者有自營事業可對自我能力之肯定。故而對大部分成人而言，加

9　W, E. J. .McCarthy, (ed),《Introduction, in Trade Union》, Penguin, Haromondsworth, 1985, p.15.

10　B. Roberts, et al. (eds),《New Approaches to Economic Life》, Manchester University Press, 1985, p.113.

入勞動市場已成為唯一的選擇。而對於某些失業者而言，有些在 40 或 50 歲左右需離開職場、乃因為沒有專門技術或者無法滿足企業者的需求或者因為健康關係的因素使然，均有其不得已的苦衷。

　　而對社會性而言，已婚婦女之加入勞動市場，一方面增加家庭收入而另一方面意味著婦女尋求獨立的一種途徑，也同時在社會上擔任一種新的角色。而對一些婦女而言，做部分工時的工作以增加家庭收入，藉以改善家庭之生活水平；而對社會性而言增加勞動參與率，並使婦女在社會活動上能有參與感，以期能達到兩性之真正平等。故女性之參於勞動市場對於社會性而言實為正面之效應。對婦女而言，因參與工作而獲得收入，並能達到經濟獨立的可能，並能期望達到增強兩性之真正平等。[11]對家庭社會而言，因為收入的增加及婦女之參與勞動市場視野之增加，更能意識到教育對小孩之重要性並對小孩之成長有具體之規劃與藍圖。

　　若比較單薪家庭與雙薪家庭，雙薪家庭其小孩受各種教育及受規劃之專門技術訓練，其機會遠較單薪家庭小孩為高。當然已婚婦女之加入勞動市場，對社會而言也有其責任，如何讓婦女能在工作與家庭兩齊的狀況下安心工作，實為社會國家之重要工作。總而言之，若想在勞動市場握有工作則須：一方面有合格之教育並且具有工作之熱忱及足夠之資訊，而另一方面更須有專門性之工作能力及技術，當然此兩方面能力具備之多寡則為決定工作層次及收入之基準。

二、勞動需求

　　當著手於分析勞工需求時，並不像勞工供給那麼單純，有經濟學者有其理論，而社會學、政治學者少有意見。因為勞工需求影響產品價格與產品利潤及整體工業發展，故而有經濟學家認為需以經濟學研究為重點，而非由社會及政治面去談。現以兩主要學派觀點去了解如何謀求勞工之需求點。

（一）新古典學派

　　認為工業及公司對勞工之需求取決於產品，而當勞工被僱用到最高時即表示產品利潤已不存在。而在開放性競爭市場則產品和勞工的價格會達到自然的

---

[11] P. Fallon, 《The Economics of Labor Market》, Philip Allan, Oxford, 1988, p. 133.

平衡狀態。但當新的經濟衝擊產生時，則勞動市場必須作適當之再調整，而這些新的衝擊包含：1.售價與成本的改變。2.新且較好的產品推出。3.針對勞工有重要替代物產生。4.新科技的開發。5.國外之強力競爭。6.廉價及勤勞的勞工加入。[12]此學派認為勞動市場，實關係著經濟成本。

（二）分割理論學派

　　認為勞動市場並不是高度的競爭而是由不同的、分割的勞動市場所組成，而在勞動市場裡面當然也具有相互競爭。而分割通常並不僅發生在高科技技術人才的競爭，也發生在工業或服務業招募有經驗人才的勞動市場上。故而勞動市場的分割，事實上發生於進入勞動市場之前，也就是自從勞動者確定能進入職場而想取得證書、證照或想獲得相關知識與技術便已經發生。故而分割學派認為勞動市場是受社會性薰陶、受家庭的背景而影響其受教育的機會及社會文化的影響。由此可知，此學派認為勞工之需求不僅取決於勞動市場，更受社會其他因素所影響。[13]

　　工資的競爭，就如同政治家的競爭，更如同經濟學者對勞動市場看法的競爭，認為對長期而言，工資的給付層級標準決定於以下重要因素：1.勞工的需求。2.勞工的供給。3.這段期間的失業狀況。4.工會斡旋的力量。5.社會福利對失業者供給標準與多寡。

　　而在一些重要、特殊行業，工資的給付並不受以上因素的影響，例如電腦科技人才，因市場的需求遠大於人才的供給，迫使企業需付高工資給這些高科技人才，這也是研究勞動市場與工資之間關係者，如何達到所謂的合理平衡須研究的重點。

　　有些經濟學者認為，就歷史背景而言，工資的給付標準需取決於長期的因素，例如於 1980 及 1990 年間男性工資能成為 1945 年來的兩倍，及婦女工資能為原來之 2.2 倍，乃由於從 1945 年以來長期的高失業、經濟的惡劣環境、薄弱的工會力量及政府反對工資的提高政策壓迫下，工資才得以下降，雖然若比較

---

[12] G. Thomason ,《A Textbook of Human Resource Management》, Institute of Personal Management, London, 1988, p.167.

[13] P. Ryan in F. Wilkinson, (ed).,《The Dynamics of Labor Market Segmentation》, Academic Press, London, 1981, p. 6.

當時的物價提升比為 1.3 倍則有稍高現象，然而若拿高失業人口為背景，則對就業者而言，貨幣與真正工資的權衡則具有其相對的意義。

參、勞動市場與環境之關係

19 世紀以來，英國與美國勞動市場結構及變遷狀況，造成勞動市場與經濟環境與社會環境、政治環境、地區環境、及職業環境之密切關係，並直接影響就業與失業問題。茲以圖 3-2 表示勞動市場的重要性及其影響因素：

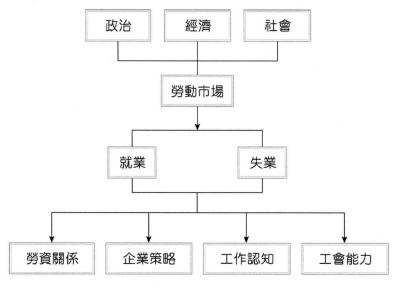

圖 3-2　勞動市場的重要性及其影響

一、勞動市場與經濟之關係

經濟環境直接影響勞動市場之結構。就英國而言，19 世紀時，所謂的工業大部分為傳統產業，諸如農業開發、畜牧業、漁業、棉紡織工業以及鋼鐵製造業、水力發電廠的開發、車床鑄造，及大小型車輛製造等重工業。這些重工業需要大量的專業技術人力與半技術性人力。隨著工業的進步與教育水準的提高，人們對於生活水準的需求不在於薪資的多寡，而是要求好的福利，包括工作環境與休假。1979 年時，英國製造業總生產額中，北海石油及瓦斯工業幾乎占收入之四分之一，其餘收入大部分來自銀行業、保險業及飯店業、餐飲業、旅行業。而後隨著新興電腦業及電子通訊的研發，工業上有了極為明顯的轉變，不像以往專業技術人力及半技術性人力的大量需求，取而代之的是電腦及

科技的專業人才,這對已開發國家而言,因為新興工業的產生而增加了一些收入;但對勞動市場而言,無一不是大的變遷與浩劫。若追溯 1820 年代的美國,根據 1845 年 7 月的「紐約論壇報」報導說:「據稱有將近三分之二的成年男性人口處於失業狀態。」此時勞工紛紛遺棄工會,害怕過剩的勞力會使雇主對加入工會的勞工展開報復行動。再加上工業化在美國逐漸全面性的展開,由機器操控生產流程的範圍擴大,生產技術被分解為一系列特定的工作流程步驟,故對昔日高工資的技術性勞工需求相對減少。加上 1821 年到 1850 年大量人口移民工業先進國,勞工人口過剩的狀況下,工作的得到相對困難,在只求個人或家庭溫飽的狀況下,造成勞工過剩、工資下滑,對勞動市場而言實為最黑暗時期。故而整體經濟之結構,牽動著勞動市場之供需。近年來隨工業之穩定發展,各國勞動市場也隨之維持於穩定成長之狀況。

二、勞動市場與社會之關係

英國勞動人口就業相關報導(Employment Gazette):曾就社會之變遷及社會結構改變與認知差異性作研究。針對 1971 與 2001 年勞動人口的就業男性年齡就業比率作一比較,該資料顯示:1971 年 16~19 歲男性就業比率為 70%,而後隨著年齡之增加比率越高,於 20~65 歲比率為將近 95%,65~70 歲後則逐漸降低為 20%以下。對 2001 年而言,16~24 歲所占比例為 60%,而後隨著年齡之增加比率越高,25~45 歲所占比為最高峰 95%,但隨著年齡之增加而占有率越下降,60~65 歲占有率減為 50%,而後幾乎為零。此報導亦針對 1971 與 2001 就業女性作調查,顯示 1971 年 16~25 歲時就業比率為 60~70%之間,25~35 歲期間就業比率降為 50%,35~60 歲期間就業比率則恢復到 60~70%之間,到 60 歲以後便慢慢退出職場;反觀 2001 年,16~35 歲間就業率為 80%,35~45 歲期間就業率卻高達 90%。45~55 歲期間就業率仍為 80%,而後才慢慢下滑到 65 歲才退出職場。

由以上資料探討分析其原因,在於社會結構的改變,於 1971 年 20~65 歲就業比率已達 95%,然於 2001 年 25~45 歲就業比率已達 95%,兩相對照其起始點與結束點的落差,可發現就業年齡的普及性明顯延後,這可能是受教育年齡的延長,導致一般結婚年齡的延後與就業年齡的延後、再者可能是出生率的降低及低死亡率的因素、或者是移民潮的大量湧入。而這些因素即所謂的「人口統計學的定時炸彈」。此種影響,也可解釋為 1990 年早期經濟衰退的原因。而

1990 年末期經濟的起飛,則可視為某些特別族群的加入所促成,也可認為是社會之變遷、整體家庭結構之改變及生活期望的提高,亦被解讀為婦女追求兩性平等之表徵。

三、勞動市場與政治之關係

政治環境對勞動市場而言,很難具體說出影響的層面,或可稱為有其隱藏性或外在的影響力。因為政府組織的目的,在於實現政黨的目標以符合人民的期望,包含執政黨、國會、中央政府以及地方政府當局對整個勞動市場之關係。

在英國 1830 年到 1905 年間,政府的目標由主張「個人自由主義」,而轉成「民主社會主義」,民主社會主義的最大改變在於「政府不能忽視因資本主義所引起的社會問題」。經過兩大政黨的協商與妥協結果,其共同目標為:

1. 政府有責任去解決高失業問題。

2. 政府應該致力於平衡公有及私有企業之比率。

3. 給予工會自然或極大的力量,去尋求勞工問題及社會問題之解決。

4. 制定明確的規則或法律條文及程序,以規範罷工。

由上可知,政府的施政重點直接影響勞動市場,而整個政黨政治的運作無不以勞動市場的勞資問題作為施行的要點,故而政黨、政治實牽繫著勞動市場的主脈,而勞動市場卻也影響政黨政治的生存。

四、勞動市場與地區之關係

以美國為例,1970 年代發生了勞工流動、遷移等新的問題。勞工大量的轉移到製造業集中的少數工業州。有工會組織之藍領階層勞工將近 75%,集中於某些工業如:航太業、汽車業、化學、建築、礦產、橡膠、鋼鐵等行業,而且近乎 60%的工會會員居住於加州、密西根、紐約、俄亥俄州、伊利諾州及賓州。問題是,若比較就業指數的成長與其他經濟因素相對應,則這幾州反而處於落後。例如:於當時在就業比率上,僅增加 3%在運輸業,16%在製造業,33%在建築業;相反的,在教育、政府及健康保健等服務業增加的就業比率,則超過 100%以上。然而,工會還是將重心放在這些緩慢成長的工業上。由上不難發現,勞動市場的發展受地區性的影響頗大,若屬工業都市區域,則勞動市

場相對較為活絡，而勞動市場的屬性也較偏向藍領階層。但若觀察其未來發展，工業上有些不需要技術或半技術性工作，將會被機器所取代，則勞動市場在工業上的發展將會相對更為緩慢。取而代之的服務業或高科技產業地區，勞動市場也相對受到衝擊。

五、勞動市場與就業之關係

　　根據 Roomkin and Juris(1978)研究指出：因為新的高科技工業的產生，而讓傳統之勞力密集工業漸被取代。例如電腦、電子、生化科技、材料科學研發及奈米科技發展，這些高科技工業勞工需要專門的技術，而且這些專門工作，更須個人或小團體去研發與專注，除非有專門知識，否則無法參與其中，這也造成勞動市場之大衝擊，在可預見的未來，會造成勞動市場供過於求之狀況。而引起勞動市場內之新問題，包括：1.工作需求之惡性競爭；2.就業者之就業發展；3.薪資與工資問題；4.就業安全。[14]

　　美國職業之演變，由 1970 年代之生產事業轉化為服務業，亦即由藍領階層工作轉化成白領階層。根據聯邦政府之報告：白領工人加入工會會員由 18%提升至 54%，其中 62%為公立學校教師和 51%為非教育團體之白領勞工。若觀察私人企業勞工也同樣，漸集中於專業性之會計師、財務分析師、銀行員及保險人員等行業。

六、勞動市場與工會之關係

　　勞動市場對於工會的影響為：

（一）勞動市場影響工會保護勞動者的利益

　　種種跡象顯示，無預期的關廠或結束營業時只能靠法律的約束，而工會並無法得知，且不能有效的爭取勞工的權益。而這種現象的造成，乃在他（她）進入此一行業時，是否將加入職業工會視為一種重要團體或無關緊要。

---

[14] M. Roomkin and H. A.　Juris.,《Unions In the Traditional Sectors: The Mid-Life Passage of Labor Movement》, Chicago: Industrial Relations Research Association, 1978.

（二）勞動市場影響工會保護傳統工作的界線

工會是為了保護勞工受僱於各行各業而存在，唯當傳統技術之工作失去市場時，工會是否能保護該行業的勞動者，以免雇主因僱用非技術性工作之勞工，減低或挪用逐漸失去工作特性勞工的利益。

（三）勞動市場影響工會保障會員及非會員權益的平衡

如上所言，工會不僅是為了保護勞工受僱於各行各業而存在，正在增長之婦女勞動市場及部分工時勞工，因未加入工會，是否因而被目前強而有力之男性勞動市場所擠壓，該勞動市場之影響極大。

（四）勞動市場影響工會積極活絡勞動市場的策略

該勞動市場是否影響工會活絡勞動市場之意圖，端視該勞動市場的傳統性產業之失業率高低，以及公營事業對勞動市場之衝擊。工會之策略乃在於如何輔導傳統性產業之失業勞工，並減低公營事業的影響，以達到保護勞動市場之力量，進而制衡資方及政府所帶來的不平等之待遇。[15]

肆、勞動市場的促進

勞動市場之促進，各國均為了降低失業率而有一些具體辦法，以英國為例，英國於 1990 年勞工改進小組為了有效改進勞工市場，曾做出一些動作：

1. 對勞工買方與賣方之供需，訓練一批專職人員去地方輔助失業者能找到且適合之職業訓練，以及謀求職業的技術。

2. 透過人力服務組織(Manpower Service Commission)規劃並成立專門機構 TECs(Training and Enterprise Councils)，負責徵詢雇主之需要而作一系列更符合雇主需求之職業訓練，以減低成人之失業率。

3. 1990 年間相關資料顯示，高失業率通常為未具有證照之 16～24 歲年輕人，故今日此機構 TECs 以專門培訓青年為重點。

---

[15] David, Farnham & John, Pimlott.,《Understanding Industrial Relations(5th Ed.)》, London: Cassell Villiers House, 1995, p.21.

4. 英國政府認為改善勞工供給以制衡因低薪而排斥就業之失業者，政府致力於工會的改善及雇主代表讓雙方有能力去牽動勞動力。

5. 對於不想就業者，利用社會福利組織去道德規勸，告知人民因失業所造成社會福利組織的相對負擔。

6. 1992 年透過 Fair Wages Resolutions of the House of Commons and Abolishing the wage Councils 組織去抵制不公平之工資，以保障工人之工作權力。

7. 1993 年政府明確給予工會罷工及勞資爭議的一些相關辦法，以爭取勞工工作之權益。

8. 一些非具體化的動作諸如：輔導居家工作、鼓勵婦女生產完之再就業、提早退休的選擇、鼓勵當經濟景氣時能增加工作時數、增加暫時性工作機會、增加夜間工作之意願或尋求第二工作。[16]

此一連串動作，為了讓經濟不景氣時勞動者能保有工作，以減少因失業而拖累社會福利，而這些動作也同時活絡勞動市場，而讓勞動市場更穩固的成長。

伍、勞動力

「勞動力」(Labor Force)依不同的情況有不同的定義。1940 年，美國戶口普查局給予勞動力一詞所下的定義為：「一個人擁有職業或正在尋找職業者」，可以說是第一個對勞動力的解釋，此定義不僅包含就業者亦包含失業者。1983 年以後，勞動力的意義更改為「包含 16 歲及 16 歲以上具有工作能力者。且於調查週內，滿足下列任一條件者：在自己的企業、職業或農場工作，為受薪的員工或不支薪之家庭工作者。有工作但因為生病、壞天氣、休假、罷工，或個人因素，目前不在工作崗位者。有工作能力且目前不在工作崗位上，但四週前曾去找工作者、從未工作但有工作能力者，及等待原有雇主召回或去應徵，且在 30 天內等待回覆者。職業軍人。」[17]

---

[16] P. Ryan, in F. Wilkinson, (ed).《The Dynamics of Labor Market Segmentation》, Academic Press, London, 1981, p. 113.

[17] H. S. Roberts,《Roberts' Dictionary of Industrial Relations》, Manoa: University of Hawaii Industrial Relations Center, 1970, pp. 348～349.

因此，所謂「一般之勞動力」(Civilian Labor Force)其實是勞動力的意思。指「職業軍人及正在尋找工作者除外之 16 歲或 16 歲以上，具有工作能力者」。「勞動力」在不同年代、不同國家所代表的內容各不相同，一般而言，與「經濟活動人口」相通，意即那些參與經濟活動的人。經濟活動人口可說是社會經濟結構的函數，而社會經濟結構又可細分為代表不同工作環境的因素。工業化後，高度的分工與專業化，一方面提高生產力，一方面使生產工具的控制權逐漸集中，生產力的提高使經濟活動人口逐漸縮小，排除老弱婦孺等；而生產工具的集中化更改變了生產型態，由原來自己控制使用少量生產工具轉變為受人僱用，亦即勞動力的意義。

20 世紀以來，隨著老人人口的增加、就學年齡的延後、青年超過 16 歲仍然繼續就學，再加上相對的高失業率而造成勞動力數相對減少。相反地 1970 年代，英國有 3 百萬已婚婦女加入勞動市場，則此減少人數相對成為補充上述減少的勞動人口。這種勞動力發展趨勢，對長期而言，對國家之整體生產量及生產總額的增加，及對新科技的發展與研發工作及方法，有實質的效益。

一、勞動參與率

勞動參與率(Labor Force Participation Rate)可以測量某一群人的勞動參與(Labor Participation)情形，其定義為「在特定期間內，以就業者及正在勞動市場尋找工作者（即失業）的總和（即勞動力），占該群人口的比例」。因此，每一個族群有不同的勞動參與率，每一個國家在同一期也都有不同的參與率，然而，不同國家間男性勞動參與率大致相差不大，女性勞動參與率則有迥然不同的情形。然而，至少有兩個現象可以觀察：一是比較先進的國家由低參與率逐年上升，並漸超過後進國家的參與率，後進國家的參與率則由原先的高參與率維持不變或緩慢下降，並被先進國家所趕上。

二、美國勞動力之意義

美國總人口數，在扣除 16 歲以下人口後，其 16 歲以上人口總數為 189.6 百萬，扣除非勞動人口數 70.1 百萬後，加上新加入及往返職場者、畢業生新加入就業、再就業婦女，減去退休或暫時離開職場者、老年人、結婚婦女及不適任職場及無工作意願者，約有勞動人口 119.5 百萬。其中無就業者約 8.2 百萬，就業者約為 111.3 百萬，包括有雇主之勞工 100.3 百萬、自營事業者 9.3 百萬及職業軍人 1.7 百萬。

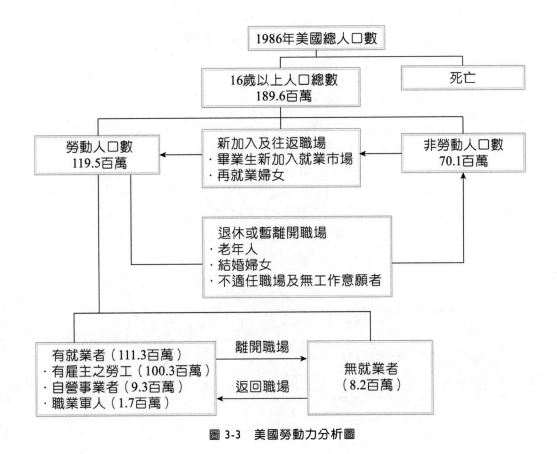

圖 3-3 美國勞動力分析圖

三、英國勞動力之意義

英國總人口數，在扣除 16 歲以下人口後，所得 16 歲以上人口數為 46.0 百萬，同樣在加上新加入及往返職場者、畢業生新加入就業、再就業婦女，減去退休或暫時離開職場者、老年人、結婚婦女及不適任職場及無工作意願者，約有勞動人口 27.8 百萬。其中無就業者約 3.3 百萬，就業者約為 24.5 百萬，包括有雇主之勞工 21.6 百萬、自營事業者 2.6 百萬及職業軍人 1.7 百萬。

由上圖 3-3、圖 3-4 得知，勞動力簡而言之，即全國 16 歲以上有工作能力者之總人口數，包含有就業者及無就業者，但此數目需扣除隨時更動之退休或暫離開職場之老年人、結婚婦女、不適任職場及無工作意願者。而增加新進入者諸如畢業生（新加入職場者）及再就業婦女。也因此勞動市場直接受經濟、社會及政治之影響，而間接影響勞動市場因素則為出生率與男女之工作意願，以及職業訓練與勞工教育之成果等。

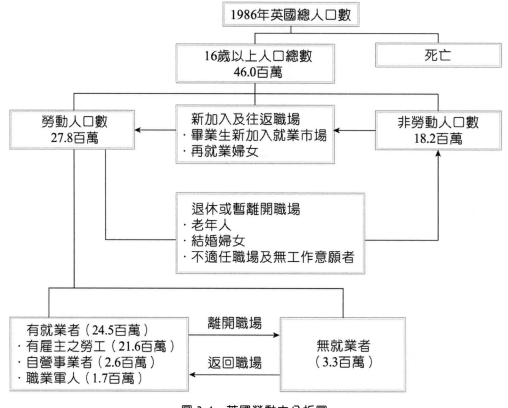

圖 3-4　英國勞動力分析圖

四、失業率

　　所謂「失業率」即失業人口數占勞動人口之百分比，即（失業人口／勞動力）×100%。「勞動參與率」是勞動總人口數與就業人口數之百分比，即勞動參與率＝（勞動力／年滿 15 歲之就業人口）×100%。「就業率」是就業人口數與勞動力之百分比。

　　根 據 世 界 勞 工 組 織 ILO(International Labor Organization) 及 OECD (Organization for Economic Co-operation and Development)經濟合作發展組織之調查，將失業人口以性別、年齡、職業、工業別、地區和時段作一討論，於 1990 年所作之調查失業人口與社會福利成正比，也就是失業人口多普遍存在於社會福利好的國家，人們因為好的福利而較不積極去找工作，當然期間也包含因生病而不能工作者或其他國內經濟因素。

　　該調查也歸納出並解釋失業的主要原因有三種類別：

1. 曾經工作而失業者，或工作時間過長而暫時離開者，或者想重新規劃工作計畫者，或短暫失業者，這些占失業族群之 50%以上。

2. 重新回到勞動市場－主要是已婚婦女，幾乎占失業族群之 25%。

3. 弱勢族群及新加入者，包括從無工作經驗之全職學生及新移民者。

案例　美國全國總工會 AFL-CIO

　　本網站是美國規模最龐大的全國性工會組織 AFL-CIO，它是在 1955 年由「美國勞工聯盟」(the American Federation of Labor)與「工業組織協會」(the Congress of Industrial Organizations)合併而成，因此名為「AFL-CIO」(The American Federation of Labor - Congress of Industrial Organizations)。該組織目前有 68 個美國境內與國際工會成員，旨在改善勞工家庭的生活，並為工作場合帶來經濟正義，為國家帶來社會正義。點開網站首頁，就可看到一幅有著各行各業人士的圖，誠如在「關於 AFL-CIO」的簡介，AFL-CIO 代表了 1,300 萬名勞工，不分性別、種族與行業。簡介中寫道：我們是老師與卡車司機；音樂家與礦工；消防隊員與農場工人；麵包師傅與裝瓶工人(Bottlers)；工程師和編輯；飛行員與公務人員；醫生與護士；木匠與工人等等。（資料來源：http://www.aflicio.org/）

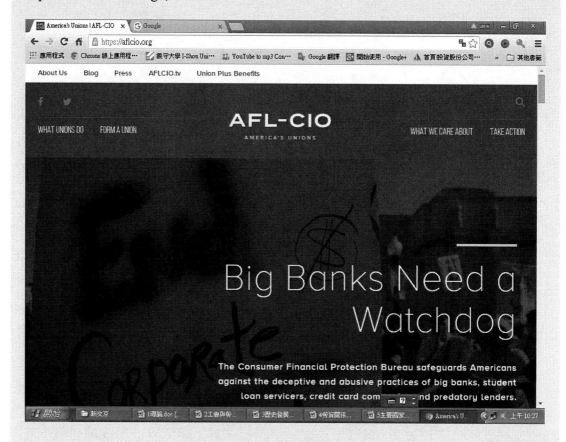

美國勞工和工業聯合會(AFL-CIO)是全國工會中心，也是美國最大的工會聯合會。它由五十六個國家和國際工會組成，共代表 1200 多萬活躍和退休的工人。AFL-CIO 從事巨大的政治支出和行動主義。

AFL-CIO 成立於 1955 年，AFL 和 CIO 在長時間的異化之後合併。工會成員在 1979 年達到頂峰，當時 AFL-CIO 有近二千萬名成員。從 1955 年到 2005 年，AFL-CIO 的成員工會幾乎代表了美國所有的工會工人。2005 年，幾個大型工會脫離了 AFL-CIO，形成了競爭對手，儘管其中一些工會已經重新隸屬。AFL-CIO 目前最大的工會是美國國家，縣，市僱員聯合會(AFSCME)，成員約 140 萬人。

政治活動

AFL-CIO 是 20 世紀 60 年代中期統治政治的新政聯盟的主要組成部分。自 1970 年以來，雖然失去了會員資格，財政和政治影響力，但仍然是國家政治自由主義的重要角色，在遊說，基層組織，與其他自由組織協調，籌集和招募全國各地的候選人。

近年來，AFL-CIO 集中力量在華盛頓和各州遊說，以及在重大選舉中進行「GOTV」（獲得投票）的運動。例如，在 2010 年中期選舉中，它發送了 2,860 萬張郵件。會員收到了一張「闖卡」，其中列出了與會員國會議區相匹配的工會認可名單，以及 Trumka 總統的「個性化」信強調了投票的重要性。此外，十萬名志願者門到門，促進了 32 個州 1,300 萬聯盟選民的認可候選人。

AFL-CIO 在 2012 年向超級 PAC 提供了 6,123,437 美元，其中包括 1,950 萬美元給 AFL-CIO 自己的超級 PAC。

治理

AFL-CIO 由其成員管理，他們在四年一度的會議上相遇。每個成員工會都會根據比例代表選舉代表。AFL-CIO 的國家聯合會，中央和地方勞工委員會，憲法部門和組成團體也有權代表。代表選舉人員和副總統，辯論和批准政策，並設定會費。

行政會議

AFL-CIO 有三名執行官員：總裁，祕書司庫和執行副總裁。每個軍官的任期為四年，選舉在四年一度的公約中進行。現任人員為 Richard Trumka（總統），Liz Shuler（祕書長）和 Tefere Gebre（執行副總裁）。

AFL-CIO 的會員資格在每個會議上選出 43 位副總裁，任期四年。AFL-CIO 憲法允許聯邦總統在公約不在會議期間任命最多三名副總統。

年會

從 1951 年到 1996 年，執行理事會在佛羅里達州巴爾港度假村舉行了冬季會議。巴爾港喜來登會議一直是批評的對象，包括酒店本身的勞資糾紛。

引用圖像問題，理事會將會議地點改為洛杉磯。然而，幾年後，這次會議又轉回了巴爾港。2012 年會議在佛羅里達州的奧蘭多舉行。

執行委員會

執行委員會於 2005 年獲得憲法改革授權。執行委員會由總統，十大關聯公司副總裁和與執行委員會協商選定的九名副總裁組成。另外兩名官員是沒有投票權的當然成員。執行委員會負責執行理事會會議之間的 AFL-CIO，批准其預算，並發布章程（以前由執行委員會出具的兩項職務）。每年至少要達到四次會議，實際上按照需要進行會議（這可能意味著每月一次或以上）。

總理事會

AFL-CIO 還有一個通用委員會。其成員是 AFL-CIO 執行委員會，每個成員工會的首席執行官，每個 AFL-CIO 憲法部門的總裁，以及由 AFL-CIO 州政府聯合會選出的四個區域代表。總務委員會的職責非常有限。它僅涉及執行委員會提及的事項，但轉介是罕見的。然而，由於政治背書的敏感性以及達成協商一致意見的可行性，總務委員會傳統上是提供 AFL-CIO 對美國總統和副總統候選人的認可的機構。

全國和地方機構

AFL-CIO 憲法第十四條允許 AFL-CIO 包容和組織全國，地區，地方和全市的機構。它們通常被稱為「全國聯合會」和「中央勞工委員會」(CLC)，儘管各種機構的名稱在地方和區域兩級都有廣泛的差異。每個機構都有自己的章

程，規定其管轄權，治理結構，使命等等。管轄權往往是地緣政治的：每個州或地區都有自己的「國家聯邦」。在大城市，通常有一個覆蓋城市的 CLC。在大城市之外，中小企業往往是區域性的（在會費，行政效益等方面實現規模經濟）。全國聯合會和公民權利委員會均有權在四年期公約中享有代表權和表決權。

全國聯合會的職責與 CLCs 的職責不同。國家聯合會往往側重於國家立法遊說、全州經濟政策、國家選舉等問題。縣級市區往往側重於縣、市遊說，市、縣級選舉，縣、市分區等經濟問題，更多的地方需要。全國聯合會和 CLC 都致力於組織運動、集體談判運動、選舉政治、遊說（通常是集會和示威）、罷工、糾察、抵制和類似活動。

問題與討論

一、英國早期和近代的工會組織為何？其發展的三個階段又如何？

二、美國早期和近代的工會組織為何？

三、美國全國總工會的組織為何？其任務及功能有哪些？

四、勞動市場之性質為何？

五、勞動市場與工會之關係。

六、失業率如何計算？造成失業的主要原因為何？

CHAPTER 04

勞資關係機制

INDUSTRIAL RELATIONS

本章針對主要國家勞資關係的法令與機制，說明勞資關係在各國的法令與機制的差異，特別是英、美、澳三國乃典型的集體協商國家，容或彼等的法令及機制均有極大的不同，卻同樣存在著極為先進的法令與機制，值得吾人在探討我國勞資關係之內容時，多所啟發。

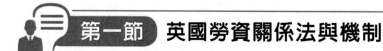

第一節　英國勞資關係法與機制

英國是資本主義的先行者，也是最早成立工會、最早進行集體談判的國家。隨著勞工運動的發展，英國的集體談判也經歷了萌芽、從非法到合法的過程，形成了獨特的傳統：自由放任，對英國勞資關係的發展有著深遠的影響。[1]

壹、早期的勞工法令

英國政府早期的勞工立法主要是對工資和生產條件的關注。1799 年和 1800 年訂定的「聯合法(Combination Laws)」，規定任何與工人團體訂定的有關工資和工作條件的契約均屬違法，工會亦為非法組織。然而這項法律並不能阻止工會運動的蓬勃發展，1824 年國會通過了「廢除聯合法(Combination Laws Repeal Act 1824)」，搬掉了阻礙工會運動發展的絆腳石。廢除聯合法後，英國出現了大量工會組織與罷工事件，統治者深感恐懼，1825 年國會再度通過「廢除聯合法修正法(Combination Laws Repeal Admendment Act 1825)」，對工人的聯合行動做限制，規定工會可以與雇主訂定合理工資及工作條件的團體協約，但不得妨礙經濟發展，否則即為無效，如為實行排外性僱用性契約等。

1859 年國會通過「工人干擾法(The Molestation of Workment Act, 1859)」，恢復了工會進行進行和平糾察活動的權利。1867 年皇家委員會通過「主僕法」，解除了一般工人個別活動的限制，並得到國會的支持，英國學者韋伯夫婦(Webers)將該法稱為「工會在立法方面第一次大成功」。

1871 年「刑法修正案」取消了對工會正常罷工行為的刑法限制。1875 年，國會再度通過「合謀與財產保護法(Conspiracy and Protection of Property Act)」

---

[1] 呂楠，《對英國集體談判制度形成過程的歷史考察》，中共常春市委黨校學報，第 5 期（總第 112 期），2008 年 10 月，頁 69～70。

規定「要公正地對待工人」、「團體協商不受刑法限制」、「工人為罷工而設置的糾察線是合法行為」、「不得以陰謀罪起訴」。同年通過的「雇主與勞工法」(Employers and Workermen Act)，規定在勞資糾紛中，「工人和雇主處於平等地位」、「工人如違反勞動契約不受刑事監禁，只能交由民事法庭處理」。

不過，工會得到法律完全承認的道路，直到 1906 年「勞資爭議法(Trade Disputes Act 1906)」出現，才確認了工會的豁免權，及工會不因採取罷工或其他工業行動而受到法律的起訴；工會會員受到法律的充分保護，在勞資糾紛中，不會因為罷工而受到特殊處罰；工會和雇主由於勞資糾紛所導致的罷工、關廠等行動中，所造成的任何損失不受賠償之起訴。至此，勞資雙方在自願基處上進行團體協商才獲得民法的承認。[2]

一、「勞資關係法」與「工會與勞資關係法」

經過百年以上的更迭，英國對工會的定義，在「1992 年工會與勞工關係法修正法」，明確規定為：「包括全部或主要的一個或更多的工人，以及主要目的為勞工與雇主或雇主團體間的調控關係之組織」（第 1 條），該定義也延伸至工會之分會及所屬工會。而雇主組織則是「包括全部或主要雇主或個別業主，以及主要目的為雇主與勞工或工會間的調控關係之組織」（第 12 條），同樣，該定義亦延伸至雇主聯盟組織。

（一）工會註冊與法律地位

根據法令（1992 年工會與勞工關係修正法、1871 年工會法及 1971 年勞資關係法），工會均需註冊經認證官員登記後，才有法律地位。認證辦公室有兩個功能：1.決定工會或固組團體是否符合資格。2.認證該名稱沒有誤用或重複。

（二）合法工會

工會是否合法除了須向認證辦公室提出登記，以取得合法地位外，根據 1992 年法規定：「工會是否為一個法人團體或具有法人地位，以是否能夠以自己的名義訂立契約，或進一步在訴訟中可能帶來的起訴或被訴，必須歸屬於受託人所有的財產等為判斷。如果工會法人團體，該屬性可以附加以同樣的方式作出的任何判決、裁定或裁決，該工會即為合法。」

---

[2] 呂楠，《對英國集體談判制度形成過程的歷史考察》，中共常春市委黨校學報，第 5 期（總第 112 期），2008 年 10 月，頁 69～70。

（三）工會自由

工會只有在每個勞工都有自由組成或加入一個團體時才是真正的工會自由。英國早在 1824 年廢除聯合法以後就把這項自由組成團體的權利認為理所當然，因此，英國普通法對勞工自由組成工會亦列入規定，準此，雇主對於加入工會之勞工不得歧視、拒絕僱用、解僱或其他阻礙工會運作之行為，也不得強迫員工不加入工會，這些加入工會之自由權，包含下列數項：1.組織的權利：包括工會會員的拒絕僱用的禁止，和因為工會理由的解雇或非解僱行動。2.辦理工會會務：包括與雇主協商、代表員工的會議或參加訓練的權利，和參加工會活動的幹部，及給予合理的帶薪請假。3.不加入工會及採用封閉工會的規定：包括對非會員勞工的保護和對封閉型工會的限制。

（四）工會的內部規則和司法干預

1. 工會的內部規則：規則的發起與組成，完全留給工會自身，對工會活動的法定管制規則，不得通過法令加以限制。而工會的規定即為工會的憲法，規範了工會會員的權利和義務，特別是許多規則可能是長期的或定期的修訂。

2. 司法干預：自 1980 年以來，對於工會制定有權不排除工會會員的權利不被無理處分或開除。然而，相關的法定權利在普通法並不適用。

二、勞資關係機制

（一）諮詢調解和仲裁服務局

諮詢調解和仲裁服務局(The Advisory Conciliation and Arbitration Service, ACAS)乃依據 1992 年工會與勞工關係修正法第 6 章之規定，只接受國會的監督，並由一位主席及九位委員所組成（三位代表員工、三位代表工會及三位獨立人士）。該局為政府部門卻完全獨立，其與就業局(Department of Employment)並無隸屬關係。「諮詢調解和仲裁服務局的主要任務為促進勞資關係的改善，特別是通過行使其職權下解決雙方爭端的部分，例如調解及仲裁」（第 209 條）。

（二）中央仲裁委員會

中央仲裁委員會(The Central Arbitration Committee, CAC)接續工業法庭及工業仲裁局(The Industrial Court and the Industial Arbirration Board)的工作，於

1975 年就業保護法與其後 1992 年工會與勞工關係修正法第 4 章的規定，設立座落於英國倫敦中心而異於前述諮詢調解和仲裁服務局和就業局的中央單位，由一位主席、一位副主席和一組由勞資雙方選出之委員所組成。中央仲裁委員會的功能包括下列兩項：

1. 勞資雙方當事人透過諮詢調解和仲裁服務局，自願提交仲裁事項，中央仲裁委員會即任命一位或多位仲裁員，或由於雇主和工會之間的的程序協議，在中央仲裁委員會認可下任命仲裁員。

2. 對於特定爭議之協商提出意見及公告。在政府的力量介入前，不僅由中央仲裁委員會執行法定的認可程序，而且其主要功能在於根據 1975 年就業保護法的規定，採取延長僱用條款和索賠條件的決定。

（三）認證人員和工會會務人員

認證人員和工會會務人員(The Certification Officer and the Trade Union Commissioners)同樣是在 1975 年就業保護法與其後 1992 年工會與勞工關係修正法第四章的規定下設立，它的功能，一般可分成行政和司法兩方面。行政功能包括工會的列名、工會合併、年度報表及精算報告和會員的退休金計畫等之審查。司法功能包括審理違反法律的個人申訴案件：有 1.工會在政治上的開支、政治基金的運行和必要的投票認定；2.工會合併的投票認定；3.投票所選出的會務人員之認定。[3]

三、團體協商機制

勞工法的先趨者 Kahn-Freund(1954)和牛津學派大師 Flanders(1970)認為：英國集體協商的規範屬於程序性規範(procedural rules)，指雇主和工會間進行集體協商關係，如英國的集體協商的程序規則，是由勞資雙方自願地形成的，而不是由政府加以強制，而且勞資雙方所簽訂的團體協約，被認為是「紳士協約」(gentlemen's agreement)，雙方以自己的榮譽心奉行之，不具有法律上強行的效力。

英國牛津學派另一位大師 Clegg(1979)，則把集體協商的法律制度分成兩種，一是普通法(common law)的模式，勞資雙方根據工業上的習慣和慣例，以

---

[3] Smith I.T. & J.C. Wood, 《Industrial law (5th Ed.)》, London: Butterworths, 1993.

及工業關係的互動模式與權力關係，自願地進行集體協商；二是制定法(statute law)的模式，集體協商所簽訂的團體協約的當事人、內容、法律效果、期間和監督等，是透過立法方式加以界定。[4]

（一）以自願承認為主，強制承認為輔的「工會承認」

西方世界先進諸國中，採取結合「程序性規範」與「制定法」兩個模式，介入勞資雙方集體協商。英國在 1996 年工黨擊敗保守黨取得執政地位後，希望引進美國制定法模式，對集體協商進行程序性規範，以便挽救工會實力不強，被雇主拒絕協商的困境。1999 年英國終於立法通過一個有關集體協商的「就業關係法」，建立以自願承認為主，強制承認為輔的新式「工會承認」程序，為勞資雙方建立集體協商關係的第一道程序。

（二）規定協商內容

集體協商內容範圍，通常反映出國家介入集體協商範圍之程度。集體協商內容範圍，也牽涉到雇主經營管理權和勞工工作權之間界線如何拿捏的問題。實務上，集體協商的內容可分為三大類：強制協商事項、任意協商事項、非法協商事項。

（三）協議事前不介入但事後審查

國家以法律手段介入集體協商程序的主要目的，是維護勞資雙方在集體協商過程中，實質地位的平等，以利雙方完成集體協商程序，簽訂團體協約。英國在勞資團體協商中，國家並不介入簽訂，其理由是因為這涉及團體內部的民主程序，以及意思表示完整性問題。若以工會的角度，工會以團體名義簽訂團體協約經過何種內部程序，才能算是意思表示完備，是屬於工會民主範疇，本就國家無須在團體協約法中干預工會與會員之間的內部關係，但是，對於避免少數工會遭寡頭壟斷，不顧會員利益，逕行與雇主簽訂團體協約，所做出的事後補救措施。

---

[4]　吳育仁，《臺灣集體協商法律政策之分析》，臺灣勞動評論，2 卷 2 期，2010 年 12 月，頁 351～372。

（四）主管機關審核與宣告

英國勞資雙方所簽定之團體協約送交主管機關審核，主要目的是團體協約效力的擴張(extension of collective agreement)，或是團體協約的擴大適用（或稱一般化宣告）(generalization)，把團體協約的涵蓋率普及到同一產業或同一區域的事業單位。除此之外，英國政府並不會干預原本已經由勞資雙方達成共識的團體協約。[5]

第二節　美國勞資關係法與機制

美國勞資關係與勞工法之間，有一種共生關係(Symbiotic Relationship)存在，因為畢竟法律及訴訟案件等，在美國扮演一項重要之角色。[6]然而，美國之團體協商制度，主要還是由勞資雙方共同演變而成，並不是由政府或法律所特別設計而成（如表 4-1）。

以下介紹美國有關勞資關係之主要法律及其特點。

壹、影響勞資關係之法律

一、鐵路勞工法(1926)

鐵路工人法案是第一個承認勞工有組織和團體協商的權利的聯邦法律。它賦予鐵路工人組織、選舉代表、和從事團體協商的合法權利，不會受到干擾、影響、或壓制。該法在日後並建立了所有私人與公共部門的相關立法模式。最後並將之擴大應用到所有產業的勞工與雇主的關係。

鐵路工人法案獨特之處是，它同時賦予雇主和工會，協商和執行協議的義務，它保證勞工的團體協商權利不會受到管理者的干預。這個法案也建立了協調、仲裁、以及美國總統指定組成緊急委員會等等程序，協助勞資雙方解決不同的爭議，這種設計被認為是防止怠工造成重要運輸、公共服務停擺的必要之道。

---

[5] 吳育仁，臺灣集體協商法律政策之分析，臺灣勞動評論，2 卷 2 期，2010 年 12 月，頁 351～372。

[6] 焦興鎧譯，William Gould 著，《美國勞工法入門》，臺北：國立編譯館，1996 年。

表 4-1　美國主要的勞資關係立法

法案	涵蓋範圍	主要條款
鐵路勞工法 (1926)	私人部門非管理階層的鐵路與航空公司員工。	員工可以組織工會、選舉代表、進行集體協商；爭議處理程序，包括協調、仲裁、與緊急委員會。
諾理斯－拉瓜地法 (1932)	所有私人部門的雇主與勞工組織。	判定非暴力工會活動的禁令為違法。
全國勞工關係法 (1935)	除了受鐵路勞工法管轄的員工之外的非農業私人部門的非管理階級的員工。	員工可以組織工會、選擇代表、進行集體協商；不當勞動措施包括歧視工會活動與拒絕協商。選舉員工代表。
勞資關係法 (1947)	除了受鐵路勞工法管轄的員工之外的非農業私人部門的非管理階級的員工。	增補華格納法，包括工會不當勞動措施像是拒絕協商，以及限制罷工與次級糾察。全國緊急罷工處理程序。
勞資報告與揭示法 (1959 年)	所有私人部門的雇主及勞工組織。	明文規定並且保障個別工會會員的權力。保障工會落實民主程序。要求工會報導與揭露財務狀況。

※資料來源：朱柔若(1999)。

　　法案第三章敘述全國鐵路調整委員會(NRAB, National Railroad Adjustment Board)的成立方式和功能。由勞資雙方相同人數組成的委員會是解決當雙方對於既存協約的應用與解釋，當無法形成共識而提出申訴時，NRAB 對鐵路業具有司法管轄權，對於航空業則沒有。NRAB 透過對不同職業種類的鐵路員工行使司法管轄權的規定來完成上述的功能，並得到最後的決定，然後對勞資雙方均產生拘束力，並且可以經由 NRAB 向聯邦地區法院提出訴訟而得以強制執行。

二、諾理斯－拉瓜地法(1932)

　　諾理斯－拉瓜地法(Norris-LaGuardia Act)是在 1932 年通過的，這個法律也被稱為聯邦反禁止令法案，除了一些慎重規定的情形之外，這個法案是用來制止聯邦法院對勞工案件提出禁止令。這個法案並沒有規定在勞資爭議中使用禁止令是非法的，而是嚴格地限制可以提出禁止令的條件，所以產生的效果是一樣的。因此，管理者最有效的反工會武器就失效了。由於聯邦勞工法律只適用

在州際間貿易中的勞工關係上，所以立即有許多州也通過仿效諾理斯－拉瓜地法的法律。被保護不受干預的工會自主活動包括有：[7]

1. 拒絕工作。

2. 加入工會。

3. 對涉及勞資爭議的工會或罷工者提供財務支持。

4. 協助任何涉及訴訟案的關係人。

5. 用任何不涉及欺詐或暴力的方法，宣傳勞資爭議案件。

6. 為組織工會活動而舉行和平集會。

7. 通知任何人從事上述事項的意願。

8. 建議或鼓勵他人從事上述行動。

　　諾理斯－拉瓜地法首先將聯邦法院之管轄權，排除在某些類型之勞資糾紛之外。例如該法第 1 條即明定：除非嚴格根據本法相關條款之規定，聯邦法院無權在涉及或基於勞資糾紛之案件中，頒發任何禁令，包括暫時性及永久性之禁止命令。此外，該法第 4 條更規定，在任何基於勞資糾紛所產生之案件中，聯邦法院不得頒發任何禁令，除非有涉及暴力或詐欺之情形。

　　其次，諾理斯－拉瓜地法特別規定所謂的「黃犬契約」(Yellow Dog Contract)是一項違反美國公共政策之舉，任何聯邦法院均不得對之加以執行。所謂黃犬契約意指約定勞工不加入工會或退出工會，作為僱用之條件。根據此類契約，雇主特別要求勞工不得與任何工會組織發生瓜葛，否則即無法取得僱用之機會。

　　諾理斯－拉瓜地法之制定目的，是要解除對工會組織活動之束縛，尤其，本法特別針對發生工業衝突(Industrial Conflict)之情形，設定明確的公共政策，從而確立工會活動不應受有任何限制之原則。然而，究竟什麼範圍內之工會活動才受到法律的保護？在案例中，聯邦法院即認為：只要工會組織是出於「自利」，而又未與其他非勞工團體結合，則不應對其活動加以禁止。該法對工會組織從事罷工、警戒(Picketing)及杯葛(Boycott)之活動，賦予相當程度之自由。

---

[7] 朱柔若譯，R. L. Sauer and K. E. Voelker 著，《勞工關係－結構與過程》，臺北：國立編譯館，頁182。

對諾理斯－拉瓜地法的整體觀察結果是：它能夠促進和保護工會的自助行動，但是沒有提供政府出面干預工會的方法，相反地，它排除過去對工會自助活動的司法障礙。這個法律並沒有對雇主增加任何義務。雇主仍然合法地，有不承認工會或不與其協商的自由。但是它可以造成強大的工會，強迫雇主重視到它，只是當時這種強大的工會為數不多。因此，提供政府保障受雇者組織權利和監督這項目的達成的執行委員會，就有待全國勞工關係法來達成了。

三、全國勞工關係法(1935)

全國勞工關係法(National Labor Relations Act)又稱華格納法(Wagner Act)，乃為紀念該法之催生者，羅伯華格納參議員(Senator Robert Wagner)而命名。1935 年的全國勞工關係法案和 1932 年的諾理斯－拉瓜地法案的基本不同之處，在於政府決定協助受雇者保護工會組織。該法最重要的貢獻是，設立一個特殊的專家機構－全國勞工關係局(National Labor Relations Board, NLRB)，提供處理特殊性質的勞資糾紛的規範。

在全國勞工關係法上，國會明確告知雇主，勞工組織工會的需要不關雇主的事，並告誡雇主停止抗拒工會運動的流傳。政府這個時候是站在受雇者這方來干預勞工關係，並且透過勞工來支持工會，保障受雇者團體協商的權利。這個法案是由兩個主要的規定來實現它的目的：1.禁止五種管理者的行為，稱為「不當勞動行為」。2.提供選舉的程序以使受雇者可以自由選擇他們的團體協商代表。有許多關於這些代表選舉的主要規定原則，因此而被制定出來，如果需要還可以採取祕密投票。這個法案也建立了一個執行單位－全國勞工關係局，它提供了管理和執行法令條文的機制。下列為「全國勞工關係法」保障工會的權利範圍：

1. 組織工會。

2. 加入工會，不論該工會是否被雇主所承認。

3. 為求改善工作條件而罷工。

4. 拒絕參與工會活動。

　　由於全國勞工關係法的施行，工會隨即迅速發展，團體協商的風行，亦保障了勞工，並使勞資更加和諧、產業和平也有了保障。其理由如下：[8]

1. 受雇者可自行組織、成立、加入或協助勞工組織，透過自行選出之代表，進行團體協商。

2. 對於團體協商之勞方當事人，該法採「專屬協商代表制」，由適當協商單位中之多數受雇者，擔任協商之代表。團體協商之目的所指定或選任之代表，有權就工資、工時或其他勞動條件，進行團體協商。

3. 適當協商單位之劃分，除該法明文限制外，全國勞工關係局有權依其職權，進行協商單位之劃分。

4. 所謂團體協商，乃雇主與受雇者代表，應於合理之期間內集會，誠信地就工資、工時及其他勞動條件，在強制性項目中有協商的義務，唯該義務並不強制任何一方當事人，同意對方的提議或讓步。

四、勞資關係法(1947)

　　勞資關係法(Labor Management Relations Act)的出現，正式名稱是「塔虎脫－哈特萊法」(Taft-Hartley Act)。第二次世界大戰後不久，由於工會實力強大導致產業罷工不斷，罷工潮蔓延開來，使社會大眾對勞工組織的不再支持。在1945和1947年間，工會的會員從3百萬人，增加到1千5百萬人，整個國家大部分的重要工業也都經歷了罷工事件。這些罷工造成消費品生產的長期遲緩，並威脅到基本公共服務的提供。相當多的社會大眾感覺到工會在「全國勞工關係法」下得到了太多的權利，而且團體協商過程也受到破壞。對勞工的力量普遍產生不安感，並且反映到選出一個共和黨占大多數的國會上，這使得勞資關係法獲得通過。這個法案不但對全國勞工關係法做了修正，也添加一些部分。它的目的是在使所謂偏袒一方的全國勞工關係法恢復平衡，並且恢復管理者的部分權力，藉此確保協商桌上出現比較平衡的關係。杜魯門總統雖然否決這個法案，但是它最後還是獲得通過。

　　勞資關係法可以分為五個部分：1.法案中的名詞定義；2.工會的不當勞動行為；3.受雇者的權利；4.雇主的權利；5.全國緊急性罷工。主要可歸納如下：

---

[8] 陳繼盛等，《團體協商與立法》，行政院勞工委員會委託研究，頁20～21。

本法的目的在於促進企業的充分溝通，在受雇者與雇主間之關係影響企業時，提供有秩序且和平的程序，保障個別受雇者行使勞動組織之權利、限制或禁止勞方及資方之程序、從事影響企業或有害公共福祉之行為、及在勞資爭議涉及大眾時，保障其權利。

協商替代的機制(Alternatives to Bargaining)，非指國家之政策全盤否定團體協商的功能，而是當團體協商之和平目的不可期時，或僵局引發之罷工嚴重損害國民健康和安全時，始介入調解或下令暫停罷工，接受事實調查及調停。

為化解協商程序所引發之僵局(Impasse)，本法設立聯邦調解斡旋局(Federal Mediation and Conciliation Service, FMCS)提供勞資雙方團體協商程序之協處與諮詢。

根據「勞資關係法」，工會的權利受到若干限制：

1. 發動罷工進行圍場，使不參與罷工之勞工無法進入工作場所。

2. 以暴力手法進行罷工。

3. 以身體安危或工作不保為理由，威脅不支持工會的勞工。

4. 協商時堅持不合理的條件，例如：要求雇主僅能僱用工會會員。

5. 在未知會企業、政府等的情況下，中止合約並進行罷工。

五、勞資報告與揭示法(1959)

勞資報告與揭示法(Labor-Management Reporting and Disclosure Act)，或稱蘭德姆－格理芬法(Landrum-Griffin Act)。在 1957 年到 1959 年間，美國參議院遴選委員會舉辦了許多場關於勞工或管理者不當勞動行為公聽會。該委員會的調查結果認為，絕大部分的工會都是誠實和民主的組織，但是在某些大型工會中還是有一些不誠實、貪汙和不當的組織，最明顯的是東海岸碼頭裝卸工人工會和卡車司機工會。一些工會對問題暴露後的反應是，成立一個獨立的調查委員會，工會會員就可以向這個委員會尋求權利保護，但是有不良紀錄的工會卻只做出少許的改變，有時甚至完全不做任何改變。因此，委員會就建議法律應該要強制執行，以保護個別勞工和社會大眾的權利，並且節制工會領導者的權力，結果就造成 1959 年本法的通過。這個法案總共有七章，分為兩大部分：處理工會內部事務的規定以及對勞資關係法的修正，以進一步限制，如次級杯葛

(Secondary Boycott)、熱貨條款(Hot Cargo Provisions)、和糾察行為(Picketing)等活動。次級杯葛係拒絕購買與工會發生爭議的雇主的供應商或客戶生產的貨品，藉以對於主要的杯葛對象施以間接的壓力之謂。熱貨條款指該契約條款允許或強迫雇主對會員與非會員間，在工資或工作條件上的差別待遇。糾察行為則是宣告發生勞資爭議，通常會由工會人員在雇主企業的門口或鄰近地區，高舉告示，警戒員工，並顯示工會的實力之活動。勞資關係法就是對工會幹部、工會財務和內部事務的處理，施以嚴屬的控制。

本法主要任務是，要求工會每年向主管機關報告財務狀況，及理監事職員名單呈報主管機關，使政府能監督工會財務是否濫用或遭把持控制。本法並制定工會會員的基本權利，包括選舉權、言論權、集會權、控告工會權、聽政權及資訊權等。

雖然整體來看，可以說本法案對工會有利，因為它使工會更講民主、更對其會員負責。其中一個主要的例外是關於經濟罷工(Economic Strike)。在勞資關係法下，如果工人因為進行經濟罷工－即是為了工資、福利或其他經濟議題的罷工，而離開工作崗位，他們就不能在取消資格的選舉中投票，而是這些工人的替代者才具有投票權。而這些替代者可能會投放棄工會，使其得到正常受僱的機會，雇主從此以後也可以不必承認工會了。1959 年的勞資關係法實際上是允許雇主挑起經濟罷工、換掉罷工者、然後向全國勞工關係局提出選舉請願，在這個選舉中，罷工中的工會會員並不能投票。勞資報告與揭式法更正了這種不平等的關係，給予進行經濟罷工的勞工，在全國勞工關係局舉辦的選舉中投票的權利。

貳、美國勞資關係法之特點

一、規範「不當勞動行為」

為均衡勞資的力量，由法令賦予勞工之團結權、交涉權及爭議權。勞工在行使該勞動權時，不受雇主或工會（勞工本身）之妨礙或阻擾，即為規範不當勞動行為法理所在。再者，若干案例中所發現之雇主意圖規避法令所課之義務而有明顯的脫法行為，現行法令對此亦束手無策，容或依司法判決獲得救濟，但司法機關通常均以市民法的觀點來判斷，不足以涵蓋勞動法所為保護勞動者的立法精神。若將之以不當勞動行為來理解時，則勞資間的權利義務方有較合

理的判斷；當勞資任何一方之權利受到不當勞動行為之侵害時，才得有救濟之可能。大體上所謂不當勞動行為規範應包括：1.以法律承認之勞工組織權、交涉權及爭議權為前提，任何雇主或勞工均不得妨礙之；2.係由國家積極介入，設定特定法律規範之制度型態；3.對集體勞資關係上之違法行為設有特別制裁或救濟之制度。

美國對於雇主的不當勞動行為的規定，在 1935 年全國勞工關係法第 8 章明文禁止者，包括：

1. 妨礙、限制或脅迫勞工有關工會內部運作選舉、集體一致行動或不行使之活動之權利。

2. 控制或妨礙工會之組成或管理上及給予財務上之支援。

3. 在僱用上採取差別待遇，以鼓勵或阻止勞工加入工會。

4. 對依法提出控訴或作證之勞工採取差別待遇。

5. 拒絕與勞工所選出之交涉代表進行團體交涉。

1947 年勞資關係法第 8 章規定工會之不當勞動行為部分，包括：

1. 限制或脅迫勞工行使從事或拒絕團體協商之權利。

2. 限制或脅迫雇主從事差別待遇，以鼓勵或打擊加入工會的意願。

3. 勞工所選出之交涉代表，拒絕與雇主進行團體交涉。

4. 引誘或鼓勵勞工從事罷工和次級杯葛。

5. 規定繳納差別之入會費。

6. 對未履行或不能履行之勞務強迫雇主給付薪資。

如果受雇者被不當解僱，全國勞工關係局可以命令雇主讓他以原先的待遇復職。處理不當勞動行為的申訴程序，包括：指控、調查、指控與答辯、公聽會與報告、強制執行與覆審等，說明如圖 4-1。

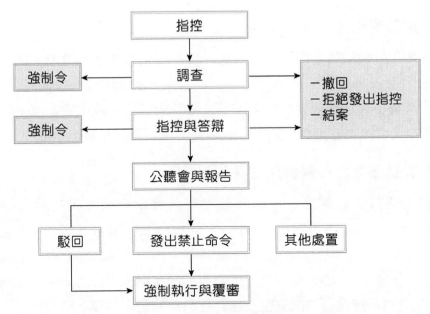

圖 4-1 全國勞工關係局處理不當勞動行為的程序

※資料來源：Feldacker B.(1980)。

二、設立「全國勞工關係局(National Labor Relations Board)」

全國勞工關係局是羅斯福總統提倡新政(New Deal)立法時期，所創立的許多行政性質的機構之一。該局區分為兩個單位：一個是由五位委員所組成的委員會，稱為該局之司法部門(Judicial Side)；另一個則是由法律總顧問主持的檢查公訴部門(Prosecutorial Side)。兩者均由美國總統提名、經參議院之諮商及同意後任命之。

（一）首要管轄權原則

首要管轄權(Primary Jurisdiction)乃是全國勞資關係局對是否頒布「不當勞動行為」之正式控訴，享有極大的自由裁量權，而普通司法法院初步處理此類案件之管轄權被排除之意。由全國勞資關係法條文規定看來，美國國會希望以全國勞資關係局此一專家機構來解決這類爭議的立法原意，可說是至為明顯。聯邦最高法院認為，在決定某一涉及勞資爭議之事項上，是否為全國勞資關係法所保護或禁止，全國勞資關係局在普通司法法院未加以干涉前，享有首要之管轄權。

（二）規定工會代表選舉與協商

全國勞工關係法規定組織工會所需步驟，即由會員舉行選舉，決定是否要承認工會，全國勞工關係局乃決定合適的投票單位及舉辦祕密投票的主管機關，若工會獲得大多數選票，則全國勞工關係局即認定該工會為唯一的合法協商代表單位。當工會在選舉中獲勝，該局便要求雇主須和該工會協商。

（三）由直屬總統之聯邦特任官員掌管

美國全國勞工關係局，並非一般首長制行政組織，與其內閣之勞工部(Department of Labor)不相屬統。1935 年全國勞工關係法修正了該局的組織與功能。其後直至 1947 年之勞資關係法修改該法之前，美國總統有權提名參議院同意，任命之任期 5 年之 3 位委員組成之全國勞工關係局，勞資關係法將之修正之為 5 位委員，而該局的調查性及檢查性的功能則自該修正時起賦予一新的官員，其職稱為總檢察長(General Counsel)，[9]由總統提名參議院同意後任命，任期 4 年，自此該局的內部單位區分為兩個分別獨立部分。亦即 5 位勞工關係委員與 1 位總檢察長及其各別所統轄之下屬單位。依全國勞工關係法，該局負責調查、檢察及審理之工作，內部對內直接管轄其所轄的各部門的人員。

（四）工會唯一協商代表權之認定

美國勞工組織工會與法人登記之事，原則上並無需全國勞工關係局過問，美國全國勞工關係局對此並無法定角色。依全國勞工關係法第 9 章之規定，認定工會應為勞工之專屬唯一協商代表。由適當協商單位中多數勞工所指定或選任之代表，為該單位中所有勞工關於工資率、工資、工時或其他勞動條件為團體協商之專屬唯一代表(Exclusive Representative)。

（五）勞工關係委員之審理解釋爭議之角色

雖然有關角色都由勞工關係局各分局扮演，審理解釋之法定確認，經常仍會發生法律解釋適用上之爭議，除總檢察長之解釋外，其若有爭議，通常送交由 5 個勞工關係委員成員中之 3 人組成的審理庭，負責解釋由區域提出的有關法定確認之代表權選舉的有關問題。

---

[9] 參見《Section 3(d) of the National Labor Relations Act》, 29 U.S.C. Sec. 153(d)(1947).

（六）不當勞動行為案件保護者之角色

不當勞動行為之概念是由美國全國勞工關係法之規定而來，該局在其中所扮演之角色，最重要的是該局總檢察長之糾舉與全國勞工關係委員之裁決庭(Panel)會議裁決之程序。此一程序足證美國是以國家力量介入於勞資間之法律糾紛中。美國之裁決機制所配備之人員與權限，為全國勞工關係局之勞工關係委員與總檢察長，均係為由總統任命，參議院同意之特任官，而總局及各地區分局下屬專任之行政法官(Administrative Law Judge)及律師官(Attorney)以千計，可謂機構龐大，權限極大。依美國全國勞工關係法，其全國勞工關係局由該局之五位全國勞工關係委員以裁決庭議決形式，另一方面設總檢察長以及該局統轄之設在全國各地主要城市的 52 個區域分局和其他地方辦公室的成員負責執行調查工作。總檢察長和區域分局的工作人員負責糾舉不當勞動行為案件之事務。而通常由全國勞工關係委員 5 個成員之 3 人組成的審理庭，負責對所糾舉案為裁決而決定不當勞動行為的案件。

（七）糾舉不當勞動行為角色

糾舉不當勞動行為，不僅對雇主，亦可能係工會之不當勞動行為做糾舉。勞工或雇主對任何有關不當勞動行為之申告(Charge)，先由該局之地區分局主任調查，提出糾舉，而交由該局之行政法官赴區域審查認定，最後由勞工關係委員以會議決方式作出確切裁決，而確定有不當勞動行為，基於該局確定裁決而發出之不當勞動行為之相關命令，若未被當事人遵行，係由總檢察長向聯邦上訴法院提起訴訟，以對違反者執行各該命令。

依該法第 9 章有關申告案，必須向該局之區域分局提出，通常該局會先邀當事人以非正式之協調會議，以協調處理有關申告，若沒能以非正式之方法協調處理解決，勞工或其他任何申告人得提出不當勞動行為之申告。

（八）裁決不當勞動行為之角色

全國勞工關係局為政府之準司法機關。判斷是否為不當勞動行為需高度的法律專業，必須審視協商當事人整體的外部行為，推論當事人主觀的意圖，例如，全國勞工關係法要求雇主必須誠信協商，協商進行時必須提供勞方必要之資訊。但仍有雇主拒絕協商的可能，而各項爭議皆涉及複雜法律爭議，待全國勞工關係局或聯邦法院來審理裁決[10]。

---

[10] 參考謝棋楠，《美國全國勞工關係局之角色》，高雄：2004 勞資爭議處理機制實務暨學術研討會，2004 年 11 月。

　　目前全國勞工關係局美年約處理 4 萬件以上之不當勞動行為之控訴案件及其他案件，與其他機構相較，該局所處理的控訴案件為數最多。[11]

三、「誠信協商」

（一）「誠信協商」之定義

　　進行集體協商過程中，課以勞資雙方誠信協商(good faith)之義務，乃是美國立法的最重要特色。它強調的不只是勞資雙方坐在談判桌上，也強調勞資雙方要有意願達成共識並簽訂團體協約。在比較勞工法上，誠信協商義務的範圍，除了誠實信用原則之外，也包括「無正當理由、不得拒絕」和「提供資料之義務」，甚至於「工會公平代表之義務」。

　　上述的違反誠信協商義務的眾多判斷原則，可以歸納為下列幾類：本質上違反(per se violation)、表面協商(surface bargaining)、接受或拉倒協商(take-it-or-leave-it bargaining)、拖拉協商(dilatory bargaining)、挾持協商(hijacking bargaining)。拒絕協商的情況，包含各式各樣類型的行為，譬如：採取接受否則拉倒的談判姿態、無法提供所要求的資訊、無法見面、片面改變、瓦解談判對手的行為（與受雇者直接交涉）。表面協商或惡意協商(bad faith bargaining)，則需要從協商所處的所有環境中，作更複雜的評估。

　　美國全國勞工關係局(National Labor Relations Board)和法院有關「誠信協商義務」判決為例，舉出一些重要判斷原則：

1. 雇主要求對工資保留絕對權利。

2. 表面協商（拖延策略）。

3. 意圖破壞協商。

4. 未指定充分授權之協商代理人。

5. 規避協商代表。

6. 雇主以停止罷工或要求工會撤回控訴，作為進入協商之條件。

7. 「接受，否則拉倒」之提案，除非接受，否則不會改變態度。

---

[11] 焦興鎧譯、William Gould 著，《美國勞工法入門》，臺北：國立編譯館，1996。

8. 雇主直接或間接與受雇者交涉，忽略工會之協商代表權地位。

9. 運用毀謗或懷疑工會之活動，企圖使受雇者轉而向工會施壓，或退出工會。

10. 實際上沒有真正進行協商的意願。

11. 雇主要求在上班時間進行協商，卻又不同意給予工會協商代表請假。

12. 雇主要求在交通不方便且遠離職場之地點舉行協商，卻又不同意給予工會。

13. 雇主堅持不可對協商過程之速記或錄音。

14. 當協商僵局發生時，雇主不願改變立場或拒絕會面。

15. 要求工會不得於協商期間進行罷工。

16. 雇主不提供或揭露協商相關主題之資料。

17. 雇主不同意工會在合理期間及範圍內進入廠場蒐集與協商主題相關之資料。

18. 當工會要求加薪時，雇主若認為沒有能力給付增加之工資，卻又拒絕證實無法給付所增工資之主張。

（二）「誠信協商」之範圍

　　沒有任何法律規定協商一定要達成協議，只是如果都能夠達成協議，可能就不會發生罷工了。誠信的協商是指法律要求勞資雙方必須秉持誠信的原則，進行協商以達成協議。我們將會在以後看到，協商雙方是否有誠信並不是很容易就能決定的，因而這方面的爭議很容易就變成了法律技術面問題。[12]

　　1935 年全國勞工關係法及 1947 年勞資關係法均規定雇主與工會的協商義務，否則即為不當勞動行為。法定議題是當事人必須本誠信原則進行協商的部分，包括工資、工時及僱傭關係的其他內容和條件。對於法定的議題，主要是雇主不得採取單方面決定的做法，必須與工會諮商，並給予工會修改、建議或進行協商的機會。

---

[12] 朱柔若譯，Robert L. Sauer and Keith E. Voelker 著，《勞工關係－結構與過程》，國立編譯館，頁 5。

當雙方當事人會面協商，秉持誠信原則，針對法定議題展開談判，即是誠信協商之範圍；反之，若屬非法議題，則雇主或工會均沒有義務展開協商，強迫對方對非法議題協商，亦為不當勞動行為。至於自願議題則採雙方自願協商的方式，於法上並無不可。根據全國勞工關係法(NLRA)第 8 章的規定：雇主與員工代表有義務「在工資、工時或其他勞動條件，及協約條文解釋上的協商時，秉誠信原則。…但該義務並未強迫任何一方同意對方的提案，或必須做出讓步」。全國勞工關係局及其歷次裁決(Decisions)，並同最高法院的判例，將協商議題區分為三種：法定議題、自願議題和非法定議題。法定議題及自願議題之範圍如表 4-2 及 4-3。至於非法定議題則除該局所規定的範圍之外者，均屬之。

表 4-2　全國勞資關係局規定協商之法定議題舉例

法定議題	法定議題
解僱	舊員工禁止名單的維持
年資、申訴和工作指派	「最優惠」條款
工會安全與會費扣繳	員工測謊
特別休假和個人獎勵升遷	禁說條款
退休、年金計畫和團體保險	法庭作證權利
年終獎金和分紅、退休計畫	仲裁聽證會的準備及使用器材
員工購買公司股票計畫	以折扣價購買公司產品
對工會非歧視僱用	公司休閒基金的運用
午餐和休息規定	警衛攜帶武器
安全考量	禁菸
員工住宅和租金	公司提供餐食的廠商和價格
非罷工條款	酒測與吸毒測驗
健康檢查	舊員工禁止名單的維持
保險計畫	－

※ 資料來源：參考 Linda G. Kahn(1994)。

表 4-3　全國勞資關係局規定協商之自願議題舉例

自願議題	自願議題
排除工會協商代理條款	待退休人員的福利
罷工祕密投票條款	超過條約的爭議之利益仲裁條款
申訴仲裁委員固定人數和成員	使用法院通訊轉載協商會議
行使契約同意權的祕密投票	以工會代理人名義發行團體協商契約
超過半數廢除代扣會費的無效條款	員工升任領班
警戒罷工導致雇主損失賠償限制	矯正因法令對於罷工者替代的補償的非罷工條款
對雇主資產損失以工資抵扣的限制	雇主提議買斷員工終身就業的保證
僱用罷工替代人員的限制與條件	非會員收取代理人費用的資訊
罷工保險以規避財務損失風險	對員工發言錄音作為雇主管理的原則

※資料來源：參考 Linda G.. Kahn(1994)。

四、「工作權州」法律

1947 年勞資關係法授權各州通過工作權法律("Right to Work" Laws)。工作權法律與一般人所認知的「工作權」不同，它是具爭議的條款。該法規定：允許各州制定宣告強迫受雇者加入工會作為僱用之條件為違法行為的條文。目的是保障未加入工會的勞工也有同樣的工作權。因此，州法律可以比聯邦法案更嚴格地規範工會安全。

1988 的選舉活動中，有六個州的工作權委員會積極活動，選出了贊成禁止廠場工會的立法者。目前有 21 州贊成禁止該法律：阿拉巴馬、亞利安納、阿肯色、佛羅里達、喬治亞、愛達華、愛荷華、堪薩斯、路易斯安納、密斯西比、內布拉斯加、內華達、北卡羅來納、北達科塔、南卡羅來納、南達科塔、田納西、德克薩斯、猶他、維吉尼亞、和懷俄明等州，宣布廠場式工會是非法的，即為「工作權州」。除此而外，其餘 29 州的法律都贊成「廠場式工會」，為「非工作權州」。「工作權」州與「非工作權州」分別如圖 4-2，黑色各州代表禁止「廠場式工會」，也被稱為「工作權州」，其他白色各州代表允許「廠場式工會」，也被稱為「非工作權州」。

Right-To-Work States

Non-Right-To-Work States

RIGHT-TO-WORK-STATES

Alabama	Kansas	South Carolina
Arizona	Louisiana	South Dakota
Arkansas	Mississippi	Tennessee
Florida	Nebraska	Texas
Georgia	Nevada	Utah
Idaho	North Carolina	Virginia
Iowa	North Dakota	Wyoming

圖 4-2　美國各州對工作權條款的禁止與允許情形（白色為「工作權州」、黑色為「非工作權州」）

　　從「工作權」角度檢視工會的性質，可以簡單分級為「封閉式工會」、「廠場式工會」及「開放式工會」，美國各州之工作權條款不盡相同，茲分述如下：

（一）美國全面禁止「封閉式工會」

　　封閉式工會(Closed Shop)指與資方所簽定的團體協約中，規定雇主僱用員工以工會會員為限的條款，嚴格限制員工必須加入工會，且雇主僱用員工僅能透過工會推薦或自行在會員中選取，違反工作權之精神，故美國各州均禁止此種工會，該工會僅存在於過去歷史，目前已全面禁止。

　　美國各州禁止廠場式工會者為「工作權州」，允許廠場式工會者為「非工作權州」。

廠場工會(Union Shop)則是規定受僱員工有加入特定工會之義務，在 1947
年勞資關係法均明定禁止。

（二）允許代理性工會

代理性工會(Agency Shop)指不強迫加入工會，但是沒有加入工會的人，也
須支付工會相當的工會會費的費用。

五、「緊急罷工冷卻期」之創設

勞資關係法(Labor Management Relations Act, 1947)的出現，正式名稱是
「塔虎脫－哈特萊法」(Taft-Hartley Act)。第二次世界大戰後不久，由於工會實
力強大導致產業罷工不斷，罷工潮蔓延開來，使社會大眾對勞工組織的不再支
持。在 1945 和 1947 年間，工會的會員從 3 百萬人，增加到 1 千 5 百萬人，整
個國家大部分的重要工業也都經歷了罷工事件。這些罷工造成消費品生產的長
期遲緩，並威脅到基本公共服務的提供。相當多的社會大眾認為工會在「全國
勞工關係法(National Labor Relation Act, 1935)」下得到了太多的權利，而且團
體協商過程也受到破壞。對勞工的力量普遍產生不安感，並且反映到選出一個
共和黨占大多數的國會上，這使得勞資關係法獲得通過。這個法案不但對全國
勞工關係法做了修正，也添加了其他部分。它的目的是在使所謂偏袒一方的全
國勞工關係法恢復平衡，並且恢復管理者的部分權力，藉此確保協商桌上出現
比較平衡的關係。杜魯門總統雖然否決這個法案，但是該法最後還是獲得通
過。

勞資關係法可以分為五個部分：1.法案中的名詞定義；2.工會的不當勞動行
為；3.受僱者的權利；4.雇主的權利；5.國家緊急爭議。主要可歸納如下：

（一）充分的溝通

本法的目的在於促進企業的充分溝通，在受雇者與雇主間之關係影響企業
時，提供有秩序且和平的程式，保障個別受雇者行使勞動組織之權利、限制或
禁止勞方及資方之程式、從事影響企業或有害公共福祉之行為及在勞資爭議涉
及大眾時，保障其權利。

（二）協商替代的機制

協商替代的機制(Alternatives to Bargaining)，非指國家之政策全盤否定團體協商的功能，而是當團體協商之和平目的不可期時，或僵局(Impasse)引發之罷工嚴重損害國民健康和安全時，始介入調解或下令暫停罷工，接受事實調查及調停。

（三）設立聯邦調解斡旋局

為化解協商機制所引發之僵局，本法設立聯邦調解斡旋局(Federal Mediation and Conciliation Service, FMCS)提供勞資雙方團體協商機制之協處與諮詢。

在第二次世界大戰後發生許多次罷工的事實，美國國會認為他們必須要對威脅國家安全或安定的爭論做些處理。因此，勞資關係法提供政府對威脅可能會造成全國緊急狀況、或實際造成全國緊急狀況的罷工或怠工事件進行干預。該法限制的罷工或怠工事件，必須是對整個或大部分的工業造成影響，並且會危及到全國的安全和安定的罷工或怠工事件。

六、「緊急罷工冷卻期」之內容

在勞資關係法的限制下，總統可以指定成立一個調查委員會，去調查和紀錄關於爭論議題的事實。當總統收到調查報告之後，他得指示司法部長要求聯邦地區法院對罷工發出禁止令。如果法院同意該爭議可能危及到國家的安全或安定，就會發出為期 80 天的禁止令。然後勞資雙方就必須設法在接下來的 60 天內，在聯邦調解斡旋局(FMCS)的協助之下，解決彼此的歧異。同時調查委員會在 60 天期間結束時，再召開會議做出一份報告交給總統，描述爭議的情況和管理者最後提出的意見。這分報告將會由總統對外公布，然後在接下來的 15 天之內，在全國勞工關係局(NLRB)舉行祕密投票，來決定有關的受雇者是否願意接受雇主的最後意見。這個結果必須由司法部長在 5 天之內確認無誤。如果在這 80 天冷卻期間內無法達到任何一致的結論，則原先的禁止令將被撤銷，罷工或怠工將會繼續。總統這時候就會做出一份整件事情的完整報告給國會，並且建議由司法介入來解決這個爭議。美國「緊急罷工冷卻期」之模式繪圖如圖 4-4：

補充　美國集體勞動法之沿革[13]

　　勞資談判制度係以「善意談判義務」為主軸，強調勞資之間真誠磋商與合作的治理邏輯。美國法的善意談判義務發端於 1935 年，在 20 世紀四五十年代逐步完善成熟，這一時期也正是美國走出「大蕭條」的經濟困境、實現經濟快速發展的階段。所謂善意談判義務，是指「集體談判是雇主與勞動者代表的共同義務，雙方應當在合理時間內進行會談，本著善意就工資、工時、其他勞動條件或者合同的談判進程、書面合同執行中與已達成協議相違背而被一方質疑等情況進行磋商，但是此項談判義務不強迫任一方同意某一議案或者做出妥協」。[14]

　　在法制面上，美國《全國勞工關係法》與全國勞資關係委員會被譽為「工人的大憲章」的《全國勞工關係法》於 1935 年頒布，旨在保護雇員和雇主的權利，鼓勵集體談判，並限制某些可能損害工人、企業和美國經濟總體福利的私營部門的勞工和管理方法。自此，《全國勞工關係法》將結社、集體談判與罷工（勞工三權）納入了法律框架。亦即集體勞動法之落實。全國勞資關係委員會因而依據美國憲法中的「州際貿易」條款及《全國勞工關係法》的授權取得了調整全國勞動關係的權力。在結社權項下，全國勞資關係委員會有權決定是否進行選舉、主持選舉和確定選舉結果，也有權預防勞資雙方在選舉中的不當勞動行為。目前，總部位於華盛頓特區的全國勞資關係委員會在全美設有 26 個地區辦公室，負責《全國勞工關係法》在地方上的執行。因此，美國企業與工會處理集體勞動關係所依據的法律即系以《全國勞工關係法》為核心的一系列規章和案例，負責執行並做出解釋的部門則是全國勞資關係委員會。

　　美國《全國勞工關係法》的適用範圍時至今日，美國絕大部分的組織都符合《全國勞工關係法》中的雇主要求，但並非所有雇員都被《全國勞工關係法》覆蓋。不受《全國勞工關係法》保護的雇員包括農業勞動者、家政工人、受雇於其父母或配偶的員工、獨立承包商、主管以及鐵路勞工法雇傭的員工。

---

[13]　史慶(2019)，美國工會建會中的勞資博弈，*工會理論研究*，2019 年第 4 期。

[14]　王天玉，工資集體協商行為主觀要件的法律塑造——以美國勞資善意談判義務為借鑒，*清華大學法學院*。

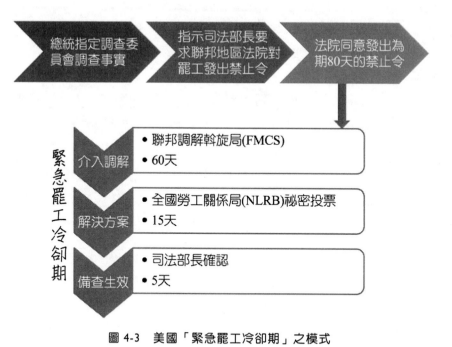

圖 4-3 　美國「緊急罷工冷卻期」之模式

　　綜合而論，美國的勞資關係法令，乃延續十九世紀僱傭契約的概念，並注入先進的可行程序，從工會自由展開，規範不當勞動行為做為限制、設立全國勞工關係局加以介入，由勞資雙方自願地進行團體協商，並承認工會的協商代表權及限制誠信協商，做為勞資的自治與平衡的基礎。縱使勞資關係偶有難以解決的情形，亦能透過明確的程序，「緊急罷工冷卻期」之創設，由國家介入緊急處分，使美國的團體協商機制得到非凡的成就和價值。

第三節　澳洲勞資關係法與機制

　　在勞資關係範疇內，於國人印象中，澳洲只是個勞資糾紛不斷、工會強悍、罷工頻繁的國家。然而，澳洲勞資關係的自主性及非法定特性，利用強制調解與仲裁的機制上，將產業民主發揮到淋漓盡致，甚至為其他先進國家所仿效，吾人不得不謂澳洲的勞資關係法及機制，實值得吾人學習。

壹、總論

　　澳洲全國勞動人口中僅有 4%是雇主，而逾 10%為自雇勞動者，其餘 80%左右均為各類之受僱勞工。而受僱勞工中也幾近 40%為工會會員，故可說澳洲

工會組織率為 40%，而近兩年來略有下降之趨勢，而且公私部門間差異也頗大，其中公共部門為 65%，而民間部門幾乎占 25%左右。

澳洲工運源於英國，職業別工會也有過多之趨勢。然經過重組及淘汰，由原 1980 年之 300 個，銳減於 1994 年為一半，即 150 個工會，而且大部分工會均加盟於澳洲工會聯盟(Australian Council of Trade Unions, ACTU)。[15]

澳洲於 1901 年建國。因此根據「澳洲聯邦憲章」(1901)，聯邦政府根據此憲章訂定勞資關係法律，「防範或解決跨州的勞資爭議之協商或仲裁事項」。於 1904 年通過「協商暨仲裁法」(Conciliation and Arbitration Act)，而「澳洲勞資關係委員會」也根據此法令而設立。此法令內容為：強制雇主要承認依該法登記的工會，並賦予工會在所屬產業為所有勞工爭取權益。此為工會被准予設立且被承認強制仲裁立場之開始。[16]

澳洲的仲裁體系包括聯邦與州政府的產業法庭於 1956 年以前「協商暨仲裁法庭」，同時扮演協商與司法的功能，而 1956 年以後聯邦法庭的產業部門，負責處理法律的司法部門，而澳洲協調暨仲裁委員會負責處理非司法功能。

工黨政府於 1988 年以「勞資關係法」(Industrial Relations Act)取代 1904 年的「協商暨仲裁法」。兩者法令規定在作法上有相似點，但根據新法所有的聯邦工會必須向仲裁主管機關登記，以便取得利用法庭的資格，並享受完整法人地位的法律保障，且所有雇主協會也需要登記，而重要的是工會的登記，因工會登記後即享有工會安全之保障。而 1988 年的法律明定，欲登記的工會至少要有 1,000 名會員。其目的在限制小規模工匠工會之增加。[17]1994 年修改「勞資關係法」，並限制罷工權及一些源自國際勞工組織(ILO)公約的勞動基準，且將工會登記的基本人數降低為 50 人。

澳洲工作場所勞資關係調查(Australian Workplace Industrial Relations Survey, AWIRS)報告指出：在 4 人以上的工作場所中，約四分之三從未有任何形式的勞

---

[15] 張其恆，《世界勞動關係總覽》，國立政治大學勞工研究所，1998 年，頁 22。

[16] Nil Lante Wallace-Bruce，《Employee Relations Law》, Sydney, Australia: LBC Information Services, 1998.

[17] 李誠譯，Bamber, G. J. , Lansbury, R. D. and Lee, J. S.著，《比較勞資關係》，臺北：華泰文化事業公司，1998 年。

資爭議。[18]除了以罷工事件為指標外，他項指標亦為衡量勞資爭議之重要依據。如：自願性員工流動率(Voluntary Labor Turnover)、員工穩定率(Employee Stability)、解僱率(Dismissals)和曠職及請假率(Absenteeism)，由於對較小的工會或甚至沒有工會者，不能以罷工當作唯一的衡量標準，對個別勞工或僱傭關係不滿的「無言抗議」，可能表現在自願性員工流動率和曠職上，故亦為勞資爭議之重要參考，但因為資料取得有困難，在統計資料上不易顯現出來。

事實上，澳洲掌握了一些其他國家所缺少的得天獨厚之處，其一為澳洲完善的勞資爭議處理制度，其二為擁有一種長達 80 年以上的獨立工業法庭(Tribunal)。澳洲的勞資關係制度是世界上「絕無僅有的」，澳洲的經驗，實際上就是對「勞資關係現狀無法改變」傳統觀念的一種挑戰。[19]其「裁定」(Awards)制度、「企業團體協商」(Enterprise Bargaining)、全國勞資關係委員會(Australian Industrial Relations Committee, AIRC)及與「強制幹旋與仲裁」(Conciliation and Arbitration)制度，對澳洲勞資關係之影響是非常深遠的。澳洲勞資爭議強制幹旋和仲裁制度及發展情形如下：

貳、殖民時代及建國初期

澳洲建國初期以前的殖民時代，勞資關係是混亂而充滿爭議的。澳洲的工業發展，歷史較短，而且工會組織力量不強，得力的工會幹部人數又不多，因此工會與雇主展開集體談判，以締結團體協約為目的之事例，除了全國性、各行業的省區性與全國性組織尚稱普遍之外，企業單位達成團體協約為數極少。欲以團體協約訂定各企業間處理糾紛的程序在澳洲並無法辦到。因此澳洲政府乃採取強制仲裁(Compulsory Arbitration)之辦法，以處理勞資間所發生的糾紛案件。

---

[18] R. Callus, A. Morehead, M. Cully, and J. Buchnan, 《Industrial relations at work: the Austrian workplace industrial relations survey》, Canberra, Austrialia: Commonwealth Government Printer, 1991.

[19] R. Alexander, and J. Lewer, 《Understanding Australian industrial relations》, Australia: Harcourt Brace & Company, 1998; C. Provis, 《Mediation and conciliation in industrial relations: reflections from Australia》, Labor Studies Journal, Vol. 21, No. 4, 1997, pp. 81~101; D. Plowman, 《Australian industrial relations: an introduction》, Sydney, Australia: Industrial Relations Research Center, 1992.

另一方面，澳洲孤懸海外，與歐、亞、美等相隔數千英里以上，因此，勞資之間發生嚴重糾紛之時，如果任其自然演變發展，政府不加干涉，發生罷工事件，可能會擾亂社會治安。因為澳洲離開歐美國家的人力資源太遠，無法很快或者大量補充技術人力，經濟生產可能長期癱瘓，影響國計民生。因為地理上的因素，使得澳洲政府更不能任工潮自動的發展演變，強制仲裁制度乃應運而生，成為解決勞資糾紛、防止其惡化的一個良好辦法。[20]1890 年代以前，澳洲採行的是英國式勞資關係制度，大量引進英國在工會及勞資關係的法令規範和理念，但自從建立聯邦和州政府層次的協商和仲裁制度後，就自成一格了。

參、1890 年代之勞資關係法

澳洲勞資爭議的特殊仲裁制度起源於 1890 年的重大罷工事件，這些悲慘的鬥爭緣於資本家，和有組織的勞工間的社會地位錯亂和憤怒，同時也妨礙殖民地朝向一個成長的社會和發展的經濟，勞資雙方認為要解決其勞資爭議，應該在公共利益的基礎上，尋求獨立的第三團體，針對彼此間的主張，進行仲裁。另外，1890 年代澳洲殖民地轉為政治聯邦，根據澳洲聯邦憲法規定：在聯邦勞資關係部分，聯邦議會有權制定跨越任何一州的勞資爭議之防止和解決的法律；[21]聯邦國會更依憲法 51 條 35 款的規定，對避免及解決跨越各州的勞資爭議，具有斡旋及仲裁的法律制定權。

肆、最早的澳洲勞資關係法

澳洲聯邦政府自始以斡旋法(Conciliation Act, 1981)來規範勞資關係。而在罷工潮推動下，西澳州成為第一個州政府引進強制仲裁制度的省分。1900 年勞資斡旋和仲裁法(Industrial Conciliation and Arbitration Act, 1900 WA)為澳洲的第一個強制仲裁的法案，該法以紐西蘭勞工法為藍本，被認為極為成功之法案。其後，整個國家群起仿效，至 1912 年各州均建立了第三團體藉以介入勞資爭議處理的制度。

---

[20] 張天開，《勞資爭議論見彙編》，中國文化大學勞工研究所印行，1987 年。

[21] Australian Industrial Registry,《Australian Industrial Relations Commission historical overview》, Australia, 1998.

　　在司法體系上，聯邦國會於 1904 年通過斡旋與仲裁法(The Conciliation and Arbitration Act, 1904)，產生了斡旋與仲裁聯邦法庭(The Commonwealth Court of Conciliation and Arbitration)，把仲裁及司法功能合而為一。斡旋與仲裁法建立了澳洲的斡旋和仲裁體制，並設置了澳洲斡旋仲裁委員會，1989 年則更名為全國勞資關係委員會。該法庭共運作了 50 年，直到 1956 年才將此兩項功能分開，亦即審判歸司法體系，仲裁歸行政體系。聯邦及各州司法部門下之「工業分院」負責司法審判，而斡旋與仲裁則交給「全國勞資關係委員會」負責。1993 年，Keating 政府制定的工業關係改革法(The Industrial Relations Reform Act, 1993)，訂定出新的法庭－澳洲勞資關係法庭(The Industrial Relations Court of Australia)代替原工業法庭，此工業法庭為了提升企業協商的功能，全國勞資關係委員會更成立了協商部門，負責處理企業協商事宜、新協約的制定和企業彈性協約等。並且該法首次將罷工權利加以設限。1996 年，Howard 政府著手立法改革工作場所關係法(Australian Workplace Act, 1996)和其他相關法律的修正，削弱了全國勞資關係委員會的權力，讓斡旋與仲裁由勞資雙方自由選擇，是「強制仲裁」或由該企業勞資雙方「直接協商」。新法更限制全國勞資關係委員會對 20 項「可允許項目」的決定權及例外地可對「可允許項目」仲裁，而「直接協商」則可依照該法的新程序，與「裁定」制度同時並存。

伍、澳洲勞資爭議處理制度

　　澳洲勞資爭議處理之機構，可分為二部分：一為司法體系(The Judical System)，另一為工業法庭體系(The Tribunal System)。1904 年澳洲建國之初，國會即通過斡旋及仲裁法(The Conciliation and Arbitration Act, 1904)處理勞資爭議案件，不過當時斡旋與仲裁均歸聯邦法院審理。直到 1956 年仲裁與司法才分開處理。茲分述如下：

一、司法體系

　　司法體系包括聯邦司法及州政府司法部門。聯邦司法有聯邦高等法院及聯邦法院兩者。州政府司法有州級最高法院、地區（或縣級）法院，及地方（或治安）法院三者。

（一）聯邦高等法院

聯邦高等法院為聯邦最高司法機構，其在勞資爭議案件上所扮演的角色包括：

防止及解決勞資爭議問題。對於工業法庭所處理的案件，聯邦高等法院有權做出裁決(Decisions)，以限制或縮小其權利範圍。裁決即工業法院對於勞資爭議案件所作的判決，該判決確定後，勞資雙方均得遵守，否則即為違法。勞資任何一方若不服該判決亦得上訴至上一級法院。

聯邦高等法院所做出之裁決，即被引用為「判例」，以為勞資爭議案件規範之標竿，因此減少發生的機率。

（二）聯邦法院

聯邦法院為勞資爭議案件之司法體系的主要部門，1977 年後更設立工業分院專責處理勞資爭議之審理，其工作包括裁定的制定。其職責為：

1. 解決及裁定與法律有關之勞資爭議案。

2. 對全國勞資關係委員會的裁定，發布強制命令。

3. 對登記有案之工會組織內部糾紛之解決。包括工會法令、工會選舉和工會合併等之規範。

1996 年工作關係法通過後，所有州際勞資爭議之司法問題均交由該法院負責，包括：

1. 裁決或解釋團體協約。

2. 非法終止僱傭契約（非法解僱）之爭議。

3. 對全國勞資關係委員會及所屬之裁定和命令之強制執行。

4. 州級最高法院和地區（或縣級）法院。

該等法院之主要角色為宣告與規範罷工行動是否合法，依據人權法案之精神，規定其罷工行動之形式與範圍。另一個功能則為對於轄區內之勞動法令之解釋權。

（三）地方法院

該等法院對轄區內有關勞動法令及各種裁定執行之審理。例如薪資或法定休假之爭議，即由該等法院判決並強制執行。

二、工業法庭

憲法規定由國會制定法律，以解決勞資爭議。行政部門得以依照法律之規定，透過斡旋和仲裁，組織一個獨立機構－即工業法庭(Tribunal)。因此，工業法庭在勞資爭議處理上扮演舉足輕重的地位，工業法庭分為聯邦工業法庭及州級工業法庭。

（一）聯邦工業法庭

聯邦工業法庭是指全國勞資關係委員會、州級工業法庭指各州勞資關係委員會。全國勞資關係委員會現有委員計 41 人，均由總理提名任命之。主席、副主席及助理主席合稱足額委員(The Full Bench)，審理重大勞資爭議案件。全國勞資關係委員會之一般功能為審查各州之全國性固定工資調整原則(The National Wage-fixing Principles)，依據勞資關係法（1996 年後為工作關係法）所賦予之權力，執行其斡旋與仲裁之工作，其功能大致為：

1. 促進勞資和諧與合作。

2. 藉由斡旋和仲裁制度建立處理勞資爭議及預防措施之架構，以減少對於工業關係的破壞性。

3. 在處理勞資爭議及其預防措施上，確保勞資關係當事人直接利益的適切性，及國家整體的經濟利益。

4. 增進勞資爭議處理與預防的適切性及公平性，並盡量避免使用法令專門術語及格式。

5. 有關協約及裁定書之管理、預防執行及處理勞資爭議事件。

6. 鼓勵勞工及雇主團體之組織依勞資關係法登記註冊。

7. 積極輔導勞工及雇主團體進行有效管理，特別在於降低同一產業中勞工組織數。

8. 鼓勵勞工及雇主團體的區域性組織管理以及其所屬會員之參與。

9. 設立並維護依裁定書所為保障工資及勞動條件之體系運作，並確保勞動條件之標準符合澳洲國際勞工之義務。

10. 規範勞資關係當事人之權利義務關係，積極鼓勵進行誠信協商，並遵守其團體協約。

11. 協助預防並減除任何有關種族、膚色、性別、年齡、婚姻、宗教、政治上之歧視行為。

　　全國勞資關係委員會與聯邦法院之關係及勞資爭議之處理程序如圖 4-4。

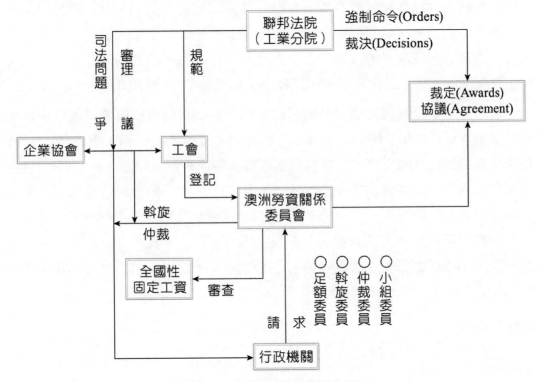

圖 4-4　澳洲勞資爭議處理之程序

※資料來源：Gardner & Palmer(1999)。

（二）裁定程序

　　全國勞資關係委員會執行斡旋和仲裁過程，利用「裁定」(Awards)以確保協約、登記組織的合法性及來自全國勞資關係委員會的決定事項。所謂裁定，是全國勞資關係委員會處理勞資爭議案件，就工資與勞動條件所作成之決定。在 1996 年工作場所關係法下賦予處罰及追訴的解釋和執行工作。此外，澳洲工

業法庭系統還有三個重要行政輔助組織，分別是澳洲工業登記處(Australian Industrial Registry)、僱傭保護局(Office of the Employment Advocate)及監查處(Inspectorate)，其裁定程序包括斡旋及仲裁。

（三）斡旋

全國勞資關係委員會及各州工業法庭介入勞資糾紛，所運用的方式包括斡旋(Conciliation)與仲裁(Arbitration)。全國勞資關係委員會扮演勞資利益的平衡者(The Balancer)，制定一些可遵循的法律規章，以調和勞資雙方利益的差異。在仲裁之前先嘗試各種可能的調解過程，其強制性為：第一、一旦涉及仲裁，爭議雙方必須依照一定的程序，表達其論點。第二、爭議雙方必須接受全國勞資關係委員會的裁決。勞資雙方必須遵守裁決的內容－工資和勞動條件，否則雇主將受罰。不過，工會和雇主可就超出最低標準的部分自由協商。

實際上，爭議雙方直接協商的可能性頗高，一旦協商達成協議獲得全國勞資關係委員會批准後，即為「共識裁定(Consent Awards)」。Niland(1976)的研究指出：有四分之三的受訪工會會利用這種直接協商來解決爭議，約 30%只會在協調和仲裁機制內協商，20%完全不會利用該制度，5%則會混合使用。直接協商的使用率並逐年提高，1980 年代全國勞資關係委員會並設定的特定的範圍，提高由各產業及個別企業勞資雙方直些協商的可能性，其實，澳洲勞資關係乃具有強制仲裁與直接協商混合的特色(Yerbury & Isaac, 1971; McDonald & Rimmer, 1989; Lansbury & Niland, 1995)。

（四）仲裁

強制仲裁的機制為的是要避免罷工。在 1993 年勞資關係改革法規範下，勞資任何一方都可在指定的協商期間，通知另一方要採取「工業行動」（Industrial Action，包括罷工和關廠）的決定，全國勞資關係委員會若認為該行動有問題或達成協議的機會不大，以及基於公共利益之考量，則可介入，發揮強制仲裁的功能。強制仲裁的效果是，縮短罷工或關廠的時間，但卻有可能增加罷工的頻率（例如「紙上罷工(Paper strike)」的發生）。仲裁之程序約為六個步驟：首先，由工會提出主張的陳述內容及需求的文件；第二，以郵寄方式送達雇主；第三，雇主接受或反對陳述的內容和文件，並回應工會；第四，工會向全國勞資關係委員會申訴爭議的存在；第五，全國勞資關係委員會決定是否接受該項

爭議案件；最後，使用談判技巧，運用斡旋和仲裁權力，作成裁定或共識裁定。

澳洲長久以來即發展一套解決糾紛的制度及處理辦法。因為衝突在所難免，能夠有妥善的結果，即為雙方減少損失的最好辦法，其結果即可能包括：1.企業協約(Enterprise Agreements)；2.勞動契約(Contracts)；3.裁定(Awards)。企業協約及勞動契約指勞資雙方同意對方的要求，而簽訂的契約；裁定則是全國勞資關係委員會及各州工業法庭介入的決定，而此決定成為雙方必須遵守的條約，其效果與上述協約及契約的效力是相同的。

陸、澳洲勞資關係法之特點

澳洲是民主先進的國家，絕大部分均是歐洲人在 200 年前開始移入之移民，在勞資關係問題上，有些在其本國無法做到的，均在澳洲一一實現。其道理，如城市的規劃、地下水道的建立均比其本國之規劃完善許多。澳州勞資爭議處理制度在一開始就建立了一些合理的制度——「基本規則(Ground Rules)」，將有助於勞資關係的合理化，這些是歐洲各國所無法望其項背之處。澳洲勞資爭議處理制度確有其獨特之處，此亦為學者認為乃獨一無二者，其特點為：

一、強迫式工資

澳洲裁定制度和團體協約規定了超過 80%的受薪人的工作條件。[22]雇主與工會扮演勞資關係制度的決定性角色，當然一般大眾也均影響其制度，並扮演澳洲經濟改革走向的潛在力量。由於工業法庭的運作，在各行業中均有一套固定工資制度(Wage-fixing System)，其效果即為製造「強迫式工資」的現象，此亦被認為是「較公正的工資(Comparative Wage Justice)」，此項政策成為澳洲政府極為重要的施政項目，很少人認為是違背勞動市場法則的作法。

---

[22] R. Alexander, and J. Lewer,《Understanding Australian industrial relations》, Australia: Harcourt Brace & Company, 1998.

二、裁定

　　研究澳洲的制度，非但由於其具有特殊性，更是因為其制度的有效性。而制度的產生是大家（勞資政三方）努力協商的結果。各行各業的工資均由全國勞資關係委員會以各種裁定按年齡規定其最低工資，例如：開一家餐館，僱用一個師傅及跑堂，均應按照其所定的工資或以上發給，否則即為非法，當然也可以由雙方協商訂立企業協約，同意以裁定以上的工資為工資(Over-award)。不過，團體協約訂立後，須經過州或聯邦上述全國勞資關係委員會認可後方始有效，未得到認可的協約規定或低於裁定的工資條件均為無效，員工有權向全國勞資關係委員會提出控告。此種作法均與澳洲人的生活方式息息相關，當然也會影響整個澳洲的經濟。

三、強制斡旋

　　1996 年工作場所關係法並未限制全國勞資關係委員會去「斡旋」(Conciliate)爭議。實際上全國勞資關係委員會是被允許在斡旋期間去影響交涉的過程，而仲裁權力縮減，並未弱化全國勞資關係委員會勞資爭議處理的能力和角色。澳洲勞資爭議處理強制仲裁制度，其內容包括強制斡旋和仲裁制度，一則具有法律的強制性，另一則以團體協約為基礎，配合第三團體強制性斡旋。

　　由於近 200 年來工業革命的結果，社會問題叢生，資本主義遭到詬病的地方甚多，歐洲各國為改善其日益嚴重的勞資問題，大致採取社會主義路線以為補救。因此包括歐洲以外的先進國家如美國、加拿大以及新開發的紐西蘭、澳洲也均採取此一路線。唯美國因為保留自由主義及個人主義，其勞資爭議處理制度的發展較為不同（例如：自願仲裁制度），其作法乃非其他國家可以仿效者，即使仿效也會是個四不像，就如同馬來西亞仿效英國的內閣制，菲律賓仿效美國的總統制一樣，終不能得其門而入。然而，澳洲採取了社會主義路線，一開始即出現了強大的工會組織－澳洲總工會(ACTU)及工黨(ALP)，透過立法保護勞工並成為重要的施政措施，政府－聯邦及州政府之主管單位、全國勞資關係委員會、工業法庭及國會－強力介入勞資關係的結果，讓勞資關係更為公平合理。

四、強制仲裁

　　當勞資糾紛發生，主管機關認為有介入處理之必要時，即通知全國勞資關係委員會，發出「強制仲裁」命令要求勞資雙方協商－即「斡旋」，在實務上除非斡旋不成立，否則不輕易仲裁。因此，其強制仲裁制度乃包括斡旋及仲裁兩階段制度，實際上兼強制協商之效果，而仲裁則為工業法庭對該糾紛案件所作的「裁定」，其裁決有法律之效果，勞資雙方均得遵守，而最重要之功能乃是勞資糾紛得以解決。

案例 美西港口封港事件

一、事實經過

美西封港事件是由代表 80 七家貨運公司與碼頭業者的「太平洋海運商聯盟 (PMA)」與代表一萬零五百名碼頭與運輸工人的「國際碼頭暨倉儲產業工會 (ILWU)」，因新年度合約談判觸礁所引起。布希總統宣布介入此事件並籌組三人調查小組，以評估封港事件對美國經濟之影響，及調查勞資雙方是否有誠意解決歧見，並於十月八日依據該小組之評估報告決定援引「勞資關係法」。聯邦法院法官宣布 80 日冷卻期生效，期間自 2002 年 10 月 10 日至 12 月 28 日止，事實經過紀要如下：

（一）爭議開始階段

10/06 封港第 8 天，資方提出暫時延長舊協約 90 天，勞方提出延期 7 天的提議，雙方互不接受，協商再度破裂。估計每天損失達 20 億美元。白宮向雙方施加壓力，希望結束封港，但對介入保持遲疑。

10/07 封港第 9 天，布希總統得知談判破裂，成立三人事實調查小組，要求針對封港對美國經濟的影響以及勞資雙方談判過程內容做完整調查。

10/08 封港第 10 天，事實調查小組向布希總統提出封港對美國經濟所造成的影響，並指出勞資雙方短期達成協議之可能性極小，如任其繼續將引起國家緊急危機。布希總統隨即申請禁制令，舊金山聯邦法院法官 William Alsup 當日頒布臨時限制令，要求資方重開美西 29 個港口及碼頭工人回到碼頭工作。

（二）緊急冷卻期階段

10/09 在布希政府強力介入下，美國西岸 29 個碼頭終於在晚上 6 時正式恢復開放，碼頭工人也陸續返回崗位，但是碼頭工人的工作效率能否恢復正常卻是關注的焦點。

10/16 港口重開之後，PMA 對外控訴碼頭工人在處理大量堆積的貨物時，故意放慢工作步調，正在進行怠工；ILWU 則否認怠工。舊金山聯邦法院為勞資雙方舉行一次聽證會，決定根據勞資關係法，實施 80 天冷卻期。

11/01 ILWU 和 PMA 雙方在新技術引進到港口操作之議題，已獲得暫時日期主要內容協議，這是雙方談判協約以來第一項真正進展，將有助後續談判之氣氛。

（三）達成協議階段

11/24 ILWU 與 PMA 達成暫時性總體協議，將作為簽訂新團體協約的依據，惟此協約必須獲得工會地區委員會及全體會員無記名投票之批准。

12/12 工會地區分會代表在舊金山集會，以 92.4%之壓倒性支持率通過協議，並且建議全體會員於 2003 年 1 月投票批准該協議。

2003/01/06~01/13 各港口分會進行投票。

01/22 海岸票務委員會完成統計。本次投票率為 85%，其中贊成票數為 7,405 票(89.3%)，反對票為 888 票(10.7%)。新協約期限由三年延長為六年，本次協約效期至 2008 年 6 月止。本次勞資雙方順利通過協約，在這次談判中可說是雙贏的局面，已為美西碼頭勞資爭議劃下句點。[23]

二、結果

這次美西封港的癥結在於船運公司希望將貨櫃追蹤系統電腦化，以使碼頭工作更有效率，但這會減少約四百到五百個碼頭工人的就業機會，工會因此要求提高薪資及退休福利。

工會主席史賓諾沙說：「這項決議對我們來說是勝利的，這是經過長期爭取的成果。」

代表美國八十七家貨運及碼頭業者的太平洋海運商聯盟主席米尼亞司說，這項協議得來不易，但雙方今後可以凝聚更好的工作關係。他說：「這是一個新的開始。」布希總統今天一早發表聲明說：「這項協議對工人很有利、對雇主很有利、對美國的經濟也很有利，我恭賀勞資雙方合作解決了他們的爭端。」

布希說，他歡迎這個爭端適時解決，美國的經濟狀況目前並不很好，而美西港口每年吞吐價值逾三千億美元的貨品，占美國全國貨櫃吞吐量一半以上，

[23] 陳淑美，〈緊急勞資爭議處理機制之研究－以「冷卻期」為研究核心〉，國立中正大學勞工研究所碩士論文，(2006)，80～89。

等於每天約有價值十億美元以上的亞洲貨品從美國西岸港口通關，美西封港不但影響美國經濟，而且對全世界尤其是亞洲的出口造成重大影響。

美西港口於九月底關閉。迫使布希於十月七日援引一九四七年通過的塔虎說—哈特利法命令碼頭工人回到工作崗位，他是二十四年以來首位援引塔虎說—哈特利法以圖解決勞資爭端的美國總統，也是歷史上頭一位援引塔虎說—哈特利法解決封港，而非罷工的美國總統。

問題與討論

一、 英國「勞資關係法」與「工會與勞資關係法」有何特點？

二、 美國「鐵路勞工法(1926)」有何特點？

三、 美國如何規範雇主的「不當勞動行為」？

四、 美國「全國勞工關係局(National labor relations Board)」有何功能？

五、 所謂「誠信協商」應包括哪些範圍？

六、 美國「工作權州」法律究竟何所指？工會的制度與「工作權州」法律有何關係？

七、 美國為對付嚴重的罷工（或關廠）設置「緊急罷工冷卻期」，其機制及內容為何？

八、 澳洲工業法庭的功能在處理勞資爭議問題上，有何舉足輕重的地位？

MEMO

CHAPTER **05**

工會組織

INDUSTRIAL RELATIONS

任何組織的存在應有其存在的角色與要件，而為了達成其目的則必須去執行工作，要去執行工作可能需要一些人力、領導、資金與政策。對一個工會而言，不同於一般的極權式的領導角色，應該需要所有會員達到一定的共識，也為了此共同的共識目標去付諸行動，以達到會員的目的與理想。故而，要談工會的運作則須先談工會的功能與目標，再論其運作的模式。本章從基層工會與聯合工會談起，再說明全國性工會的運作模式，最後介紹主要國家的工會說明概梗。

第一節　基層工會與聯合工會

從工業革命於 18 世紀開始以來，勞工為了保障其工資待遇及相關利益，免受雇主所剝削，體會到團體的力量比個別的力量大，工會組織即應運而生。先進國家的工會運動發展至今，影響整個國家的經濟、政治及社會至鉅。然而各國工運之走向不盡相同，一般而言，英國與歐洲大陸之工會與政黨關係密切，甚至工黨由工會控制[1]；美國則著重於利用自身的力量，以換取保護會員利益的團體協約；日本受歐美先進國家的影響，一方面企業單位的工會組織普遍設立，盛行企業團體協約的締結，另一方面日本工會受政黨之領導與支持，發展成為獨特且和諧之勞資關係。

壹、工會的定義

所謂「工會」(Trade Union)乃是一個為提升其自身利益的職業或產業工人團體，特別是對工資、工時和僱用條件的談判時的工人組織。[2]亦即一個勞工組織，用來改善所屬會員的薪資與工作條件者。[3]或者是說，一個勞工團體，為改

---

[1] 張其恆，《世界勞動關係總覽》，臺北：國立政治大學勞工研究所，1998 年，頁 165。

[2] 參考 Irving Bernstein,《Trade Union Characteristics, Membership, and Influence》, MLR, 1959; Walter Galenson and Seymour Martin Lipset,《Labor and Trade Unionism: An Interdisciplinary Reader》, New York: Wiley, 1960; B. J. Widick,《Labor Today: The Triumphs and Failures of Unionism in the United States》, Boton: Houghton Mifflin, 1964; Albert Rees,《The Economics of Trade Unions (2nd Ed.)》, Chicago: University of Chicago Press,1977.

[3] ACAS,《Industrial Relations Handbook》, HMSO, 1980.

善他們的工作條件、經濟及社會地位，以組織的力量進行罷工行動。[4]簡單地說，一般對工會的定義，必須包含多樣化的組織，不同層次的工會核心、種類，其範圍由傳統以至流行性的工會，更包含「白領階層協會」(White Collar Associations)、「員工協會」(Staff Associations)及「專業性協會」(Professional Associations)；在英美等國，甚至有些直接稱為：「協會」(Associations)、「同業工會」(Guilds)、「機構」(Institutions)等。[5]

貳、功能與目標

工會的主要功能在藉著組織的團體力量以爭取所屬會員的薪資與工作條件，而必要時更可透過工會進行集體罷工或推舉集體代表與雇主協商以獲得較好的權益。故而透過運作的方式可將工會的功能分成五大部分，由圖 5-1 表示：[6]

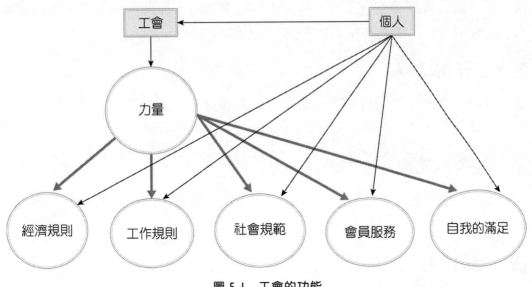

圖 5-1　工會的功能

※資料來源：Salamon, M.(1994)。

4　W. H. Weber,《Labor Organizations》, Cambridge University Press, 1970.

5　R. Hyman,《Industrial Relations: A Marxist Introduction》, Macmillan, 1975.

6　M. Salamon,《Industrial Relations Theory and Practice(2nd Ed.)》, London: Prentice Hall, 1994.

由上圖可知工會具有的主要功能為「力量」，因為這力量的給予或支持，而讓個人在社會活動藉著集體的力量而與雇主的力量相抵消或者構成一個施壓團體。就如學者 Hyman 認為工會為一個且為第一個最早的力量中介團體，如果沒有工會的賦予力量，個人在勞資關係上即無法生長，且在與雇主協商的過程中缺乏知識與經驗，更無法站在對等的地位上與雇主洽談，當然更無法得到良好的工資與工作條件。也就是說，只有在工會的範圍內透過工會，力量才能施展開來。透過工會的力量，其功能性可分為下列五種：

一、經濟的功能

在經濟領域內找到最大且最有利的工資與工作條件。[7]因為對不同層次或者不同種類的工會而言，大部分的工會都把重點放在團體協商的工資與工作條件，而傳統的經濟觀點對個人的工資政策，便是如何尋找到最大滿足點。對個人而言，如何得到額外的工資以吻合工作時間成本，而藉以滿足個人的娛樂開支，工會也因此得到經濟與工資所得的互相滿足點。

二、工作的功能

藉由工會的力量以建立工作規則，而此規則一方面保護所屬會員的工作免於因善變的管理活動而損失權益，[8]並允許會員能參與所屬公司組織的決策。[9]

三、社會的功能

藉以表達所屬會員的結合傾向、期望及政治意識，並尋找及開發一個社會組織能藉以反映會員的觀點。

四、會員的服務

對個人會員提供一個福利及服務的規範。[10]

---

[7] C. Mulvey,《The Economic Analysis of Trade Unions》, Martin Robertson, 1976.

[8] A. Flanders,《Management and Unions》, Faber & Faber, 1970.

[9] New bargaining agenda for unions,《IRS Employment Trends》, No. 479, January, 1991.

[10] B. Towers,《A Handbook of Industrial Relations Practice》, Kogam, 1989.

五、自我的滿足

　　提供一個對可能在組織外發展的個人，有參與組織決策的規範。而組織的決策又包括三方面：1.鼓勵組織內的會員參與管理決策及爭取權益的功能；2.作集體罷工制度的決定，此影響會員的工作條件與法令；3.政治代表產生制度的訂立，此政治代表能影響管理制度及活動。

參、組織架構

　　為了達到工會的目的，則須談到工會的組織與運作，實際上則必須談到工會內部行政系統的管理、工會代表的產生與當局的權利制度，才能對工會的組織運作有所了解。而工會在團體協商的成功經常是有賴於井然有序的自我運作、調整組織以適應產品與勞動市場的特性、以及配合雇主作為決策中心的能力，才能使團體協商能夠在相對平等的水平上進行。在世界主要工業國家中，英國為最早，且為最完整發展工會的國家，現就其組織發展來研究：雖然對任一工會而言均具有其獨特性，且各工會均具有其不同的法令、規則，然對於每個工會的代表產生制度、各分支機構與行政機構的關係則有其一定的規則。工會的組織如圖 5-2。

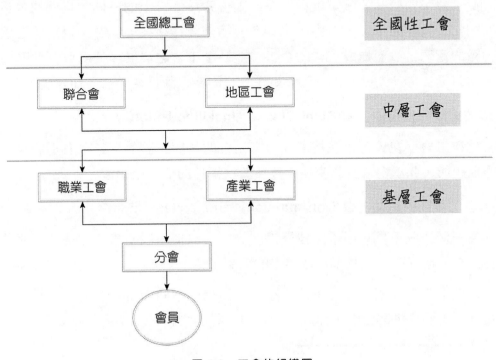

圖 5-2　工會的組織圖

工會的組織包含：基層工會、中層機構和全國性工會三大類。茲就各類型及層級的工會組織討論於後：

一、基層工會

基層工會一般包含兩種，即職業工會與產業工會，早期工會的發展由於工會會員的數目而受影響，而工會會員數目的多寡又受到複雜的分類、歸類所影響。多數個獨立的個體要將他們集合在一起，以尋求完善的保護及代為解決共同的問題，對最早的工會較有可能，因創立之初，較具有共同的利益以達成共識；然而隨著工會的發展及人員的增加，會員有著不同的生活與工作背景，對工會的介入也漸變為各個不同步調。早期的工會，由工人的屬性而將工會分為職業工會及產業工會。茲別說明如下：

（一）職業工會

早期的職業工會，是尋找一群特殊職業者或工廠內具有某一程度的技術人員所組成。[11]也由於工作類別的不同，而所具有的技術層次之不同，而分為：

1. 技藝工會(Craft Union)：

此工會不同於其他職業工會，在於工會會員性質上的不同，早期的會員均具有相當技術性的勞工，但由於工業發展初期，往往技術性勞工較少而造成工會力量的薄弱，故而造成工會的合併，並為了工會之發展，便吸收管理階層及工廠的領班及主管人員，總之工會組成的目的在保護技術性勞工而組成。

2. 半技術或非技術性工會(Semi-Skilled/Unskilled Union)：

此種工會存在於已存在技術性勞工工會的新勞工團體，為了有別於技術性工會而組成，此工會會員為半技術性與非技術性的勞工所組成。

3. 非手工技術的白領工會(Non-manual/White Collar Union)：

為一個招收不是利用手工技術工作的工人包括一般事務工作勞工。而此工會並具有一個工廠內或為單一個雇主的限制工會。

由以上各工會招收會員屬性的不同，而組成不同的工會，但經過長期工會的發展，經過合併與分裂，而成為今日將三種工會合併，統稱為職業工會。

---

[11] Flanders, A. & Clegg, H.,《The System of Industrial Relations in Great Britain》, Blackwell, 1980.

　　根據工會的業務範圍也就是所謂的工會性質可將工會分為職業工會(Craft Union)與產業工會(Industrial Union)。而職業工會是根據勞工的工作類型如一般性職業、技術性、工匠類或者一群從事於相關技術性勞工所組織的團體，不論勞工是受僱於哪個產業，均隸屬於職業工會。如教師聯盟。[12]

（二）產業工會

　　根據勞工所在的產業來組織的工會，稱為產業工會。其工會會員基本上為生產單位的勞工，例如：橡膠工廠工人、鋼鐵工人、汽車工人及採礦業工人，也就是說於生產單位、生產線上的勞工所組成，故而通常泛指在工廠、在工業上就業的勞工，不論為技術性、半技術性或非技術性者均隸屬於產業工會的會員，如汽車工人聯合工會。

　　雖然對職業工會和產業工會所作的區別，有助於了解工會的政治系統，但事實上這兩種工會其業務範圍常有重疊的現象。例如：木匠工人受僱於鋼鐵工業，應該隸屬於木匠工會或隸屬於鋼鐵工人工會呢？然無論是職業或產業之工會中，對會員相當重要的幹部，也是工會的主要運作者，更為操縱工會的核心，則為廠場工會代表。

（三）廠場工會代表(Shop Steward)

　　廠場工會代表其定義為：在各工作場所直接代表勞工，而通常是某個特定部門的所有員工所選出，並成為那個單位機構的代表。[13]工作上代表勞工處理勞工關係事務，並與管理單位交涉、處理勞工的抗議、收取會費、並向會員傳達工會的事務及政策、並鼓勵非工會會員勞工加入工會、且代表受雇者與單位或機構交涉。然對廠場工會代表而言，他的主要全職工作仍然是自己的工作崗位。由上可知，廠場工會代表實為工會部門的守門員，也就是勞工和工會之間、以及工會和第一線管理者之間的關鍵聯絡人，當管理者不遵守契約時，廠場工會代表就會發動訴願程序，故而也為工會在基層的耳目與聲音的橋樑。由此可知，遴選一個廠場工會代表的具備條件為：

---

[12] H. S. Roberts, 《Roberts Dictionary of Industrial Relations (3rd Ed.)》, Washington, D.C.: The Bureau of National Affairs, Inc, 1986.

[13] R. J. Moore, 《The motivation to become a shop steward》,British Journal of Industrial Relations, 1980.

1. 天生的領導者。必須具有領導能力，才能在一般的工作環境裡具有領導的才能。

2. 有責任心的人。需認為自我為一個且唯一的角色，去處理工會所交付的事情，才能維護工會工作的良好工作品質。

3. 可被個人所委任者。可被個人委託去反對雇主或管理者工作的人。

4. 權力的追求者。因這角色隱藏著各種權力，而唯有權力慾望濃厚者，才願意無怨、無悔的去追求。

5. 社會工作者。這角色是一種社會服務工作，且由於工會的經費拮据，通常此職務為空有頭銜而並無金錢報酬，故需要有強烈服務意願的人才能適任。

6. 對現況不滿意者。對現況容易不滿足者，較易有啟發尋找或追尋新的理想狀況的慾望。

7. 自我現實論者。能視這角色為一種機會來開發自我的能力，而因此得到自我的滿足。

8. 權威主義者。認為因為這角色能給予凌駕於他人之上的權力而樂於工作者。

（四）分會

分會為勞工工會組織之基本單位，也是工會管理與運作的金字塔。[14]對正常的工會而言，分會才是他們的工會，也是他們一般開會，且與一般會員討論相關事宜，及直接參與工會事務的場所。故而分會扮演著下列角色：

1. 會員與管理者溝通的橋樑，以及向上反應會員觀點及意見，並向下傳播工會的政策及指令。

2. 一個產生不同工會執行委員及會議代表的機構，並提供全國協商者，提出需要的勞工契約條文及解決方法，並鼓動改變的機構。

3. 一個正式的會員加入口。

由分會所扮演的角色可略知，分會也分為產業分會及職業分會。而勞工對工會運動的忠誠和態度絕大部分受分會服務品質的影響。而分會的會員人數也

---

[14] B. C. Roberts,《Trade Union Government and Administration》, Bell, 1956.

由少數個會員到數千個會員不等，且每年的開會次數也由兩星期一次到一年一次。故而分會的主要功能為團體協商和契約行政方面，且大部分分會可以處理自己的協商。大部分的契約可以是：以地理區域性為基礎，會員均為以工作地點、所在工廠或企業的地理位置為主。或者以工廠為基礎，會員可能均來自單一個雇主。

（五）分會幹部(Branch Steward)

分會之運作者為「分會幹部」，是由一般勞工選舉出來，負有實現會員希望的責任，而所擁有權力的大小則取決於分會的性質。就工廠的分會而言，分會幹部為兼職人員，因分會無法有足夠的經費來僱用全職的、支薪的工作人員，故而分會幹部在履行其工會責任時，仍然替他們的雇主工作，若必要時則須取得管理者的同意而暫時離開工作去處理工會事務。而大型的產業分會有可能有足夠的經費僱用全職、支薪的分會幹部以處理工會的事務，但對團體協商而言，決定影響力的絕不是分會幹部個人，而是協商委員會成員。

（六）執行委員會

職業工會的分會，因職業分會的成員均散布於區域內的不同工作場所，也可能為同一雇主或不同雇主，去從事長期的工作或短期性的工作，也因此對工會而言，則需一位全職人員以定期訪問各個工作場所的方式來執行工會契約，將分散各處的成員意見作整合，此種人被稱為「業務代理人」(Agent)。也因為業務代理人的工作性質，一方面為鞏固工會力量，當臨時工作場所缺少勞工時，代為介紹勞工以鞏固工會的管轄權，不被其他工會所侵占，也因如此，業務代理人便成為分會的主要契約協商者，兼負起協議的責任。所以，業務代理人對勞工而言是工作的來源，而對雇主而言，是供應勞工的主要來源。

分會的幹部流動率很大，任期也不超過 5 年，其原因：一方面由於大部分為兼職人員並沒有金錢的報酬，只能享受領導者權力的榮耀。再加上分會的選舉一向透明化，有興趣的會員均可直接參與選舉，故而，若有些會員不滿意領導者的服務品質，則流動的比率便相對提高。而另一方面可能是分會運作者表現其領導能力或工作表現，較一般勞工更有展現的機會，較容易獲得升遷到管理者的機會。再者，有企圖心的分會運作者常會希望晉升到位置較高，且又有薪資的全國性幹部的職位。

上述種種原因常為造成分會運作者流動率高的因素，也是分會運作上的盲點。

二、中層工會

（一）種類

在整個勞工工會組織而言，位於分會之上層是中層機構，但因為名稱種類繁多有稱為地區工會、有稱為聯合會、職業會議及會議委員會者。但並非所有的全國性工會與地方性工會間均存在有這種中層機構。

中層機構諸如聯合會，它設立的目的多半是為了達成某些目的而結合，如增加工會的協商力量以便取得較平等的地位與管理者交涉，且由於介於分會與全國性工會之中層機構，而能獲得與管理者相同高層次的決定權，而這也造成工會協商的多種層次體系。而中層機構因從屬於、也依賴全國性工會，所以於運作上，中層機構可能會被全國性總部所停職、解散，甚至行政作業上的督察，且全國性工會並有批准分會契約或罷工提案的權力。[15]

（二）設立的目的

如以地理區域為基礎的中層機構，將某地區內所有的分會都納入其管轄，此目的便於在協商時有更大的經濟力量，具有更大的權力基礎，也可能成為除全國性工會以外的半自主性機構。

以某特定職業、產業所組成的聯合委員會，也就是集合許多個相同職業、產業的分會並統合而具有共同的政治和經濟利益，其主要目的是為讓整個地區的僱傭條件能達到標準化，不會因為某些地區強而有力的協商，而造成不同工資的現象，而讓雇主得以享受優厚勞工的成本優勢。

至於全國性工會的功能、組織與運作、內部組織及工會民主等詳述於下節中。

---

[15] 朱柔若譯，Robert L. Sauer and Keith E. Voelker 著，《勞工關係－結構與過程》，臺北：國立編譯館，1999 年。

第二節　全國性工會

　　全國性工會可認為是全國勞工運動的中心。其直接或間接控制、協調工會的相關事務，且具有贊成或否決各分會或中層機構的內部政策、團體協商政策的直接權威性。故而全國性工會為代表勞工權益之最高機構，現就其功能性來探討其組織與運作。世界各主要國家，全國性工會為：英國之「全國總工會」(TUC)、澳洲之「澳洲工會聯盟」(ACTU)、奧地利之「奧地利工會聯盟」(OGB)、加拿大之「加拿大勞動協會」(Canadian Labor Congress)、丹麥之「丹麥工會聯盟」(LO)、法國之「勞動總聯盟」(CGT)、德國之全歐洲最大的工會中央組織－「德國工會聯盟」(DGB)、日本之「日本勞動組合總連合會」簡稱「連合」、荷蘭之「荷蘭工會聯盟」(FNV)、以及美國之「美國全國總工會」(AFL-CIO)等。

壹、全國性工會的功能

　　由於多重工會主義與工會之間的衝突已成為不爭的事實，學者認為諸如英國全國總工會(TUC)應作這兩項工作：1.總工會應努力於讓所有工會及分會對工作自主性的加強。2.總工會應致力於讓所屬工會與分會認為「一個工廠一個工會」為重要的觀念與指標。茲分述如下：

一、化解工會彼此間的衝突

　　建立「一個工廠一個工會」認知，目的在於避免工會之間的衝突，而對工會衝突的化解則賴於總工會的運作。

二、團體協商的贊助與支援

　　全國性工會並非直接出面與企業主協商，而是謹慎監督整個協商過程，提供工會或分會及中層機構適時的協助與資訊，當協商變得複雜且需要專家學者及技術性人員協助時，如經濟學者、律師、保險專家或技術工程師提供專門之技術時，而這也是分會或中層機構領導者所欠缺的能力，全國性工會因都有長期僱用此類專業人員則便可視需要性而予以支援。

三、政治活動之行使

全國性工會從事於政治性的活動強弱，隨著工會的不同而有其不同，但工會對政治的參與直接影響工會會員的權益，全國總工會公共部門則必須在政治上表現得積極，因法律、行政和選舉的結果都會對僱用條件的性質和條款產生影響，某些政治的決定可能對企業之僱用關係或工作條件產生影響，也間接引燃勞資糾紛或勞資對立的狀況。

四、提供工會與分會會員之服務與支援

對於工會的罷工時期，會員的福利、協助分會解決困難的訴願和仲裁案件、管理健康給付基金、提供所屬分會的各項教育或行政上的支柱，以使協商的處理能更有效率，甚至提供會員交涉的場所等，均為全國性工會的責任與義務。

貳、全國性工會的組織與運作

全國性工會為了使功能能有效的發揮，則必須對所屬分會或工會有所控制及影響力，故而全國性工會必須對所屬分會有行政、督導及控制權。而另一方面全國性工會必須訂出標準，而所屬工會則須將這些標準列入契約中，當某些事務必須透過協商時，全國性工會可以以代表身分，或顧問身分參與協商。而另一方全國性工會握有提議契約或罷工威脅的批准權利。

全國性工會對所屬分會及工會具有託管的權利。當所屬工會有未能執行團體協約上的條款、或鼓吹不正當的罷工、或貪汙舞弊、和勒索敲詐行為、或有種族歧視、或對財務處理不善時，在一特定時間內，可停止所屬分會的業務代理人、幹部之職務，而由全國性工會行使託管。

一、全國性工會的內部組織

全國性工會既為全國最高的勞工權利控制機關，則其組織之規模遠較一般工會為具體，較有規模者可分為大會、執行委員會、主席或稱會長、祕書及財務。

（一）大會

大部分大會每 2 年或 3 年召開一次，而部分工會則為每 5 年一次，視其組織規則而定。由各產業、職業工會、分會甚至中層機構推派代表參加，每個工會可派參會的人數與其會員人數的多寡有關。因此，最大的地方工會在決策制定時，有最大的分量，因表決為一人一票原則。大部分的全國性工會是透過大會而遴選出他們的幹部。

（二）執行委員會

在大會的休會期間，工會的運作是由執行委員會全權負責。而執行委員會的成員包括主席（會長）、財務長、其他工會幹部及其他工會所遴選出的代表所組成，而整個執行委員會有權制定且執行訂出的政策，而其主要的執行委員由會長任命，並代表會長執行一般行政及協商工作者為「祕書」。

（三）主席或會長、理事會

在行政上來說，會長為工會內部業務的實質授權者，而於協商方面，會長為首席協商者，密切注意地方工會團體協商的活動，藉此控制工會的主要功能。

（四）聘任幹部

全國性工會由於功能上的需求，除了遴選出的幹部外，得另外聘任工作人員。而工作人員可分成兩類：一類為專門技術及專家、學者，如經濟學家、律師、及保險專業人員、或工程師之類以協助工會領導者於團體協商時作專業性之支援。而另一類則為一般處理會務之工作人員。

（五）財務

全國性工會的主要經濟來源為入會費與月會費。入會費為勞工加入時繳交的費用，此費用作為補償工會在他們未入會前爭取的工作條件所作的補償。而月會費則相當於一般工人兩個小時的工資費用，也因此較高收入的勞工所繳交的月費則較高。而月費的繳交對象為地方工會，而地方性工會保留一半月費，其餘一半繳交全國性工會使用。全國性工會的內部組織如圖 5-3。

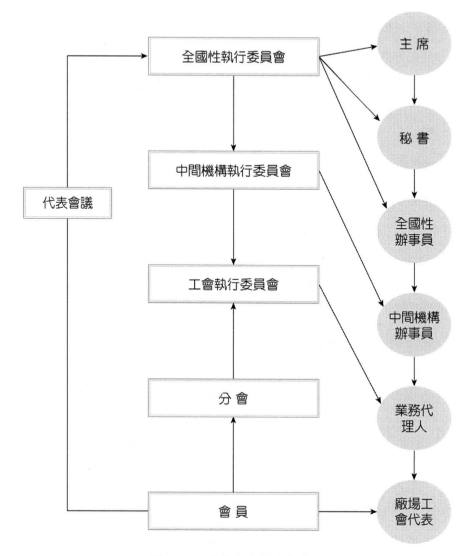

圖 5-3　工會的民主制度與運作

參、工會民主

在英國工會的萌芽初期，也正是歐洲奴隸政策解除之時，由於少數人於這時獲得自由，而使得工會的發展同時醞釀著強烈的民主意識。工會對會員實施民主制度，至少會員在工會政策上的決定與組織的控制上有絕對的民主制度。

一、工會民主制度

所謂工會民主制度應包括：1.為會員具有自我管理、自我控制、決定的權利。2.工會的組織，為保護工會會員的收入與工作條件為主旨。3.工會的權益性

質，由會員自己決定。由於工會民主制度的內容，需要有一套完整的代表制以代表會員處理、決定相關的工會事務。大部分的工會組織內均有規定會員的基本權利，與各階層工會會員的權利及代表制的產生方法。

　　工會民主制度的運作方式，最基本的是會員藉由遴選制度的模式，推選出會議代表參加全國性工會會議以決定全國工會的政策與黨政的配合法令。而推舉的代表人數就各工會的會員人數而具有一定的比例，也就是說，若工會會員人數較多，則具有較多的選舉投票權與發言權。而各工會在推舉會議代表前，通常會舉行各階層的工會與中層機構會議，或透過各階層執行委員會以達到初步的共識，而會議代表根據此共識以表達工會的訴求，而於全國會議中再次進行協商，而得到更具體的共識，以為新年度之全國工會工作準則。此種流程，即為工會的民主制度，也就是讓每個會員均有參與，也均有發言並表達自我意識的權利制度。

　　以美國的經驗來說，勞工福利計畫是在第二次世界大戰期間及之後方才出現大幅度的成長。論其成因，整體來說，除了雇主的創舉、稅務上的優惠、社會立法，以及一般經濟與人口因素的變化所產生的影響之外，最重要的兩個因素為：第一，戰爭的爆發迫使政府對工資進行控制；第二，工會透過集體協商對企業所展開的爭取行動。至於工會為何有如此強大的組織力量，主要是基於工會保障(Union Security)制度的建立。

二、工會保障制度

（一）工會保障

　　在工會保障制度之下，透過四種措施的執行，使勞工的工作安全得到保障，並使工會協商地位得以增強：

1. 雇主同意所有工人為保有工作，必須加入工會，並且允諾在僱用新進人員時，只僱用工會會員。

2. 雇主同意所有工人為保有工作，必須加入工會。不過為了保護雇主在僱用新進人員時，有自由僱用權，新僱用之人員得於 30 日內加入工會，否則將失去這分工作。

3. 雇主同意現在僱用的工人與未來將僱用之勞工，如為工會會員，在僱用契約內不得脫離工會，否則將失去工作。

4. 雇主與工會協議，工人有權自由選擇加入或不加入工會。如果選擇不加入工會，卻仍然想保有這分工作的話，必須付給工會一定數額之款項，做為工會為其代辦交涉的活動與行政之費用。

　　常見的工會類型有：

（二）工會類型

1. 封閉型工會(Closed shop)

　　雇主同意只僱用工會會員。如果工會開除會員的資格，該勞工必須被解僱。

2. 廠場型工會(Union shop)

　　雇主可以僱用任何人，無論他們的工會會員身分，但一個設定的時間內（如 30 天）內，勞工必須加入工會。如果工會開除會員的資格，該勞工必須被解僱。

3. 代理型工會(Agency shop)

　　雇主可以僱用任何人，無論他們是否為工會會員，勞工不用加入工會。然而，所有非工會員工必須支付一定的費用（被稱為「中介費」），以支付工會集體談判的費用。從工會會員除籍可能不會被解僱，但必須支付代理費。

4. 公平分享制工會(Fair share provision)

　　雇主可以僱用任何人，無論他們是否為工會會員，勞工不用加入工會。然而，所有非工會員工必須支付一定的費用（被稱為「公平分擔費」），作為支付工會集體談判的費用。在某些公共部門，代理型不被認同，公平分擔費（幾乎等同於代理費）則被允許，並以協商方式決定其數額。從工會會員除籍可能不會被解僱，但必須支付公平分擔的費用。

5. 代收會費制工會(Dues checkoff)

　　雇主同意直接從工會成員和非會員的個人薪資中代扣及代收工會會費、其他費用和款項，並定期將這些費用轉送至工會。

在大多數西歐國家，封閉型工會是被禁止的，而其他形式的工會保障制度，則不受勞動法的限制。但是，這是沒有一個統一的結論，並可能有很大的不同。例如：在德國，勞工都有加入工會的權利，也有不加入工會的權利。法律禁止各種形式的工會保障協議。在比利時，也有類似的規定。不過，雖然如此，比利時的工會會員比率仍然很高。在紐西蘭，某些產業，封閉型工會是強制性的工會組織；在菲律賓，各類工會保障協議均被允許；在墨西哥，封閉型工會，基本上仍然是常態。[16]

肆、工會的發展與政治社會的影響

就主要工業國家而言，英國工會的發展應是最早，而且是意識最為強烈的，也因為如此影響深遠，社會關係也較為明顯，常常是其他國家引以為規範的樣本。今以英國為例，談工會的發展與社會變遷的因果：英國工會的發展與存在歷經了一段艱辛的歲月，而在這段歲月裡正所謂「上階層」與「勞工階層」分隔最為明顯的時期，也因為勞工階層對政治的慾望而組織工會，更希望藉著工會的力量能在政治管理體系得到參與權。正如梵爾(Vall, van de)所言，工會對勞工階層而言永遠存在政治活動的巨大潛在的功能。[17]故而工會可以說不再是社會主義的源頭，而是藉著發展及各種活動而找尋在政治與工業間社會主義的平等社會原則，也因而在過去的戰爭期間產生介於保守與合作的政治氣候，以便去影響政府的經濟與社會政策，所以工會在經濟與工作的規範下保護他們的會員的權益，為了更有彈性的規範則須直接或間接去影響政府的政策或參與以便理念能被採納，再藉由集體罷工的管理手段以達到維護所屬會員的生活安全及提高生活水準。今簡介其關係圖 5-4 便可了解英國工會與工業、經濟、社會的關係與影響。

---

[16] 參考維基百科，http://en.wikipedia.org/wiki/Union_security_agreement。

[17] Vall, M.van de,《Labor Organizations》, Cambridge University Press, 1970, p.54.

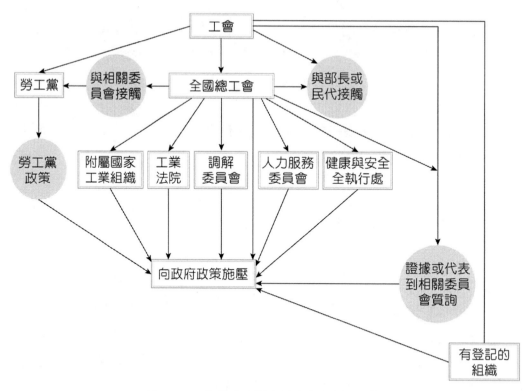

圖 5-4　工會與政府經濟社會的關係與影響

※資料來源：Salamon, M.(1994)。

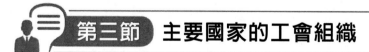

第三節　主要國家的工會組織

　　全世界第一個全國性的中央級工會組織，唯成立於 1968 年的英國全國總工會(TUC)，其他工業國家則於十九世紀末陸續成立。到第二次世界大戰之後，如日本、德國等許多國家的中央級工會重新組成。工會運動誕生於英國，是工業發展的自然結果。最初工會組織並不合法，而以互助聯誼的型態進行活動。[18]

壹、英美兩國的工會組織

一、英國

　　英國工會的雛形可追溯自 19 世紀中葉或更早，由技藝工匠所組成的互助會組織(Friendly Societies)。其組織成員必須每星期捐獻出小金錢以應生病、退

---

[18] 張其恆(1998)，世界勞動關係總覽，臺北：國立政治大學勞工研究所。

休、失業及死亡之時，可向組織領取部分回饋以應時需，稱為互助保險金(Mutual Insurance)。而同時組織也為會員舉辦有關工資探討的研討會，及員工僱用相關的研討會，此組織即為英國成立最早的工會，也是英國工會主義的啟蒙，而半技術或無技術的勞工，在 19 世紀末才廣泛興起組織工會；白領勞工直到二次世界大戰之後，才大量加入工會。英國主要的工會聯盟即英國全國總工會(TUC)，會員涵蓋公私部門中藍、白領勞工，其中白領勞工會員超過三分之一，而且持續增加。

（一）工會

英國全國總工會(Trade Union Congress, TUC)創立於 1868 年，會員涵蓋公私部門中之藍白領勞工。其中白領勞工會員目前超過三分之一而且正持續增加當中。英國全國總工會的會員總數在 1979 至 1995 年間，自 1,220 萬人下降到690 萬人，工會的組織率為 31%，占全體勞動力的 25%。

英國全國總工會之最高權力機構為代表大會，其主要任務有四：1.擬定主要工會政策；2.討論執行委員會報告書；3.選舉執行委員會委員；4.糾紛處理與會員紀律的維持。目前加入全國總工會的會員工會有 65 個，約有 650 萬個會員，為自 1979 年以來最低者，工會的組織率為 31%，占全國勞動人口的25%。由於會員人數的下降程度已超出產業衰退與自雇人口增加的人數，探究其原因，可能為失業津貼由政府給付、失業者無參加工會之必要性與迫切性；其次為僱用型態的改變，年輕人大部分認為與工會無干。

英國的工會結構包括了很多各種可能的型態：產業別工會、多產業別工會、職業別工會與綜合工會。大部分的工會並未加入英國全國總工會，例如擁有 30 萬會員的皇家護理協會(Royal College of Nursing)及非其加盟工會，但大多數未加入全國總工會的工會規模通常較小。[19]

（二）英國工會組織的特色

英國以自願主義(Voluntarism)為主的行動原則、以工作場所為主要的抗爭重地、以及獨特的政府非威權式的處理勞資爭議的方式，是英國勞資關係體制的三大特性。英國基於其第一個工業化國家的光榮地位，長久以來發展出一套

---

[19] 張其恆，《世界勞動關係總覽》，臺北：政大勞工研究所，1998，頁 160～161。

法律退出勞資戰爭的勞資關係體制。支撐這套勞資關係體制的上層建築是來自對自願主義的堅持，認為解決勞資關係場所中勞資糾紛的最適之道，就是放任管理部門與他們的廠內勞工代表自行交涉，直到協商調整出彼此滿意的解決方案為止。這套自願主義模式雖然不是成文的法律規章，但卻是英國勞資關係中三大主要集體行動者－政府、企業、與勞工－互動時，自動遵守的遊戲規則，有著比法律還有效的強制力。另一方面，在英國政治上，階級與政黨之間存在著單純的一對一的基本關係模式：工黨代表勞工階級的利益，保守黨則是資產階級的政黨。從階級政治的角度來看，工黨與保守黨之間所打的選舉大戰無異於勞資間的階級大戰，工黨每次選戰的勝負為英國的勞工運動進展與退步留下戳記。[20]

英國三個主要政黨：勞工黨、保守黨及共產黨，對工會而言，是否能跳出各黨的束縛，而維持良好的關係實有其困難，因即使工會想跳出政黨束縛，然對任何政黨而言，並不希望工會脫離於政黨之外。

（三）小結

綜觀英國工會的發展，張天開(1980)認為大致有下列情形：

1. 英國工會當初成立之時具有「朋友會」或互助社的性質，舉凡會員有婚喪喜慶，工會均有津貼，失業時亦設法介紹工作。會員團結合作，提倡福利，至今未改。

2. 過去的工會組織，特別著重「職業」性的工會組織。職業工會組織為英國工會組織的特點之一，因此在一個企業單位之中，時常有多個職業工會團體，使工會數目眾多、工會組織分散而力量不強，影響產業工會的成立與發展。

3. 英國人民生性較保守，勞資之間難免有「階級」觀念的存在，對於企業工會組織的發展，有些資方會有不予贊同的看法，影響團體協約的締結。

4. 英國的工會和美國不同，受到工黨政治的牽涉。

5. 關於工會經費收支方面，英國以會員自動繳納為主。

6. 英國工會和會員間的關係甚為密切而分明。

---

[20] 朱柔若，《政經發展與工運變遷之跨國分析》，臺北：華泰書局，1996 年，頁 2。

7. 英國工會的一個特點是全國性的工業工會聯合會採「總工會」的性質，即將數個不同的工會聯合組織之謂。

8. 因為廠場工會代表(Shop Steward)也會向雇主要求為工人增加工資，形成兩套的團體協約。

9. 今日英國政府對於工會運動的管制，以 1971 年的「勞資關係法」為出發點。[21]

朱柔若(1996)整理英國經濟結構、勞資關係體系與勞工運動特性如表 3-1。

表 5-1　英國經濟結構與勞資關係特性摘要表

經濟結構	第一個工業化的國家，工業化的歷史很長，很早就出現廠場式的協商模式。
勞資關係體制特性	信仰自願主義，重視工作場所內的協商爭議，政府非威權式的勞資爭議處理模式。
工會與政黨關係	工黨為勞工階級的政黨，擁有工會大力的支持。
50 年代之工運特色	保守黨執政期間，勞工運動由平靜期轉向恢復罷工時期。
60 年代之工運特色	廠場工會運動的盛行期。保守黨推動統合主義運動受挫，工會支持由工黨來執行同一制度，遂使工黨贏得政權，可惜工黨將工會自願合作的節制工資政策，改變成強制性節制工資政策，而喪失工會的支持。
70 年代之工運特色	工會推動反勞資關係法治化的運動，搞垮 1970 年才贏回執政權的保守黨，然後要求工黨簽署社會契約以增加工會參與國家政策制定的權利。
80 年代之工運特色	自 1979 年到 1986 年，英國工會流失了 20%的會員，保守黨趁工黨內部分裂，制定勞資關係法，成功地將勞工運動納入法律管轄。

※資料來源：朱柔若(1996)。

（四）英國工會的現況

1. 全國總工會

英國全國總工會(Trade Union Congress, TUC)創立於 1868 年，會員涵蓋公私部門中之藍白領勞工。其中白領勞工會員目前超過三分之一而且正持續增加

---

[21] 張天開，《現代工會運動》，中國文化大學，1980，頁 31～37。

當中。英國全國總工會的會員總數在 1979 至 1995 年間，自 1,220 萬人下降到 690 萬人，工會的組織率為 31%，占全體勞動力的 25%。

2. 會員人數下降的原因

工會會員人數急劇下降的程度，已經超出產業衰退與自雇人口增加的程度，主要有幾項原因：失業津貼由政府給付，失業者無參加工會之必要；僱用形態逐漸轉變，青年人傾向認為與工會無干。

3. 工會的多種形態

英國的工會結構包括了各種可能的形態：產業別工會、多產業別工會、職業別工會與綜合工會。大部分的工會並未加入英國全國總工會，例如擁有 30 萬會員的皇家護理協會(Royal College of Nursing)即非其加盟工會，但大多數未加入全國總工會的工會規模通常較小。

二、美國

（一）工會組織率

總共有 1,600 萬的受雇者參加工會，約占總受雇人口的 14%，工會組織率相當低。自從 1950 年代之後，工會組織率就呈現穩定的下降趨勢，南方各州甚於北方各州，而服務業部門更是不到 10%。

民間部門的受雇者較少參加工會組織，反倒是公共部門的白領受雇者參加工會組織較為積極，目前組織率約達 40%至 45%左右。

（二）美國全國總工會

美國最主要的中央級工會組織是美國全國總工會(AFL-CIO)，係由過去原有的美國勞工聯盟(American Federation of Labor)與產業別組織大會(Congress of Industrial Organizations)於 1955 年合併而成。於 1995 年計有會員 1,300 萬人，主要致力於工會間之協調、資訊提供與政治遊說，本身並不參加勞資間的團體交涉。

在 1980 年代，美國全國總工會吸收許多個大型工會。如在 1981 年吸收了擁有 80 萬名會員的「聯合汽車工人工會(United Auto Workers)」；在 1987 年吸收了會員多達 140 萬人的「卡車司機工會(Teamsters)」；而「聯合食品商業工會

(United Food and Commercial)Workers」也有多達 100 萬的會員。成長最快的工會是「地方公務員工會(AFSCME)」，計有 130 萬名會員。美國全國總工會轄下總共擁有 68 個會員工會。

AFL-CIO 成立於 1955 年，當AFL和CIO長期疏遠後合併。聯盟成員於 1979 年達到頂峰，當時 AFL-CIO 擁有近二千萬成員。從 1955 年到 2005 年，AFL-CIO 的成員工會代表了幾乎所有在美國的工會工人。幾個大型工會從 AFL-CIO 分離出來，並於 2005 年組成了競爭對手 Change to Win Federation，儘管其中一些工會已經重新加盟。

（三）美國教師協會

美國最大的工會是「美國教師協會(National Education Association, NEA)」，擁有 200 萬名會員，但並不隸屬於美國全國總工會。[22]

目前美國工會組織的情形，美國勞工部勞動統計局(BLS)發布「2012 年美國工會統計資料」，內容略以：1.全美勞工人數達 1 億 2,757.7 萬人，工會會員人數為 1,436.6 萬人，工會組織率為 11.3%。2.2012 年全美工會會員人數及工會組織率均較 2011 年的 1,476.4 萬人及 11.8%微幅下降。3.公部門勞工 35.9%為工會會員，為私部門勞工(6.6%)的 5 倍以上。工會組織率最高者為教育、訓練及圖書職業勞工(35.4%)，最低者為銷售及相關職業勞工(2.9%)。4.黑人勞工較白人勞工、亞裔及西裔勞工更願意加入工會。5.以州別來看，紐約州工會組織率(23.2%)最高，最低者則為北卡羅萊納州(2.9%)。

（四）美國工會組織的特色

雖然美國的勞工運動和其他西方經濟制度勞工運動有許多相同點，但是它仍然有屬於它自己的獨特之處：

1. 美國工會特別強調排他性管轄，這是說，任一工會可以宣稱它具有組織和代表某一類工業或工作類型勞工的獨占權利，至少理論上如此。

2. 在 1935 年以前，大部分勞工都是根據相同技能而組織起來的，而且直到今日，職業工會在勞工運動中仍然有一定的勢力。

[22] 張其恆，《世界勞動關係總覽》，臺北：政大勞工研究所，1998，頁 170～171。

3. 雖然有數百萬名勞工的團體協約屬於多雇主類型，但是絕大部分還是只對某個公司或某個工廠有效。

4. 大部分的團體協約都相當複雜，對僱傭條件描述得相當明確，並且嚴格限制雇主對於人事和生產政策的決定自由。

5. 工作場所的勞工經常被層層地組織起來。地區性的工會勢力最強，而且在團體協商中，包括契約的協商與行政管理上，皆發揮實質性的作用。此外，權力主要集中在全國性工會的手上，總工會只是扮演附屬的經濟角色。

6. 申訴程序在美國要比在其他國家發展得更為完善。這種制度之所以存在是由於美國的團體協約較為詳細、重視個別公司的協商、以及以地方工會為主等因素。

7. 美國勞工運動在尋求改進勞工的生活狀況時，強調經濟行動，遠甚於採取政治行動。至少有部分是因為這個緣故，因此勞工組織並沒有與任何政黨結盟。[23]

（五）小結

綜觀美國勞資關係的發展，張天開(1980)認為大致有下列情形：

1. 美國的工會和歐洲各國的工會不同，與政黨不發生密切的關係。

2. 因為不著重依靠政黨政治的力量或手段，來改善勞工的生活，美國工會多依賴自己的力量，加強組織，和雇主或雇主團體以團體交涉的方式，去爭取其應得的權益。

3. 非但政黨政治的力量沒有直接捲入美國工會運動漩渦，就是教會團體也沒有參與工會運動的工作，這和歐洲大陸的情形不同。

4. 美國工會組織通常反對勞資「共同經營」，因為他們認為工人只管生產，企業經營是雇主及管理人員的事，不用工會多傷腦筋。

5. 還有一種歐洲國家及日本盛行的制度，美國工會亦表反對，那就是員工代表的組織與功用。

---

[23] 朱柔若譯，Robert L. Sauer and Keith E. Voelker 著，《勞工關係－結構與過程》，國立編譯館，頁90～91。

6. 關於勞資糾紛案件的處理程序與方式，美國工會亦極出力，貢獻至大。

7. 美國不像法國，無勞工法庭，亦無勞工法典，多憑勞資團體協約的締結，造就了頗為完備的一套勞工福利制度。

8. 國際勞工工作的重視，這是美國工會運動的一大特點。

9. 儘管美國的工會運動表現的有聲有色，成為今日全球最大、會員人數最多、力量最為雄厚的工會組織。但因為經濟不景氣，白領工人人數激增，企業管理的技術與標準日益精進與提高等原因，工會發展頓覺萎縮。

（六）美國工會的現況

1. 百分之十二的工會組織率

總共有一千六百萬的受雇者參加工會，約占總受雇人口的 12%，工會組織相當低。自從 1950 年代之後，工會組織率就呈現穩定的下降趨勢，而南方各州更甚於北方各州，而服務業部門更是不到 10%。

民間部門的受雇者較少參加工會組織，反倒是公共部門的白領受雇者參加工會組織較為積極，目前組織率約達 40~45%左右。

2. 美國全國總工會於 1955 年成立

美國最主要的中央級工會組織是美國全國總會(AFL/CIO)，係由過去原有的美國勞工聯盟(American Federation of Labor, AFL)與產業別組織大會(Congress of Industrial Organizations)於 1955 年合併而成。

3. 擁有 68 個會員工會

在 1980 年代，美國全國總工會吸收了許多個大型工會。如在 1981 年吸收了擁有 80 萬會員的「聯合汽車工人工會(United Auto Workers)」；在 1987 年吸收了會員多達 140 萬人的「卡車司機工會(Teamsters)」；而「聯合食品商業工會(United Food and Commercial Workers)」也有多達 100 萬的會員。成長最快的工會是「地方公務員工會(AFSCME)」，現已有 130 萬名會員。

貳、其他國家的工會組織

一、荷蘭

（一）成立於 1982 年的荷蘭工會聯盟

當荷蘭的工會組織於本世紀初形成之際，便分成三個中央級的組織路線：社會主義、天主教及基督教。社會主義及天主教的中央級組織於 1982 年合併，成立為荷蘭工會聯盟(Federatie Nederlandske Vakbeweging, FNV)，目前擁有 18 個加盟工會，計有會員 112 萬名。

基督教工運路線的基督教工會聯盟(CNV)，則擁有 13 個加盟工會，約 35 萬名會員，此外，白領勞動者組成之管理職員聯盟(MHP)有 15 萬名會員；新近成立的第四個中央級工會組織為工會總聯盟(AVC)，則有 11 萬名會員。

（二）百分之二十六的組織率

荷蘭的工會組織率在 1980 年代逐步下滑，但在 90 年代卻漸趨穩定。目前約有 170 萬名工會會員，約占全體勞動力的 26%。

二、比利時

（一）天主教與社會主義工會

比利時有二個重要的中央級工會組織，分別屬於天主教路線與社會主義路線，情形與荷蘭相同。最大的為天主教路線的基督教工會聯盟(Confederationdes Syndicats Chretiens, ACV/CSC)，擁有 140 萬會員。次為成立較早之社會主義路線的比利時勞動聯盟(Federation Generale du Travail de Belgique, ABVV/FGTB)，擁有 100 萬會員。其中基督教工會聯盟在法蘭德斯地區影響力最強，而比利時勞動聯盟則在法語區較強勢。

此外，尚有一個屬於自由主義路線，規模較小的中央級工會組織，名為比利時自由工會聯盟(Centrale Generale des Syndicats Liberaux de Belgique, ACLBV/CGSLB)，約有 20 萬會員，與職員聯盟(Confederation Nationale des Cadres, CNC) 同樣由較高級監督管理者組成，二者皆日益重要。比利時勞動聯盟計有 14 個加盟產業別工會，最大的 3 個工會會員人數分別在 16 萬至 17 萬 5 千人之間。基督教工會聯盟計有 17 個加盟產別工會，部分組織與比利時勞動聯盟重疊，而處於彼此競爭的態勢。

（二）約百分之六十的工會組織率

比利時的工會組織型態主要為產業別工會，工會並以宗教與政治的路線相互競爭。比利時工會組織率相當高，約占全體受雇者的 60%。主要原因是工會管理失業給付，即使失業也是工會會員。

三、德國

（一）工會組織率百分之三十四

在德國 3,480 萬的受雇勞動者中，有 1,170 萬人為工會會員，工會組織率約為 34%。

（二）德國工會聯盟全歐最大

德國工會聯盟(Deutscher Gewerkschaftsbund, DGB)是歐洲最大的工會中央組織，雖於 1992 年到 1995 年間會員減少 2 百萬，但目前仍有會員 980 萬人。

（三）金屬工聯會全國最大

德國工會聯盟於二次世界大戰後確立其組織結構的路線，目前有 15 個產業工會，其中規模最大者則是金屬工聯(IG Metall)，約有會員 300 萬人公用交通事業工會(OTV)有 187 萬名會員、建築農業環保工會(BAU)有 75 萬名會員、化工造紙窯業工會(CPK)有 74 萬名會員；而商業銀行保險工會(HBV)有 54 萬會員。

（四）三個白領勞工中央級組織

白領受雇者主要分為兩大類：一是職員勞動者(Angestellte)；另一為官吏(Beamte)。後者代表在各個政府機關中執行公權角色，範圍從郵差到總經理皆屬之但無罷工權，主要組織為德國公務員聯盟(DBB)，擁有 110 萬名會員。前者之組織主要有德國職員勞動者聯盟(DAG)擁有 52 萬名會員；基督教工會聯盟(CGB)則擁有 31 萬名會員。

四、丹麥

（一）百分之七十五的工會組織率

　　由於 70 年代加入失業保險的人數增加，丹麥工會組織率急速上升，現已達全體受雇者的 75%。丹麥工會聯盟(De samvirkende Fagforbund, LO)與瑞典工會聯盟於 1898 年同年成立，目前約有 150 萬名會員，其中三分之一屬職員勞動者。

　　職員勞動者最重要的工會組織為職員與公務員聯盟(FTF)，目前有 39 萬五千名會員，主要分布於公共部門。民間部門中則屬丹麥行政管理職員組織(AoVH)最為重要，約有 7 萬 5 千名會員。

（二）由職業別向產業別轉變

　　丹麥工會聯盟有 25 個職業別會員工會，其中最大者擁有會員 30 餘萬人。職員與公務員聯盟則有 42 個會員工會。此外，大學畢業受雇者組織(Akademikerorganisationen, AC)擁有 22 個會員工會共計約 19 萬名會員，目前日漸重要。

五、瑞典

（一）瑞典工會聯盟成立於 1898 年

　　瑞典有三個中央級工會組織，其中最大者是成立於 1898 年的瑞典工會聯盟(Landsorganisationed I Sverige, LO)擁有 223 萬名會員，其中 180 萬人目前於勞動市場中受雇在職工作；另外有許多領退休年金和失業的會員。瑞典工會聯盟的會員數大約占全國勞動人口的百分之九十；國際標準來說，這是一個相當勞動人口的百分之九十；國際標準來說，這是一個相當高的數字。

（二）最大的團體會員為地方政府職工聯盟

　　瑞典工會聯盟由 21 個會員工會所組成，其中最大的地方政府工人聯盟(Kommunal)，最近成長極為快速，目前擁有 66 萬名的會員。此外，金屬工人聯盟(Metall)擁有 44 萬 5 千名會員。全國政府職工聯盟(Seko)擁有 19 萬名會員。商業職工聯盟(Handels)擁有 17 萬 5 千名會員。建築工人工會(Byggnads)擁有 15 萬 5 千名會員。產業工人聯盟(Industrifacket)則有 11 萬名會員。

（三）最大的團體會員為瑞典產業協會

瑞典產業協會(SIF)約有 31 萬名會員，是瑞典職員職盟所屬的 20 個會員工會中最大的組織。其他如瑞典地方政府公務員聯盟(SKTF)有 18 萬 5 千名會員，商業職員聯盟(HIF)有 14 萬 5 千名會員，經理人協會(SALF)有 8 萬 5 千名會員。

（四）瑞典職員協會等組織

到 1995 年，瑞典職業協會(SACO)總共已有 38 萬 5 千名會員，其中在職人數為 29 萬 6 千人。所屬的 25 個工會之中最大的是大學畢業工程師協會(CF)，擁有 6 萬 2 千名會員。另外，全國教師聯盟擁有 5 萬 6 千人，律師、經濟學者與社會科學者協會(JUSEK)則有 3 萬 9 千名會員。

六、澳洲

（一）百分之四十的工會組織

在全國 860 萬勞動人口中，僅有百分之四是雇主，百分之十幾的自雇勞動者，其餘的百分之八十六則是各類之受雇勞動者。將近有百分之四十的受雇勞動者是工會會員，實際數字在近兩年略有下降。工會組織率在公私部門間差異頗大，其中公共部門為百分之六十五，民間部門則僅有百分之二十五。

（二）約有 150 個加盟工會的澳洲工會聯盟

澳洲工運傳統源自英國，結果亦導致職業別工會組織過多。但是，過多的工會組織已於 1980 年代的 3 百個銳減一半，成為 1994 年的 150 個。絕大多數的工會皆加盟於澳洲工會聯盟(Australian Council of Trade Unions, ACTU)。

七、日本

（一）1940 年代建立的工會制度

工會組織在二次世界大戰的日本實質上並不存在，而是戰勝的同盟國為促使日本的社會民主化所採取的制度之一。團體權與交涉權規定在當時的憲法之中，後來並透過許多特別法來補足。在 1949 年，工會會員人數的水準達到 56%的最高點，但是後來卻持續的下降。

（二）百分之二十四的工會組織率

日本的總人口數約為 1 億 2,600 萬(1995)，總勞動力為 6 千 7 百萬人，其中 6,500 萬為就業人口，另有百分之三為失業人口。就業人口中有 5,300 萬為受雇者，而其中有 1,240 萬(24%)為工會會員，超過總勞動力的 18%。工會會員分別屬於約 3 萬 2,600 個企業別工會（或者是 7 萬 1,000 個單位工會），並以地區的聯合組織構成工會制度的基礎。

（三）1989 年成立的「連合」

在 1987 年間，原有的三個中央級工會組織合併組成「日本勞動組合總連合會」，通常簡稱為「連合」。

連合中最大的工會為「自治勞」（由地方政府職工組成），會員達到 100 萬人，「自動車總連」（汽車工人組成）約有 78 萬名會員，「電機勞連」（電子及資訊業勞工組成）會員約有 75 萬人。在連合之外也存在許多獨立的工會，像「全勞連」為左翼的中央級組織，約有 28 個工會，共約 85 萬成員。[24]

---

[24] 張其恆，《世界勞動關係總覽》，臺北：政大勞工研究所，1998。

案例　富士康要設「真正工會」

英國《金融時報》報導，富士康擬在大陸工廠成立「真正工會」，預計農曆年後，由工人不記名投票選出工會成員。報導稱，這是個強而有力的信號，代表維護勞工權利的意識已越來越強烈。

不過，富士康發言人胡國輝向彭博社表示：「人人都可競選工會代表。」他說，富士康從去年底就開始擴大員工代表權，並「必須遵守中國工會法」。

大陸企業的工會一向是由管理階層和地方政府控制，富士康能否新創模式並獲大陸當局同意，仍無法確知。若富士康的工會改革成真，將是大陸首個成立「真正工會」的大型企業。

維權組織「中國勞工通訊」發言人 Geoff Crothall 表示，任何工會都必須是中華全國總工會的成員，全國總工會可能選擇進行集體談判，而非讓富士康員工代表和資方交手。換言之，由全國總工會處理，促成和諧平衡。

胡國輝透露，富士康已開始推出新的工會選舉程序，更多工會代表是由員工直選；但必須等候現行條款期滿，才會實行新的程序。

富士康是大陸最大的民營企業，擁有 120 萬名員工。熱銷的蘋果手機、平板電腦和一般消費性電子產品皆由其生產。先前外界質疑富士康的勞動條件，蘋果公司委請美國公平勞工協會(FLA)對富士康的大型工廠進行調查，當時該協會指出的問題之一就是「工會不能真正代表工人」。報導引述富士康稱，新的選舉流程將產生更多生產線上的基層勞工成為工會代表，管理階層將不會再插手工會；工會全名為「富士康工會委員會聯合會」，工會主席與 20 位委員，就由 5 年一次的「不記名投票」產生。

問題與討論

一、 工會的定義為何？其功能包括哪些？

二、 先進國家的基層工會包括哪兩種？廠場會員代表(Shop steward)有何功能？

三、 全國性工會的主要功能為何？如何運作？

四、 何謂工會民主？工會民主與工會類型有何關係？

五、 英國工會的特點為何？

六、 美國工會組織的特色為何？

雇主組織

INDUSTRIAL RELATIONS

　　員工現在權利及利益的爭取上更有實質、具體的保護途徑例如透過法令的規定及工會組織的爭取。[1]而相反的，於 1980 年至 1990 年間雇主利用高失業率、開放勞動市場、薄弱的工會力量及法令的不完備而爭取雇主的利益。而這種一來一往的主、僕權益爭取即為明顯之員工與雇主的關係。雖然隨著工業革命及企業組織的具體化而有員工的需求，但主僕之間的關係存在著法令的保護，然而這種工作契約通常是由雇主保障雇主的權益。

第一節　雇主與管理者

壹、定義

　　歐美先進國家將「員工(Employee)」大致分為五類：1.「全職員工」：服務於公司為全時(Full Time)之員工。2.「兼職員工」：服務於公司為部分工時者。3.「全職的見習生」：服務於公司之全時見習者。4.「兼職的見習生」：服務於公司之部分工時見習者。5.「短期契約工」：服務於公司在 6 個月以下之臨時性員工。[2]

　　誠如第一章所言，「雇主」指僱用人為他工作的人或組織。依組織型態，至少僱用一人或一人以上為雇主工作之人或組織。在小規模公司雇主通常為企業擁有者及管理者；而大規模組織的企業，雇主的職務可為領班（工頭）、管理者、總裁和股東等。[3]就勞資關係的領域而言，「雇主」的定義具有技術性，通常被定義於較實用性的狀態，而引用之法令、條例也較符合以上敘述的目的及特殊狀態。例如：美國全國勞資關係法(National Labor Relations Act)所定義之「雇主」，為有僱用人在利益範圍內直接或間接為他工作者，均謂之，排除服務於美國各州的公務員、及各地區政治團體或任何服務於勞工組織或者是勞工組織的官員及代理人。[4]

---

[1] G.Thomason,《A Textbook of Personnnel Management》, London: Institute of Personnel Management, 1975.

[2] S. R. Harold,《Roberts Dictionary of Industrial Relations》, Washington D. C.: The Bureau of National Affairs, Inc, 1986.

[3] J. T. Carpenter,《Employers' Associations and Collective Bargaining in New York City》, Ithaca: Cornell UP, 1950.

[4] ILO,《Role of Employers' Labor-Management Relations》, Series 54, 1979.

雇主組織(Employers' Organizations)在英國，可以規模大小、所有權的型態、財務型態、產品的種類來區分。而若以所有權來區分可分為：公共事業及私人企業；以產品性質，可分為營利事業及服務業；綜合其特性可以四大類來探討其組織型態：[5]

貳、型態

一、私人企業

在英國私人企業所用就業人口幾乎占了全數的一半以上，雖然有大小規模之不同，登記有案的大多數公司卻都只僱用很少的人員或臨時工。而私人企業組織型態分為兩大特色：1.大、小型股份有限公司包含 7 個或 7 個以上的股東所組的企業，可包括跨國企業或者規模小之私人公司。2.分享利益所有權企業，此種企業包含銀行、保險公司等[6]。

二、公營企業

在英國此種類型企業占就業人口數的四分之一。所含有特色為：1.企業的所有權為一般大眾，而受一般大眾委託、管理及執行工作。此企業不適用公司法而有一套不同於私人企業的適用法令。2.企業可能銷售貨品或服務，而支出靠著借來之貸款支付。3.公司的財務狀況受國會議員的監督。4.企業主管大部分為政府官員，而員工則不是一般公務員。

三、公共服務業

為一般為人民服務的組織，包含政府機構、全國健康保健組織和地方政府服務當局，包括警察。對個人、家庭、社區及企業提供大量服務，而基金的來源為全國保險費、各種稅收、以及地方財產的稅收。而其管理單位為中央政府、地方當局、以及隸屬於中央之各部或處等，管理者至所有員工之身分即是所謂的公務員。

---

[5]　G. Thomason,《A Textbook of Personnel Management(4th Ed.)》, London: Institute of Personnel Management, 1981.

[6]　J. Scott,《Capitalist Property and Financial Power》, Brighton: Wheatsheaf, 1986.

四、非營利事業

通常為小的或私人所擁有的組織，對於所屬會員或特定利益團體提供特別的服務。而這種體系通常其雇員並不以獲得利潤為宗旨，而是以提供社會必要之服務為目的，故而此種體系較沒有勞資問題。

由上述得知，所謂雇主需有人為他工作或服務，而組織也因為規模及型態、種類之不同而所需求工人的人數也不同，工人的型態、層級均不同。而當勞工意識抬頭，工會力量茁壯之時，如何保障雇主的權益則成為下一課題。

參、雇主組織的設立目的與結構

一、設立目的

「雇主組織」(Employers' Associations)為由雇主所支持與贊助的一個團體或組織，其目的在代表一個單位前去處理組織的受雇者所提出、發生的問題與狀況，藉以保障雇主的權益。[7]而雇主組織通常為同一種工業或企業的組織或同一地區之工業與企業之組織。[8]而這類組織的設置目的有二：

1. 意圖就企業主與工會在立足點的平等上來執行問題。

2. 阻止或避免泛工會化的行動，尤其當工會主義者製造問題或集體罷工日趨盛行時[9]。

二、結構

英國雇主組織的數目由 1968 年的 1,350 個減少到 1989 年的 293 個，減少的原因為小的地方性協會組織，轉讓而後合併為規模較大的全國性協會組織，例如：兩個規模較大且較主要的雇主組織如鋼鐵工業組織(1967)和船務製造組織(1977)均為全國性的專業性雇主組織，而雇主組織的會員數也由最大的全國農業聯盟的 125,000 會員數到會員數只有 65 個的英國紙業及紙板工業聯盟。由

---

[7] K. M. McCaffree,《A Theory of the Origin and Development of Employer Associations》, Proceedings of the 15th A/M, 1963.

[8] A. E. Roth,《Employer Associations in Collective Bargaining》, New York: AMA, 1986.

[9] M. S. Wortman,《Labor Relations Decision-Making in the Membership of Employers' Associations》, LLJ, 1983.

此可見規模的大小會員數的多寡，並不影響雇主組織。而相同的國營事業機構在英國也同樣有雇主組織的存在，如州或郡議會組織及區域地方議會組織等。

由此可知，雇主組織結構的種類也很多，大體上可分為四大類：[10]

（一）以地理位置為主的全國性協會

例如英國的全國工程師雇主協會及其附屬之地方 17 個協會。

（二）單一全國性協會

包含全部工業，在英國如化學工業協會及全國超過 160 個以上的附屬協會。

（三）專門性的協會

指區域或地方性專門行業的代表。在英國如印刷工業協會，其代表身分不僅是英國郡或州立印刷工業協會，而且是報紙社團協會，更是出版社組織協會的會員。

（四）地方性組織

指具有地理限制的工廠及企業之團體。如英國西英格蘭毛紡織雇主協會。

肆、企業內管理者

一、管理者角色

管理者角色(Role of Management)是組織內的一個人或者一個特殊小團體，用來處理組織的事務，而這些事務是已經被設定於組織內如組織的計畫、組織的結構、成員的安排、指揮與控制。[11]故而根據勞資關係委員會(Commission on Industrial Relations)認為管理者應包含各階層人員，其定義也更廣泛：

「管理者」即組織所有人或在組織內被其他人所接受，是一個正式的角色，此角色為組織當局用來訂出決定事項，並藉以約束組織內的成員。故而管理者的特性為正式的組織當局的代表，在決策上代表整個組織的決定。[12]

[10] W. W. Daniel, & N. Millward, 《Workplace Industrial Relations》, Heinemann: Blackwell,1983.

[11] A. Crichton, 《Personnel Management in Context》, London: Batsford, 1968.

[12] H. Mintizberg, 《The Natural of Managerial Work》, New Jersey: Prentice-Hall, 1973.

　　「管理者」就傳統的管理而言，或從法令及勞工架構角度去參考。與「雇主」在組織內是相等且同樣意義的。相反的，「管理者」常否定此種說法，認為：「管理者」別於「雇主」，其說法為管理者僅僅是組織內的一個人或者組織內作出決定的一個小團體，而「雇主」擁有公司的利益及否定公司的決定權。[13]

二、管理者結構

　　管理者所作的事，即依組織所賦予的權力行使職權，包括組織內的任何活動與事件。廣泛而言，管理者所參與的組織內技術性活動、政治及社會活動均包含之。而就管理者結構而言，可分為「垂直型」與「水平型」管理：[14]

三、垂直管理者

　　「垂直管理者」(Vertical Managerial)以權利與地位為基礎，其管理角色可依其權利與影響力而分為三個層級：1.配合執行單位。2.管理或執行或決策單位。3.程式規劃或說明單位。更具體的說明為：

1. 基層管理單位：也就是執行單位，負責組織內的各項活動或者各種工作的執行。例如基層的作業員督察員。

2. 中級管理單位：負責組織內目的及目標的配合與合作執行，並負責督導、管理基層管理單位。例如部門主管、工廠管理者、作業指揮者、及總督察員等。

3. 高層管理單位：是一個相關性的管理單位，負責組織的開發並檢視、審察執行單位的各項目標與配合狀況。例如總經理及主要的副總經理。

四、水平管理者

　　「水平管理者」(Horizontal Managerial)管理的工作及角色不同，其依據所屬部門的作業需求、功能目的、各部門所負的責任而有所差異。而管理歸屬於各部門主管，即依公司規模的大小所規劃的部門主管如總務部、企劃部、營業部等主管。此管理團隊則須負責整個組織的作業生產、市場管理、財務及人事管理。

---

[13] R. Stewart,《The nature of management? A problem for management education》, Journal of Management Studies, vol. 21(3), 1984.

[14] A. D. Chandler & H. Daems,《Management Hierarchies》, London: Harvard University Press, 1980.

1. 財務部門管理者：反對工會。理由為會造成總受雇人口之平均年限增加而使勞動成本上升。

2. 產業部門管理者：反對工會。理由為會使公司在人事成本上居於競爭劣勢，因公司現可能已有一半以上員工具有 20 年以上年資而競爭對手可能只有五分之一有這麼長年資。

3. 行銷部門管理者：傾向接受工會。理由為倘若反對訴求可能造成罷工，而公司可能已經為此產品投下大量廣告費，倘若罷工可能無法如期生產而影響交貨期限而間接影響銷售量。

4. 工程部門管理者：傾向接受工會。理由為如此制度可讓工程師於此段時間作教育進修之用，以維護其地位，同時對招募新工程師而言也是一種好的廣告。

5. 勞工關係管理者：接受工會。理由為倘若反對可能造成罷工，或可能也影響數年來好不容易建立起來之工會與管理者之關係。

　　對小型公司而言，橫向管理者是最低限度的，通常需要好的管理技巧而勝過一個專門的管理專家。相反的，在大型公司則需要所謂總管理人或團隊，如同高階管理階層去執行管理工作並督導及整合整體組織的目標與目的。

貳、人力資源部門

一、人力資源管理之職責

　　根據英國人事管理協會(Institute of Personnel Management)認為，所謂的人事管理，其目標應放在「將所有的人事聚集於組織內，而使他們發展成最有效率的組織，並讓組織成員將組織的工作認為是自己個人的工作，而達成組織成就、目標為自身的責任與榮耀以達到高生產、高適應力、高效率的團隊」。[15]

　　而人力資源管理在管理職責上有其困難，原因有二：

1. 責任歸屬問題：對一個人事而言，若探討其工作性質，則其管理應屬於部門主管，但若對人事的安排與調配及職業訓練而言，其管理則屬於人事管理部門。也因為責任歸屬的模糊而自然產生運作上困難。[16]

---

[15] Institute of Personnel Management,《The Institute of Personnel Management》, London:IPM, 1980.

[16] K. Legge,《Innovation and Problem Solving in Personnel Management》, London: McGraw-Hill, 1978.

2. 獎賞認知問題：在一個組織內人事職責的管理看法與作法往往是不協調，應將重點放在「控制權的授與」或者給予「福祉財務上的獎賞」常常為組織內衝突的產生。主張「控制權的授與」認為人事職責的管理，若給予權利的增加，會讓人事多一份參與感而工作的執行更有效率、更明確而且多一分授權讓他能參與管理階層以增加管理的工作。而主張「福祉財務上的獎賞」認為給予實質上的回報讓人事認為組織是很有將來性的而願意去效勞。[17]

若將兩種主張結合而應用於人事管理上，一方面達到有效率、有建設性的組織，另一方面讓人事有好的工作福祉讓人事能安心工作，則不失為好的組織型態。

第二節　主要國家的雇主組織

某些國家以單一的中央級雇主組之處理有關之經濟與社會事務，另依些則以多個中央級雇主組織處理之。

國際雇主組織(IOE)擁有 114 個中央級雇主組織會員，該會在國際上代表雇主，就勞資關係的課題擔任代言人。國際勞工組織(ILO)成立於 1919 年，乃聯合國成立最久的專門機構，目前有 175 個會員國。國際雇主組織主要的活動，便是在國勞組之勞、資、政的三方架構中進行。國際勞工組織的總部設於瑞士日內瓦，訂定國際勞動基準與技術援助是其主要的任務。目前的主要工作包括推動職業訓練、開發人力資源、改善勞工生活、提高勞動條件、促進社會安全制度的健全發展。[18]

壹、英國

雇主組織主要創立於 19 世紀末期、20 世紀初期，對勞雇體系的形成扮演極重要的角色，首先由地方層級、隨後為全國層級，而將每一產業的雇主團結起來，且代表他們與工會就承認工會、爭議程序和適用至會員公司的條款條件

---

[17] N. Millward, & M. Stevens,《Workplace Industrial Relations in Transition》, Basingstoke: Dartmouth, 1992.

[18] 張其恆(1998)，世界勞動關係總覽，台北：國立政治大學勞工研究所。

達成協議。[19]並傾向於排除訂出超出個別公司層級的工資、工時和其他僱用條件。亦即主要達成：

1. 反擊工會的訴求：1896 年工程界雇主聯盟曾領導全國性的「鎖廠」來對抗工會之訴求。此即為雇主聯盟維護目標的表現。

2. 減低雇主競爭給付工資的程度：1950、1960 年代，由雇主協會簽字的團體協約漸喪失規範效率。[20]而工會幹部力主工作場所的獎勵給付與延長工時之增加，聯合規範權利漸由工會幹部所取代，故而漸漸離開雇主聯盟已提高團體協商的彈性。

3. 尋求更多彈性的管理：1980 年代初期失業人數的徒增、產品市場的國際競爭、工會的萎縮已大幅強化雇主的行動意識空間，在勞動者領域也處於操控的地位，但雇主卻漸由於各種管理理念的興起而尋求更多彈性的管理與員工承諾、獎勵。也因此雇主協會早期的目標漸漸消失而改為勞資關係中提供法律、諮詢、訓練和其他服務的附屬機制。[21]

一、英國工業聯盟

工資與勞動條件由各企業自行負責決定，僅有部分的勞資關係議題由英國工業聯盟(Confederation of British Industry, CBI)負責處理。英國工業聯盟之會員企業含括工業與商業，但其作為雇主代言人而言，扮演之角色並不具關鍵性。

二、自由入會制

英國工業聯盟的會員資格不僅對雇主團體及工商業團體開放，個別企業不論其為國有或私有亦得自由參加。目前，加盟之團體會員超過 200 個，代表約 25 萬個企業會員。其中最大的團體會員分別包括：機械業雇主聯盟(EEF)、建築業雇主聯盟與化工業協會。個別會員企業對於雇主聯盟所締結之團體協約，通常得自由選擇適用與否。

---

[19] J. F. B. Goodman,《Employment Relations in Industrial Society》, Oxford: Philip Allan,1984.

[20] H. F. Gospel, & C. R. Littler,《Managerial Strategies and Industrial Relations: An Historial and Comparative Study》, London: Heinemann, 1983.

[21] S. Kessler, & F. Bayliss,《Contemporary British Industrial Relations(2nd Ed)》, London: Macmillan, 1995.

貳、美國

　　麻州工學院科根(Thomas Kochan)認為：「資方管理階層是任何先進勞資關係體系的驅動力量」，此論調衍生自管理者在確保效率及工作組織生存所扮演的角色，另外也可能是管理者擁有高的社會地位以及在組織中亦占較高地位所致。[22]

　　在美國沒有加入工會組織的工人涵蓋大部分，故而雇主只要不違反相關法律的規訂，雇主就可解僱多餘的工人，且可以用任何理由就解僱、終止契約，且就業條件也由雇主決定。19 世紀時，工會運動的興起，而成立全國製造業協會(National Association of Manufacturers)，其目的不外乎反工會化活動、反工會立法、遊說的公開活動並與管理顧問共同教育雇主如何避免工會化。[23]一般來說美國管理階層都在迫不得已的情況下才接受工會，是基於環境的需要，而非自願的選擇。[24]

一、無中央級雇主組織

　　在美國並沒有中央級的雇主組織，雇主僅在產業與地方組織，但亦無全國性的產業別雇主組織。也就是說，美國的企業向來都是自行處理本身的勞動關係問題。

二、華府的遊說組織

　　然而，在華府卻有不少以促進企業利益為目標的雇主團體，如於 1972 年成立的企業圓桌會(Business Round Table)，美國商會(the US Chamber of Commerce)和全國製造業協會(National Association of Manufactures)亦是重要之遊說團體。在某些議題上，上述的遊說團體代表某些企業（注意是「某些」而非「全部」）與政府及華府政客接洽，並處理公共關係的事務。

---

[22] T. A. Kochan, 《Collective Bargaining and Industrial Relations Homewood》, Illinois: Richard D. Irwin, 1980.

[23] T. A. Kochan, H. C. Katz, & R. B. Mckersie, 《The Tramsformation of American Industrial Relations》, New York: Basic Books, 1986.

[24] S. Lebergott, 《The Americans: An Economic Record》, New York: W. W. Norton, 1984.

參、澳洲

澳洲工會成長很早，也因此促進了雇主協會的發展且較其他國家更重視勞資關係方面的功能。而其組織型態、規模也有不同，如針對單一種產業的小規模，也有針對一州之所有雇主的協會，其主要功能均直接或間接處理勞資關係的任務與權益。[25]茲略述其發展：

1. 1977 年澳洲產業聯盟(CAI)的成立為當時唯一之全國性雇主團體。

2. 1983 年因不滿意 CAI 對大企業和會員需求之服務而再成立以大企業主為主之澳洲企業協會(BCA)，其會員包括大企業主及各成員企業之重要行政幹部。主旨為：有關勞資關係事項均能達到會員滿意及委任付託之高度肯定。[26]

3. 由於雇主們常在工資的見解上有不同的見解，而表現不團結的狀況，也因此產生新的聯盟。

4. 1980 年 CAI 分裂為：1987 年設立金屬業產業協會(MTIA)及 1989 年設立之澳洲製造業工會(ACM)。

5. 1992 年 CAI 與澳洲商業聯盟協會(ACC)合併而成澳洲商業及產業工會(ACCI)。[27]

一、各省的雇主組織

勞資關係領域的立法權，有相當高的程度由各省獨立行使。大部分的雇主組織因此以省為基礎而組織，如位於雪梨的新南威爾斯雇主聯盟(Employer's Federation of New South Wales)便是。全體受雇者中約有半數受到省勞資關係立法之規範。

---

[25] P. Cook, 《Address at the Launch of Industrial Relations at work》, Melbourne: Workplace, 1991.

[26] L. Bennett, 《Making Labor Law in Australia: Industrial Relations, Policies and Law》, Melbourne: Law Book Company, 1994.

[27] B. Dabscheck, 《The Struggle for Australian Industrial Relations》, Melbourne: Oxford University Press, 1995.

二、成立於一九九二年的澳洲工商協會

在聯邦層級，最有影響力的中央級雇主組織，為澳洲工商協會(Australian Chamber of Commerce and Industry, ACCI)。澳洲工商協會由澳洲工業聯盟(CAI)與澳洲商業聯盟(ACC)於 1992 年合併後成立，代表全國 35 萬家企業。

1904 年所制定的斡旋仲裁法(Conciliation and Arbitration Act, 1904)。該法建立了澳洲的斡旋與仲裁體制。澳洲斡旋仲裁委員會(ACAC)，澳洲勞資關係委員會(Australian Industrial Relations Commission)會處理勞資爭議案件，就工資與勞動條件所作成之決定，即是所謂的「裁定(awards)」。澳洲的裁定與強制仲裁制度，長久以來便廣受批評，例如：澳洲勞資關係委員會已經分為仲裁與斡旋部門。

肆、日本

自 1970 年代日本經濟的傑出表現已深受眾人矚目，而其「合作性」[28]的勞工與雇主關係被認為是經濟成就的原因之一。而追溯其歷史，可源於 1868 年的「明治維新」結束了日本的封建時代，而日本的工業化也在「明治維新」以後才發生，比英國等先進國家工業化晚了一個世紀，且早期的日本主要產業均由國家所設立，於 1880 年後多數的工廠才賣給經過政府篩選下的家族，而這些家族即成為日後以商業銀行為基礎之商社集團。[29]

由此可見以「家族」為基礎之工業化，乃日本企業之基礎。而少數企業更有英國早期的領班之「師父」(Oyakata)制度，他們是工廠的下包商，直到大戰後工人短缺，原本師徒相傳的技術養成制度，逐漸被工廠設置施行的內部訓練所取代。[30]

日本傳統為「大家長式」管理模式，而於世界大戰結束後的日本，由於經濟失序及民生物資短缺，使社會上出現勞方與雇主的爭議事件，而雇主與勞工均欠缺處理的經驗，而為求建立產業的和平與次序，雇主紛紛成立區域性或產

---

[28] J. C. Abegglen, & G. Jr. Stalk, 《Kaisha: The Japanese Corporation》, New York: Basic Books, 1985.

[29] R. E. Cole, 《Japanese Blue Collar: The Changing Tradition》, Berkeley: University of California Press, 1991.

[30] A. Gordon, 《The Evolution of Labor Relations in Japan》, Cambridge Council on East Asian Studies, Harvard University, 1985.

業層級的雇主組織。但由於戰後的日本部分企業被聯合國占領「總司令部」，且受聯合國民主化政策意識的抬頭，雇主常被迫於勞工代表的壓力而使得雇主權益受損。[31]

1948 年「日本經營者團體聯盟」，簡稱「日經聯」(Nikkeiren, Japan Federation of Employers' Associations)成立[32]，就勞工與雇主關係觀點而言，此為日本最重要的雇主團體。「日經聯」其角色與功能：[33]

1. 協調並宣傳雇主對於勞動問題之意見。

2. 推選雇主代表參與各類政府的委員會，及擔任「國勞組織」的代表。

3. 提供團體會員有關勞動條件僱用措施方面的建議與服務。[34]

每年日本舉行「春鬥」，所謂春鬥即每年春天日本因勞工工資及工作條件而與雇主談判，而通常需經過多次的談判才能達成協議，而此談判期間常會因結果的不盡理想而產生罷工及抗議行動。「日經聯」均發表指導綱領，以便使雇主在集體協商過程面對勞工訴求時，能有所依循。[35]

日經連與經團連

中央級的雇主組織為「日經連」，由 2 萬 6 千個企業所組成，包含了 1,500 萬名受僱雇職工。與日經連具同等地位的「經團連」，為一個有效率的業界聯盟，組織範圍跨越工商各業，成員以中小企業為主。

56 個產業別雇主組織及四十七個區域性組織加盟日經連，每一家會員企業均應至少參加業別組織或區域組織中之一種。最大的產業別雇主組織為電信器材業，總共僱用了 62 萬名職工，而其中有 54 萬名職工之受僱企業採用終身僱用制。雇主組織之間並不互相隸屬。

[31] R. Clarke,《The Japanese Company》, New Haven: Yale University Press, 1979.

[32] T. Hanami,《Labor Relations in Japan Today》, Tokyo: Kodansha International, 1979.

[33] K. Koike,《Understanding Industrial Relations in Modern Japan》, New York: St Martin's Press, 1988.

[34] Y. Kuwahara,《Industrial Relations Systems in Japan: A New Interpretation》, Tokyo: Japan Institute of Labor, 1989.

[35] T. Ota,《Work rules in Japan》, International Labor Review 127, 5, 1988.

伍、荷蘭

荷蘭企業聯盟與基督教雇主聯盟於一九九五年合併。

荷蘭兩個最主要的雇主組織荷蘭企業聯盟(Verbondvan Nederkandske Ondernemingen, VNO)與較小的基督教雇主聯盟(Nederlands Christlijk Werkgewersverbond, NCW)，於 1995 年 3 月合併成為企基聯盟(VNO-NCW)。

企基聯盟合併後共有 160 餘個加盟雇主組織，會員多為中小企業，計約有 6 萬 5 千家公司會員。在企基聯盟的外圍亦有其他的雇主聯盟。

陸、比利時

1973 年比利時原有的兩個中央級的雇主組織合併，成為比利時企業聯盟(Federation des Entreprises de Belgique, FEB)，擁有 37 個加盟雇主組織，總計約有 3 萬家會員企業，占民間部門受雇人數的百分之八十五。其中最重要的雇主組織為機械(Fabrimetal)、紡織(Febeletex)、化工(Fechemie)。

此外，尚有些獨立的地區性雇主組織，像是法蘭德斯的經濟聯盟(Vlaams Economisch Verbond, VEV)，華隆的企業聯盟(Union Wallone des Entreprises, UWE)，布魯塞爾的企業聯盟(Union des Entreprises de Bruxelles, UEB)。同時，在零售、手工藝與農業中，約有 10 餘個小型的雇主組織。

柒、德國

一、德國雇主組織聯盟與金屬業雇主組織聯盟

總部位於科倫的德國雇主組織聯盟(BDA)有兩種組織方式：將近 700 個地區性的雇主組織（其下又可分為 46 個傘狀的產業別雇主組織）以及 15 個全國性的雇主組織。在德國雇主組織聯盟中最大的產業別雇主組織為金屬業雇主組織聯盟(Gesamtmetall)，僅在機械業中便有約一萬家企業會員，僱用人數達 280 萬人。一般企業得加入一個或多個產業別雇主組織，或同時加入全國性雇主組織。

二、德國企業聯盟

德國企業聯盟(BDI)擁有 34 個產業別雇主組織，以促進工商業界的政治利益為主要任務。德國工商協會(DIHT)亦為中央級雇主組織，擁有約 70 個地區性

的工業與商業會。雇主組織通常並未與德國工會聯盟的 16 個產業別組織相對當，團體交涉通常以多對一方式進行。

捌、丹麥

一、丹麥雇主聯盟

成立於 1896 年的丹麥雇主聯盟(Dansk Arbejdsgiverfirening, DA)計有會員企業三萬家僱用人數將近 60 萬，分別屬於 33 個產業別聯盟及 75 地方性組織。丹麥雇主聯盟的組織結構，亦正進行合理化調整當中。

二、丹麥產業聯盟

例如：鋼鐵業和製造業的雇主組織於 1989 年合併成為工業雇主聯盟(Industriens Arbejdsgivere, IA)。到 1992 年工業雇主聯盟突然再與丹麥產業同盟合併組成為丹麥產業聯盟(Dansk Industri, DI)。丹麥產業聯盟是丹麥雇主聯盟的團體會員。

玖、瑞典

一、瑞典雇主聯盟

瑞典雇主聯盟(SAF)成立於 1902 年，到 1995 年為止，計有會員企業 4 萬 2 仟家；其中包括僱用職工 130 萬人，分布於工業、商業、運輸業和服務業等。另外尚有獨立自組成之雇主分布於銀行業、新聞業、及合作社。國有企業曾於 1970 年離開瑞典雇主聯盟後又於 1993 年重返。

二、產業別雇主組織的合併

在瑞典雇主聯盟的 37 個產業別雇主組織，目前已經合併為九個。其中最大的雇主組織的會員企業，總計僱用約 33 萬人（含 1995 年郵政局加入後的 5 萬餘人）。另外，機械業雇主組織(Verkstads industry Gruppen)有 26 萬 5 千人，瑞典商業與服務業雇主組織(HAO)有 19 萬人，建築業雇主組織(Byggands Gruppen)有 11 萬 5 千人，木材與森林雇主組織(ARBIO)則有九萬餘人。[36]

---

[36] 張其恆，《世界勞動關係總覽》，臺北：國立政治大學勞工研究所，1998 年。

第三節　雇主的管理策略

　　管理階層的目標是增加組織的獲利。管理者和雇主的立場以降低成本與提高生產力為優先考量，因此可能影響管理管理階層對工會態度的因素包括：人事成本是否因工會的要求加薪而增加；生產力是否因工會的罷工行動而降低。此外，管理者也擔心工會的鼓吹而使勞資關係更加緊繃或限制管理階層的經營與人事方面的決策權。因此，管理階層必須採取各種方法將工會的影響程度降到最低，管理者的管理策略與方式就顯得格外重要。

壹、管理策略

　　管理策略可用圖 6-1 表示：

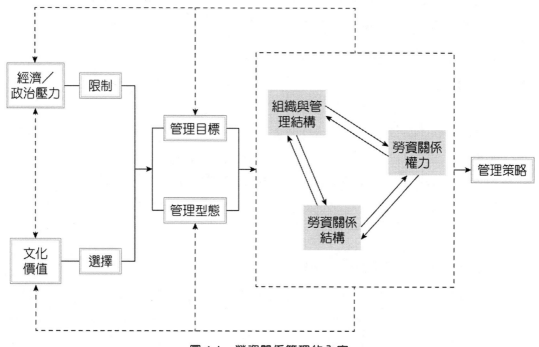

圖 6-1　勞資關係管理的內容

※資料來源：M. Poole (1980)。

一、管理的內容

由上圖，勞資關係管理的內容，包括：

（一）限制與選擇

在「限制」與「選擇」之間的互相關係，常常是受爭議的，而且也常取決於勞資關係的管理策略。

（二）管理目標與型態

是勞資關係管理的管理形式的改變者，也是目標的執行者。

（三）組織與勞資關係結構

某種勞資關係制度的方向，也可能是組織發展及執行管理策略的衝擊。

（四）管理策略

管理策略可能是在戰爭過後，也可能在未來的發展上。[37]

（五）環境限制

勞資關係的管理，管理策略的決定並非單純受環境的影響，也受管理者個人意識的影響。

（六）勞資關係的規劃原則

管理者在勞資關係的規劃上，排除上兩項選擇，而去作選擇以應付一般的壓力或更特殊的壓力，此壓力可能來自技術性或特別的市場。

二、管理的原則

Poole 建議當管理者作選擇時應基於以下三項理論為原則：

1. 根據物件的興趣作理論基礎。

2. 有些管理者特別偏好於經濟或生產力及生產量的考量。例如：有些策略較傾向於縮小工資成本及增加生產量。

3. 根據道德的理想主義價值理論基礎。

---

[37] M. Salamon,《Industrial Relations Theory and Practice(2nd Ed.)》, London: Prentice Hall, 1994.

三、管理的責任

有些管理者特別偏好於一種特別重要，或認為絕對正確的策略，是基於表現道德理想的目標。[38]例如：有些策略是避免或阻止對工會的認知或是防止集體罷工的認知與擴展，而藉以鞏固管理者的權益。而某些學者更建議應考慮社會責任，當考慮製作策略時，社會責任應包括：

1. 內在責任：此種責任應涵蓋如何滿足員工對公司之滿意、期望及利益。

2. 外在責任；此種責任應涵蓋公司如何滿足社會及周圍社區之期望及需求。

四、管理的環境限制

Poole 歸納出針對管理策略的規劃而較具有影響意義之兩種環境限制：[39]

1. 馬克思主義與資本主義常提出異議，由於自由企業市場不切實際理論的加入而使得管理制度的裁策在策略的執行及策略的制作已將以員工為重點轉移至以生產為主軸。而如此的控制將使得資本家在社會管理方向上趨向於縮短雇主的工資成本以維持產品。而同時，這種改變及不可預測的企業經濟市場環境之自然變遷，將會對於先前已訂出的勞工政策引導出極端的警訊。

2. 為了經濟管理政府的關心與介入，往往以政治的理想主義型態，直接或間接參與勞工與雇主之關係的處理，有時更給予組織階層優先的限制與自由，而這種介入型態往往於勞雇關係上產生命令式的控制，特別是就工資及工業上的行動，以及單一性，特別對管理者與員工之間的合作關係。

貳、管理意識型態

英國學者 Purcell[40]曾將管理型態定義為「對管理者而言，如同存在一套獨特行事的重要指標或製作時的藍圖，而對員工而言，為一特殊事件處理的樣本」。而對管理者而言，需要認清的是，勞資關係內的管理型式與組織的管理模式是不同的。其不同點在於，好的勞資關係內的管理型態，專注於思考員工的

---

[38] K. Wilson,《Social responsibility: a management perspective》.

[39] M. Poole, Management strategies and industrial relations, in M. Poole and R. Mansfield (eds),《Managerial Roles in Industrial Relations》, Gower, 1980, p.224.

[40] J. Purcell,《Mapping management styles in employee relations》, Journal of Management Studies, vol. 24, no.5,1987.

態度、理念及政黨的名譽。故而亦可說「管理相輔相成的型態」應該是輸入在勞資關係系統，而輸出則為組織的管理型式。

一、意識形態

在勞資關係的管理型態，英國學者 Purcell 認為應分為二大類：

（一）個別主義(Individualism)

個別主義定義為「如同一個以考慮個人的政策為範圍，而以個人的權利與個人的工作能力為思考的重點」。而特別是以這範圍去激勵與開發公司內每個成員的工作能力與角色以達到公司的目標。因而此種主義包含三個層級：

1. 員工附屬主義：員工為雇主的附屬。

2. 溫和干涉主義：在有限度的範圍內接受某些承諾。

3. 員工發展主義：勞資兩者為誠實的合夥關係。

（二）集體主義(Collectivism)

集體主義定義為「在一個範圍內，管理政策能直接阻止或鼓勵員工的集體開發代表和允許集體的聲音或發言在管理的決策上」。而這種論調學者認為有兩種方式反映出：一種為員工對民主主義含有濃厚的興趣而藉以表現於單純的組織上或者經由顧問或罷工顧問的安排，以得到全體員工的認同。第二種為經由管理者某種程度的接受或反對而給予合法的集體處理。故而此種主義亦包含三個層級：

1. 單一論主義：即視管理為明顯或隱藏反對集體關係。

2. 對手論主義：此管理重點為衝突的穩定性。

3. 合作論主義：此種管理焦點集中於「構成的關係」上，排除單一罷工期間及有條件的員工；越多的不合作受雇者及進入組織結構討論的代表包括決策討論及決定的代表。

集體主義常把不合作的員工當作是組織內的雜音(Noise)，必須去清除處理。[41]而清除則必須靠複雜的人力資源訓練、複雜的顧問、協議顧問、協議組織去溝通、緩和以達到兩者互有交集且平衡的兩相接受的狀況，才為最佳的管理型式。

二、管理方式

不管個人主義與集體主義，若以縱、橫座標來表示，在個別主義縱座標上，必須在乎且關心每個員工的個人感覺及意向，且並無法去定論管理者所能接受的範圍。就員工而言，為了表達他的觀點、權利及影響管理政策及決定方面。

而在橫座標的集體主義所謂的員工「權利」，則必須以組織的「結構、構成」上討論，在集體主義的理想思維下，管理者與員工關係之三種方式為：[42]

（一）傳統式管理主義

即以「產品狀況為重心之勞工控制主義」。即將勞工視為因生產所需而受僱於生產線上的個人單位，故而只能有低的工作保護權。而這種管理集中於直接控制員工，以達到過剩的盈餘為目標。

（二）家長式管理主義

即視員工為一個自然的、謙恭的部屬角色，而他的自由是受「無惡意、友善」的規則所控制，而這種管理接受了某種層次的社會責任去給予員工慈善且好的照料。

（三）混合式管理主義

即視員工為一種有潛力之資源來開發與教育，此種管理集中於員工的溝通與涉入，以達到並確保管理的執行效果。

---

[41] M. Marchington, & P. Parker,《Changing Patterns of Employee Relations》, Wheatsheaf: Harvester, 1990.

[42] J. Purcell, & K. Sisson,《Strategies and Practice in the Management of Industrial Relations in G. S. Bain》, Blackwell: Industrial Relations in Britain, 1983.

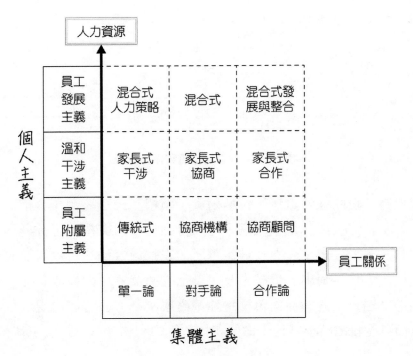

圖 6-2 管理意識型態及方式

※參考資料：M. Poole(1980)。

就管理形式而言，個別主義及集體主義之間的關係並不複雜，也可說兩者之間存在一種簡單的衝突關係。也可以說，如果增加且強調在個別主義上，則相對的集體主義便很自動的、暗示性的減少。就如同讓我們不得不相信，當我們致力於個人的人力資源管理，則必得到無可避免的暗示集體主義的流失。

管理者對勞工和工會的態度對工會一管理者關係本質，會產生重大的影響。由於美國勞工關係體系的變異性很大，影響管理政策的因素也很多，所以許多不同的管理者發展出不同的勞工關係政策。管理者間的不同態度來自於他們對目標的看法與反應，以及他們所接觸的工會會員及其領導者的慾望。此外，公司的經濟能力以及管理者本人在公司地位的相對穩固程度也是重要的因素。工會對管理者的態度當然也有影響，以及雙方之間的集體協商歷史、產業和雇主的科技水準，有時甚至連政府在工業調節中所扮演的角色，都有所關聯。管理者的政策或許可以分為五種不同的類型，從公開衝突到默許認可（參見圖 6-3）。[43]

---

[43] 朱柔若譯，R. L. Sauer and K. E. Voelker 著，《勞工關係－結構與過程》，臺北：國立編譯館，頁 161～162。

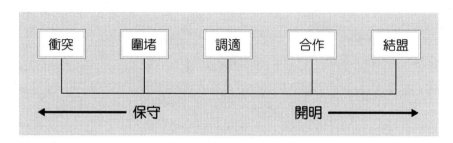

圖 6-3　管理者對勞資關係的對策

　　管理者對勞資關係的對策，包括衝突、圍堵、調適、合作及結盟。然而，其中的合作及結盟被認為是企業是否可以得到員工的支持之可行辦法。因此，管理者靠員工激勵、員工參與及員工承諾，去找尋合法的角色以便處理工作，藉以得到好的工作量輸出、低成本及工業上的衝突。更因採取各種不同的策略故而不擔心從屬員工的順從與否，這種策略層次一方面可能由規勸以至施壓，而另一方面可能藉由給予其他人微妙和技巧性的利誘方法以控制工作。[44]

────────────

[44] A. Fox,《Man Mismanagement》, London: Hutchinson, 1974.

案例　日本的「春鬥」是什麼？

　　日本工會總聯合會 10 日確定了今年的「春鬥」方針：要求資方將基本工資至少提高 1%。從而揭開了今年「春鬥」的序幕。

　　據日本工會總聯合會的分析,「企業業績正逐步好轉」,由於實現 2% 經濟增長率的條件是擴大個人消費,因而「將最低工資至少提高 1% 是必要的」。此外,工會方面今年還將繼續要求資方將就業年限擴展到 65 歲和取消無償加班,所不同的是今年將首次要求增加零工的計時工資（至少增加 10 日元）。「春鬥」將從 3 月 14 日開始,一共持續 3 天。對此,資方也準備採取相應的行動,在 12 日的日經連臨時大會上,他們將共商對策。

日本「春鬥」多以和平協議取代罷工衝突

　　日本每年到了春季便有勞工組織以集會、罷工、上街頭的手段來爭取勞方的權益,即所謂的「春鬥」。「春鬥」在日本已行之有年,勞資雙方也已習慣每年定例的勞資協議,通常在工會發起罷工之前,勞資雙方便能達成協議或讓步。

　　日本憲法保障勞工的團結權、團體交涉權和團體行動權,所謂的團體行動權包括同盟罷工、怠工和關閉工作場所等抗爭行動。日本的勞動工會法對於勞方正當的抗爭行動給予刑事免責、民事免責及不當勞動行為制度的保護,使得勞方在進行合理抗爭時,不至於遭到刑罰、賠償損失或勞方的變相阻止等。

　　不過,勞方罷工時,資方原則上可以不給付勞工罷工時的工資,勞工原則上也不應該用請年假的方式來造成資方的業務無法正常運作的情形。勞方抗爭行為正當與否?涉及到罷工行為是否觸法,至於如何來界定何謂「正當」則要視其是否由工會依正式程序發起,以及抗爭的目的、手段、方法等來判斷。

　　日本規定工會發動罷工必須經由會員無記名投票,經過半數表決後才可以決定進行罷工。罷工前必須採取正式的手續來申請,尤其是醫院、交通、電力、水力、瓦斯、郵電等公共事業,最晚要在罷工前十天通知勞委會、勞動省大臣及各都道府縣知事等。

以和平的方法來解決勞資爭議

近年來日本的勞資雙方都盡可能地在勞方採取抗爭行動之前,以和平的方法來解決勞資爭議,勞資糾紛以雙方自主努力解決為原則,但是在問題無法解決的情形下,可以透過勞動委員會或勞動行政機關的從中協調來謀求解決之道。

以 2001 年 3 月的鐵路、巴士聯合罷工為例,工會為反對裁員和減薪等不合理勞動條件,2000 年底起便和公司進行談判交涉,但是在公司不願妥協下,工會在 2001 年「春鬥」時決定於 3 月 23 日進行第一波 24 小時的罷工,4 月 15、16 日進行第二波的 48 小時罷工抗爭。

當時工會在各車站貼出告示海報,製作海報在車站發送,也製作車廂廣播錄音帶於事前播放,以各種方式來告知乘客,結果在發動罷工之前公司決定讓步,因此到了 23 日當天鐵路仍正常行駛。JR 鐵道(原日本國鐵現已轉為民營)聯合工會的「春鬥」在各工會的努力下也沒有發生抗爭情事,而且儘管在景氣不佳的情況下,某些工會還爭取到加薪或津貼等權益。

(資料來源:人民網)

 問題與討論

一、何謂雇主組織？其組織型態有哪些？

二、管理者之角色為何？人力資源部門在企業內的職責有哪些？

三、請說明人力資源管理理論與員工關係理論之差異。

四、先進國家成立雇主組織的主要目的為何？

五、雇主的管理策略有哪些？

六、勞資關係管理意識型態可分為哪兩大類？其內容包含哪些層級？

MEMO

CHAPTER **07**

勞資關係管理

第一節　勞資關係管理理論

第二節　紀律管理與申訴

INDUSTRIAL RELATIONS

　　勞工與雇主的關係,雖然在理論上可能得以維持良好關係,以應付越來越艱困的全球化競爭。然而,畢竟現實比理論模型複雜得多。一方面,雇主出於追逐最大化利潤的考量,另一方面,員工也存在得到較好的利益已逃避責任。一旦出現上述神情況,正常的勞資關係就可能遭到破壞,甚至引發勞資矛盾和衝突,本章即在探討勞資衝突的問題,並找出合理的解決方式。

第一節　勞資關係管理理論

壹、人力資源管理與勞資關係理論

一、人力資源管理

　　人力資源管理涉及一個組織對員工的獲取、開發、激勵及維持,其功能是綜合的、主動的和策略性的導向,目的在實現企業經營目標,包括人力資源規劃、工作分析與設計、招募與甄選、訓練與職業發展、績效考核與管理、薪資與福利等。其理論乃基於個人主義與一元論,否定工作關係中存在衝突的可能性。

　　一般而言,人力資源管理系統可歸納為高工作控制系統與高工作績效系統兩種型態。

(一)高工作控制系統

　　高控制工作系統大致以由上而下、嚴格分工、科層組織與官僚式控制為特徵,強調嚴密、理性與高效能,具有明確嚴格的管理規範,以提高工作效率為主要目標,實施低成本策略,資訊高度集中於高層管理者手中。高控制工作系統一般會採取嚴格的工作劃分、外部招聘、短期僱用、實施工作職位評價的薪酬制度、及以年資為基礎的職位升遷制度等傳統人力資源管理機制。

(二)高工作績效系統

　　高工作績效系統又稱為高工作參與系統,強調工作人性化、豐富化,以組織分權、自主管理、積極參與與團隊合作,具有靈活、開放和多樣性的組織文化。一般具有高工作績效系統之組織,包含問題解決小組、較靈活的組織系

統、資訊共享、審慎的招募與甄選、穩定的工作與安全的僱傭關係、激勵性的薪酬制度等人力資源管理機制。

二、勞資關係理論

勞資關係的發展經歷了曲折的演變過程，不同時代表現出不同的特點，也由於不同時代的法律制度，發展出不同的規範與調整。不過，大體而言，在十八世紀末期以後，在勞動法出現以後，以勞動者基本權利為中心的思想就開始確立。直到二次大戰之前，包括西方國家在內，雖然勞動者在經濟上仍屬弱者，但經濟地位已獲得明顯改善，在契約自由原則下，勞動關係由個別勞動關係階段發展到集體勞動關係階段集體勞動關係成為勞動法的核心內容，勞動法也成為集體勞資關係而得到發展。[1]先進國家為了調和勞資的地位，抗衡資本的強勢地位，克服個別勞動關係條件下勞動契約不合理現象，建立以保護勞動者基本權為中心的勞動法領域，確立以生存權為基礎的勞動權，並建構了以勞動三權－團結權、協商權和爭議權，為基礎的集體勞動權利體系。

鄧樂普(Dunlop)的勞資關係系統論，理論結構包含四個成分：行動主體(Actors)、環境(Contexts)、意識型態(Ideology)和規則(Rules)（見本書第二章）。其間的所謂的「規則」，包含經濟體和個人所同意的與工作條件有關的勞動契約和團體協約、勞動基準、勞資爭議處理與申訴程序等。透過其他三個成分（行動主體、環境和意識形態），採用談判、調解、仲裁等方式達成各種條款，並以工會、雇主團體、政府機構及勞工法庭（或法庭）實際進行及執行。其理論假設是集體主義和多元論，同時也承認勞資關係的本質是存在衝突的可能性。

三、人力資源管理與勞資關係理論之比較

從以上的描述可以看出：人力資源管理與勞資關係理論實具有若干差異，這些差異主要為：

1. 人力資源管理理論假設為個人主義與一元論；勞資關係理論則強調集體主義和多元論。

---

[1]　史尚寬，《勞動法原論》，臺北：正大印書館，1978，頁 90。

2. 人力資源管理強調雇主解決勞工問題的方法；勞資關係強調勞資雙方問題的解決。

3. 人力資源管理的主要目標事組織效能或效率，並兼顧員工利益；勞資關係的主要目標是員工利益，並兼顧組織效能或效率。

4. 人力資源管理假定衝突是可避免的，透過有效的管理可以消除衝突；勞資關係假定衝突是不可避免的，如有衝突應由第三方介入。

5. 人力資源管理的最終目的在創造雇主與員工間利益的一致性；勞資關係則在調和利益的衝突。

但是，人力資源管理關係仍有不少相同點：

1. 共同焦點擺在僱傭關係工作場所。

2. 共同關注雇主、工會及政府的相關政策。

3. 均承認員工的人性面、強調以人為本。

4. 均致力於尋求解決員工問題的正確方法。

5. 兩種理論均是涉及多種學科的應用領域。

本書採用人力資源管理與勞資關係理論兩者的特點，合併而成「勞資關係管理」，即不偏於人力資源管理的個人主義和一元論，亦不偏於勞資關係的集體主義和多元論，試提出較為可被接受的中庸理論。

貳、勞資關係管理的內容

勞資關係管理的內容可從員工激勵、員工參與、員工承諾三者開始實施。

一、員工激勵

對所有管理者而言，最主要的目的，在於如何讓部屬改進而去完成工作。而改進工作的執行目的，取決於各部門的目標，或組織內所屬位置的目標。而員工激勵(Employee Motivation)或許包括降低勞工工作成本、提升一項服務、或是增加產品的數量或產品的品質。[2]雖然如何改進以增強工作的執行是管理者這

---

[2]　D. Farnham, & J. Pimlott,《Understanding Industrial Relations(5th Ed.)》, London: Cassell 2002.

一階層人的工作，然而個人的專長通常是需經過特別的訓練，且指導管理者這層次的背景更是複雜。影響工作執行及改變的因素如圖 7-1。

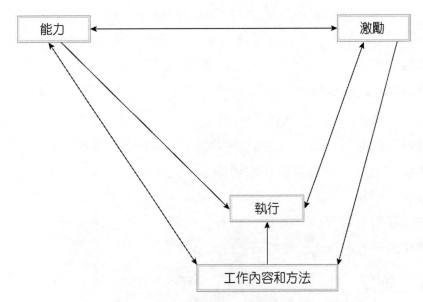

圖 7-1　影響工作執行及改變的因素

※資料來源：Farnham, D. & Pimlott, J.(2002)。

由上圖得知，執行或完成工作可能受影響的三個因素：

1. 工作的執行首先可能須先著手於如何開發員工工作能力，給員工適當的工作位置，這更是當公司招募員工、遴選員工及安置位置時，整個作業流程所需做的工作。接著對這些員工給予必要的教育與訓練以達到工作效率。

2. 工作的執行改善或許可藉由改變工作內容、改變工作方法、或者受已完成的工作環境所影響。而工作的執行技術則須與如何讓它簡單化、流程的安排技術以及人力因素共同去配合。

3. 影響工作執行的原因為如何讓員工激勵及承諾，而對所面對的工作負責。對雇主或管理者而言，為如何增加或排除可能造成員工或工作團隊工作投入的各種因素。

1950 年代美國心理學者 Abraham Maslow 就心理學觀點來看員工之激勵，提出他的看法：人們的行為是集中於一連串的心理需求，而此心理需求的多寡取決於對事務熱忱的層級，而在心理上，人們至少有五種需求目標——「生

理」、「安全」、「愛」、「尊重」及「自我現實」。若一種需求獲得滿足，則短時間內不再有激勵的力量去滿足同一種需求。例如：在職場上「安全」是員工所關心的需求，則員工將反覆不斷的想從管理者那得到一個公平與自由度的給付標準。[3]倘若一旦「安全」獲得滿足，Maslow 認為「愛」－社會性的滿足將釋放，且也希望被滿足。由此可知人類的滿足是有階段性的，若以 Maslow 層級需求理論而言，人類是奢求的動物，對一般的生活或工作都是一樣的。

　　而於 1960 年代美國行為科學家 Douglas McGregor 認為以人類學觀點很難去接受傳統之管理學理論－所謂組織內的員工必須受管理者所操控。[4]他認為勞工的資源控制應取決於勞資關係的思想，而此理論也正反映出他在人類激勵論點的假設。在行為學上稱為 X 理論：「平均而言所有的人類均不喜歡工作，而且在工作上不喜歡被控制、指揮，而較傾向於自我操控，而且人類於工作上尚具有一些相關性的職業上的工作野心。」

二、員工參與

　　員工參與(Employee Involvement)對於達成與開發工作的承諾，是一種很好的工具，而員工的參與也可被定義於，牽引「員工才能與勞動力合作」以便分享管理者利益的工具。而員工的參與是單一性的，並有別於工業的民主與勞動者的參與等多元論。例如：工業民主的範圍通常是包含如何強化工會的力量與如何擴張集體協商的力量。但「員工參與」的目的，在於就管理的目標及目的上獲得全體員工的支持與承諾，故而如何促進管理者與員工之間有員工參與目的的意識，則為基本的目的與方法。[5]

（一）員工參與的種類

　　針對員工的參與種類很多，而主要有：

1. 財務的參與

　　不僅廣泛應用於全英國，更遍及西歐的私人企業。此種參與為給予員工利益分享與股分分配，其目的在給予員工對公司之經營上，有享受公司盈餘利益

---

[3]　A. H. Maslow,《A theory of human motivation》, Phychological Review, May 1943.

[4]　D. Mcgregor,《The Human Side of Enterprise》, New York: McGraw-Hill, 1960.

[5]　Institute of Personnel Management,《Practical Participation and Involvement. 3. The Individual and the Job》, London: IPM, 1982.

的權利，不管是股權或者現金。利用這種分享的選擇制度，以基本的價格讓員工可以購買公司的股權，而於未來可享有一些利益及承擔公司的一些經營風險。

2. 工作的參與

其目的在使從屬員工在工作上對於組織目標的達成有所貢獻。藉著工作的參與，加強個別員工對組織效率與工作滿足感的提升。而常見工作參與的技術為建議制度、態度調查、工作擴展制度、工作強化制度、工作循環、品管圈等。對任一公司而言，並沒有絕對適合的制度與方法針對員工的參與，但當管理者去考慮員工參與的技術時，有些因素則必須考慮進去：管理的形式、溝通的效率、勞資關係處理的恰當性、經理人的品質與工作的整體環境品質。

3. 員工溝通與訊息的參與

有效的員工溝通與訊息參與制度是用來增加勞、雇之間的信任感，以便加強從屬員工的勞雇關係。對任何企業而言，員工不可能沒有經過溝通與訊息的參與而無怨無悔的投入。有效率的溝通參與策略，通常需要高階經理人的正面牽引才能廣泛的相互溝通。而最基本的訊息則為與員工工作相關的一些資訊，這才是員工所樂於優先參與的。而相同的，有一些來自公司相關的訊息及國家資訊給予員工閱覽及完整的溝通訊息則為必要，這些包括市場狀況、財政資訊及全國的就業情報、全國的政府財政物價指數、入超、出超情況等相關資訊。[6]

（二）員工參與的影響

勞工參與可能發生之影響有各種不同的看法，可能發生良好影響及不良影響之看法如下：[7]

1. 具有良好影響之看法

(1) 保護並增強勞工之利益。

(2) 減少隔閡感及增進個人的滿足。

(3) 人力可得有效之運用。

---

[6]　Confederation of British Industrial,《Communication with People at Work》, London: CBI, 1977.

[7]　陳繼盛，《勞資關係》，臺北：正中書局，頁 128～130。

2. 具有不良影響之看法

(1) 工作效能之減低。

(2) 對於經營權之不當干涉。

三、員工承諾

員工承諾(Employee Commitment)，就如同管理者對員工的激勵，乃是員工對管理者的應盡義務，這是日本式管理型態的特色，而這種特色也往往能促成及加強企業的工作成果及品質。

（一）員工承諾的種類

相對於員工參與，員工承諾往往是被用來評價員工對公司組織的感情及行為特色的方法，而通常將員工歸納為三種類型：[8]

1. 接受且深信公司組織並正視組織的目標與價值。

2. 超出自己工作範圍，而志願及利用自己力量及關係，努力去代表公司，做對公司組織有利的事情。而這當然也包括利用私人下班時間工作及延遲休假，或做某些對公司組織的犧牲而不求個人的回報。

3. 只想在公司組織維持以保有職位。

（二）員工承諾的影響

若探討為何有些員工基於某種因素而對公司組織有所承諾，學者所作的四種結果如下：

1. 有承諾的員工認為貢獻自己精神及力量在公司組織上更重要於私人的事情。

2. 某些承諾的員工對公司組織的關心遠較於一般員工，即使有些財務上的損失。

3. 員工會視公司組織的需要而賦予額外的時間與努力。

4. 當衝突發生時，有承諾的員工相較於一般員工較會優先考慮公司的利益及價值。

---

[8] G. White,《Employee Commitment》, London: ACAS, 1987.

（三）員工承諾的因素

員工承諾一直是受關心的一個目標，不管是對員工而言或者是對管理者。而員工承諾之所以會關係著工作成果在於下列因素：

1. 強烈的員工承諾，會讓員工對於工作有嚴謹及自我督促的意識。

2. 對於特定工作，員工承諾常會因為自我目標的設定、個人的野心與人生事業的規劃，而處於高度的努力與用心。

3. 強烈的員工承諾，對於組織的具體表現，會降低勞工的變動率及勞工成本。因為正常員工的流失會增加公司組織的招募、訓練及指導等人事費用。

綜合以上影響及因素可知，員工承諾關係著員工的缺席率、流動率、工作努力用心及工作的品質與產品的品質，也對於公司組織的未來抱有極度的關心，而這些因素對於公司組織的政策及員工個人均會產生影響，故而這些因素關係著組織的政策。然而組織的成敗因素，員工承諾為主要的要因。但對組織而言，如何訂定適當的員工承諾政策是很困難且複雜的。[9]

 第二節　紀律管理與申訴

壹、紀律管理

所謂紀律(Discipline)，乃指「針對員工對於公司的工作規則的背信行為或不被允許的行為，雇主所採取的行動。其可能採取的行動可以是雙方合意的權利喪失、停職、扣薪或其他懲罰，以減少因背信或不被允許的行為所產生的損失。」[10]經過一個紀律程序(Disciplinary Procedure)：一個由產業、公司或工廠訂定的對於員工被認為已違反了工作規則的情況，施予停職或撤職的處分。[11]

[9] R. E. Walton，《From control to commitment in the workplace》，Harvard Business Review, March-April, 1985.

[10] H. S. Roberts，〈Roberts' dictionary of industrial relations〉，The Bureau of National Affairs, Inc., 1986, p.150.

[11] 〈Concise encyclopedia of industrial relations〉，1978, p.82.

　　管理權係指公司在工作場所中之經營管理決策事項，理論上乃為公司保留俾有效達成其管理企業之任務，包括員工之僱用與解僱、升遷、懲戒、監督、生產控制、指派任務等之運用。

一、紀律的意義

　　在一個團體內，紀律乃是維持該團體能有效管理的工具。一個良好的紀律能確保全體成員的利益，同時亦不會侵犯個人的權利。一個團體中，為確保紀律的執行，引入法律的環境，[12]對違法者給予適當的懲罰。然而，現代的紀律管理是強調「改變行為」之目標，分為預防的和矯正的紀律管理：[13]

（一）預防的(Preventive)紀律管理

　　鼓勵成員遵守標準和規則，以預防違規的行動。其較強調積極的激勵方法，而基本的是鼓勵員工自律，努力向上。

（二）矯正的(Corrective)紀律管理

　　當違規行動發生時，採取阻止繼續行動，以使未來的行為符合標準，較偏重懲戒方面。其目的為改造違規者及防止類似行為的發生。

　　基於上述的現代紀律管理的特性，吾人可以了解，紀律的目的乃在於鼓勵員工應謹慎工作。就法律層面而言，在工作場所的謹慎之義務，其乃員工對於勞資關係中，應有之義務。[14]員工在工作中非但應該勤奮工作之外，更應謹慎行事。例如：遵守工作規則、不遲到早退、按管理者指示行事、維護機器設備等，任何因故意或過失的失職，均有可能得到紀律處分的後果。通常組織因為員工下列行為而對員工採取懲戒，表 7-1 列出可能的處罰或解雇員工的懲戒理由：

---

[12] G. S. Booker,《Behavior aspects of discipline action》, 1969, p.525.

[13] 黃英忠,《現代人力資源管理》，華泰書局，1989 年，頁 201。

[14] 陳繼盛,《勞資關係》，三民書局，1971 年，頁 29～35。

表 7-1 處罰或解雇員工的懲戒理由

曠職	偷竊
遲到	對雇主不忠（包括與雇主競業、利益衝突）
遊手好閒	兼職
翹班	疏忽造成的過失
擅離職場（包括早退）	造成機器、原料的傷害或損失
上班睡覺	績效不彰
與其他員工打架或傷害	拒絕接受工作指派
胡鬧	拒絕加班
不服從	參與被禁止的罷工
性騷擾	罷工期間的行為不當
種族侮辱	怠工
威脅或傷害資方代表	擁有或使用毒品
辱罵上司	擁有或使用酒品
淫穢不雅或辱罵的言語	散布不實謠言
偽造公司紀錄	猥褻或不道德行為
偽造履歷資料	扣押工資
不誠實	賭博
辱罵顧客	

二、紀律的先決條件

紀律也須考慮公正性與公平性，其有賴於規定制度化、處罰漸進化及申訴程序化三個先決條件：[15]

（一）規定制度化

旨在事先告知員工哪些事可以做及哪些事不能做。因此，規定必須先有溝通的管道。員工透過口頭告誡或書面文件，最好在員工接受訓練時，即應闡明清楚並載於訓練手冊上。

---

[15] 陳海鳴、余朝權譯，G. Dessler 著，《人事管理》，華泰書局，1983 年，頁 382～383。

（二）處罰漸進化

處罰方式從簡單的口頭警告、書面警告，到停職、解僱等。處罰是否嚴屬，端視過失的種類與次數而定。

（三）申訴程序化

公司行使紀律的過程中必須要有申訴程序，以確保紀律的公平性與公正性。在一個組織中，管理者身兼警察、陪審團和法官三職，這種「權力不分化」的情況，有時管理者會有做出不當決策的時候，申訴程序的建立，即可補救上述制度的缺失，以達勿枉勿縱的效果。

貳、申訴

一、申訴的意義

Torrington 和 Chapman 認為所謂的「不滿意」(Dissatisfaction)可分為三個程度：最初為「抱怨」(Complaint)，即已經由口頭或行動表達出不滿，但尚未付諸行動的階段；而其次為「申訴」(Grievance)，即抱怨已經提出並開始牽動行動程序機器，因為這抱怨可能被忽視或受到不公平的對待；或對於現行工作規則的解釋具有差異性。而爭議(Dispute)則為意見上的相左，甚至到達劍拔弩張的狀態。[16]要精確的規劃出一個抱怨、申訴與爭議之間的範圍是很困難的。Thomson 和 Murray 認為兩者之間的差異應該是「源頭」的不同與「所提出改變程度」的不同。

故而抱怨、申訴和爭議，應被認為是員工提出表達其不滿意的一種連續性的正式態度與型態，而被認定為申訴或爭議，一方面視其所提出不滿的型態程度而定，而另一方面則考慮所涉及的為個人或團體或全體受雇者而定。（如圖7-2）

---

[16] D. Torrington, and J. Chapman,《personnel management(2nd Ed.)》, Prentice Hall, 1983, p.253.

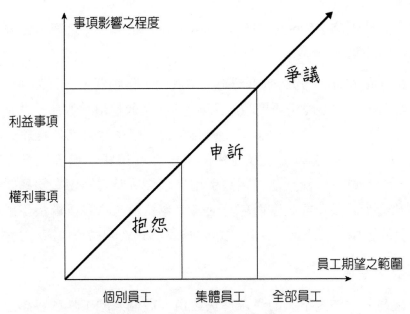

圖 7-2　員工表現不滿的型態

※資料來源：M. Salamon(1992)。

　　一般而言，申訴乃介於「不滿」(Complaint)與「爭議」(Dispute)之間。當員工的不滿程度升高，進入一定的程序，由書面正式提出時，即為申訴的開始；反之，若不滿的程度未升高，也無書面的正式提出，公司即不須處理，也無從處理。當員工的申訴正式提出以後，經過申訴程序，而未能合理解決，則可能導致雙方的爭議事件，亦即勞資糾紛或正式成為罷工。但絕大多數經過此種程序的申訴事件，均得以在申訴階段內或仲裁下解決，此為設制申訴制度的好處。

二、員工申訴

　　申訴(Grievance)是指個別或及體員工對於公司的管理政策（包括紀律管理），經由正式管道表達不滿的程序。

（一）申訴之提出

　　不滿意的產生可能受限於受雇者個人(Individual Employee)，也可能是有經驗的一群團體，甚至是所有受僱勞工。提出到管理階層的管道可能是經由——「非正式的提議」(Informal Presentation)而送達到中間階層的主管，且提出的單位也可能是個人，也可能是一群員工，更可能是員工代表。也可能是透過申訴

程序內的「正式提議」(Formal Presentation)而送達工會，且經工會發表聲明以作為協議程序的開始。

　　Thomson 和 Murray 認為申訴乃是「對於與工作相關，於員工在可行的程序內容上，表達極端的不同與差異的方法。」[17]在一般情形，假如一個抱怨並未得到解決，而成為一個正式的申訴時，倘若工會亦已透過協商的程序去溝通，然而並未能與管理者達成共識，或並未能與管理者接觸，或管理單位置之不理時，則可能會引燃一個衝突活動。故引用爭議條例時常隱藏著兩種狀況：其一為事件開始發生於公司或工廠內部且由管理單位與工會尋求解決；或者如果必要時，且共同協議一直失敗時，則工會可能會尋求使用勞資爭議活動去解決。

（二）申訴之範圍

　　申訴是員工為表達不滿的尋求解決之道，與個人的工作內容息息相關，因此，員工對於紀律與懲戒的抱怨、組織的規定事項或所做的處置，感到不公正或不公平而正式表示出來的任何不滿，即為申訴的開始，其範圍包括：

1. 薪酬事項：例如薪資計算是否錯誤、薪資計算認為不合理、薪資結構或計算方是被改變等。

2. 工作事項：包括工作分配與指派、工作流程、工作型態及工作時間的變更、工作權責的調整、工作環境的安全與衛生等。

3. 技術變革：例如設備的更新、生產方法的改變、新技術的引進等。

4. 管理事項：對管理者的決策內容及過程的不滿、對工作規則得執行之歧見、公司的升遷、獎懲的結果心生不滿等。

5. 福利事項：福利項目的提供與分配、福利事項的增刪等。

6. 群體關係：例如部門間之協調與配合、部門之權責劃分、部門間之利潤分配等。

　　當組織都具有申訴的管道，不論這管道是否被工會所認同。上述這些申訴對公司而言，都認為是補充的(Complementary)，除對紀律的懲戒處理是完全對立的情況。因為對員工與公司而言，雙方均能透過申訴的管道，而得到並解決員工的不滿意問題；而另一方面紀律的懲戒，對管理者而言，既然申訴的最終

---

[17] A. W. J. Thomson, & V. V. Murray, 《Grievance procedures》, Saxon House, 1976, p.18.

目的在於保障並爭取員工的認同，如何能讓申訴的處理能有效的解決員工的不滿意，則為申訴處理的評估重點。

根據美國國家事務局(The Bureau of National Affairs in USA)的統計：99%的公司契約皆規定了申訴的解決方式。雖各公司規定的程序、階段、提出方式、時限皆有所不同，然大致皆能信賴由勞資申訴委員會、工會代表或第三團體的介入。在美國有 75%的公共部門與 90%的民營部門的團體協約，以資方接受申訴仲裁的結果，來換取勞方的無罷工保證的約定。

在先進國家，申訴率被認為是一個公司的勞資關係的重要指標。因其可以指出勞資間的爭議程度與水準，並可以衡量員工的士氣之高低。有證據顯示公司的高申訴率有低的生產力及產品的低品質，因為其工作內部的衝突與問題使然。

所有申訴的開始，均為受雇者有引起不滿的原因，並且認為這不滿有必要去改變並除去。而大部分的不滿其原因亦不外乎，對現行法規的狀況不滿意及對特殊位置的工作條件的不滿意；其二為管理者的管理方法與動作及對管理者所提出的工作政策或目的標準的實施。總而言之，對不同階層的受雇者可能遇到或造成的不滿絕對不同，而所有的不滿均將提出到管理單位，而管理單位則需分類並找到相關或性質相同的，在數量上或性質上歸類，並又需在少數的時間內給申訴者滿意與完善的答覆，實在需仰賴周全的申訴與爭議過程不可。

（三）員工申訴制度之必要性

根據以下的四個因素，申訴制度被認為對集體利益是絕對必要的，且是不可欠缺的。

1. 法學理論

受雇者或工會根據工業法律學(Industrial Jurisprudence)去檢視管理者是否遵從法律，或依據團體協商及其他法令行事。例如：很多勞工向工會或廠場代表抱怨，其薪資計算方式並沒有照規定計算。而事實上管理階層很難馬上有足夠的知識或能力去解釋，並立刻給勞工一個滿意的答案。這種處理的方式可能會導致一些錯誤的假定：(1)所有的申訴解決只能被稱為是協議的一種，而必須去遵從；(2)寧願去找出解決的辦法，也不要造成更嚴重的問題或罷工。(3)寧願去解決爭議，也不要去中斷生產。[18]

---

[18] J. W. Kuhn,《Bargaining in Grievance Settlement》, Columbia University Press, 1961, p.14.

2. 管理的集體共識

管理的集體共識乃是「繼續管理所達成的集體共識」(Continuing Administration of Collective Agreements)。由於集體協約的字句與法規在敘述上不夠精密，以至於很少有當權的管理者會很主動的去應用，或依據法規而選擇、詮釋較優厚的條件給予受雇者。故對於受雇者或工會而言，假若一開始就參予團體協商而得到的集體協約的條文，則必須繼續去督導，以防止條文的解釋被扭曲或不完善。

3. 協議的超越

由於申訴與爭議的過程，可能超越現行集體協約的條文，而其目的也為了如何達成協商並取得共識。就如 Kuhn 所說：「管理者的任何管理行動或決策，都可能挑起受雇者的不滿意，並認為他們有足夠的權力去與管理者協商」。

4. 未達成協議的解決

由於具有未達成協議的解決，申訴也可被認為是團體協商的主要步驟。通常團體協商失敗時則會考慮使用「罷工」手段以謀求利益，當此狀況發生時可能需要雙方代表將這案例提出，並尋求公司或工廠外的團體或組織去協商；若再無法達成協議時則可能假借第三公正委員會如美國 FMCS 與英國 ACAS 等去解決。

（四）申訴之決定因素

申訴的發生，在實務上為每年每百人中約為 5 至 15 人次，並依不同產業、職業、地區及雇主而有所不同。影響申訴率發生之因素，乃包括：

1. 勞資關係問題：好的勞資關係，其申訴率較少；當勞資關係較差時，導致勞工的好戰性格，利用申訴爭議，成為戰爭的另一種形式。

2. 雙方代表的經驗水準：有經驗之代表，能圓熟地處理申訴問題，減少導致形成申訴之機會。

3. 對員工薪資之計算方式：有關計件獎金、加班獎金及其他福利之規定情形與申訴率有關。

4. 對員工薪資計算方式改變：使員工產生疑慮及不信任感之改變，經常成為申訴之主題。

5. 工會之態度：契約條文之執行是否公平合理，有極大之爭議空間，因此，工會的態度即成為決定是否採取申訴的決定因素。

6. 工會之性質：地區性工會對細微事件較為注意，申訴率較高，全國性則否。

7. 管理者之政策：好戰性格之管理者，形成好戰的工會，申訴率較高，反之則否。至於分析申訴的原因，大致與薪資有關、離職金補償及雇主在工資上獲勝。[19]

　　因此，吾人可以假定，美國的申訴與薪資較有關係；然而，仍有不少爭議屬於「政治的考慮」者，工會提出申訴是否僅為了申訴的內容值得抗爭，抑或另有目的，值得再進一步研究。

參、申訴之處理

　　申訴的處理常需就其相關的層面及處理的過程去探討。通常申訴與爭議被認為是團體協商的補充，不僅因為：或許是錯用了團體協約的規範而進行申訴或爭議，也可能是因為透過這種申訴或爭議，而找到或具備控制或監督管理單位的某些決定的能力，而這些決定很可能影響受雇者或自己的工作崗位。而集體共識的達成絕不是個人能力或個人意識所決定，必定是涉及工作場所的各種層面，各種崗位以及各種團體的共同意識所達成的工作法則。故而在集體共識的條文常被稱為是「不夠嚴密」、甚至是「刻意的不明瞭」，就如條文裡常會引用所謂的「或許」、「合理的」、「在這裡較實用」等字眼。這也就如同，學者Hawkins 認為到底申訴與爭議的態度與型態應該是以「正式」或「非正式」提出或表達，與有些條文與勞資相關事項到底應該是需以團體協商或者需用申訴手段，很難找到明顯的區分界線，且更因為使用的層級與牽涉的人或團體的不同，而漸漸變得更模糊不清。[20]

---

[19] E. P. Depaul,《An Analysis of Grievance Arbitration Awards in Pennsylvania Public School from July 1, 1971-June 30, 1974 Based on Act 195's Legislative Enactment》, DAI-A 44/05,1983.

[20] K. Hawkins, 〈A handbook of industrial relations procedures〉, Department of Employment Manpower

美國的勞資爭議仲裁制度，堪稱應用最普遍、制度最完善、效用亦為最大者。本書擬針對現行制度有關問題，茲以美國的申訴仲裁(Grievance Arbitration)為藍本。

申訴之發生乃勞資雙方在團體協商及交涉過程中，當勞資雙方均接受對方所提之條件後簽訂團體協約，一般並可保證在團體協約有效期間的工業和平(Industrial Peace)。然而，由於勞資雙方每天的接觸，勞工就成為檢視條約是否公平的執行人，當對條約內容的解釋與執行上發生爭議，即為申訴爭議(Grievance Dispute)。此時若非透過仲裁，可能無法解決爭端。正如一般人民之爭議，須透過司法系統的裁判一樣，團體協約可稱為是「工業法律」，與一國之法律有相同之意味，不過，為迅速解決問題，而採取由第三者仲裁的方式以茲解決。[21]

一、申訴之型態

申訴是勞工在工作中權益受到侵害而主張權益的過程。而其發生的情形，可能包括：違反公司以往成例、管理規劃或雇主責任等。具體言之，可劃分為對契約內容的申訴及對契約以外的申訴兩種，分述如下：[22]

（一）對契約內容之申訴

包括直接違反契約、超越契約處分之爭議、契約條文解釋之爭議、契約的特殊解釋，及對雇主之經營指揮權產生不合理或不公平之疑慮等。

1. 直接違反契約內容

此種型態本無所謂爭議，但由於此種型態均由於管理部門的無知、忽略及非理性地懲罰員工，其違約情形至為明顯。

Paper, No.14, HMSO, 1975, p.16.

[21] 參考 A. M. Glassman and T.G. Cummings,〈Industrial Relations〉, Scott, Foresman and Company, 1985, p.362；R. L. Sauer and K. E. Volker,〈Labor Relations〉, Macmillan Publishing Co., 1993, p.388.

[22] 參考 R. L. Sauer and K. E. Voelker,〈Labor Relations〉, Macmillan Publishing Co., 1993, p.392～394。

2. 超越契約處分之爭議

當協約或工作規則規定有重大過失時的處分，然而，實際上當員工違犯而管理者決定懲罰時，勞工即向工會提出申訴，控訴雇主超越契約之處分。

3. 對於契約條文解釋之爭議

當協約訂定後，實際執行時發現條文模糊不清，或勞資雙方解釋協約條文時，發生歧見之爭議。

4. 對契約的特殊解釋

當雇主行使其指揮管理權，而工會有不同意見時所發生之爭議。例如，雇主安排加班或休息、調班等，並未以員工感受為前提，而以經營上的方便處理，工會因而產生反感者。

5. 對雇主之指揮管理經營權產生不合理或不公平之疑慮

本型態之爭議包括工會對雇主之處分是否太嚴厲，及雇主在生產量上的標準是否太高而產生不合理或不公平之疑慮。

（二）對非契約內容之申訴

包括改變經營方式、違反政府法令、違反工作規則及雇主責任不履行四種爭議。

1. 改變經營方式之爭議

當雇主執行公司之規定已經行之有年，卻突然作出改變，如改變作息時間等，因而產生之爭議。

2. 違反政府法令之爭議

工會申訴雇主違反政府法令，其大部分皆屬「工作歧視」之範圍，包括性別、種族等在工作上非「同工同酬」，在升遷、調職等之不公平之控訴。

3. 違反工作規定之爭議

本型態之爭議乃工會發現雇主的自訂規則，未完全實施或有根本違背之情形，工會所提之申訴乃自覺其權益由於雇主的條文不履行，因而要求履行之爭議。

4. 雇主責任不履行之爭議

與第三項爭議不同者，乃該義務並非條文所規定之內容，但雇主仍有照顧員工之義務，故勞工之健康、衛生及安全在工作環境上之危害等問題，雇主有維護勞工免於危險之責任。

二、申訴之程序

（一）申訴步驟

當員工認為公司的某項行動係違反團體協約、就業規定、工作規則或在法律條文、職業習慣有違反之解釋時，所提出的事件而足以直接影響就業條件之作為均屬之。在歐美國家，通常申訴者提出申訴案件，須經過一個正式的管道，隨組織規模的大小，而經過三至五個階段，如果在最後階段仍未能解決，終由第三人來仲裁。

如前所述，申訴乃員工之正常的抱怨管道，而在公司內無法解決時，許多國家（包括臺灣）乃由政府或勞工法庭介入處理。然而，美國乃以雇主之作為而不為員工所認同時，單以契約內容不足為據，一旦對契約條文發生爭執，最後仍得以仲裁手段，作為公平處理之程序，因而有所謂的申訴程序(Grievance Procedure)。通常，申訴均起於工會及員工個人的告發，其程序如圖 7-3 所示。

當勞工相信契約遭破壞或權益受雇主侵犯，由於申訴乃唯一正常的，由勞資為解決雙方問題帶來工業和平而自行形成的方式。因此，採取申訴的程序，乃為勞資雙方解決問題之途徑，而非由雇主之最高階層單方面之決定，如此，才不至於處理偏頗，導致「社會不公平」了。圖中第一層步驟先由勞工或幹部向領班提出申訴，當問題無法解決時，即可作成書面申訴，並通知工會和部門經理，由工會代表出面與經理協商，此為第二層步驟。第三層步驟再將無法解決之爭議，勞方組成申訴委員會，資方向高階管理階層反映，再作進一步之協商；最後協商不成，只有利用仲裁，作出最後的(Final)和具有拘束力的(Binding)決定，雙方於是接受仲裁之決定，結束爭議，此乃最後之步驟。當然步驟多寡仍以企業大小決定，小企業可能有二、三層步驟，大公司則有四到五層步驟。整理員工申訴之步驟如下：

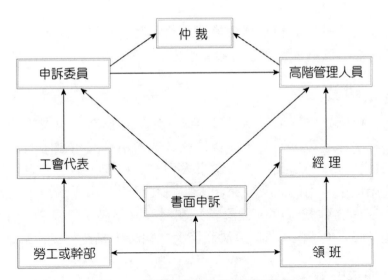

圖 7-3　先進國家的申訴制度步驟圖

※ 資料來源：參考 Sauer R. L. and Voelker K. E., Figure 14-1 及 Glassman A. M. and Cummiugs T. M.,P.363, Figure 10-1。

1. 步驟一：

(1) 員工（會同工會人員）和主管討論問題根源。

(2) 員工和工會人員之問題是否得到合理解決。

(3) 員工和工會人員之問題是否違反相關法令。

2. 步驟二：

(1) 勞工將申訴事由以文件正式提出，並將申訴書交由上一層主管、部門經理及勞資關係代表。

(2) 工會幹部與上一層主管溝通，並提出解決勞工申訴之問題或方案。

(3) 負責處理之管理階層以書面回應。

3. 步驟三：

(1) 工會將申訴問題告知高階主管及資深勞資關係管理人員。

(2) 工會可邀請上一級工會或地區工會重要幹部加入討論。

(3) 資方將處理方式做成書面報告。

4. 步驟四：

(1) 工會決定是否向仲裁機關提出仲裁申請。

(2) 工會將申訴問題移交仲裁機關。

(3) 仲裁機關做出仲裁決定。

申訴程序之設計，為和平解決爭端，若無此項程序，工會可能堅持罷工以維護權益（陳情、抗議，導致勞資關係惡劣），故申訴程序之效用極大。

三、申訴之仲裁

仲裁的作用乃是將一項爭議託付給第三者，作出有約束力的決定，以便解決爭議的一種法律手段。通常，仲裁是在其他辦法都已用盡時的最後之步驟，因此，經過仲裁程序的結果，雙方當事人均亦得接受，紛爭方得以結束。歐洲在中世紀開始以來，由於商業往來頻繁，在交易會、市場或海上之貿易上，逐漸建立了一套商務仲裁制度，英國首先在 1889 年制定「仲裁法」，美國則在1895 年通過「統一仲裁法」，以解決商務上之糾紛，成為勞資仲裁之先驅。

（一）申訴仲裁的效果

勞資爭議仲裁即由上述商務仲裁發展而來，將工會與資方間之爭議，託付給第三團體，作出最後的解決辦法，其目的就是為了解決勞資糾紛及防止罷工的發生。因此，勞資爭議仲裁自 20 世紀以來，已在全世界廣泛實施，其中，應用最普遍、作用最完善者，以美國為最：美國並經全國勞工關係法(NLRA, 1935)及勞資關係法(LMRA, 1947)立法後，發展了相當完整的勞資爭議仲裁制度。

各國政府在處理勞資問題上，為了保護勞資雙方的基本權益，均採取干涉的態度介入勞資間的紛爭。亦即政府為保護資方在經營上的權利（指揮勞工權、企業經營權、生產控制權）及維護屬於經濟弱勢的勞工的勞動權（組織權、交涉權、爭議權），並均衡勞資的力量，除制定法令以維持勞動秩序外，在勞資發生爭議之同時，亦設立一個處理之程序，俾解決雙方的矛盾關係。

因此，當勞方或資方行使法令所賦予之權利時，不應受到對方之妨礙或阻撓；若一方之權益受到勞資任何一方之侵害時，即產生所謂的「不當勞動行為」，勞資糾紛隨即產生；在實務上，通常均因資方為規避法令所課之義務，造成的勞資爭議居多；另外，在團體協商發達的國家，如美、日兩國，在團體協約期滿，新約未達成協議時，造成雙方緊張，亦為勞資爭議發生之主因。[23]

此時，若無仲裁制度，現行法令亦束手無策，司法判決亦往往得不到應有之救濟及補救方法。[24]美國有關申訴仲裁制度，包括政府和民間機構對於不當勞動行為的裁定，及團體協約期間勞資產生歧見時，由勞資雙方選定仲裁員加以

---

[23] 參閱 Harry T. Edwards,《Contribution of Grievance Arbitration in Industrial Relations and Industrial Peace》, Amberst: University of Massachusetts, 1977.

[24] 陳繼盛等,《各國勞資爭議處理制度之研究》，臺北：行政院勞工委員會委託，1991 年，頁 4~5。

仲裁，其執行機構分別由獨立於勞工部門之外的全國勞工關係局(National Labor Relations Board)和聯邦調解調停處(Federal Mediation and Conciliation Service)之政府部門執行。另外，亦可透過民間組成的「美國仲裁人協會」(American Arbitrator Association)作仲裁。總之，美國以私人仲裁者之仲裁和政府部門之仲裁方式，兩者均有相同之效力，利用第三團體之力量解決工會與雇主間無法自行解決的爭議，在司法上亦甚少推翻仲裁之決定。[25]

（二）申訴仲裁的過程

在仲裁制度中，包括仲裁員的選定，準備並召開聽證會、仲裁結果三項，茲分說明如下：

1. 仲裁員的選定

以美國聯邦調解調停處為例，該處的主要功能，即提供仲裁之服務。由於團體協約均主動地規定申訴和仲裁的程序，以處理勞資雙方對於某些特殊問題在引用協約條文時，所產生之歧見或爭議。[26]該處計有 1 千 7 百位仲裁員，分散於 77 個地區，由具備勞資雙方談判有經驗者中選出，仲裁員是獨立且中立的，不受僱於指定之機構，費用由勞資雙方團體平均分攤。根據聯邦調解調停處之統計，每年要求仲裁提供仲裁員名單之案件，自 1976 年的 20,738 件，到 1982 年達到 30,734 件的高峰，而 1990 年又降為 27,363 件，1992 年計 33,000 件，最後有 13,000 位仲裁員接受選定並介入處理特定案件。

根據美國及先進國家的經驗發現：當爭議發生後，由第三者介入仲裁，可以得到：[27]

(1) 問題得以雙方可接受的方式解決。

(2) 較為中立的處理。

(3) 控制雙方的敵意。

(4) 比較性與妥協性。

---

[25] C. E. Mitchell,《Federal Labor Relations Council Decisions on Grievance Arbitration Award Appeals》, University of Georgia, DAI -A 47/01, July 1986, p.308.

[26] J. F. Power,〈Federal Mediation and concilation Service Resoluting Industrial Disputes: The Experience of The U.S.〉,發表於勞資爭議處理國際研討會，行政院勞工委員會，1994 年 1 月 20 日，頁 14。

[27] Edwin Hasson,〈The Resolution of Conflict: A Process Model for Fact finder Intervention into Collective Bargaining Disputes〉, The Pennsylvania State University, 1983, 211, DAI-A 45/01, July 1984, P.34.

　　然而，仲裁之是否真正公平解決問題，則與仲裁員有極大之關係。有關仲裁員能力之判斷，如活動能力(Activity)、正常或正式(Formality)、經歷(Experience)、接受力(Acceptability)、公平力(Impartiality)、信用(Credibility)、效能(Potency)及程序公正(Procedural Fairness)等方面之考慮，均應具備。[28]

2. 準備並召開聽證會

　　當申訴已到達仲裁之階段後，勞資雙方均全力準備資料與證據，以便爭取優勢。在準備召開聽證會之前，下列方式便為準備資料之方向：(1)重新審視未成為申訴程序前的案情原委與發展情形；(2)研究團體協約對於案件相關之條文；(3)與案件有關人員討論案情，包括贊成者與反對者之意見，將較能得到整體的概念；(4)檢視所有紀錄及文件，俾提供仲裁員有利之證據。(5)找出案件之關鍵，並加強該關鍵的證據及說明；(6)作成文書資料，有效支持自己的觀點。

3. 仲裁結果

　　聽證會召開時，聽取勞資代表之意見陳述，在作成決定前，乃根據協約的規定、雙方證言及當事人的自白，由仲裁員作評價及意見，最後作成仲裁書，形成圖 7-4 之仲裁決定之模式。

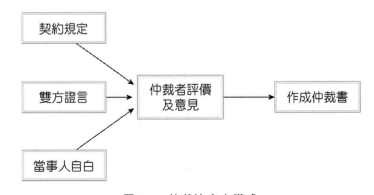

圖 7-4　仲裁決定之模式

※資料來源：Bankston E. W.(1976)。

---

[28] 參閱 P. M. Feinsod,〈The Effects of Coimmunication Style on Perceptions of Arbitrators〉, DAI-A 47/06, DEC, 1986, p.1925.

四、申訴制度之功能

有了申訴制度，工會放棄罷工權，最後進行仲裁，其間至少可以達到下列之功能：

1. 提供員工個人受到委屈時，解決問題之管道，使團體協約變成活生生的文件，而非僅是約束的條文。

2. 正常的申訴程序使爭議規則化，消除抱怨、解決問題。

3. 申訴程序之設計功能並可找出勞資關係問題的癥結點，勞資雙方並可將之作為未來團體協商的議題。

4. 申訴程序並可作為組織中有效的溝通管道之一，雇主因而得以了解員工真正困擾的問題所在，及協約條文真正的意義。

由於申訴程序的決定，雇主可以將之形成公司政策，對於日後相同問題發生時，得有相同的處理方式，減輕管理上之困難度。然而，申訴程序並非毫無限制，根據美國勞資關係法之規定，假如：(1)與團體協約中的僱用條件有明顯之違背時；(2)非由工會代表提出者，仲裁得不予受理。員工申訴制度之功能如圖 7-5。

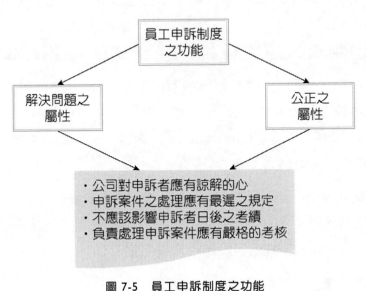

圖 7-5　員工申訴制度之功能

案例　美國紐克(Nucor)鋼鐵公司－一個成功勞資關係管理案例

　　不像一般的工業競爭，美國北卡州以 Nucor 為成功的財務與滿意的生產力勞工的基礎，Nucor 同時也被認為是「最安全、最高品質、最低成本、高生產力、在世界的生產鋼鐵工廠中最賺錢的鋼鐵廠。擁有這些，乃因 Nucor 信任他的員工，它也樂於在很多關係企業的上層管理者可以做快速決策。但一個有較優秀的員工關係，真的能建立每年營利 $ 12.7 百萬美金的公司嗎？」

一、重金屬業的歷史

　　Nucor 的根源於自動化企業家歐多斯(Ransom E. Olds)所創立了值得尊敬的奧斯摩比(Oldsmobile)廠牌和往後的李奧汽車(Reo Motor Cars)。當技術發展和所有權易主後，公司名稱更改為 Nuclear Corporation of America。在 20 世紀中經營核子工具與電子零件。

　　經過了一段貧窮的歲月，1964 年面臨破產關閉的危機，直到新的總經理艾柏森(F. Kenneth Iverson)與財務副總西卡(Samuel Siegel)將公司建立並將公司建構模式導入。他們的邏輯認為：公司最主要在獲利，這是一個托樑鋼鐵公司（名稱為 Vulcraft），以南卡州以外為基地。為重新塑造公司，他們將在亞利桑那州的根基移植到北卡州夏樂特，經過兩年，將版圖擴大至阿拉巴馬和德州。

　　再過四年，公司管理面臨一個核心的決定：「建造一個鋼鐵工廠」，這等於將整個體系退後到供應商的體系。後來，他們將第一廠建於南卡州。再過四年，公司將名字改為 Nucor Corporation。工廠將 1970 年盈餘用來補充機器設備，再加上托樑工廠與鋼棒工廠。

　　這些年來，Nucor 已經是美國最大產能的鋼鐵廠及廢鐵回收廠。Nucor 尋求四個方向的擴展策略：第一，發揮最大的生存運作。第二，說服策略。第三，尋求商業新技術。第四，經由冒險而走入國際化。

二、維持公司平等

　　Nucor 有將近 11,500 個員工，大部分的員工無論在哪裡都寧願工作，且很用心的工作。公司分為作業部門和業務部門，每個部門有簡化而有效率的管理

結構競賽，這讓他們保持明智，能迅速調整市場的變動。一個典型的 Nucor 部門，在時薪員工與公司的總經理之間只分成三個管理階層。

為了讓運轉平順穩定，Nucor 著力於讓員工做必要的決定。Nucor 要讓每個員工對公司的目標與衡量績效標準都非常了解，且公司的規章均能讓員工自我評斷。

以上述這些為基礎，為感恩於前任總經理艾柏森，他支持所有員工的平等，而且堅信屬下及基層員工，如果給予機會則便可能締造利益及貢獻。他的作法例如「決定在工廠內除去有顏色的安全帽」，因它是地位的象徵，會造成區域隔閡。當然並不是每個員工立即見到好處。艾柏森想起在面試中，他們說：「你不能坐那」。艾柏森最後修正他自己的想法，當他發現有緊急的狀況發生時，維修人員並不能夠馬上被派到現場，所以最終贊成員工的想法：「可戴黃色安全帽」。

三、製造鋼鐵，製造獲利

曾經搖晃於破產的邊緣，而今 Nucor 已成為一個成功的鋼鐵製造廠，這完全是經由一個組織，強調商業經營的核心，才能達成雇主革新的潛力。靠評估個人的貢獻價值與建立氣氛，在這環境裡，員工有意願去獲得自己想要的東西。Nucor 說服員工，勾畫出在公司自己所扮演角色的願景，引導公司年年獲利與成長。

但在這繼續合併和原物料上漲的年代，Nucor 能繼續革新引導大家嗎？這公司的領導人下一步會往何處走呢？

四、評語

一個成功的公司必定有許多重要的管理策略，以下就 Nucor 勞資關係管理分析如下：

（一）扁平化的組織

Nucor 公司組織的設計乃著重在員工溝通，其使用極為扁平的組織架構，相較於傳統製造業的 9 至 11 層級，Nucor 僅使用 4 個層級，高層管理人員也大幅減少，且執行分權及授權，使用自動化設備，大幅降低人事成本。

（二）高額的激勵薪資

在 Nucor 的第一線工人之薪資設計如下：

1. 基本薪資較同業平均低 25 至 33%。

2. 員工 20 至 40 人為一團隊，各組生產力排行版每天公布。

3. 每週發放獎金給達到或超過生產目標的團隊，獎金高達薪資的 80 至 200%。

4. 遲到五分鐘者，喪失當天的獎金。

（三）團隊為基本管理單位

Nucor 相當重視團隊精神，以團隊為單位共享價值。儘管積極鼓勵團隊競爭，但對於隊間的合作也給予相當高的支持。薪資系統與團隊表現緊密結合，每月依特定的生產評估標準，排列各部門之名次，讓每個員工承擔工作的責任。

（四）痛苦分享計畫

Nucor 超過 20 年沒有裁員。如果公司經營慘澹，藉由減少工作時間代替開除員工。另外，所謂痛苦分享計畫是：當工人薪資減少時，主管的薪資也同時調降，而且幅度比工人還大。故不景氣時，Nucor 員工流動率是所有鋼鐵業中最低的，堅守不景氣時不開除員工的政策，反而能建立員工對公司的信任和尊敬。

 問題與討論

一、 請說明人力資源管理理論與勞資關係理論之差異。

二、 勞資關係管理的內容有哪些？

三、 何謂紀律管理？紀律的先決條件為何？

四、 申訴的意義為何？員工申訴應如何提出？

五、 申訴之程序為何？申訴仲裁有何效果？

MEMO

團體協商

INDUSTRIAL RELATIONS

本章為勞動三權的第二權——交涉權的探討。從西方國家的經驗了解：大部分的職場勞工均認為團體協商是最好、且最便捷的方法，以得到工作條件與服務。這也是本章節討論的主題，由團體協商的重要性談團體協商的性質與架構及其法源與方法、組織。本章以團體協商的本質，包括其定義、必要性、性質及結構一一介紹；再以團體協商制度，包括經濟性、程序性及行政性議題做為團體協約締結的主要內容。

第一節　團體協商的本質

壹、原理

勞資關係指組織中的僱傭關係或勞資雙方衝突或和諧的關係。經過數百年的發展至今，大部分國家均已承認勞動權為勞資關係之基本原則。勞資關係之機制係以勞資協商或談判為其主軸，經由工會代表會員而與資方談判，以取得協議，亦即如何加強或改善雇主與員工之間的關係，唯有靠政府與勞資雙方均了解勞動權的重要性，包括：團結權、協商權與罷工權之問題，勞資關係之原理如圖 8-1：[1]

就管理工作而言，管理者的角色是如何利用組織企業內之所有資源（如人力資源、財務資源及含土地資源及設備之企業資產）以達到企業組織之目標。故就管理者功能而言，古力克(Luther Gulick)於 1930 年代指出主要功能為：計畫、組織、人力規劃、指導與控制。[2]因計畫涉及組織的長程或短程目標，而為了計畫的實施，管理者須依組織的規模去計畫，把組織的既有資源納入計畫的考量，再行評估計畫的可行性。如勞工關係管理者可能被吩咐去收集資料以支持用來展開協商的管理方面立場，然後替下屬決定研究目標並訂出研究計畫。故而對任一個勞資關係管理體系，管理者如何擔任要角將為重點。

[1]　S. J. Skinner & J. M. Ivancevich, 《The Business Environment》, Cincinnati, South-Western College Publishing, 1996, p.411.

[2]　Gulick Luther, 《Notes on the Science of Administration》, Paper on 6th Science of Administration, New York: Institute of Public Administration, 1973.

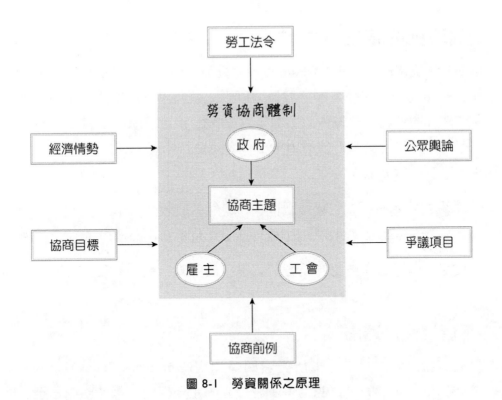

圖 8-1　勞資關係之原理

貳、團體協商的意義

「團體協商」(Collective Bargaining)，為英國人韋伯夫婦(B. & S. Webbs)於1891 年所提出。最初韋伯認為「團體協商」應設定為一個經濟議題，「藉由工會主義以作為控制勞工進入工會的交換條件」。[3] 而英國學者亞當富萊德(Allan Flanders)則持相反看法，認為團體協商應是一個政治議事題，因為「勞工或勞工團體藉由團體協商的行動，而得到個人的尊嚴」。[4]

英國學者所羅門(Michael Salamon)把團體協商當作是「利用勞資雙方代表談判和協議的過程以決定僱用條件的一種方法」。庫恩(James W. Kuhn)則指出「團體協商是雇主和受雇者組織代表，建立與執行工作規則、工作條件、工時、工資的活動」。故以狹義性而言，團體協商為「設定條件與條款的一種定期性協約式談判」；而廣義性而言，團體協商則包括「雇主或雇主團體與工會之間的一切互動過程」。由上定義可知，團體協商既是一種方法，也是一種活動。

[3]　衛民、許繼峰，《勞資關係與爭議問題》，空中大學，1999 年。

[4]　Allan Flanders,〈Collective Bargaining: A Theoretical Analysis〉, in A. Flanders,《Management and Unions》, Faber and Faber, London, 1975.

一、團體協商制度之條件

索爾和渥克(Sauer and Voelker)將團體協商定義為「一種勞資雙方共同決策的過程，經由此一過程雙方本著誠信的原則，談判出有關工資、工時、工作條件和勞資關係的協約，然後依此協約雙方去執行」。也因此，英國多諾分委員會認為「勞工不能自行談判而須經由選出代表而進行協商」。也就是團體協商制度的產生，至少有兩大條件：

1. 勞工必須確認共同的、一致性的目的、組織及活動。

2. 管理者必須準備具有能力，去認識組織，並接受勞資關係的改變。

在英國，團體協商被認為是勞資關係中的焦點，更為處理勞資關係的最好方法。[5]

二、團體協商之理由

根據英國 1980 年工作場所勞資關係調查(Workplace Industrial Relations Survey, WIRS)，64%的工會認為：工會設立的主要目的為團體協商。至於國家為何要保障勞工之團體協商權，曾有學者指出五點理由：[6]

1. 加強控制勞資關係避免引起社會不安。

2. 作為促進工業民主之機制設計。

3. 有助於經濟發展。

4. 可成為勞資溝通之管道。

5. 受到有組織勞工運動之力量影響。

三、團體協商之功能

團體協商在美國勞資關係中具有許多重要的功能。鄧樂普(John Dunlop)與巴克(Derek Bok)列舉出五大功能：[7]

---

[5] Royal Commission on Trade Unions and Employers' Associations, 《Report》, HMSO, London, 1968.

[6] 申康，《勞動契約與團體協約法制之研究》，勞工研究季刊 116 期，1994 年 7 月，頁 37～38。引述 Roy J. Adams, 《Regulating unions and collective bargaining: a global historical analysis of determinants and consequences》, Labor Law Journal, Vol. 14, 1993, pp. 288~291.

[7] 朱柔若譯，Robert L. Sauer and Keith E. Voelker 著，《勞工關係—結構與過程》，國立編譯館，頁 7。

1. 建立工作環境的規則。

2. 決定報酬的形式。

3. 建立報酬的標準。

4. 決定勞資雙方各自訴求的優先順位。

5. 協商機器的重新設計。

貳、團體協商制度的必要性

「團體協商」為一種藉以決定工作條件與工作規則的方法。而這種方法的執行者可能是一個勞工團體與雇主之間的協商。而雇主方面也可能是一個雇主組織，也可能是一群雇主組織。而協商的對象也可能是一個勞工代表，更可能是一群勞工代表與雇主進行協商以達到相互之間的贊同與一致性。[8]

因此，團體協商可以視為下列三種概念：

1. 是勞工買賣市場的契約。

2. 是一種工業政府的形式。

3. 單純就是一個所謂的勞資關係制度。

團體協商的處理提供一個正式的管道，而經由這管道，勞資雙方能於勞資平衡的基礎上，解決彼此之間的問題。其協商的條件，包括：

一、團體協商的條件

團體協商的進行，基本上則須具備下列條件：

（一）勞資雙方必須在組織上是有效率的。這是說，無論勞工或雇主均要有自由的組織的權利，而不受任何外界的影響。對工會而言，獨立的組織才可能訂出可行的團體協約出來，除非工會可以擺脫雇主及政府的控制、擁有一個穩定且獨立的組織，否則是不可能代表它的會員去有效的協商的。另外，雇主是否願意集體的協商，亦有賴於該行業的勞資關係狀態及雇主的水準而定。

---

[8]　International Labor Office,《Collective Bargaining》, ILO, Geneva, 1960.

（二）雇主承認工會的目的就是團體協商。先進國家經過長時期的演變，工會至少歷經一個世紀以上的努力，將雇主的敵對態度、法院的惡意判決及立法的不公，一直到今日仍然存在著或多或少的反對立場等。有太多案例可以證明，這些都是由於不能接受工會的團體協商目的所使然。

（三）勞資雙方的誠信協商。亦即接受對方、簽訂協議即是綑綁自己，不得為所欲為的意思。當然，任何一方在協議期間，仍有可能因調解的解釋或執行問題提出異議而終止或修訂該協議，並進行新協議的協商。

　　先進國家對誠信協商已發展了兩個方法來達成：一為合法協商、一為自願協商。英美兩國發展出一套勞資誠信協商的觀察方法，即：雙方是否依照自願原則進行協商，或是否為法律所禁止的項目作為判斷。亦即雙方進行團體協商是否為法律所允許為「綑定榮譽(Binding in honor only)」，雙方協議的項目以法律所允許的項目才能生效。該機制以形成勞資雙方自願地協商方式，而非法律強迫式地協商而成為正式的關係。這樣的機制讓勞資雙方有機會創造出更為彈性，且符合他們需要的規定相互利益和義務的薪資及勞動條件的實質規則。如此，雇主、勞工及工會可以在個別的企業和工作場所，隨時隨地更新他們自己的團體協約了。[9]

二、團體協約法制化之理念

　　團體協約之法制化在先進國家已是個普遍的現象。因為當工會力量強大並得到國家承認後，團體協商就發展成為頗具規模的制度，並成為勞資關係之重要因素。團體協商之基本理念在於契約自由，原由資方強大之經濟力量，而使個別勞工淪為絕對從屬地位的勞資關係，已因可借集體之力量，轉變為較勢均力敵之態勢。根據社會自治之思想，國家須緊守當事人自律之原則，但並非謂完全拋棄保護勞工之目的；相反地，為維持當事人自律的可能，勞工之團結權、團體協商權及爭議權均應受到相當的保障。[10]因此，以保障勞工之團體協商權為理念，乃產生團體協約之立法。

---

[9]　D. Farnham, & J. Pimlott,《Understanding Industrial Relations (5th Ed.)》, London: Cassell Villers House, 1995.

[10]　陳繼盛，《臺灣團體協約法制之研究》，行政院勞工委員會，1992 年，頁 43～44。

　　至於國家為何要保障勞工之團體協商權，曾有學者指出五點理由：[11]

1. 加強控制勞資關係避免引起社會不安。

2. 作為促進工業民主之機制設計。

3. 有助於經濟發展。

4. 可成為勞資溝通之管道。

5. 受到有組織勞工運動之力量影響。

參、團體協商的性質

　　由早期學者的論點可知，不論團體協商被定義於經濟或政治議題，賈伯萊與庫恩(Chamberlain and Kuhn)認為團體協商的性質包含三方面，即：1.出售勞力者訂定契約的工具；2.一種正式的工業管理制度；3.勞資關係的制度。[12]

　　而上述三點，實際上就是從「行銷概念」、「管理概念」、「勞資關係概念」的三個角度去探討：

一、行銷概念

　　「行銷概念」(Marketing Concept)，即以團體協商為行銷買賣勞力的場所與過程，在這限定的範圍內工會利用這一過程而進行所謂的經濟與交換的勞資關係，也因此團體協商所達成的契約謂之團體協約。

　　團體協商就是一種用來處理勞資關係的方法與過程，而經由這過程達到的協議而經過記載，而此記載謂之團體協約(Collective Agreements)。根據此協約以決定現有勞工或即將僱用的勞工之工作條件及法令。而此協約最重要的基礎為金錢與勞力的交換，也就是說勞工在認為合理的且集體認同的價格下出售勞力，而雇主也在可接受的價格下接受勞力。

　　此論點下團體協商的最終目的，且最主要基礎為決定工時、工資及工作條件，而這種以經濟層面的考量較吻合英國學者韋伯的論點。假若認為以行銷概念去探討團體協商，則表示勞動市場為勞資關係的基礎，而團體協商正能彌補

---

[11] 申康，《勞動契約與團體協約法制之研究》，勞工研究季刊 116 期，1994 年 7 月，頁 37～38。引述 Roy J. Adams，《Regulating unions and collective bargaining: a global historical analysis of determinants and consequences》, Labor Law Journal, Vol. 14, 1993, pp.288~291.

[12] N. Chamberlain & J. W. Kuhn,《Collective Bargaining》, New York: NcGraw-Hill, 1965.

雙方之不平等地位，一方為強勢的合作雇主與另一方之弱勢勞工個人，也就是勞力買賣之雙方不等地位。

團體協約與勞動契約是不同的。勞動契約為勞工個人，個別與雇主所簽訂的協議。而團體協約為一項契約，而這契約利用「共同規則」(Common Rule)，也就是勞工個人透過工會力量及在工會活動中爭取得到、達成的共識，則謂之。故而勞工個人與雇主簽訂勞動契約時，其標準工作條件則須高於集體協約的標準，而以共同規則為基本準則。

從「行銷概念」去談團體協商是有其限制的，因個別勞工與雇主談判是不平等的，而工會與雇主的談判難道就能達到平等的地位嗎？而即使達成協約，但往往協約的執行與解釋和適用性過於嚴苛與僵化，而造成解釋上的差異，以造成工資及利益上的分配不均。而於事實上，集體協約上內容須因應情勢需要而適時調整。

另一方面，就行銷概念談團體協商，較適合於 20 世紀初期之勞動市場——體力市場，純粹為一種勞力買賣之交易市場，故而團體協商便成為一種明確的手段；然今高度技術情況下逐漸需要高度技術的勞工，則勞工的流動性過高往往造成企業主的人事成本，故而團體協商對勞資雙方的依賴性增加，也因此協商的連續性行銷概念，也較不被重視，且較不符合未來趨勢。

二、管理概念

以「管理概念」(Governmental Concept)的角度而談，團體協商為組織系統的處理，亦即決定管理者與工會代表之間確立的法令。由這考量可以說，團體協商為一種政治與權力的關係，故而工會則被認為是代表工會會員瓜分管理者權利的機構。以此論點，則團體協商為一種介於管理者與工會之間延續性的關係，並藉以持續處理管理者與工會之間的法令與規章，而經由這法令與規章，工會能激勵它的所屬會員，且讓他們在工作崗位上獲得應有的利益。以此考量，則處理勞工的工時、工資及工作條件，並非團體協商的最終目的。

當團體協商過程被接受時，則僱用法令被訂立且適用於雇主與工會之間，故當勞資雙方以有系統及有組織的管理時，團體協約就是一部有系統及持續性的工業法律(Industrial Jurisprudence)。[13]

---

[13] S. H. Slichter,《Union Policies and Industrial Management》, Washington, DC.: Brooking Institution, 1941.

三、「勞資關係」概念

　　若以「勞資關係」角度而言，團體協商為管理概念的結果，亦即團體協商為一種工業管理制度，因為藉由這制度，雇主與工會居於平等的地位上共同去決定相較的利益。故而團體協商涉及工會代表，不論他們對組織或管理的決定是贊成與否。故而團體協商為一種工業權利的處理，須工會代表及雇主共同去發出建言，而決定「影響勞工的相關事務」，這些建言可能是關係著勞工自身的權益，但不包括制定公司業務上的決策或工作場所管理規則的執行。

　　故而，就勞資關係管理的概念下，團體協約是公司行政單位的最高指導原則，也提供了企業主一個基本的勞資架構，以防止任何一方任意改變及不遵守。而這最重要的團體協商的「共同」精神，則為政治民主的表徵，故而團體協商也是一種建立「工業民主」(Industrial Democracy)的地方。

肆、團體協商的結構

　　達成團體協商的程度多寡、發展為一穩定性或永久性的成果與否，都受整個團體協商結構(Collective Bargaining Structure)的影響。[14]在英國勞資關係中最值得注意的、且並沒有單一公式可遵循的制度為團體協商的結構。[15]也因為團體協商的結構種類繁多，而造成這結構種類繁多的現象。團體協商的結構包含以下四種特性：協商層級(Bargaining Level)、協商單位(Bargaining Units)、協商形式(Bargaining Forms)與協商範圍(Bargaining Scope)。

一、協商層級(Bargaining Level)

　　是指團體協商在哪個層級進行與發生。而一般而言團體協商的層級：有在公司或企業進行與發生的「企業或公司協商」(Industry Level)。這種層級大都將重點放在「小部分的經濟議題協商」上。而跨地區及區域限制的組織性層級的協商稱為「組織性協商」(Organizational Level)，此種通常為整個產業進行協商而並沒有區域與地區之限制，故又可稱為「全產業協商」及在全國層次進行的「全國性協商」(National Level)。

---

[14] P. A. L. Parker, W. R. Hawes, & A. L. Lumb, Department of Employment Manpower Papers Number5, 〈The Reform of Collective Bargaining at Plant and Company Level〉, HMSO, London: 1971, p.3.

[15] ACAS, 〈Industrial Relations Handbook〉, HMSO, 1980, Appendix 1.

二、協商單位(Bargaining Unit)

可分為「多重雇主協商單位」(National Multi-employer Bargaining)與「單一雇主協商單位」(Organizational Single-employer Bargain)。同樣，以工會角度看協商單位，也可分為「單一工會協商」(Single-union Bargaining)或「多重工會協商」(Multi-union Bargaining)。

伍、全國性多重雇主協商

所謂全國性或某種工業的多重雇主協商，則所屬員工可能為某種特定工業，或特定工業的附屬或下包工業。也就是說沒有一種工業能囊括全國的所有員工。故而團體協商的成果與協定，通常會限定是用於一種工業的下包工業或以某種特定職業為適用的基礎。雖然全國性多重雇主協商曾經試著將協商結果適用於所有雇主聯盟(Employers' Association)的所有會員組織。故而非雇主聯盟的所屬員工便不能去享有及應用，則需透過工會與雇主聯盟達成的協議，以及適用所解決的問題。或許可將全國性多重雇主協商機構分為以下三大類別：法定機構(Statutory Machinery)、正式的非官方組織(Formal Voluntary Machinery)、臨時性機構(Ad Hoc Machinery)。

一、法定機構

法定機構如英國之薪資局(Wages Councils)，此機構最初之被設立乃鑑於工會進行團體協商時，其力量往往太過於薄弱，而由一些自願者所組成的機構。在當時當然也成為提供保護勞工權益的短暫機構，而後漸轉成為永久性的機構，其設立的特點有以下五點：

1. 機構之設立、取消或重組都經由「國家人力資源僱用祕書處」(Secretary of State for Employment)所管轄。

2. 國家人力資源僱用祕書處，不僅可任命那一工會或雇主組織的代表，以便參加「英國薪資局」會議，並可指派 3 個代表一起參加會議，去協調雙方達成協議。如果協議失敗時，則讓雙方進行投票，以達成協商的基本結論。

3. 在尚未將協議的提案提出前，必須多次的跟雇主進行協商，協商結果須公布在公司或工作場所一段時間，而在這段時間中，假使有異議，則需將異議與英國薪資局多次密談。

4. 最後的協議視同一個法定的英國薪資局命令，此命令所有工業的雇主必須如同法令般有義務去執行。

5. 如果雇主沒有遵守英國薪資局的命令，勞工可以向「英國薪資觀察單位」(Wages Inspectorate)抱怨，而此單位具有最後貫徹執行命令的權力。

　　有一點必須注意，這法定機構只適用於當團體協商剛被建立時、或持續時，才具有其法律效力。而於 1986 年通過「薪資法案」(Wages Act)以後，薪資局則變為僅提供較少的團體協商協助與保護。

二、正式的非官方組織

　　正式的非官方組織的設立是基於自願的原則，而且是介於雇主與工會之間且通常是對一些如化學工業、一般工程業、地方政府、以及瓦斯或者電力公司等工業，提供一些高層次的型式上運作的幫助。如幫忙撰寫一些制定法令包含：團體協商的功能、會員資格、投票的安排等等。而通常若雇主想單獨進行協商時，則此撰寫機構變為是一種機密機構，且須長期存在的機構。如英國惠特利委員會(Whitley Council)於 1917 年成立為代表雇主、勞工及政府三方非官方組織。目的在協議有關工資、工作條件等問題，在一些產業中通常以「聯合產業協議會」JIC(The Joint Industrial Council)之名稱而為人所知。「英國政治家惠特利 J. H. Whitley，提倡此委員會的議長」。而後發展為 NJIC(National Joint Industrial Council)，及 NJC(National Joint Council) 或 NJC(National Joint Committee)等等。

三、臨時性機構

　　很多工廠或許優先去建立與惠特利委員會相關的機構，以處理團體協商；但，形式上無法與 JIC's 或者是 NJIC's 等相關機構作高層次的配合。在這些工業的雇主協商的處裡，僅能透過中小型的臨時性機構所設立的會議，以處理介於多種類型的工會與雇主聯盟之間的問題。

陸、單一雇主協商單位

一、階層與形式

　　單一雇主協商單位通常用於不同種類的不同階層，或不同形式的團體協商。例如：

1. 一個公司或同一階層公司的協商：通常是同一公司的所有員工，不滿意工作場所的工作，則會安排所謂的單一雇主協商。故而並沒有全國性的產業層級的組織介入，而是一個單一雇主與單一工會的協商。

2. 一個工廠或包括衛星工廠的協商：此種協商單位，可能是單一雇主與單一工會的進行協商；也可能是單一雇主而與多個工會的協商。

3. 一個集團管理處或工作場所的協商：組織內不同層級共同參予的協商。

二、優點

由此可知，單一雇主協商並沒有受限於某一個階層或其他特殊的階層，它可能發生於多種階層的共同結合。單一雇主協商具有以下兩項優點：

1. 管理者與員工代表兩者，會認為對達成團體協商協議具有責任。而團體協商的協商規則，可能不再由組織外的人們所決定，而是由一些對組織稍具有控制力與影響力的人所決定，也正因此，所決定出的協商規則可能較為符合組織的需要與期望。

2. 單一雇主協商由於針對單一企業而言，故而較能激發管理單位較正面去開發、並重視勞資關係問題，尤其更重視薪資的協商問題。而多重雇主的協商，因其趨向於控制勞工薪資成本的管理能力日趨薄弱，而一些經濟問題協商又漸不在其控制範圍或者處於不利的環境狀況下。而單一雇主協商，管理單位較能因改變工作方法，或增加生產力以處理勞工薪資。也可能將在組織內的薪資協商，視為勞資關係政策的一環。

團體協商對勞工而言是「一種集體行動」；然而對雇主而言，團體協商並「不需要集體行動」，因個別的雇主就可以與工會進行協商，或者透過雇主聯盟與工會協商，也因此才有單一雇主與多重雇主協商的不同單位的協商。通常單一企業或者工廠及工廠周邊的協商，可能是單一雇主與單一工會的協商；也可能是多重雇主的協商，因同一種產業可能面臨同一問題而結合共同協商解決，如果在產業層級或全國層級協商則一定是多重雇主協商。所以單一雇主協商可能依據企業結構而分為數個層級的協商，故而雇主可能同時參予多重雇主協商與單一雇主協商。而多重雇主協商，在區域上均涉及全國性、或區域性，且在產業上，可能為單一產業也可能是多種產業的型態。

第二節 **主要國家的團體協商制度**

　　世界各國在團體協商制度上均有著重大差異。1950 年開始,勞資關係的議題在政治上受到關注,1980 年代以後,勞資關係的焦點則是經濟問題,團體協商制度也不盡相同,以下對主要國家的制度進度比較分析。

壹、協商形式

　　在歐洲,雇主傳統上均經由雇主組織的機構與工會協商。故而 19 世紀的英國都是採用多雇主協商,雇主組織代表雇主與工會進行交涉。而到了 20 世紀中期,部分製造業中的大型企業改採用單一雇主協商如一些化學工業及工程業;但部分產業仍然採用多重雇主協商。[16]

　　日本和美國比較傾向企業獨立地與工會協商。在日本,雇主組織很少成為協商單位,主要均為企業或是工廠層級的單一雇主協商。而美國就較為多元化,在某些產業如製衣建築業或印刷業,多雇主協商可能囊括某些區域或城市。但在某些大型的製造業則均屬於單一雇主協商。

　　協商的型式可分為所謂的「集中」式(Centralized)與「分散」式(Decentralized)兩種相對的概念。

一、集中式的團體協商

　　所謂的「集中式的團體協商」是指一個國家中,協商的主軸及權力集中在全國性的工會聯合組織,或全國性的雇主組織,所有全國的產業的協商以及企業內的協商,須遵守、並不可違背全國性團體協商所簽訂的內容;如果無全國性工會聯合會與雇主組織協商的機制者,則協商的權利主軸落在全國級的產業工會聯合組織與相對應的全國級的該產業的雇主組織。

二、分散式的團體協商

　　所謂的「分散式的團體協商」是指各產業、企業、甚至各廠場有不同程度的協商自主權,且各層級可視其需要甚至可完全自行協商。

---

[16] D. R. Deaton, and P. B. Beaumont,〈The determinants of bargaining structure: some large scale survey evidence for Britain〉, British Journal of Industrial Relations, vol. 18, 1980, p.201.

在歐洲諸如瑞典、丹麥、挪威等國家是實施所謂的「集中式團體協商」制度最具代表性的國家，在這些國家中最主要的全國總工會與全國雇主協會，談判出全國性的勞資關係事項，並訂出「中央協約」(Central Agreement)，而全國總工會所屬的工會與全國雇主協會所屬的雇主或雇主組織，必須接受中央協約的規定，否則會受到罰款的處分；而德國的團體協商，則集中於全國性的產業工會組織與相對應的雇主團體（如產業同業公會）進行協商的「集中式團體協商」。而「分散式的團體協商」則以美國最具代表性，而部分歐洲國家政府有明確的政策促進，也鼓勵此種分散式協商，如法國、荷蘭等。

1980 年代以來，集中式團體協商有權力分化的現象，及逐漸分散化的趨勢，如學者 Deaton and Beaumont 所指出分散式的協商蘊藏著兩個大空間：一者為將多重雇主的協商移動向單一雇主協商，一者，為將單一雇主的協商其決定權落入公司或者工廠的層級。而這將也是未來的趨勢。[17]例如：瑞典的「中央協約」則由「條文規定」的型式改為「建議狀態」；而企業協商的空間逐漸變大。德國整個產業的協商也有趨向於企業和廠場層次移動的跡象。英國公司層級的協商也逐漸由廠場或部門的協商所取代。整個權力分散的主因，主要是雇主的不斷需求與促進，以為了提升企業的競爭力、追求彈性化的管理與降低成本的考量，也因此對於基層的協商，已成為是企業本身求生存的必備需求。

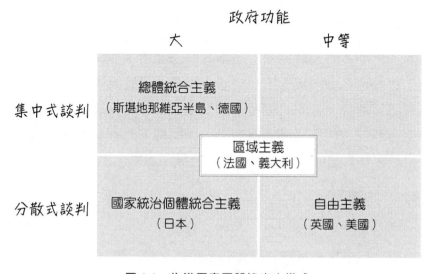

圖 8-2　先進國家團體協商之模式

---

[17] W. Brown,《The Changing Contours of British Industrial Relations》, Blackwell, 1981, pp.5～19.

由單一雇主與多重雇主的協商可知，對某種程度的協商而言單一雇主協商往往是無法避免的。例如：許多常常發生的非經濟議題的協商，往往需要在工作場所馬上協商，其效果比全國性協商來的好。而在同時所謂的全國性多雇主協商所得到的結果，則被解釋及被應用在工作場所的層級上，故而於 1968 年 Donovan Commission 曾提出說分散式協商並非是一種新的現象，而是在工業或企業上一直長期被使用的協商。

貳、團體協商議題

英美是最早實行團體協商制度的國家。18 世紀末資本主義自由競爭時期，英國勞工團體與雇主談判所簽定的勞動協定就是團體協約的萌芽。1799 年美國費城製鞋業工人工會與雇主舉行談判、1850 年英國紡織礦山煤鐵業工會與雇主談判達成一系列協議，英、美等國出現的工會與雇主進行談判達成協議的現象標誌著團體協商制度的產生。

世界各國在調整勞資關係的基本制度方面存在著重大差異，例如：勞資關係應該由法律來規範，還是應該由勞資雙方自行處理，各國的規定就不曾相同。1950 年代以來，規範勞資關係等有關問題變得日益重要，同時勞資關係的有關議題在政治上也十分受關注，1980 年代勞資關係的焦點是經濟問題，勞資關係成為研究的重點，由於各國政治、經濟、法律、文化背景不同，團體協商制度也表現出各自的特點。

團體協商的內容，簡單而言可分為三大方面：經濟議題(Substantive Rules)、程序性的制度議題(Procedural Rules)和行政性議題的工作協定(Working Arrangements)。

一、經濟性議題

具有獨立性的經濟議題，不外乎工資、工時、休假等，通常勞資雙方對這些議題視為協商的主要目的，大致上，經濟議題可以下列數個來劃分：

（一）薪資率

薪資率(Rates of Pay)包含超時工資率、最低工資、不能工作時勞工之最低生活保障工資、特殊工作或轉換工作時之工作條件，而這些議題通常會每年拿出來討論，因為這關係著所有勞工之生活指數，而這經濟議題更因各企業的組

織及所處職業層級之不同，以及各企業或組織之生產力及獲利之不同而有所差異。[18]

薪資為企業主之主要人事生產成本，就雇主而言當然是給付越少越好，然對勞工而言，則為勞工賴以生活的源頭，當然希望所得越高越好。而這種兩相對立的狀況，則自然永遠成為團體協商的主要議題。尤其在物價指數上升，通貨膨脹期間則更為顯著。

而薪資的給付水準，又常受勞動市場的多寡所影響，當經濟活絡時，勞動市場的需求增加，此時工會常會對雇主做不合理的工資需求，而企業主因應當時需求，或許會暫時答應工會的不合理要求，惟當經濟面趨於穩定時，則雇主為減少人事成本則作出解僱勞工等一連串動作，而工會此時當然不希望所屬會員失業，因此便做出協商薪資的動作，故而通常協商薪資時，勞資雙方必須本著數項原則去訂定薪資率：比較薪資、給付能力、生產力與物價指數。

1. 比較薪資：為薪資率常使用的方法，即針對同工同酬的原則，就同一區域之勞動市場薪資做參考、以及同一產業之不同企業的薪資標準做參考，以作為協商的準則。

2. 給付能力：為企業主的獲利能力來訂定薪資率而企業的獲利能力與企業產品市場占有率、產品的競爭能力、景氣性及產品品質有絕對的關係。倘若企業主預估利潤增加，則工會當然會作出要求較高的工資，故而使用給付作標準時，則薪資率便成為勞動成本。

3. 生產力：乃指企業所投入的資產（如勞動力、產業資金、土地、設施、原料物料等）與企業之產出產品之比率。假若生產力增加而品質穩定，則當協商時，雇主會認為勞工對企業有所貢獻，自然薪資率提高。但生產力的增加，往往也可能是生產策略的改變，或機器設備的更新而增加生產成本等一些其他因素，故而往往雇主不願以生產力的增加，而作為薪資率的考慮因素。

4. 物價指數：薪資為勞工生活的源頭，也是賴以維生的基礎，假若生活物價指數高漲之時，則勞工薪資連維持其原來的生活水平都有問題時，便感生活困難，而此時工會為求會員穩定生活，便會要求重新檢討薪資率。故而薪資率

---

[18] Michael Salamon, 《Industrial Relations: theory & Practice(2nd Ed.)》, London: Prentice Hall, 1992.

通常會因物價指數而有所調整，而此項也是團體協商談判中較被應用的項目。

（二）工時

工時(Hours of Work)，當薪資率漸漸成為每年協商的話題時，工時的議題更成為不可忽略的題目。而談到工時則必須議及：每週工作天數及工作時數與有給付的休假時數。

1. 每週工作天數及工作時數

在 1914 年以前，每週工作 6 天，每週工作 72 小時。而到一次大戰結束後，每週工作 6 天，且工作 48 小時則漸漸地被接受。但到了二次大戰以後，工作時數減為每週工作 5 天半，且工作時數為 44 小時。到了 1960 年，工作時數則減為 40 小時，且每週工作 5 天。而到了 1980 年，工作時數的爭取更具有較大的壓力，且獲得較大的成功，特別對使用勞力的勞工而言，工作時數在正常的工作週期減為工作 4 天或 4 天半，且工作時數減到 35～37 小時。而這工作時數漸漸也適用於高層的非靠勞力工作的高級勞工。

減少工作時數的衝擊，或許能製造一些休閒或者增加一些新的工作機會。然而在過去的減少基本工作時數，往往造成勞工並未減少實際的工作時數，而是增加額外工作時數以賺取工資。故而真正的減少工作時數的協商，應建立於勞工認為，在他的工作崗位上減少工作時數是可以接受的，且雇主同意薪資率於金錢上的增加，藉以維持勞工所得，不因工作時數的減少，而能仍然保有其存在的總收入薪資的水平。

2. 有給付的休假時數

談到工時，或許增加每年有給付的休假時數也成為被談論的議題，1928 年英國政府，曾提及或許該考慮給予最少應有一週薪資的有給付休假，而這建議直到二次大戰結束時才被採用。而到了 1970 年則變為有四週的有給付休假。而通常在英國休假的給付則依一般正常的薪資標準；但現今在歐洲國家則認為休假給付須為加倍薪資標準，所持的理由為，休假造成勞工之財物消費增加，增加薪資給付，為使得勞工能於休假時盡情享受休假，而得到應該的放鬆與抒解的休息，則對休假以外的全年工作時間的工作效率或許能有所提升。

（三）員工福利

員工福利(Fringe Benefits)，在近年來員工福利漸成為團體協商的趨勢議題，而員工福利包括：退休金(Pension)、生病給付(Sick Payments)、低利率貸款的供應(Provision of Cheap Loans)、私有的醫療設備(Private Medical Facilities)等等。於 1970 年以來勞資雙方已漸能接受，員工福利應為經濟議題上的一環，而不認為為選項的議題。

雖然經濟議題在英國及歐美各先進國家，認為經由工會而透過團體協商，便能與雇主達成共識的經濟議題，然，在許多國家尤其共產國家，卻只能提及某些部分而已。

二、程序性議題

如果說獨立性經濟議題為團體協商的結果；則程序性的制度議題，該稱為是管理當局經過多次協商與決策的團體協商成果。而在英國，程序性制度議題則被稱為團體協商的基礎(The Cornerstone of Collective Bargaining)。[19]而在協商過程中，勞資雙方都會試圖透過適當過程而去維繫或強化組織，並規劃出一套完整的勞資雙方規章，是為了去解決管理階層想去控制所屬勞工，而勞工也想控制管理階層所做出決策之間的主要衝突。故而程序性的制度議題主要在規範各層級的組織規章，特別是管理者、勞工與工會這三者間，如何去處理以及不同團體所應扮演角色的規章。由這定義可知，工會去參加團體協商首要在決定經濟性議題，而當面對協商時他的成敗與重要步驟，則決定於管理當局對其在組織內權利的限制程度，與權利範圍的合法性。故而要面對任何議題的協商，則必須先將參加的規則與規章的定義文字化，以便三者間互相遵守與實行。而制度性議題的範圍與多寡，則視管理階層願與所屬勞工在組織上，共同分享權力與決策程度的不同而有所差異。而通常認為的制度性議題則包含：薪資的制定(Wage Settlements)、申訴(Grievances)、罷工(Disputes)、規範(Discipline)、解僱(Dismissal)、招募(Recruitment)、晉升規則(Promotion Procedures)、重複與多餘規範(Redundancy)、工作的評估(Job Evaluation)、工作訓練與進修(Use of Work Study)等等。

---

[19] C. Jenkins, & B. Sherman,《Collective Bargaining》, Routledge and Kegan Paul, London, 1997.

　　而進入制度性協商議題通常即為行為、法則及工作條件，而這些事情的影響因素為：工業類別的不同、技術上的不同、工廠或公司組織的地理及規模的大小、工作單位的管理品質、工會組織的大小。而這些因素也直接及間接影響私人企業之個人、區域、歷史性及社會性之團體協商的形態與層級。[20]由此可知團體協商並沒有固定的模式與標準型式可遵從。而是受工廠、公司的不同、以及發生的層級的不同、及公司管理特色及工會特色的不同而有所不同。

　　在私人工業或企業，制度性議題包括會員身分的維持(Maintenance of Membership)、工會會費扣繳(Check Off)制度的設計與刪除、工會代表及廠場工會代表(Steward)功能及任命、管理權(Management Rights)、不罷工法規(No-strike Provision)、個人申訴制度(Individual Grievance Procedure)以及共同督導制度(Co-determination)等等。

　　而於技術型的工業公司，則往往工會安全(Union Security)，為其主要議題，因為對一設計型技術公司而言，人工操作的勞工包括公司或工廠境內與境外兩種，而如何讓兩種人員均不至於罷工，則為制度性議題的重點。也因此常會將廠場式工會(Union Shop)、代理式工會(Agency Shop)等制度列入議題。

三、行政性議題

　　所謂的制度性議題與行政議題，均屬非經濟性議題，然而行政性議題卻往往影響談判雙方之經濟地位及生產效率。故而常見的行政性議題，包括員工年資、員工紀律、安全衛生、外包制度、技術改革及生產標準制度的認定等等。

（一）員工年資

　　員工年資的認定標準，牽繫著員工的資遣、調動、升遷甚至加薪層級及特別福利等等。故而工會與雇主團體協商年資的計算方式，待計算方式確定後，所有人事的相關條例，才能確定且達到公平原則。

（二）員工的紀律

　　員工的紀律標準本為雇主所擁有，但編入團體協商議題時，則工會可透過協商訂出員工於受紀律懲處時，如何透過工會而進行申訴的手續以維護自己的權益。

---

[20] N. Singleton,《Industrial Relations Procedures》, HMSO, London, 1975.

（三）技術改革與外包制度

此關係著工作的保障問題，因技術的改革牽繫著非技術性員工的受僱機會相對減少，並有面臨被解僱的憂慮。而外包制度也影響到工會會員的受僱機會。以上兩種均影響工會會員的工作機會，故而工會通常藉著團體協商而加以限制，以保障工會會員的工作機會。

（四）生產標準的認定標準

關係著工人的工作量與操作速度。雇主當然希望高生產量的標準，而這往往是受僱者疲於奔命的標準，故工會通常會透過團體協商，而協調出一個合理的生產標準。

參、主要國家

一、英國

英國是工業革命和工會運動的發源地，勞動關係制度相當具有特色。英國向來有其非常獨特的勞動關係規範傳統，但 20 世紀 80 年代以來，英國對其勞動力市場進行了一系列的改革，有歐洲引起普遍的關注和爭議。在規範勞動關係上，英國主要採取集體談判制度和協約自治原則，國家立法居於次要和補充地位。

英國集體談判制度的特色是：

（一）集體協議不具有法定拘束力

集體談判雖然在規範勞動關係中居於重要地位，但談判所達成的協議的效力卻不同於其他國家。在英國，集體協議不具有法律上的拘束力，不能請求法院強制執行，工業和平完全依賴於當事人之間的履約意願。雖然在集體協議的當事人之間也會產生一定的權利義務，但這種權利義務不具有法律上的意義，僅屬於「君子協定」性質，協約的履行不是依賴社會制裁，而是依賴社會制裁。

（二）地方性的團體交涉增多

傳統英國勞資關係以全國性談判為主，主要在行業一級的全國性多雇主組織與工會之間進行談判，大部分工人被全國性的集體協議所覆蓋。20 世紀 70

年代開始出現地方性的集體談判，越來越多的雇主開始從全國性的集體談判中退出，企業級別的集體談判逐步取代全國性的談判而居於主導地位，工資和勞動條件主要在企業級別決定。公共部門的企業級別的交涉也呈增加趨勢，產業級別的交涉卻有減少的趨勢，中央級別的英國全國總工會與英國工業聯盟之間的合作也十分有限。

（三）工會擁有免責權

其他國家對罷工權的規定，通行的做法是允許罷工屬原則性規定，限制罷工是例外規定，但在英國，禁止罷工卻是原則性的規定，同時法律又規定了工會的各種免責保護，這使罷工引起的民事損害賠償和民事制裁得以豁免。英國立法是通過消極地排除法院對工會活動所設置的種種限制，來免除工會在刑事或民事上的違法責任。

（四）消極團結權被強化

1980 年的《僱傭法》對工會的糾察活動以及「封閉型工會條款」（即要求工人必須是工會會員）做出了限制；1982 年的《僱傭法》限定了合法的勞資爭議行為的範圍，規定工會如果發動不法爭議行為，可能成為被訴的損害賠償的對象；1990 年的《僱傭法》對工作場所中的非工會會員做出了保障規定，禁止所謂的「封閉型工會條款」，雇主不得以工會會員身分作為僱傭的前提，強制工會制度如「封閉型工會條款」不復存在；1992 年的《工會與勞動關係法》強化了受僱者的消極團結權，受僱者有權自行決定是否參加工會；1993 年的《工會改革與僱傭權利法》強化了個別會員在工會事務上的權利，規定雇主代扣工會會費時，應經受僱者同意。

二、美國

美國的勞動力市場在許多方面與歐洲的集體勞資關係模式大相徑庭，其集體談判制度的特點表現為：

（一）中央級別的集體協議罕見

不論工會或雇主團體在美國都沒有強有力的中央級別的組織，美國最主要的中央級工會組織是美國全國總工會，由勞動聯和產聯在 1955 年合併而成，主要致力於工會間的協調、資訊的提供與政治遊說，但本身並不參加勞資間的團體交涉。

（二）企業級別的談判模式較為普遍

美國集體協議的交涉通常在企業級別進行，有關各種僱用條件與工資率都在企業內部決定。這種傳統由來已久，從而使美國勞動力市場比歐洲更具流動性。集體協議是否生效由工會會員投票決定，規模較大的企業所結締的集體協議通常成為同業的其他企業的參考範式。

（三）集體協議覆蓋面小

美國絕大多數受雇者並不在集體協議的覆蓋範圍之內，許多企業也從未出現過工會，工會的組建率目前在 10%左右。

（四）產業級別的團體交涉有限

產業級別的團體協議僅存在於某些重工業，如汽車、鋼鐵行業，協議的期限通常為 3 年。

（五）規定了工作權條款

1947 年《塔虎脫－哈特萊法案》規定了有關工作權的特別條款，允許各州對「廠場型工會」制度做出比聯邦法律更為嚴格的限制（「廠場型工會」條款是集體協議中保護工會壟斷地位的條款，它要求受雇者有加入特定工會的義務），以保障未加入工會的勞動者享有同樣的工作權。

三、德國

第二次世界大戰後，德國發展了一個強大的集體協議體系，其集體談判制度的特點是：

（一）集體協議分為兩種

在德國，工資與僱用條件由集體協議規定，集體協議對未參加工會的勞動者也具有拘束力。

（二）集體協議多為地區性的

德國工會聯盟與德國雇主組織聯盟之間，沒有中央級別的團體交涉，全國性的產業級別的團體交涉亦非常少見，僅在建築業出現過，絕大部分協議屬於地區性的產業級別的集體協議。

（三）罷工投票門檻高

集體協議中通常規定有仲裁程序，以備交涉破裂時使用。法律規定工會進行罷工應首先舉行祕密投票，只贊成罷工的票數超過 75%時，工會舉行的罷工才是合法的。

（四）警告性罷工作用很大

20 世紀 80 年代德國出現了警告性罷工，即在更為嚴重的罷工出現之前，發動的為期數小時的爭議行為。警告性的罷工期間很短，工會無需進行罷工投票，雇主也無法立即反對，因而成為解決勞資爭議的有效武器。

四、日本

日本在第二次世界大戰後制定的憲法中，明確規定了團結權與交涉權，後又通過許多特別法加以補充。日本在集體談判制度上的特色是：

（一）企業級別的集體協議

政府不制定統一的工資政策，工資的高低以及增長幅度完全由各企業自行通過團體交涉決定。在企業締結的協議中，通常包括了和平義務的強制性條款。產業級別的團體交涉僅在少數領域如航運業存在。

（二）「春鬥」－集體春季工資談判

自 1956 年起，團體交涉就在春天進行，並成為制度。每年一度的工資談判，能夠確保工資恰當、準確地反映當前經濟形勢，有利於勞資雙方據此確定各企業的實際工資漲幅，調整工資水平。

（三）勞資合作

工會除了享有集體談判權之外，許多企業尤其是大公司，還存在著廣泛的、沒有立法強制規定的勞資合作協商制度。勞資雙方就共同關心的問題如企業基本管理制度、生產和銷售計畫、雇主雇員關係、工作時間、工作條件、雇員幅利、工作環境等問題進行協商，交換資訊和意見，從而加深雙方的理解和交流。

（四）罷工罕見

勞動市場上的爭議行為很少出現，即使發生罷工，持續時間也很短。爭議的處理程序與其他國家非常相似，斡旋失敗後進入調解與仲裁程序。

（五）終身僱用雖普遍但已逐漸減弱

雖然這一制度現已逐漸減弱，但勞動者終身為同一企業服務的情況仍然相當普遍。

案例　NBA 勞資爭議停賽事件

歷年的停賽

1995 年：在 NBA 收入甚高時，球員想從所屬球隊的總收入中多分錢，但始終未果，最後和球隊鬧翻，在賽季結束兩方達成協議，球員的薪資能夠提升到球隊總收入的 51.8%。

1998 年 10 月 13 日：NBA 勞資雙方會談後，由資方做出取消常規賽前兩個星期的比賽的決定。NBA 停擺，想把球隊、球員的收入分成 45%、55%。最終勞資協議結果，球員的收入提升到球隊總收入的 57%。

NBA 勞資爭議停賽事件(2011)是 NBA 繼上次 1998~1999 年首度封館之後，再度因為封館取消正式比賽。本賽季的勞資糾紛其中一項衝突就是資方要降球員的收入，從 57%降到 50%以下，令球員感到不滿，不滿資方有何理由降薪，經協商後希望改為逐年緩減，但資方仍舊不同意。

1998~99 賽季是 NBA 第 53 個賽季。由於開賽前勞資談判失敗，本賽季直到 1999 年 2 月 5 日才正式開始。長達 191 天的 NBA 封館僵局，終於在勞資雙方代表達成協議後告一段落，已延誤了兩個多月的 1998~99 球季，直到 1999 年 2 月 3 日才展開。

當時 NBA 聯盟執行長史騰與球員工會理事長杭特，率領雙方談判代表徹夜會商，在球季宣布取消前最後 29 小時，總算在紐約曼哈頓通用動力大樓達成協議，這項協議的內容稍後經工會成員投票，以 179 比 5 的絕對多數認可，聯盟的勞工關係委員會也已認可這項協議。

不過，整個協議還要經過 NBA 董事會投票確認，在董事會投票同意後，雙方會花十天的時間討論並確定新協議的細節，屆時封館才算正式結束。史騰和杭特都表示，在董事會通過協議之前，他們不會對外討論相關細節。但史騰說，新球季可以開打，他相當高興。

依照雙方達成的協議，協議生效的前三年暫不嚴格限定薪資總額占 NBA 籃球相關收入比例，自第四年起到第六年比例是 55%，第七年資方可視情況調高到 57%。

　　另外，雙方在不同年資球員的年薪上限、新進球員續約、柏德條款等議題上都各作些許讓步，受惠最多的是中等階層的球員。

　　在 2 月 3 日展開的 1998~1999 球季，各隊大約還有 52 場比賽，比正常球季少了 30 場左右，而各隊季前的訓練營自 1999 年 1 月 18 日展開，封館正式結束後，各隊行政部門人員和球員經紀人擁有了一段十分忙碌的時間，花在重組陣容，與重新簽訂各種商業契約上面。

 問題與討論

一、 團體協商的原理為何？其意義包括哪些？

二、 團體協商之功能為何？團體協商應具備哪些條件？

三、 團體協商的協商型式可分為哪兩種？

四、 團體協商議題包括哪些？

—————— **MEMO** ——————

PART
3

我國勞資關係之機制

INDUSTRIAL RELATIONS

　　我國對勞資關係的認知，一般以勞資雙方間之權利與義務及其有關事項的處理。勞資關係法是根據團結權、交涉權及爭議權等所謂勞動三權，分別對工會的形成、團體協商的過程和爭議行為之手段加以保障，來促進對等之勞資關係的機制。本章介紹我國勞動環境與勞資關係法（或稱集體勞動法、勞動三法）之關係。先就對於我國目前的勞動力與產業環境做描述，俾使讀者對我國勞動環境之概梗有所了解；再就對於勞資關係法的部分，亦即包含工會法、團體協約法及勞資爭議處理法加以介紹。

第一節　我國的勞動環境

　　隨著時代與科技的進步發展，我國的投資環境與產業結構也相對產生了變化。80 年代，為了因應總體環境的改變和提升我國的國際競爭力，我國企業也逐漸積極地往海外發展，開始了企業全球化(Globalization)的潮流與腳步。目前政府正全力推動我國成為「亞太營運中心」的計畫，再加上進入「世界貿易組織」(World Trade Organization, WTO)成為會員，在在都顯示我國必須走出去，面對更為嚴厲的國際化挑戰。

　　我國所面臨的問題，包括如環保意識的抬頭、勞動人力供需失調和基本工資不斷調整造成雇主負擔提高等，逐漸造成產業出走的推力。在國際化已然成為全球經濟發展趨勢的今天，我國的企業都以外移到大陸投資蔚為主流。大陸地區隨著經濟改革腳步的開放，憑藉著本身先天優厚的條件，如豐富的土地資源、廣大的內銷市場、充足勞動力的供給、低廉的工資等為拉力，吸引大量臺商轉移陣地到大陸地區開創新局。為期降低生產成本，國內廠商赴大陸投資再掀熱潮。如此龐大之投資，雖暫時解決在我國本土經營環境持續惡劣所產生的問題。然而，我國勞動市場與經濟究竟如何，值得探討。

壹、我國的勞動力之定義

　　根據國際勞工組織(International Labor Organization)對勞動力所下的定義，通常係以國民完成義務教育的年齡為最低年齡，在此年齡以上者稱為工作年齡人口。我國工作年齡人口是以 15 歲為準，將總人口分為未滿 15 歲人口和 15 歲以上人口。勞動力係指在資料標準週內，年滿 15 歲，具有工作能力及工作意

願，在工作或正在找工作的人口。包括就業者及失業者。勞動力可分為具有現役軍人身分的武裝勞動力及不具軍人身分的民間勞動力。[1]勞動力與人口學所稱的經濟活動人口為同義詞，經濟活動人口係指凡從事生產各種有形物品或提供各種服務的活動，而且獲有經濟報酬的人口。根據行政院頒布的「中華民國經濟活動人口、行業、職業及從業身分標準定義與分類」規定，將經濟活動人口定義為「凡年滿 15 歲，具有工作能力，希望獲得報酬，且願意參加經濟活動的人口，無論已未參加，均稱為經濟活動人口」。圖 9-1 即為從人口截面圖解釋勞動力的範圍。

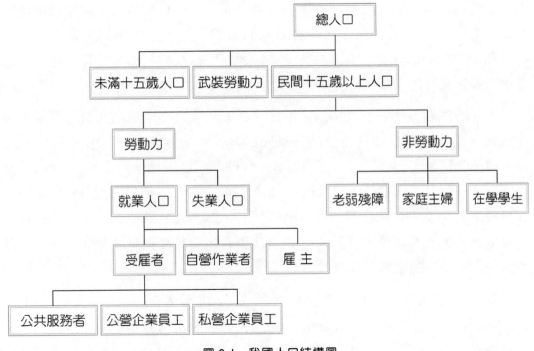

圖 9-1　我國人口結構圖

　　如上圖 9-1，我國將總人口分成為未滿 15 歲人口、武裝勞動力及民間 15 歲以上人口，未滿 15 歲人口係法令規定不得受僱為勞工的年齡，[2]武裝勞動力指軍方人力，一般以軍方人力非為經濟活動人口；[3]而民間 15 歲以上人口又可

---

[1]　行政院主計處，《人力資源統計年報》，1988 年 6 月。

[2]　勞動基準法第 45 條規定：「雇主不得僱用未滿十五歲之人從事工作。」

[3]　軍方人力非經濟活動人口，並非軍方人力非一般勞動力，實係軍方人力牽涉國家機密，估計亦較為困難，為方便起見，一般均將之排除在勞動力之外。

分為勞動力與非勞動力，屬於非勞動力者，包括：老弱殘障、家庭主婦及在學學生，因此，勞動力係實際有可能從事經濟活動的人口。

「非勞動力」指勞動力以外人口，我國地區人力資源統計係針對滿 15 歲以上的民間人口（即扣除軍人及被監管人口）進行調查，再根據調查標準週的主要活動，認定受查者為勞動力或非勞動力。凡非勞動力係包括兩部分：一部分為因衰老或身心有缺陷，而永遠失去工作能力者；另一部分為有工作能力，而無工作意願或暫時不能工作者，或因長期找不到工作失去信心而未繼續找工作者；包括在學或準備升學者，料理家務者或因其他原因而未找工作者。前者常因壽命延長，其人數與日俱增；後者人數雖與人口的自然增加及國民接受教育的延長有關，但亦受就業市場情勢變動的影響。當就業市場對勞力需求殷切時，即會吸收一部分邊際人力參與就業行列，而減少非勞動力人數；反之，當就業市場對人力需求減弱時，非勞動力則會增加。[4]

「無酬家屬工作者」係指以家屬身分在家長或其他家屬所經營的事業單位中，而未固定支領薪金或工資者。惟除日本及少數國家外，大多數國家或地區，對無酬家屬工作者均訂有每週最低工作時數。我國地區訂定每週工作在 15 小時以上或每日工作在 3 小時以上，始為無酬家屬工作者。如從事無酬家屬工作低於上述標準，且未從事其他有酬工作者，即不屬於就業者。如在家長或其他家屬經營的事業單位工作而固定支領薪資者，則其從業身分應屬於受私人僱用者，而不是無酬家屬工作者。[5]

就業者的從業身分可依受僱與否先分為兩大類：一為受雇者(Paid Employees)；一為自雇者(Self-employer)。自雇者可再區分為雇主、自營作業者及無酬家屬工作者三類。自雇者係指在資料標準週內，年滿 15 歲的就業人口合於下列規定者，均稱為自雇者：1.在工作中－凡在資料標準週內，從事獲取個人利益或家庭利益的工作者；2.擁有企業但不在工作－在資料標準週內，擁有企業者但因傷病、業務不振或其他原因而暫時不在工作者。根據人力資源統計，在經濟發展過程中，傳統式的小型家族事業必逐漸式微，同時現代化的大

---

[4] 行政院主計處、行政院經濟建設委員會合編，《我國地區人力運用調查報告》，1990 年 4 月。

[5] 行政院主計處，《中華民國行職業標準定義與分類》，1988 年 6 月。

規模企業，必取而代之，因此，就業者中，屬於雇主、自營作業者及無酬家屬工作者，必逐漸為受雇者所取代。[6]

「自營作業者」係指自己經營或合夥經營經濟事業，為獲得利潤與收益，獨立從事一項專門職業或技藝工作，自己單獨工作或與合夥人共同一起工作，除無酬家屬工作者及無酬學徒外，並未雇用有酬人員幫同工作者而言。自營作業者與雇主、無酬家屬工作者同為自僱性的就業者，不以支領薪金或工資方式取得報酬，因此其報酬不列入其所在事業場所單位的薪給記錄。例如：鞋匠在路邊設攤，為顧客修理皮鞋，又如家庭農場場主從事農作物生產而未僱用他人幫忙者，或小商店業主，販賣貨物未僱用他人幫忙者等，均屬於自營作業者。過去十年來，我國人口結構如表 9-1：

表 9-1　我國十年來人口結構表(2010~2019)　　　　　　　　單位：千人

年別	總人口	15歲以上民間人口	勞動力			非勞動力					其他
			小計	就業者	失業者	小計	想工作未工作	求學	家務	高齡及身障	
2010	23,036	19,062	11,070	10,493	577	7,992	161	2,167	2,364	2,350	950
2011	23,077	19,253	11,200	10,709	491	8,053	152	2,168	2,395	2,369	969
2012	23,148	19,436	11,341	10,860	481	8,096	150	2,159	2,406	2,405	975
2013	23,218	19,587	11,445	10,967	478	8,142	152	2,125	2,428	2,442	995
2014	23,262	19,705	11,535	11,079	457	8,170	144	2,089	2,490	2,434	1,013
2015	23,319	19,842	11,638	11,198	440	8,204	147	2,063	2,516	2,462	1,016
2016	23,364	19,962	11,727	11,267	460	8,235	149	2,044	2,548	2,480	1,015
2017	23,404	20,049	11,795	11,352	443	8,254	151	2,027	2,574	2,488	1,013
2018	23,425	20,129	11,847	11,434	440	8,254	151	2,011	2,588	2,496	1,008
2019	23,440	20,189	11,946	11,500	446	8,243	150	1,968	2,593	2,524	1,008

※ 資料來源：中華民國勞動部勞動力發展署，https://www.mol.gov.tw/statistics/2452/，2020。

---

[6]　行政院主計處，《人力資源統計年報》，1988 年 6 月。

從上表可知：我國總人口數稍有增長，從 2010 年的 2,303 餘萬，至 2019 年的 2,344 萬；十五歲以上民間人口亦有所增長，從 2010 年的 1,900 餘萬，至 2019 年的 2,000 餘萬；扣除非勞動力部分的 2010 年的 799 萬，至 2019 年的 824 萬（包括想工作為工作、求學、家務、高齡及身障）；勞動力則由 2010 年的 1,107 萬，增加至 2019 年的 1,194 萬（包括就業者及失業者）。

貳、我國的產業環境

勞動參與率係指勞動力占 15 歲以上人口的比率（在我國是指狹義的勞動參與率，即在 15 歲以上人口中，剔除武裝勞動力）。勞動參與率為測度經濟景氣的重要人力指標之一。就我國情勢而言，其顯著性尤勝於失業率，當經濟繁榮時，勞動力增加的速度會大於 15 歲以上人口增加的速度，此時勞動參與率即呈上升；而當經濟停滯或衰退時，勞動力增加不及工作年齡人口的增加，勞動參與率即呈下降。為進一步了解人力資源的運用情形，尚可根據勞動力的各項表徵，計算各種不同特性的勞動參與率，如年齡組別、性別、教育程度別等的參與率。

根據我國勞動統計報告，我國現階段產業所面臨的產業環境，以下分勞動參與率、就業、失業、工資、工時五項說明之。

一、勞動參與率

我國勞動參與率是指勞動力占 15 歲以上民間人口的比率，也就是在 15 歲以上民間人口中有參與勞動的比率，而勞動力是就業者與失業者相加之總和，所以無論是就業者或失業者的增減，都會影響勞參率的升降。其計算方法為：

勞參率(%)=勞動力／15 歲以上民間人口×100%

（一）總勞動參與率

2010 年勞動參與率 58.07%，至 2019 年勞動參與率 59.17%，略有成長。以性別觀之，2010 年男性勞動參與率 66.51%、女性勞動參與率 49.89%；2019 年男性勞動參與率 67.34%，女性勞動參與率 51.39，可見男性與女性勞參率皆稍有進步。

表 9-2　我國十年來勞動力參與率按性別分(2010~2019)　　　　　　　　單位：%

年別	總計	男	女
2010	58.07	66.51	49.89
2011	58.17	66.67	49.97
2012	58.35	66.83	50.19
2013	58.43	66.74	50.46
2014	58.54	66.78	50.64
2015	58.65	66.91	50.74
2016	58.75	67.05	50.80
2017	58.83	67.13	50.92
2018	58.99	67.24	51.14
2019	59.17	67.34	51.39

※ 資料來源：中華民國勞動部勞動力發展署，http://statdb.mol.gov.tw/html/mon/22030.pdf，
2020。

（二）女性勞動參與率

就各國就業者女性所占比率觀察，就 2018 年數值比較：我國低於韓國
52.9%、新加坡 60.2%、美國 57.1%及日本 52.5%，顯示女性勞參率有提升的空
間。

表 9-3　主要國家 2018 年女性勞動參與率

韓國	新加坡	日本	美國
50.9	60.2	52.5	57.1

二、就業人口

2010 年就業人數為 1049.3 萬人，按產業觀察，農業部門 55 萬占 5.24%，
工業部門 376.9 萬占 35.92%，服務業部門 617.4 萬占 58.84%；至 2019 年止，
就業人數為 1150 萬人，按產業觀察，農業部門 55.9 萬占 4.86%，工業部門
409.2 萬占 35.58%，服務業部門 684.9 萬占 59.55%。顯示就業人口一路成長，
然從事農林漁牧業比率逐漸減少，工業部門則互有增減，服務業則為逐漸成長
的趨勢。

表 9-4　就業者－按產業部門分　　　　　　　　　　　　　　　　單位：千人，%

年別	總計	農林漁牧業		工業		服務業	
		人數	比率	人數	比率	人數	比率
2010	10,493	550	5.24	3,769	35.92	6,174	58.84
2011	10,709	542	5.06	3,892	36.34	6,275	58.60
2012	10,860	544	5.01	3,935	36.23	6,381	58.75
2013	10,967	544	4.56	3,965	36.16	6,458	58.89
2014	11,079	548	4.95	4,004	36.14	6,526	58.91
2015	11,198	555	4.95	4,035	36.03	6,609	59.02
2016	11,267	557	4.95	4,043	35.88	6,667	59.17
2017	11,352	557	4.90	4,063	35.79	6,732	59.31
2018	11,434	561	4.90	4,083	35.71	6,790	59.38
2019	11,500	559	4.86	4,092	35.58	6,849	59.55

※ 資料來源：中華民國勞動部勞動力發展署，http://statdb.mol.gov.tw/html/mon/22080.htm。

三、失業率

　　受國內產業結構持續調整影響，結構性失業逐漸顯現，加上國內外景氣趨緩，就業者因工作場所歇業或業務緊縮而失業者明顯增加，致失業率劇升，2008 年金融風暴後急遽上升至 2009 年 5.85%，為歷年來最高水準，2019 年則維持在 3.73%。表 9-5 為近年來失業率按性別之變化情形。

表 9-5　我國近年失業率之情形(2009~2019)　　　　　　　　　　　　單位：%

年	總計	男	女
2009	5.85	6.53	4.96
2010	5.21	5.80	4.45
2011	4.39	4.71	3.96
2012	4.24	4.49	3.92
2013	4.18	4.47	3.80
2014	3.96	4.27	3.56
2015	3.78	4.05	3.44
2016	3.92	4.19	3.57
2017	3.76	4.00	3.45

表 9-5 我國近年失業率之情形(2009~2019)（續） 單位：%

年	總計	男	女
2018	3.71	3.89	3.48
2019	3.73	3.85	3.58

※ 資料來源：中華民國勞動部勞工統計資料，http://statdb.mol.gov.tw/html/mon/22050.htm。

四、工資

近十年工資，在工業及服務業方面，2010 年實際薪資平均為 4.4 萬元，經常性薪資平均為 3.6 萬；製造業方面，實際薪資平均為 4.3 萬元，經常性薪資平均為 3.3 萬；在工業及服務業方面，2019 年實際薪資平均為 5.3 萬元，經常性薪資平均為 4.1 萬；製造業方面，實際薪資平均為 5.3 萬元，經常性薪資平均為 3.9 萬，十年間工資漲跌互見，並呈上漲趨勢。表 9-6 為我國平均工資概況。

表 9-6 我國平均工資概況(2010~2019) 單位：元

年別	工業及服務業		製造業	
	實際薪資	經常性薪資	實際薪資	經常性薪資
2010	44,646	36,233	43,152	33,389
2011	45,961	36,735	44,603	33,907
2012	46,109	37,193	45,238	34,455
2013	46,174	37,552	45,448	34,836
2014	47,832	38,218	47,018	35,363
2015	49,024	38,712	48,713	35,883
2016	49,266	39,213	49,162	36,440
2017	50,480	39,928	50,678	37,258
2018	52,407	40,959	52,948	38,214
2019	53,657	41,883	53,776	39,039

※ 資料來源：中華民國勞動部勞動力發展署，http://statdb.mol.gov.tw/html/mon/21010.htm, 2020。

五、工時

隨著時代的進步,勞工的休閒生活日漸受到重視,縮短工時已為未來發展的趨勢。我國法定工時於 2002 年修訂為每二週 84 小時,平均每週 42 小時。韓國法定工時自 1989 年起為每週 44 小時,新加坡自 1990 年起每週 44 小時,日本自 1988 年起,每週 40 小時,美國自 1940 年起為每週 40 小時,德國、法國則為工時最短的國家僅 35 小時。2010 年,每人每月平均 181.1 小時;每人每月正常工時則為 172.3 小時;2019 年,每人每月平均 169.0 小時;每人每月正常工時則為 161.2 小時。

表 9-7　我國平均工時及正常工時概況(2010~2019)　　　　　　　　單位:小時

年別	工時	
	工業及服務業每人每月平均工時	工業及服務業每人每月正常工時
2010	181.1	172.3
2011	178.7	170.3
2012	178.4	170.4
2013	177.0	168.6
2014	177.9	169.3
2015	175.3	167.0
2016	169.6	161.1
2017	169.6	161.6
2018	169.4	161.3
2019	169.0	161.2

※ 資料來源:中華民國勞動部勞動力發展署,http://statdb.mol.gov.tw/html/mon/21010.pdf, 2017.

第二節　我國勞工法體系及發展

壹、體系

勞動法是一個獨立的法律領域,並且已成為一門獨自存在的法學。不但有其獨特法規規範體系,即使對同一個對象,也有與其他法律不同的特殊規範的角度與立場。黃程貫(2002)認為:狹義的勞動法在實體法上區分為兩大類:個

別的勞動法與集體勞動法。早在產業革命機械生產發達後，對資本制經濟秩序、市民法秩序的修正與反省，勞動法已經步出傳統民法。近代以來對勞動者保護問題、生活安定以及勞動法生產性的確保與促進，進而對社會安全、生活品質之提升要求的強化，在在使得集體勞動法更加具有法規上重要地位。

　　陳繼盛則認為：勞工政策之實體規範，一般而言包括勞資關係、勞動契約、勞動基準、工會組織、團體協約、勞工參與及勞資爭議等內涵。[7]配合我國的法動法制觀之，其重要的法令分類如圖 9-2 所示，整個勞動法的體系應包括勞動基準、勞工福利、勞資關係及就業安全四個部分，其中有關勞資關係（即勞動三法）則包括工會法、團體協約法及勞資爭議處理法三者，其餘勞動基準、勞工福利及就業安全方面，各有其內容，本書不予討論。

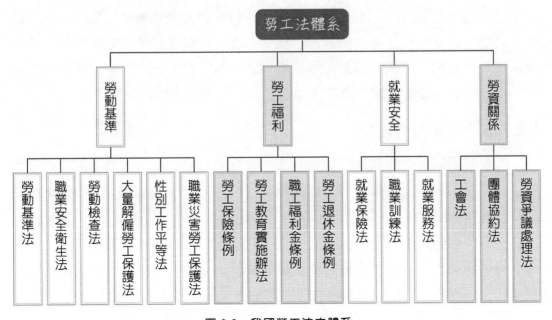

圖 9-2 我國勞工法之體系

---

[7] 陳繼盛，《勞資關係》，臺北：正中書局，1979 年。

貳、立法趨勢

一、2000 年以前之立法

(一)勞資雙方對法令存有疑慮

　　「工會法」規範工會之設立、會員、職員等組織體制。「團體協約法」則規定雇主團體與工人團體為增進勞動關係而締結書面契約,以克盡相互權義活動,並規定勞資調解機關或仲裁機關之運用體制。至於「勞資爭議處理法」則規定為處理爭議所召集之調解委員會、勞資爭議處理之相關機關、勞資爭議處理之程序與爭議當事人行為之限制等項。

　　我國既有勞動三法,即已顯示勞資關係已趨向勞動權體制邁進,此為值得慶幸之事。但問題仍在 1.員工或勞工工會組織與勢力未見擴增,形式作用大於實質功能,因此也影響其他兩權之行使。2.政府有關勞動權之策略管理未見明確,即失之籠統,致難以除弊,亦未能興利。3.企業主對於勞動權體制過於疑懼,致多牽制。由此可見,2000 年以前勞動三法仍多有改進之處。

(二)法令已不符合現狀

　　在表面形式上,我國為推動勞動權,也有勞動法的制定,惟工會法在民國 64 年修正施行迄今,團體協約法自民國 21 年 11 月制定施行迄今,勞資爭議處理法自民國 77 年 6 月修正施行迄今。

　　除「團體協約法」(民國 21 年 11 月)已過時落伍(無從與其他兩法衔接實施)外,我國也正制定初步的工會法與勞資爭議處理法。因此,從表面上看,我國已認許勞動權是維護勞工權益的主要途徑,只是修正法律進度而已。

二、修正後之勞資關係法

(一)立法趨勢

　　勞動三法曾經勞委會修訂送審,2005 年底卻未能在立法院三讀通過。之後,工會法、團體協約法及勞資爭議處理法才陸續在朝野努力及關注下通過,並於 2011 年 5 月 1 日開始施行,對我國來說是集體勞動關係發展上的新紀元。不可否認,新勞動三法脫離了過去許多不合時宜的規定,也在各方努力下增訂了不少適應現代工會發展的新元素。例如:在落實團結權方面往前跨了一小

步，於企業工會與職業工會外，增加了產業工會的組織類型，使勞工加入工會多了一個選擇。另外，為了保障工會的組織、與正當的團體行動權，增加了禁止雇主妨害工會的不當勞動行為規範。又在落實工會團體協商權的目的下，明確要求勞資雙方應本著誠實信用原則進行協商，並明定無正當理由拒絕協商的態樣，且將拒絕協商納入不當勞動行為規範機制，有意促成勞資雙方協商機會的政策意圖十分濃厚。再者，針對勞資爭議處理的機制，除了保留原來調解與仲裁二種管道外，另外新增加了裁決處理機制，專司解決不當勞動行為的救濟任務。以上這些修正法中的主要骨幹，將要支撐我國集體勞動關係的未來開展。[8]

（二）修正重點

行政院勞委會推出的上述勞動三法修正草案在立法院引起極大迴響，勞方、資方相互較勁。雖然以上三法的修正內容仍多不足，總還是向前推進一大步，此次勞動三法主要修正內容，包括：

1. 工會法的修法方面：

(1) 最大爭論點在公務員、教師及軍火業員工可否組織工會？修法第 4 條：保留（上述員工，各依其他法令規定。）此一修正不能集中明確規範，背離先進國家允許工會權擴大之趨勢。工會法第 4 條「各級政府行政及教育事業、軍火工業之員工，不得組織工會」。乃是因顧及特定職業勞動者若有罷工等行為，將對國家經濟、大眾安全及重大公共利益有重大影響，故將其排除。但本條款顯然剝奪了特定人員的結社權，牴觸憲法第七條所揭示的「人民…在法律前一律平等」的條文，對於特定人員的權益受損，明顯有道德上的爭議。

(2) 工會法限制無法加入工會的「各級政府行政人員」，粗估有 95.2 萬人，其人數規模占全體就業人口 793.4 萬人中的 12%，故政府可說是全國最大的雇主，但如今「全民的大老闆」為防範特定人員的工會行為，恐影響全民的公共利益，甚至導致國家安全重大的影響，而剝奪其結社權，無疑的已背離工會的立法精神。

---

[8] 邱駿彥，《展望與內省勞動三法整體評析》，我國勞工季刊 26 期，2011 年 6 月，頁 58。

2. 團體協約法方面：

(1) 團體協約簽訂後報請主管機關認可制，修正為備查制。第 6 條規定雇主不得拒絕協商事項，只是協商程序範圍仍未明確規定。

(2) 團體協約法第 2 條規定，締約當事人是指具有法人資格之工會，而工會法第六條規定組織工會須三十人以上，然臺灣現況之產業結構仍以中小企業為主，據統計雇於三十人以下企業者達三分之二，這些勞工根本無「法」與資方透過團體協商締結團體協約，故應修法放寬門檻，實質的做到還給勞方協商權。

(3) 團體協約法第 32 條「勞資雙方違反規定經勞資爭議處理法之裁決認定者，處新臺幣 10 萬元以上 50 萬元以下之罰緩」。勞資雙方經濟實力有懸殊的差異是不爭的事實，勞方為經濟上的弱勢者，但雙方違法所遭受的懲處是一樣的金額，明顯對勞方不公平，且對資方欠缺約束力。

3. 勞資爭議處理法方面：

(1) 目前最受注目的勞資爭議處理法中，對於勞工爭議權的行使有諸多技術性限制。例如：本法第 8 條明訂於調解、仲裁或裁決期間，勞方不得因勞資爭議事件而罷工或為其他爭議行為。又本法第 56 條「爭議行為期間，爭議當事人雙方應維持工作場所安全及衛生設備之正常運轉」，此條款之內容規定勞方於抗爭期間的和平義務，將使爭議權毫無發揮的空間，且罷工期間，罷工者將無法要求資方支付薪資。

(2) 勞資爭議處理法第 5 條將爭議區分為「調整事項爭議」及「權利事項爭議」，若是屬第二者，則不得罷工。然而，我國的勞資爭議事件中，權利事項占高達 98.1%，故罷工權顯然是形同虛設。其次，第 43 條，將「不當勞動行為」的審議交由裁決委員會，但裁決委員會的遴選聘僱乃是掌握於官方手中，故公正性值得懷疑。

案例　立法院三讀通過工會法，勞動三權邁入新紀元

　　立法院今天（6 月 1 日）三讀通過工會法修正草案，未來勞工朋友在組織工會爭取勞動權益時，除大幅放寬團結權之限制外，對於雇主不當勞動行為，將透過勞資爭議處理法的裁決機制，落實工會幹部及勞工遭遇不當勞動行為之保障，以強化勞工團結權之行使。

　　工會法是勞動者實踐團結權之基石，該法自民國 18 年公布施行迄今，歷經 80 年未作大幅修正。為因應世界組織工會潮流，同時配合國際勞工公約之精神，擴大賦予勞工團結權之行使，工會法之修正是一項刻不容緩的重要工作。

　　勞委會成立後即進行工會法、團體協約法及勞資爭議處理法之勞動三法檢討研修工作，以落實集體勞資關係之發展，期間歷經許多折衝、協商及努力，終獲朝野各界對工會法修正條文之共識，實屬不易，同時也完成馬英九總統在競選期間所提出之「保障教師參加或籌組工會的權利」、「協助工會團結與改革」、「企業內工會組織得擴大組織範圍」、「企業工會組織團結化」等勞動政見，逐步實踐尊嚴勞動之理念。

　　本次工會法修正條文共計 49 條，其中新增 13 條、刪除 26 條，主要修正目的即在解決現行工會組織發展的問題，例如限制部分勞動者之團結權行使、工會組織架構缺乏彈性、勞工團結權保障不足、工會財務管理機制未臻健全等多項問題。本次修法重點包括：

明確保障勞工及教師有組織及加入工會之權利

　　明訂教師有組織及加入工會之權利，但基於我國學校設置環境，明定教師得依其需求組織職業工會或產業工會；另於勞資爭議處理法中規範教師不得罷工，以降低對學生受教育之衝擊。

明定雇主不當勞動行為態樣

　　加強保護勞工加入、籌組工會之權利，明定雇主妨害工會組織、運作及對工會幹部知不利益對待等不當勞動行為態樣，並另訂有處罰規定。

擴大勞工團結權行使

　　明定工會類型及其組織範圍，促進工會組織發展，未來配合團體協約法之誠信協商義務及勞資爭議處理法的調解、仲裁及裁決設計，各類型的工會均能為其會員爭取勞動權益，同時工會的組織程序將更加簡化。

工會理、監事選任、解任及停權等規範由工會自主決定

工會藉由章程將其理事、監事選任、解任、停權予以明定，透過內部民主方式處理，讓工會內部運作更加順暢。

工會結盟、內部組織，由工會自主決定

工會為爭取相同議題之影響力，或基於某種特殊原因而需結盟，得由工會依其需要自行結合；至於工會內部組織，則由工會依其需求，自行設置。

勞委會主任委員王如玄特別感謝立法院、工會團體及各界此次對工會法修正草案的支持，在歷經多次立法院會期的審議，終於能在今日通過工會法修正草案，讓攸關集體勞資關係發展的勞動三法能同步施行，完整保障勞動三權，未來勞委會更將關注集體勞資關係之發展，以期建構一個符合人性、平等、安全、尊嚴的勞動環境。

勞委會表示，工會法修正通過後，未來勞工可更加自由及有保障地組織及加入工會，配合團體協約法透過強制協商規範及誠信協商機制，有效提升勞資雙方對團體協約之協商意願，並搭配勞資爭議處理法中之裁決機制，有利建構勞資自主及自治精神，讓集體勞資關係更加和諧。

※ 資料來源：行政院勞工委員會，http://www.cla.gov.tw/cgibin/SM_theme?page=41d35566, 2010。

問題與討論

一、我國的勞動力之定義為何？

二、如何以勞動參與率等測定我國的產業環境？

三、勞動參與率如何計算？男、女性勞參率是否應再提升？

四、我國近十年來失業率情況為何？

五、我國近十年來工資增長的情形如何？

六、我國近十年來工時如何規定？與主要國家之比較為何？

七、我國勞工法體系應如何分類？

八、勞資關係法（即勞動三法）修正的內容包括哪些？

MEMO

我國工會法與
工會組織

INDUSTRIAL RELATIONS

從第十章至第十二章乃在探討勞動三權的理論與實務。第十章先談第一權－團結權。由我國工會法之意義、內容及缺失等，並探討我國工會組織之情形及解決之道。在許多國家政策過程中，工會往往扮演相當重要的角色，甚至成為共同決定政策的社會伙伴，說明我國在團結權的建構中仍有相當大的進步空間。

勞工團結權為勞動三權之首，「經濟社會文化權利國際公約」、「公民與政治權利國際公約」及國際勞工組織(ILO)第八十七號公約等精神，明定勞工皆有組織及加入工會之團結權。但現役軍人之團結權，基於國家安全性之考量，目前仍宜予以限制。[1]至於教師或公務員或警察則有不同程度之限制。尤其是警察之工作係以維護治安為主要任務，其限制相當嚴謹。

工會擁有壟斷的面貌、與集體聲音及制度化面孔，早期台灣工會發展被認為有害自由市場運作，然隨世代交流，已排除此障礙，致工會林立。工會起源於歐洲中古時期的行會(Guild)，除影響政府外並要求非行業會員禁止從事相關工作及訂定學徒訓練的標準。工業革命後，工人被剝削，產業工會因運而生。

第一節　工會幹部權益保障

勞動部不當勞動行為裁決決定書 107 年勞裁字第 02 號案

壹、工會幹部被懲處或解僱得申請裁決

勞資爭議處理法第 39 條第 1、2 項規定：「勞工因工會法第 35 條第 2 項規定所生爭議，得向中央主管機關申請裁決。前項裁決之申請，應自知悉有違反工會法第 35 條第 2 項規定之事由或事實發生之次日起 90 日內為之。」，又同法第 51 條第 1 項規定：「基於工會法第 35 條第 1 項及團體協約法第 6 條第 1 項規定所為之裁決申請，其程序準用第 39 條」。

查申請人於 107 年 1 月 4 日提起本件裁決時之請求事項為：「（一）確認中華航空公司於 106 年 12 月 8 日之人評會對林○○予以解僱、對張○○予以記過並調職之懲處決議，構成工會法第 35 條第 1 項第 1 款與第 5 款所稱之不當勞動

---

[1] 李玉春(2014)，論工會法中勞工之範疇，*國立中正大學法學集刊*，頁 203-210。

行為。（二）確認上開中華航空公司 106 年 12 月 8 日之人評會決議違反工會法第 35 條第 2 項而自始、當然、確定無效。（三）命相對人自裁決決定書送達之日起不得簽署、發佈或執行 106 年 7 月 6 日針對朱○○的人評會懲處決議、106 年 12 月 8 日針對林○○、張○○的人評會之懲處決議。（四）命相對人自裁決決定書送達起 5 日內將 106 年勞裁字第 33 號以及本號裁決決定書主文以及理由以標楷體 16 號字型公告於相對人外部網站 30 日以上。」四項，嗣於 107 年 3 月 1 日第一次調查會時，申請人追加「確認相對人於 107 年 1 月 10 日要求申請人朱○○說明臉書言論之行為，構成工會法第 35 條第 1 項第 1 款與第 5 款所稱之不當勞動行為」，並將（一）（二）（三）項請求變更為：「（一）確認相對人於 106 年 12 月 8 日之人評會對林○○予以解僱、對張○○予以記過並調職之人評會決議、於 107 年 1 月 29 日核定申請人三人一大過兩小過之懲戒處分，均構成工會法第 35 條第 1 項第 1 款與第 5 款之不當勞動行為。（二）確認相對人於 107 年 1 月 10 日要求申請人朱○○說明臉書言論之行為，構成工會法第 35 條第 1 項第 1 款與第 5 款所稱之不當勞動行為。（三）命相對人自貴會裁決決定書送達翌日起撤銷相對人 107 年 1 月 29 日懲戒處分。」，嗣於 107 年 3 月 22 日變更裁決事項暨補充理由狀將上述第（二）項「1 月 10 日」之行為變更為「1 月 16 日」之行為；經核其變更及追加無礙裁決程序之進行及第 5 頁，共 52 頁相對人之答辯，其原請求事項及追加之事項均未逾勞資爭議處理法第 39 條第 2 項規定之 90 日之期間，應予准許。

貳、實體決定

一、 申請人三人之言論係為工會活動所發表，且內容均無逾越工會團結權保障之範疇，相對人身為雇主依法負有忍受義務，不得援為對申請人為不利處分之基礎。

二、冷卻期間之懲處

兩造依勞資爭議處理法第 8 條之規定本應進入冷靜期，豈料相對人「雇主」目無法紀，於 107 年 1 月 29 日違反再度由相對人總經理謝○謙發布獎懲通報，申請人三人均被核定一大過兩小過之懲戒。綜上所述，系爭人評會決議及懲戒處分顯然係相對人以申請人參加工會活動為由予以不利益待遇，構成工會法第 35 條第 1 項第 1 款之不當勞動行為。

三、對雇主所為批評性言論不得禁止

台北高等行政法院 101 年度訴字第 746 號判決業已表示：「企業工會針對雇主所為批評性言論、揭發不法，或因而產生之對抗活動，既與雇主所僱用之全體勞工有關，難謂非屬工會活動之範疇，雇主固可澄清、回應或不予理會，但不能要求禁止該言論、活動，亦不得以人事權對於工會理事長或幹部為不利益之處遇，否則將形成寒蟬效應，使無人願意擔任工會理事長、幹部，等於消滅了集結勞工之力量，使工會法『監督雇主對勞工之不當對待、維護勞工權益，改善勞工生活』之立法目的無法達成。」

綜上，相對人於 106 年 12 月 8 日之人評會對林○○予以解僱、對張○○予以大過乙次、小過兩次、申誡兩次並調職地勤之懲處建議，並於 107 年 1 月 29 日核決發布申請人朱○○三人均各為大過乙次、小過兩次之懲處處分，以及要求申請人朱○○就其 107 年 1 月 8 日於臉書私密社團發表言論說明之行為，係針對工會幹部參與工會活動之行為而為之不利待遇，且其行為係不當影響、妨礙申請人工會會務之進行及運作，影響申請人工會之發展，核其行為構成工會法第 35 條第 1 項第 1 款及第 5 款之不當勞動行為。審酌裁決救濟制度之立法目的在於保障勞工團結權、團體協商權、團體爭議權等基本權，以及透過此等保障來形塑應有的公平的集體勞資關係，具體言之，對於雇主違反工會法第 35 條第 1 項規定之行為者，裁決委員會於依據勞資爭議處理法第 51 條第 2 項命相對人為一定行為或不行為之處分（即救濟命令）時，則宜以樹立該當事件之公平勞資關係所必要、相當為其裁量原則。

第二節 工會法

工會法自 18 年公布施行後，歷經多次修正，鑑於國內外政經、社會環境已大幅改變，全球化經濟發展日趨活絡，社會結構亦朝向多元化、多樣化發展，同時勞工自主意識也日益高漲，工會活動遠較過去活躍，現行規定已難切合工會組織發展及需要，且盱衡當前及未來之國際政經、社會發展趨勢，勞工組織工會之權益應受合理保障。因此，工會組織應具代表性及強大團結力，始能有效建構集體勞資關係，進而發揮集體協商功能，俾助於勞工權益之維護及提升此項工作已為當務之急。立法院於 2016 年 11 月 16 日三讀通過工會法，其修法的內容如下：

壹、工會法修訂內容

一、總則

1. 為促進勞工團結，提升勞工地位及改善勞工生活，特制定本法。（第 1 條）

2. 勞工均有組織及加入工會之權利。（第 4 條第 1 項）

3. 現役軍人與國防部所屬及依法監督之軍火工業員工，不得組織工會；軍火工業之範圍，由中央主管機關會同國防部定之。（第 4 條第 2 項）

4. 教師得依本法組織及加入工會。（第 4 條第 3 項）

5. 各級政府機關及公立學校公務人員之結社組織，依其他法律之規定。（第 4 條第 4 項）

6. 體察時代變遷，並考量工會組織發展需要，修正工會之任務。（第 5 條）

二、組織

1. 工會之組織類型，分為「企業工會」、「產業工會」及「職業工會」三種。（第 6 條）

2. 依前條第 1 項第 1 款組織之企業工會，其勞工應加入工會。（第 7 條）

3. 為強化工會團結力量，明定各企業工會、同一組織區域內之同種類職業工會，均以組織一個為限；其次，為避免工會名稱一致產生混淆，爰明定工會名稱不得相同。（第 9、10 條）

4. 規範工會連署發起之人數、籌備程序、應備文件及請領登記證書之程序，並規範章程記載事項。（第 11、12 條）

三、會員

1. 代表雇主行使管理權之主管人員，不得加入該企業之工會。但工會章程另有規定者，不在此限。（第 14 條）

2. 鑑於工會組織人數過多，如工會採行會員制，將造成會務推動不易，且勢必造成開會不易，並增加工會經濟負擔，爰明定會員人數在 100 人以上之工會，得採會員代表制，會員代表任期以 4 年為上限。（第 15 條）

3. 為釐清工會內部組織權責，明定工會會員大會為工會之最高權力機關。但設有會員代表大會者，由會員代表大會行使其職權。（第 16 條）

四、理事及監事

1. 依工會規模訂定理事、監事、常務理事、常務監事、候補理事及候補監事之名額限額；另規定工會理事長、監事會召集人之職權。其次，規範大會休會期間會務處理權責單位及監事之職權，另工會設有監事會者，應由監事會行使監事之職權。（第 17、18 條）

2. 參酌國際勞工公約之精神及國民平等待遇原則，刪除工會理事、監事須具有我國國籍之限制。另基於工會會員純粹性與工會運作獨立性原則，明定工會會員參加工業團體或商業團體者，不得當選工會理事、監事等工會幹部職務。（第 19 條）

3. 修正工會理事、監事、理事長及監事會召集人等工會幹部每一任之任期不得超過 4 年；除章程另有規定外，理事長連選得連任一次。（第 20 條）

五、會議

1. 規範工會召開會議通知之記載事項。（第 22 條）

2. 工會會員大會或會員代表大會定期會議之召開，不分工會之種類，修正為每年召開一次。至於臨時會議之召開原因，為免浮濫，修正為經會員五分之一以上之請求，俾更具代表性，並增列會員代表三分之一以上請求，或監事請求時，亦應召開臨時會；另明定工會會員大會或會員代表大會之通知送達時限。（第 23 條）

3. 增訂理事會、監事會定期會議及臨時會議之召集條件、通知送達時限，並明定理事、監事均應親自出席會議及監事得列席理事會。另規範會議無法召集之處理程序。（第 24、25 條）

4. 明定應經會員大會或會員代表大會議決之事項。（第 26 條）

5. 增訂會員或會員代表因故無法出席會議之委託規範及訂定委託方式、條件、委託數額計算及其他應遵循事項辦法之依據。（第 27 條）

六、財務

1. 規範工會經費來源、入會費及經常會費之繳納最低數額；並明定企業工會雇主代扣會費及會員工會繳交工會聯合組織會費之規範。（第 28 條）

2. 為強化工會財務內部自我監督機制，除明定工會應以書面向會員大會或會員代表大會提出報告外，增訂經會員代表三分之一以上之連署，亦得選派代表會同監事查核工會財務。（第 29 條）

3. 本次修法雖以低度規範為原則，以促進勞工團結權保護、工會會務自主化及運作民主化，惟基於工會為社團法人之性質，其財務處理仍應予以適當之監督，以維護會員之權益，爰增訂工會財務處理及查核準則訂定之法源。（第 30 條）

七、監督

1. 工會應於每年年度決算後三十日內，將下列事項，報請主管機關備查：
   (1) 理事、監事、常務理事、常務監事、副理事長、理事長及監事會召集人之名冊。
   (2) 會員入會、出會名冊。
   (3) 聯合組織之會員工會名冊。
   (4) 財務報表。
   (5) 會務及事業經營之狀況。

   工會未依前項規定辦理或主管機關認有必要時，得限期令其檢送或派員查核。（第 31 條）

2. 區分工會會員大會、會員代表大會之會議召集程序、決議方法及決議內容違反法令或章程時之法律效果，並明定前者應循司法途徑救濟予以撤銷，後者應屬當然無效。（第 32、33、34 條）

八、保護

1. 為加強保護勞工加入、籌組工會等權利，明定雇主妨害工會發展之不當勞動行為態樣。

   雇主或代表雇主行使管理權之人，不得有下列行為：

(1) 對於勞工組織工會、加入工會、參加工會活動或擔任工會職務，而拒絕僱用、解僱、降調、減薪或為其他不利之待遇。

(2) 對於勞工或求職者以不加入工會或擔任工會職務為僱用條件。

(3) 對於勞工提出團體協商之要求或參與團體協商相關事務，而拒絕僱用、解僱、降調、減薪或為其他不利之待遇。

(4) 對於勞工參與或支持爭議行為，而解僱、降調、減薪或為其他不利之待遇。

(5) 不當影響、妨礙或限制工會之成立、組織或活動。（第 35 條）

2. 工會辦理會務屬內部事務，本宜於工作時間外進行，惟如有於工作時間內進行之必要時，工會得與雇主約定，由其給予一定時間之公假辦理會務。至於未有約定者，僅保障企業工會之理事、監事及理事長得於一定時數內得請公假辦理會務。（第 36 條）

九、解散及組織變更

1. 配合勞工團結權保護、工會會務自主化及運作民主化，增列得由工會最高權力機關議決通過解散工會之事項。另依據實務經驗，工會籌組與解散雖為工會自主事項，然而若有特殊原因，例如：因會員大量流失或財務不健全而致會務停頓等情事，致使工會無法運作及無法召開會員大會或會員代表大會決議解散時，爰規定法院得因主管機關、檢察官或利害關係人之聲請解散工會。（第 37 條）

2. 基於工會之公益及社會性格較強，其清算後賸餘財產之歸屬，應防止工會特定派系將之不當轉移，造成會員權益之損失，爰明定工會解散後，其賸餘財產之歸屬應依章程或會員大會或會員代表大會之議決，但不得歸屬於個人或以營利為目的之團體。另如無法依前開規定處理者，則歸屬於會址所在地之地方自治團體。（第 42 條）

十、罰則

1. 參考人民團體法相關立法例，對於工會違反法令或章程情形，賦予主管機關得為一定處分之權限。（第 43 條）

2. 工會於主管機關依第 31 條第 2 項規定派員查核或函請其檢送同條第 1 項資料時，無正當理由規避、妨礙、拒絕或未於限期內檢送資料者，由主管機關處以罰鍰，以強化對於工會財務監督之效果。（第 44 條）

3. 配合勞資爭議處理法所定裁決機制，明定雇主、代表雇主行使管理權之人違反修正條文第 35 條第 1 項規定或未依裁決書所定期限為一定行為或不行為時之罰則。（第 45 條）

4. 為保障企業工會理、監事得請公假辦理會務之必要，爰規範雇主未依修正條文第 36 條第 2 項給予公假之處罰。（第 46 條）

十一、附則

為避免現有工會名稱、章程規定及工會理事、監事之名額或任期，於本法修正施行後立即產生不符之情形，規定須於一定時間改正之過渡條款。（第 47 條）

貳、工會法修正重點

立法院於 2016 年 11 月通過工會法修正，勞工在組織工會、爭取勞動權利時，除大幅放寬團結權之限制外，對於雇主不當勞動行為，可透過勞資爭議處理法的裁決機制，落實工會幹部及勞工的保障。

工會組織分為企業工會、產業工會和職業工會，各企業勞工依法應加入該公司的企業工會。保障勞工、教師有組織及加入工會之權利，但基於我國學校設置環境，教師得依其需求組織職業工會或產業工會；另於勞資爭議處理法中規範教師不得罷工，以降低對學生受教育之衝擊。明定雇主妨害工會組織、運作及工會幹部不利益對待等不當勞動行為態樣，並另訂有處罰規定。

明定工會類型及其組織範圍。配合團體協約法之誠信協商義務及勞資爭議處理法的調解、仲裁及裁決設計，各類型的工會均能為其會員爭取勞動權益，同時工會的組織程序將更加簡化。另外，外籍勞工也可擔任工會幹部。茲比較工會法修正前後之差異如表 10-1。

表 10-1　工會法修正前後之差異比較

	現行條文	修正條文
工會類型	基層工會類型分為產業工會與職業工會兩種	基層工會類型分為產業工會、職業工會、企業工會三種
入會規定	強制入會與自由入會	企業工會為強制入會；職業工會及產業工會為自由入會
工會數量與限制	單一工會	企業工會及同種類之職業工會為單一工會；產業工會則不限是否為單一工會
聯合組織限制	各級總工會、工會聯合會均以組織一個工會為限	各級總工會得依產、職業工會之不同屬性，分別組成聯合組織
工會理事名額	基層工會理事名額得設5至9人	依會員人數多寡，基層工會理事名額得設5至27人；聯合組織最多51人
負責人職稱	基層產、職業工會設常務理事	基層產、職業工會設理事長
負責人任期限制	產、職業工會常務理事無任期限制	改為理事長後，工會幹部包括理事、監事、常務理事、常務監事、副理事長、理事長及監事會召集人之任期，每一任不得超過4年；理事長連選得連任1次

　　除上表所列之外，新修訂之工會法增加對工會幹部及會員的保護，規範雇主不得以不加入工會等方式作為聘僱條件，也不得因勞工發起組織工會或擔任工會職務、拒絕僱用、解僱、降調、減薪、或為其他不利之待遇等。

參、工會法問題討論

一、工會類型

　　新工會法第 6 條規定「1.企業工會：結合同一廠場、同一事業單位、依公司法所定具有控制與從屬關係之企業，或依金融控股公司法所定金融控股公司與子公司內之勞工，所組織之工會。2.產業工會：結合相關產業內之勞工，所組織之工會。3.職業工會：結合相關職業技能之勞工，所組織之工會。」把工會重新劃分為企業工會、產業工會、職業工會及工會聯合組織四種類型：

（一）企業工會

新分類的「企業工會」係將原來的「產業工會」須為「同一區域或同一廠場之同一產業工人」的組織區域限制予以放寬，使其成為不受區域限制而能夠結合同一廠場、同一事業單位，以及同一關係企業或同一控股企業內的所有受雇者的勞工組合。換言之，企業工會係結合同一廠場、同一事業單位或依公司法有控制及從屬關係之企業所組織而成。

另一方面，企業工會仍續維持原產業工會之壟斷性的一元化組織型態型態，同法第 7 條：「依前條第 1 項第 1 款組織之企業工會，其勞工應加入工會。」仍維持強制入會的規定。本法第 9 條第 1 項繼續規定：「依本法第 6 條第一項所組織之各企業工會，以組織一個為限。」

（二）職業工會

新分類中的「職業工會」即原來的「職業工會」，但將原定義，「同一區域同一職業之工人」中予以明確化為：「結合相關職業技能之勞工，所組織之工會。」不過，職業工會仍限定為原來的壟斷性一元化組織型態；同法第 9 條第 2 項規定：「同一直轄市或縣（市）內之同種類職業工會，以組織一個為限。」

（三）產業工會

新分類的「產業工會」係指結合相關產業內勞工的組合，其組織對象既不受須為同一事業或關係企業的限制，也不受須為同一區域的限制，並且連將同一產業的限制也放寬為「相關產業」。因此，產業工會最具彈性，且較具組織規模發展潛力的工會類型，其可組成為基層性的地方工會，也可以跨縣市組成一個規模龐大的地區性工會。例如：紡織業、石化業、航空業、服務業之產業工會。

（四）工會聯合組織

對於以工會為會員的工會聯合組織，除全國性組織定有籌組要件外，其他工會聯合組織一律自由團結「工會法」一讀通過條文將現行法「聯合組織章」有關工會聯合組織籌組要件及組織型態的規定予以大部分刪除。此一修正破除了舊有對工會聯合會強制為一元化組織的限制，放寬了工會結構中「上層組織」的向下團結限制，進而活絡了工會聯合會之間的競爭。不過，同法另新增

第 8 條：「工會得依需要籌組聯合組織；其名稱、層級、區域及屬性，應於聯合組織章程中定之。以全國為組織區域籌組之工會聯合組織，其發起籌組之工會數應達發起工會種類數額三分之一以上，且所含行政區域應達全國直轄市、縣（市）總數二分之一以上。」，對於以全國為組織區域籌組的全國性工會聯合組織規定有 1/3 發起工會種類數及 1/2 縣市數的籌組要件。

二、工會會務之改革

（一）工會幹部國籍歧視及雇主身分之禁止

刪除工會理監事須為國民的限制並禁止參加資方團體者擔任理監事。新工會法第 19 條刪除現行法對工會理監事資格的國籍歧視，並為確保勞雇團體的獨立性，明定工會會員參加工業團體或商業團體者，不得當選工會理事、監事等工會幹部職務。

（二）工會聯合組織設置專任人員

同法第 8 條新增規定：「工會聯合組織應置專任會務人員辦理會務。」要求所有的工會聯合組織均應設專任會務人員。

（三）工會會費之限定方式

工會會費改以下限方式規範。新工會法顧及到工會所收取的會費實為多數工會的主要財源收入，經費多寡直接關係到工會的獨立性及自主運作能力，基此仍認為國家立法有干預工會會費收取標準的必要。同法第 28 條改以下限方式作規範：「入會費，每人不得低於其入會時之一日工資所得。經常會費不得低於該會員當月工資之百分之零點五」，並且明定企業工會雇主代扣會費及會員工會繳交工會聯合組織會費等規範。

（四）工會幹部會務假規定並明定罰則

同法第 36 條，除基本上維持現行法之工會幹部得請會務假之規定外，修正規定除企業工會明定有請假時數之外，其他工會的會務假由工會與雇主自行約定。更重要的是，同法第 46 條增訂有雇主違反工會幹部會務假規定的罰則。

補充　**臺北高等行政法院判決　105 年度訴字第 839 號**

　　工會之日常活動與爭議行為均受法律保障，所謂工會活動，並不以工會會員大會、會員代表大會或理監事會所議決或指示之活動為限，即使是工會會員所為之自發性活動，只要客觀上是依循工會之運動方針所為之行為，亦應認為係屬工會活動，而受到法律的保護。而不當勞動行為裁決制度創設之立法目的，在於避免雇主以其經濟優勢的地位，對勞工於行使團結權、團體協商權及團體爭議權時，採取反工會組織及相關活動之不當勞動行為，並能快速回復受侵害勞工之相關權益。基此，就雇主之行為是否構成不當勞動行為之判斷，應依勞資關係脈絡，就客觀事實之一切情狀，作為認定雇主之行為是否具有不當影響、妨礙或限制工會之成立、組織或活動等情形。是以工會法第 35 條第 1 項第 5 款所定雇主不得不當影響、妨礙或限制工會之成立、組織或活動，該禁止支配介入之行為本即含有不當勞動行為評價之概念，雇主之主觀意思已經被置入於支配介入行為當中，只要證明雇主支配介入行為之存在，即可認定為不當勞動行為。

補充　**按工會法第 36 條第 1 項規定中所稱之「約定」**

　　係指工會與雇主間對於工作時間內所需辦理工會會務之公假時數，雙方意思一致，但非以約定團體協約為限，此項約定亦包括勞資雙方依約形成之慣例。

三、不得組織工會與限制罷工之行業

（一）不得組織工會

2016 年 11 月修正通過的工會法規定，在臺灣地區之勞工均有組織及加入工會的權力。現役軍人與國防部所屬及依法監督之軍火業員工，不得加入組織工會；軍火工業之範圍，由中央主管機關會同國防部定之。教師得依本法組織及加入工會，不過為了保障學生的受教權，教師只能組織產業工會和職業工會，同時不能發動罷工。各級政府機關及公立學校公務人員之結社組織，依其他法律之規定。

（二）限制罷工之行業

工會對勞資間之爭議，非經調解不成立，會員以直接、無記名投票且經全體過半數同意，不得宣告罷工及設置糾察線。下列勞工不得罷工：

1. 教師。

2. 國防部及其所屬機關（構）、學校之勞工。

下列影響大眾生命安全、國家安全或重大公共利益之事業，勞資雙方應約定必要之服務條款，工會始得宣告罷工：

1. 自來水事業。

2. 電力及燃氣供應業。

3. 醫院。

4. 經營銀行間資金移轉帳務清算之金融資訊服務業與證券期貨交易、結算、保管事業及其他辦理支付系統業務事業。

另外，工會於罷工時，不得妨礙公共秩序之安寧及加害於他人之生命、財產及身體自由。

 第三節　我國工會組織現況

壹、我國工會之現況

一、工會組織率偏低且逐年下降

　　如表 10-2 所示，2010~2019 年間工會數由 4,924 增加至 5,576 家、團體會員數由 5,317 增加至 5,050 家；會員人數卻由 2010 年的 321 萬餘人逐年回升至 2012 年的 338 餘萬人，至 2019 年仍有 335 餘萬人；然而，工會組織率卻由 2010 年的 37.3%逐年減少至 2019 年的 32.5%。可見會員數及會員人數雖增加、工會組織率卻減少的情形，顯示工會力量分散、團結性減弱。

表 10-2　工會數及會員數　　　　　　　　　　　　　　　　　單位：家、人、%

年別	工會數	團體會員數	會員人數	全國勞工工會組織率
2010	4,924	5,317	3,216,502	37.3
2011	5,042	5,298	3,321,969	34.8
2012	5,225	5,270	3,387,524	34.9
2013	5,285	5,218	3,362,024	34.3
2014	5,384	5,213	3,349,521	33.7
2015	5,424	5,175	3,350,520	33.4
2016	5,485	5,178	3,348,702	33.2
2017	5,499	5,120	3,380,879	33.2
2018	5,536	5,070	3,369,165	32.9
2019	5,576	5,050	3,353,660	32.5

※ 資料來源：中華民國勞動部勞動力發展署，http://statdb.mol.gov.tw/html/mon/23010.pdf, 2020。

二、我國工會組織的難題

　　隨著工業的日益發展、經濟的日趨繁榮，組織工會以保障勞工權益的方式在勞工意識覺醒後，被勞工認為是最為直接有效的途徑。而政府亦抱持樂觀其成之態度，並極力呼籲勞工應團結，以促進生產，提高生活水準，並以此作為將我國的經濟再提升及改變企業體質，至與先進國家並列的政策，大力鼓吹工

會的設立。然而事實上，我國勞工加入工會者並不多，甚且在已加入工會者中有甚多問題，工會運作仍處於不安的狀態。其原因不外乎：

（一）勞工對工會的認同感不足

由於長期以來大部分工會未能扮演應有的角色，造成勞工對工會的不信任與興趣缺缺。並因工會的最大功能：運用集體力量增取權益，以訂定合理的團體協約，工會均無能力做到，因此工會未帶給勞工歸屬感，勞工對工會當然也就沒有認同感。

（二）資方的敵視工會的態度

我國的企業以中小企業為主，資方家族企業型態和短視的結果，對工會均認為是一種妨礙企業發展的行為，少數大企業的規避心態亦復如此。有些並自認對勞工已仁盡義至了，並不需要工會的存在。加上勞基法的頒布實施，資方以規避消極的態度來應付，並非心甘情願者所在多有。如工會再成立，資方則有窮於應付之虞。總之，包括公營企業之管理者在內，現階段並無多少資方能以坦然的心理接受工會成立的事實，心態上如此，工會的籌組當然受到阻撓。

（三）社會的拒絕

社會一般人把工會認為是不正當的行為，亦為工會籌組的另一股阻力。走卒販夫之輩利用工會興風作浪，影響企業的發展和投資意願之看法，比比皆是。再加上，社會普遍地對政治的冷漠態度，也相對地，對工會存有相當程度的冷漠及籌組工會者的冷漠，均是中國人「自掃門前雪」的民族性的反映。因此，使工運無容身之地。

（四）政府的態度

由於歷史的包袱，政府對工會本來就存有戒心，在主觀上尚無法接受工會對企業良性發展的事實；而執政黨在處理有關勞工事務時亦均過份小心，甚至威脅利誘工會幹部，以發揮其統合能力而符合黨意，但絕非「工意」，扼殺了工會發展的機會。因此無論是客觀環境或主觀意識，均有排拒工會的心態，再加上現行官僚體制下的各種缺失、主管官員的推拖心態，表現在籌組工會的問題上時，以「請示中」為由，暫時撇開問題的駝鳥作風，均阻撓了工會的籌組，甚至加強了工會將來的抗拒心理，民怨亦由此而產生。

（五）其他政治團體及個人的功能取代

政治團體（如政黨）及個人（如民意代表），對勞工的一般性服務著有績效，而工會在功能上又無法發揮其作用，使工會失去服務的對象，工會的生存空間更為狹小，工會的功能早已為其他社團所取代，工會只有走向滅亡之途。

（六）經費拮据

工會籌組缺乏資金，工運人士對工會的認識與經驗的不足，如工會的走向和抗爭的手段均有偏差，實際上遭遇資方和社會人士的責難與反彈，工會因此走向了死胡同。在工會籌組中遭遇甚多困難，正常的管道無法通行，執政黨又極少以積極的輔導態度來面對工會的成立，反對勢力即乘虛而入，成為我國社會的隱憂。

綜合以上之分析，工運籌組實際上遭到困難，而各因素間又互為因果，惡性循環的結果，越演越烈，問題越演越來越多，複雜性亦越高，問題也越難解決。

三、解決之道

撇開工會內部的問題不談，如果能從認同工會做起，許多不必要的問題均可獲得先期的解決。先進國家的工會運動大體皆經過長期的抗爭手段，由禁止到承認而保護三個階段，因此先進國家的工運人士均對目前之狀況彌足珍惜，促進了企業的進步，也增長了勞資關係的穩定與和諧。反觀我國之工運並未經歷這些階段，公權力即刻賦多勞工合法的結社權，因此垂手而得的權利，反倒成為各方的負擔，在一般之觀念尚未完全認同的情況下，工會的籌組與設立，反而受到各種阻力而無法突破；想要解決工會的問題，認同工會乃為首要的改變。

（一）勞工對工會的認同

勞工唯有體認團結組織工會，才能確保權益的不致受損，過去工會的無能，不能否定未來工會存在的價值；勞工沒有組織，力量是薄弱的，在經濟上也是弱勢的，保障勞工的工作權與生存權唯有走工會一途，別無他法。

（二）雇主對工會的認同

　　組織工會是法定的權利和時勢所趨，資方的阻撓，干預行為不僅違法，並且勢必徒勞無功，放開心胸、接納工會存在的事實，乃為成熟的企業經營的理念。認識工會的功能乃在取得雙方的共同利益，而非「零和」的遊戲；也只有尊重勞方的權益，把勞工視為事業的伙伴，把勞工視為「不出資的股東」，這個企業才是符合工業社會的要求，資方也才是一個成功的企業家。

（三）社會對工會的認同

　　勞工與勞工家庭的命運相同，在勞工權益受損時，當然即刻影響家庭成員的生活，而社會亦與勞工的關係休戚與共，社會認同工會的存在，承認工會的功能，才能消除社會的不安與增進經濟的穩定。

（四）政黨對工會的認同

　　民主國家方有壯大的工會影響政權的穩定性，以更大的包容力接納工會，方為符合全民政府和全民的黨的政治理念。

　　憲法 154 條明訂：「勞資雙方應本協調合作原則，發展生產事業……」依據其精神而制定的工會法在第 1 條中更明示：「工會以保障勞工權益，增進勞工知能，發展生產事業，改善勞工生活為宗旨。」法令的規定如此，但有多少資方、政府主管官員、社會人士，甚至勞工本身真正了解工會的宗旨？真正了解工會為「勞資雙方協調合作」的主體，沒有工會，如何「協調合作」？而將工會視為「不法份子」為了達到「破壞社會和諧與安寧」的目的而組成的「抗爭團體」，又有多少呢？法令與事實認定之間的距離竟如此之遠，難怪籌組工會人士發出不平之鳴，而衛道人士又極力擊鼓攻之。這種認知上的差距，導致工會籌組遭遇困難、工會運作遭到反擊，並足以逼使工會的走向偏離正軌，終至不可收拾，以過去兩年來國內勞資衝突的升高，可以看出：勞工運動比其他任何一種社會運動來得激烈與嚴重。若不加以導正，將成為社會進步與經濟成長的絆腳石。因此，從心態上的認同工會恐為唯一的解決之道。

　　當然，工會的籌組不應以浮濫的加入勞保為目的，法令應禁止職業工會入保的權利；而與政黨的結合在現階段並不宜介入太深，在工會有自主能力後，反過來支援政黨，操縱政黨成為舉足輕重時，方是較好的時機；至於政治性人物想在工會中得到利益者的介入並非工會之福。吾人以為：工會依照有關勞工

法令之規定，工會的職權、功能均有明確的界定，工會運動即不可能超越法律之限制，一旦逾法則司法機關即能依法取締處罰；因此，只要工會能正常發展，發揮其功能，運用集體協商權以締結團體協約，運用爭議權以保障其權益，企業亦能繼續長足的發展。

貳、修訂後之工會組織

我國對團結權予以明文保障始於 1929 年公布施行之工會法，這攸關集體勞動關係的基本法律經歷了 9 次修正。在集體勞動關係中，以團結權、集體交涉權及爭議權，為勞動者集體爭取並維護權益的基本權，其中又以團結權為基礎。團結權是為保障勞工得自由結合、組織，並保障其團體之存在及活動自由而設，無團結權即無集體交涉及爭議權，故廣義團結權也包含二者。由於勞資關係中，勞資雙方存在利益對立，如任憑此對立的利益陷於盲目的抗爭與衝突，將對社會秩序造成莫大的損害。為促使勞資雙方建立理性、合理、互動關係，多數國家將團結權的抽象概念予以具體、法制，建立工會法制，使勞動者組織得有合法運作基礎。[2]

一、修正前之工會結構

(一) 工會的組織系統

工會的種類與組織系統，各國情形不一，長久以來，我國工會組織體制的特徵是：國家以法律規範，採單一工會、強制入會、對特定當事人禁止或限制其組織工會、工會理事長以連任一次為限、採取間接選舉方法等。

在實務上，國家公權力對勞資雙方的勞動契約採取直接介入、管制，並以勞動基準法為核心，勞資雙方團體很難有合作機制，勞工安全與勞工檢查，由政府強制介入，欠缺工會與勞工參與；一切依附國家，難有社會夥伴關係的現象。[3]

---

[2] 王惠玲，〈勞資關係之反思與再造〉，思與言 37：3，1999，頁 101~118。

[3] 黃越欽，〈勞動法論〉，臺北：政大勞工研究所，1991，頁 109~110。

（二）工會的發展

1929 年的工會法，規定工會組織限於各產業工會、職業工會和地方性產職業工會聯合會。1934 年 9 月，中央民眾運動指導委員會公布縣市總工會組織準則，規定同一縣市區域內之產業工會，得有縣市總工會之組織，此為適應事實需要所為權宜措施。

1943 年修正工會法，規定工會除了有縣市總工會組織外，並得有同一省區內同一產職業之各業省工會聯合會。1947 年修正工會法，規定工會得有基層組織和聯合組織。基層組織包括產業工會和職業工會，其下得酌設支部、小組；聯合組織包括縣市總工會、省市總工會、各產業工會全國聯合會和全國總工會，工會組織漸趨完備。1949 年修訂之工會法，明定工會分基層組織、聯合組織兩種，基層組織為產業工會或職業工會，其下得酌設分會、支部、小組；聯合組織包括縣市總工會、省市總工會、各產業工會全國聯合會和全國總工會，組織系統更趨詳密。

1. 基層工會

依原有工會法規定，基層工會可分為職業工會及產業工會兩種：

(1) 職業工會

依工會法第 6 條（未修法前）規定，同區域同一職業之工人，年滿 20 歲之同一產業工人，人數在 30 以上時，應依法組織職業工會。聯合同一職業工人所組織者為職業工會，例如：電器工、印刷工。就工會組織的演進而言，職業工會發展在先，大規模企業發生於後，產業工會才次第展開，現今各國產業工會較職業工會盛行。

(2) 產業工會

依工會法第 6 條（未修法前）規定，同一區域或同一廠場，年滿 20 歲之同一產業工人，人數在 30 以上時，應依法組織產業工會，同一產業內由各部分不同職業之工人所組織者為產業工會。所以它是一種產業組合，及結合相關產業內的勞工所組織的工會。

基層工會內部組織，可分設為分會、支部或小組。

2. 聯合組織

按工會組織之層次，可分為：全國性工會、省市級工會、縣市級工會三種，其範圍如下：

(1) 全國性工會：包括全國總工會、全國各分業工會聯合會。

(2) 省市級工會：包括省（市）總工會、省市各分業工會聯合會、跨越省市之交通、運輸及公用事業等工會、加工出口區產業工會聯合會。

(3) 縣市級工會：包括縣（市）總工會、產業工會、職業工會。

二、修正後之工會結構

　　工會法修訂後，將基層工會組織類型從原本的產業工會、職業工會，增列企業工會。事實上，企業工會就是廠場工會或公司工會，過去「舊」工會法誤稱為產業工會。至於產業工會指同一產業內勞工組織工會，無論在規模、位階或是會員人數上，都要比企業工會大許多。[4]

1. 企業工會：

　　結合同一廠場、同一事業單位、依公司規定法所定具有控制與從屬關係之企業，或依金融控股公司法所定金融控股公司與子公司內之勞工，所組織之工會。企業勞工均應加入工會。

2. 產業工會：

　　結合相關產業內之勞工，所組織之工會。

3. 職業工會：

　　結合相關職業技能之勞工，所組織之工會。職業工會應以同一直轄市或縣（市）為組織區域。

4. 聯合工會：

(1) 區域性工會聯合組織：工會得依需要籌組聯合組織，其名稱、層級、區域及屬性，應於聯合組織章程中定之。

(2) 全國性工會聯合組織：以全國為組織區域籌組織工會聯合組織，其發起籌組織工會數應達發起工會種類數額三分之一以上，且所含行政區域應達全國直轄市、縣（市）總數二分之一以上。[5]

　　工會法於 2011 年 5 月 1 日修正施行後之工會組織體系參考圖如下：

---

[4]　徐國淦，《工運春秋：工會法制 80 年》，臺北：勞委會，2011。

[5]　徐國淦，《工運春秋：工會法制 80 年》，臺北：勞委會，2011。

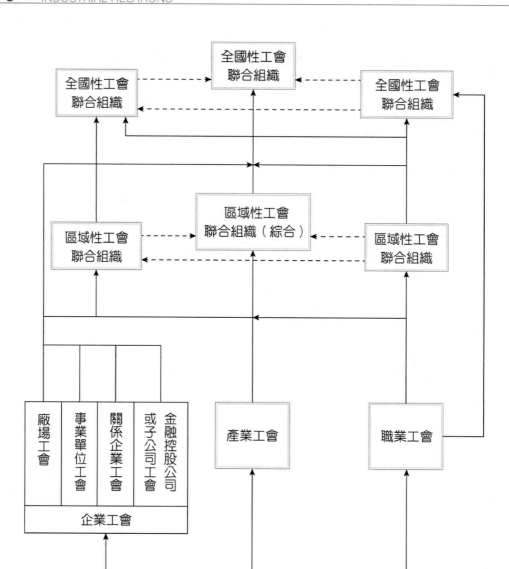

圖 10-1　修正後之工會組織體系參考圖

※資料來源：徐國淦(2011)。

參、我國工會的發展

為促進工會正常運作及發展，落實保障勞工團結權，並基於「勞工團結權保護」、「工會會務自主化」、「工會運作民主化」等原則，我國工會的正常運作與發展方向如下：

（一）促進工會組織自由化

對工會自由設立與結盟之限制大幅鬆綁，使勞工得依需要組織工會聯合組織，並允許工會跨業自由結盟。

（二）工會會務自由化

排除主管機關對於工會會務不必要之管制，工會基層組織架構、工會幹部選舉、罷免、會員停權、復權及經費之徵收標準等屬工會內部管理事務事項，均由工會自行訂定，不受主管機關之干預。

（三）準司法機構裁定「不當勞動行為」

雇主及代表雇主行使管理權之人妨害工會發展之「不當勞動行為」態樣及其管理程序及罰款額度，以確保集體勞資關係正常運作，當發生「不當勞動行為」爭議時，宜快速由第三人裁示，而非由冗長的司法機關或勞資爭議處理法的「仲裁」才能處理，一個獨立的準司法機構即為我國迫切需要的機制。

（四）強化工會財務監督機制

為促進工會財務透明化，宜增訂中央主管機關訂定「工會財務處理辦法」之法源。

（五）經由工會協商爭取勞動條件

工會的目的在於代表勞工在集體的層面上，藉由團體協商來爭取理想的勞動條件（非由政府主導）。工會法第五條工會的任務在原來 14 款修正為 11 款中，最重要者只有第 1 款：「團體協約之締結、修改或廢止。」目前無論產業工會（包括企業工會）或職業工會，由於勞工尚未體認工會的功能，導致工會沒有能力進行團體協商，更遑論以集體爭議作為落實團體協商的運作。

（六）積極輔導工會與雇主組織進行團體協商

目前團體協商制度未能落實，職業工會經常欠缺雇主團體作為團體協商的對象；而產業工會則由於規模太小，實力太弱，無法對雇主造成壓力。政府如輔導勞資雙方進行團體協商，對於防範勞資爭議的發生即有所助益，另可減少對勞資所提出的要求以立法解決（例如一例一休），轉而讓勞資雙方面對面去協商交涉，才是永續之道。

案例1 2016年華航空服員罷工行動

　　2016 年 6 月由中華民國桃園市空服員職業工會針對中華航空客艙組員發起的罷工行動。桃園市空服員職業工會在取得合法罷工權後，宣布自 2016 年 6 月 24 日凌晨 0 時起開始發動罷工行動，不在供應勞務。此次罷工持續了三天，27 日凌晨才復工，但在 24 日時，勞資雙方便達成共識，是個成功的罷工案件。

雙方爭執點

空服員訴求	華航回應
外站津貼每小時從 2 美元提高到 5 美元，非會員不得享有	簽署《勞基法》第 84-1 約定書之空服員，將比照機師給每小時 3 美元外站津貼
保障年休 123 天，月休 8 天，季休 30 天	簽署《勞基法》第 84-1 約定書之空服員給予年排 116 天（不含外站休息日數），每月保障排休 8 天，不足者年度結算以全薪買回
實施考績雙向互評	互評易製造對立，華航公司無法接受，希望在符合公平的原則請工會提出具體的實施辦法
給予空服工會代表、理事、監事會務假	桃園市空服員職業工會並非處理與華航相關之業務，全面給會務假不合理，將有條件核予會務假
不得更改會員現行報到處及工時計算方式	其他華航員工都在桃機報到，答應要求顯失公平，但改桃園報到後，加班費給付門檻降低，區域線工時從 12 小時起計算降為 10 小時
國定假日出勤雙倍工資	國定假日以挪移至其他日，無加倍工資問題，挪移後之休息日出勤，會給加倍工資
除越洋航線，全面回歸《勞基法》保障	無論越洋航線或區域航線皆屬輪班性質，均有例假日挪移及女性夜間工作之必要。工時約定書會由地方勞動主管機關核可，《勞基法》權益會受保障。

　　近年來，航空業罷工除華航空服員及機師罷工外，尚有長榮航空罷工事件，延伸罷工是否應有預告期之規範爭議。向來有肯定及否定兩種見解，其中肯定說的基礎是以民法第 148 條為主，強調罷工雖是權利之行使，但除罷工程序合法外，尚須符合誠信及權力不得濫用原則（何立斌，2019）[6]。

　　本文認為爭議手段與目的仍需以勞資和諧為前提，企業經營及社會成本均應受到某種程度的重視，若罷工目的達成，但社會或企業成本受龐大損失，仍不符合比例原則。

---

[6] 何立斌(2019)，從法律觀點評議是否宜規定工會罷工「預告期」，自由時報，取自：https://talk.ltn.com.tw/article/paper/1268159

案例2　工會除名權限制爭議

起因：

　　中華航空股份有限公司甲擔任空艙組員，因未參與職業工會罷工行動，被工會除名，案經第一審判定除名，但是上訴至最高法院則認為工會除名必須符合公共秩序及社會相當性之原則。

上訴人主張：

　　伊於訴外人中華航空股份有限公司擔任空艙組員，並為被上訴人之會員。被上訴人於民國 105 年 6 月 22 日通過罷工決議，並於 23 日下午 6 時以手機簡訊通知會員將於翌日（24 日）零時起正式罷工。惟伊於同年 6 月 30 日已同意擔任總統外交出訪華航專機組員，為維護元首安全，遴選之專機組員名單必須事先提報予國家安全局，無法任意更換，且完全保密，行前 3 天即須停飛待命，並於同年 6 月 22 日接受全日之勤前訓練，僅由遴選為專機組員 14 名參與，故伊於 24 日早上 9 時仍配合執勤總統專機任務，未參與罷工行動。詎被上訴人事後於 105 年 7 月 18 日召開第一屆會員代表大會第 6 次臨時會（下稱第 6 次臨時會），將包含伊在內之 22 名會員列為除名名單，並於同年 9 月 6 日召開第一屆會員代表大會第 7 次臨時會議，以伊未參與罷工為由，決議將伊除名。

爭點：

　　工會會員資格存在

要旨：

　　按工會會員有違反法令、章程或不遵守會員（會員代表）大會決議而致危害團體情節重大者，依人民團體法 14 條、工會法第 26 條第 1 項第 5 款之規定，工會固得經會員（會員代表）大會決議，予以除名。被上訴人工會章程第 12 條亦規定：「會員如有違反第 11 條規定或其他不法情事，致妨礙本會名譽信用，由監事會或會員檢舉屬實者，得按其情節輕重，分別予以警告、停權、罰鍰、除名等處分，惟除名處分應經會員（代表）大會出席人數三分之二以上同意行之，並函報主管機關核備。」惟除名處分係將會員排斥於工會以外，如工會與事業間存有僅工會會員得享有特別利益之團體協約及其他關於工作條件之特別約定，或工會於所屬事業具有獨占性時，工會所惟除名處分有顯著損害會

員之財產上利益或影響工會會員憲法上結社自由之虞,即屬對會員之重大不利處分。則工會行使對會員之處罰權時,除應參照其行為之情節,具體嚴謹認定具備法令及章程所定之除名事由外,其處罰之選擇,亦應符合公共秩序及社會相當性之原則,始得謂其除名決議為適法有效。

【裁判字號】108,台上,2193

　　評論:社會經濟文化權利國際公約第 8 條:「一、本公約締約國承允確保:(一)人人有權為促進及保障其經濟及社會利益而組織工會及加入其自身選擇之工會,僅受關係組織規章之限制。除依法律之規定,且為民主社會維護國家安全或公共秩序、或保障他人權利自由所必要者外,不得限制此項權利之行使;…(三)工會有權自由行使職權,除依法律之規定,且為民主社會維護國家安全或公共秩序、或保障他人權利自由所必要者外,不得限制此種權利之行使;(四)罷工權利,但以其行使符合國家法律為限。二、本條並不禁止對軍警或國家行政機關人員行使此種權利,加以合法限制。…」台灣工會法第 26 條:「(第 1 項)下列事項應經會員大會或會員代表大會之決議:…五、會員之停權及除名之規定。…十一、其他與會員權利義務有關之重大事項。(第 2 項)前項第四款之規定經議決訂定者,不受人民團體法及其相關法令之限制。」基此,工會除名權之限制榮有探討空間。

問題與討論

一、 我國工會法修正前後有何差異？

二、 我國工會法修正之重點之一，包括工會類型重新劃分為企業工會、產業工會、職業工會及工會聯合組織四種類型，請分別說明之。

三、 不得組織工會與限制罷工之行業有哪些？

四、 如何促進我國工會的正常運作與發展？

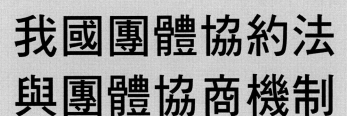

CHAPTER **11**

我國團體協約法
與團體協商機制

INDUSTRIAL RELATIONS

第一節　團體協約法

　　我國修法前的團體協約法，乃是 1930 年公布者，該法採自德國法學者辛茲海姆爾(Sinzheimer)於 1921 年草擬之團體契約法草案。[1]內容不但未為立法討論公布實施，且窒礙難行、互相矛盾。目前社會變遷，亟須更改之處甚多。

壹、團體協約法修訂

　　2015 年 07 月 01 日政府修訂團體協約法，其重點即考慮當前我國勞資關係之實際情況，而作下列改變：

一、明定協約之勞方當事人為工會

　　明定依工會法成立之工會為團體協約勞方之唯一當事人，以有別於勞工依其他法律成立之人民團體。（第 2 條）

二、明定誠信協商原則

　　為促進勞資雙方本於誠實信用原則進行協商，規定勞資雙方均有進行團體協約協商之義務，除明定非有正當理由，不得拒絕協商外，另對於雇主佯裝協商、拖延協商、刻意杯葛協商程序或拒絕提供協商之必要資料者，當然為無正當理由拒絕協商。無正當理由拒絕協商者，經依勞資爭議處理法裁決認定者，處以罰鍰；未依裁決決定書所定期限為一定行為或不行為者，再處以罰鍰並令其限期改正；屆期未改正者，按次連續處罰。同時為強調團體協約勞方當事人之協商代表性，並顧及工會如代表共同利益一致性越多（工作性質、勞動條件或福利待遇），將使受雇者之協商利益得以極大化，爰明訂何謂有協商資格之勞方，並規定勞資任一方有二個以上提出團體協約之協商時，為強化協商力量及促進勞資雙方之協商意願，他方得要求提出協商之一方推選協商代表，無法產生協商代表時，則依會員人數比例分配產生。（第 6 條、第 32 條）

---

[1] 參考陳抗生，〈試擬團體契約法草案及其說明〉，勞工研究季刊 12 期，1968 年 7 月，頁 98~119。

三、增訂協商代表產生及團體協約簽訂之程序

　　現行團體協約法僅規定簽約代表產生之方式，並未就協商代表如何產生有所規範，為避免協商雙方對於協商人員資格之疑慮及強化協商人員之代表性，增訂協商代表之產生程序，同時為顧及協商過程中涉及協商專業知識人才之需要，增訂協約當事團體得委由會員以外之人擔任協商及其限制；另團體協約之協商簽訂及履行，攸關所有會員權益甚鉅，雖宜有嚴謹之簽訂門檻，以避免影響勞工權益及衍生勞資爭議，原規定以團體名義締結團體協約應「受其團體全體團員各個所授與特別書面之委任」之規定，不易達成且過於嚴苛，為避免影響簽約之進行，考量團體協約係以規範勞動關係及勞動條件為目的，應尊重大多數會員意見，工會或雇主團體以其團體名義簽訂團體協約，除依其團體章程之規定為之者外，應先經其會員大會或會員代表大會之會員或會員代表過半數出席，出席會員或會員代表三分之二以上之決議，或通知其全體會員，經四分之三以上會員以書面同意。（第 8 條、第 9 條）

四、改採備查制

　　有關團體協約之協商及簽訂，本法業已訂定相當程序，基於尊重當事人之意思，行政機關不宜過度行政介入。又團體協約效力之發生，應係基於雙方當事人之合意，而非行政機關之認可，爰將原規定之認可制改為備查制，規定團體協約勞方當事人應將團體協約送其主管機關備查。惟鑒於各級政府機關（構）、公立學校及公營事業機構等之團體協約常涉政府預算或人事管理事項，為免造成政府運作之窒礙或衍生爭議，爰增訂各級政府機關（構）、公立學校及公營事業機構等簽訂團體協約前應經相關權責機關核可，團體協約關係人為工友（含技工、駕駛）者，應經行政院人事行政局核可。（第 10 條）

五、公開揭示團體協約之義務

　　為促使團體協約確實履行，並避免因團體協約公開揭示期間過短，致團體協約關係人無法知悉其內容，爰將現行僅課以雇主揭示義務之規定，修正為團體協約當事人雙方應將備查後之團體協約公開揭示，並備置一分供團體協約關係人查閱之義務，以確保團體協約關係人之權益。（第 11 條）

六、增訂團體協約得約定之事項

團體協約以約定勞動關係及相關事項為主，但不排除雙方另就集體勞動關係及管理權之範圍作約定，基於契約當事人自治原則，團體協約亦可就非勞動關係事項為約定。有鑒於團體協約在我國實務運作之經驗不豐，為收教育之效，並供勞資雙方進行團體協約協商之參考，爰增訂團體協約得約定之事項。（第 12 條）

七、確保工會協商成果

配合工會組織多元化及自由化，避免企業內團體協約簽訂後，受團體協約拘束之雇主，對所屬非團體協約關係人之勞工，就團體協約所約定之勞動條件事項，進行調整，而導致勞工間不正當競爭，間接損及工會協商權及阻卻勞工加入工會，爰增訂團體協約得約定受該團體協約拘束之雇主，非有正當理由，不得對所屬非團體協約關係人之勞工，調整該團體協約所約定之勞動條件。惟為避免因前開之約定，間接造成非團體協約關係人之勞工，其合理權益有受損害之虞，但書規定團體協約另有約定，非該團體協約關係人之勞工，支付一定之費用予工會者，不在此限。（第 13 條）

八、 當事人之一方得向他方請求協商變更團體協約內容或終止團體協約

基於勞資自治原則，團體協約之終止應由團體協約當事人自行為之，刪除原「主管官署因團體協約當事人一方之聲請，得廢止團體協約」之規定，並明定團體協約簽訂後經濟情形有重大變化，致有無法達到協約目的之虞時，當事人之一方得向他方請求協商變更團體協約內容或終止團體協約。（第 31 條）

貳、團體協約法之內容分析

團體協商之概念，包括團體協商的過程和協約的簽訂。有些國家只對團體協商過程作規範，有些國家只規範協約的部分，我國亦只對團體協約加以規範。團體協約法之內容闡述如下。

一、團體協商之當事人

　　團體協商之當事人係指有締結協約能力之有法人資格之工人團體與雇主或有法人資格之雇主團體。因為我國工會組織的權力集中在基層工會，協商層級也落在基層工會層級。當協商一方為廠場工會，另一方則為該廠場雇主，當協商一方為縣市職業工會時，另一方當事人則為該縣市相關之職業工會；高層級之協商，因為須具有協調及整合不同團體之利益與約制會員行動、滿足下層會員需求等能力，其複雜度較廠場層級協商為高，非我國勞資關係體系之能力所及。

二、團體協約之內容

（一）必要訂定事項

　　關於一般性質者，包括規定協約適用之範圍、協約之效力、締結協約之程序等；關於工資；關於休息與休假。

（二）任意訂定事項

　　關於僱用解僱、賞罰升遷、請假、童工及女工保護、學徒、安全衛生設施、促進生產、勞資爭議、及違約之賠償規定。

三、團體協約之限制

　　團體協約之內容，各國均任當事人自由協定，唯我國團體協約法因在立法之時，產業尚在起步，為恐勞資雙方未明協約之意旨，而彼此傷害破壞生產秩序，因此，明文規定限制事項如下：

1. 團體協約雖可規定雇主僱用工人限於一定工人團體之團員，但有若干情形，雇主得不受限制。

2. 團體協約不得規定雇主僱用工人應依工人團體所定輪僱勞工之次序僱用。

3. 團體協約得規定僱用工人應由工人團體介紹，但不得限制雇主之自由取捨。

4. 團體協約得規定工人團體有介紹權時，應規定自接到雇主通知日起，一星期內倘未介紹工人到工廠時，雇主得僱用工人團體以外之工人。

5. 團體協約得規定雇主於休假日或原定之工作時間外，必須勞工工作或繼續工作時，其工資應加成或加倍發給，但不得超過 2 倍，超過 2 倍者視同 2 倍。

6. 團體協約得規定現任職員辦理會務請假之時間，但至少每月平均不得超過 30 小時。

7. 團體協約不得限制雇主採用新式機械或改良生產、或限制雇主買入製成品或加工品。

8. 團體協約當事人資方為多數時，各當事人不得單獨與一般工人團體為異於團體協約之特別規定。

四、團體協約之締結及生效

　　簽訂團體協約應以團體之名義為之，而且必須依章程之規定或依團員大會之決議，協約代表才有締約之權限。協約締結之後，必須經主管機關認可才生效。因為經由主管機關的認可，可以保護勞資雙方利益的平衡發展，避免協約違反法令或與雇主事業之進行不相容，及與工人從來生活標準維持不相容。

五、團體協約之效力

（一）債法性效力

　　依契約必須遵守原則，雙方當事人必須盡其注意義務履行契約，因此維持和諧義務，以及敦促其成員履行義務等，均發生債法性效力。

（二）規範性效力

　　規範性效力是指團體協約關於勞動條件事項有下列四種效力：

1. 自動效力原則：即團體協約之規定不問契約當事人之意思如何，直接對協約關係人發生效力，對受僱人之利益有強行效力，但對受僱人不利益時，只有相對強行效力。

2. 優惠原則：團體協約只能提供最低勞動條件，而不可設定最高勞動條件，因此，個別勞動契約得約定較勞動契約有利之勞動條件。

3. 不可拋棄原則：凡規定於團體協約中之權利，不可拋棄，亦不因任何理由而失權。

4. 替代原則：凡勞資契約有異於團體協約之勞動條件規範，其相異部分無效，無效部分由團體協約之規定代替之。

六、團體協約之競合

團體協約之競合，乃指有兩個以上之團體協約可得適用，且其內容互相衝突，而必須擇一為適用之情形。對於團體協約競合之原則，首先應以效力發生在前之團體協約之規定，然後再依職業之適用範圍，或依地域及人數之適用範圍。亦即適用之優先順序為：職業範圍較小、地域及人數範圍較大者，優先適用。

七、團體協約之存續

我國對於團體協約之存續採保護之立法政策，包括：

（一）定期協約

期限不得超過 3 年，超過 3 年者，視為 3 年。

（二）不定期協約

當事人之一方，於團體協約訂定 1 年後，得隨時終止之；但至少應在 3 個月前，以書面通知他方當事人。

（三）以完成一定工作為期限之協約

此類協約於工作完畢即行終止，唯其工作於 3 年內未完成時，視同 3 年期的團體協約。

參、團體協約法問題討論

我國於 2008 年 1 月 9 日修訂的團體協約法第 2 條規定：稱團體契約者，謂雇主或有法人資格之雇主團體與依公會法成立之工會，以約定勞動關係及相關事項為目的所簽訂之書面契約。我國團體協約具有如下的特性：

一、特性

1. 具有締結團體協約能力者：在勞動者方面，僅有依工會法成立之工會始有締約能力，個別勞動者或無法人資格之單純多數勞動者，則不具備此項資格。至於雇主方面，則可以是自然人之雇主或具法人資格之雇主團體。

2. 團體協約以規定勞動關係與相關事項為目的。所謂勞動關係除了工資、工時等勞動條件外，尚包括勞動關係之成立、內容及終結等。至於主管機關，在中央為中華民國勞動部；在直轄市為直轄市政府；在縣（市）為縣（市）政府。

3. 集體談判固以達成協議締結團體協約為主要目的，但勞雇雙方並沒有一定得達成協議之義務，因此必須以勞雇雙方同意為原則。不過，經「勞資爭議處理法」調解成立或經由仲裁決定者，當事人一方為勞工團體時，視為當時人間之團體協約。

4. 勞資雙方應本誠實信用原則，進行團體協約的協商；對於他方所提團體協約的協商，無正當理由者，不得拒絕。所謂無正當理由意指：對於他方提出合理適當之協商內容、時間、地點及進行方式，拒絕進行協商；未於 60 日內針對協商書面通知提出對應方案，並進行協商，以及拒絕進行提供協商所必要的資料。

5. 因進行團體協約之協商而提供資料之勞資一方，得要求他方保守祕密，並給付必要費用。

二、團體協商代表的選派

團體協約法第 8 條規定：「工會或雇主團體以其團體名義進行團體協約之協商，其協商代表應下列方式之一產生：

1. 依其團體章程之規定。

2. 依其會員大會或會員代表大會之決議。

3. 經通知其全體會員，並由過半數會員書面委任。

前項協商代表以工會或雇主團體之會員為限。但經他方書面同意者，不在此限。

工會或雇主團體以其團體名義簽訂團體協約，除依其團體章程之規定為之者外，應先經會員或會員代表大會之會員代表過半數出席，出席會員或會員代表三分之二以上決議，或通知其全體會員，經四分之二以上會員以書面同意。未依前述規定所簽訂之團體協約，於補行前項程序追認前，不生效力。

三、團體協商的內容

（一）得約定事項

　　團體協約得約定下列事項如下：

1. 工資、工時、律貼、獎金、調動、資遣、退休、職業災害補償、撫恤等勞動條件。

2. 企業內勞動組織之設立與利用、就業服務機構之利用、勞資爭議調解、仲裁機構之設立及利用。

3. 團體協約之協商程序、協商資料之提供、團體協約之商用範圍、有效期間及和諧履行協約義務。

4. 工會之組織、運作、活動及企業設施之利用。

5. 參與企業經營與勞資合作組織之設置及利用。

6. 申訴制度、促進勞資合作、升遷、獎懲、教育訓練、安全衛生、企業福利及其他關於勞資同遵守之事項。

（二）技術生等

　　學徒關係與技術生、養成工、見習生、建教合作班之學生及其他與技術生性質相類的人，其前項各款事項亦得於團體協約中約定。

（三）非團體協約關係人

　　團體協約得約定，受該團體協約束之雇主非有正當理由，不得對所屬非該團體協約關係人之勞工，就該團體協約所約定之勞動條件進行調整。但團體協約另有約定，非該團體協約關係人之勞工，支付一定之費用予工會者，不在此限。

肆、總結

　　由於團體協約履行涉及債法性效果，非工會組織無法成為請求履行之對象，復以非工會亦無爭議權行使空間，其協商能力當無法落實等因素，故僅能規定工會為唯一得進行團體協約協商之勞方當事人。

為促進勞資雙方本於誠實信用原則進行協商，除明定無正當理由，不得拒絕協商外，另對於刻意杯葛協商程序或拒絕提供合理協商之必要資料者，亦視為無正當理由拒絕協商，被拒絕之一方除得依勞資爭議處理法就協商內容事項進行調解或仲裁，以解決因協商所致之爭議外，亦可同時對於拒絕協商之行為，另依勞資爭議處理法裁決之規定，經裁決認定後，可以一定金額之罰鍰，並得按日連續處罰。

基於當事人自治之原則，理應由當事人雙方自由訂定，為鑒於團體協約在我國實務運作之經驗不豐，為收教育之效，並供勞資雙方進行團體協約協商之參考，明定团体協約得約定之事項。

团体協約簽訂時之經濟情形於簽訂後有重大變更，致有無法達到協約目的之虞時，當事人之一方得向簽約工會之主管申請認定，經認定後 3 個月內，以書面通知他方當事人終止團體協約。

第二節　我國團體協商現況

我國勞資團體協商情況一直未能改善，其原因可能與文化環境有關，然而，政府以管理者心態，利用法令強制性規定，也讓勞資協商沒有足夠的空間，影響更加深遠。茲以目前團體協約訂定情形，及勞資會議實施情形可略知一二。

壹、現況分析

一、團體協約訂定情形

十年來我國簽訂團體協約之企業統計，從 2010 年 43 個逐年增加至 2019 年 772 個；在企業單位，由 2010 年 62 個逐年增加至 2019 年 216 個。

表 11-1　十年來我國簽訂團體協約之企業　　　　　　　　　　　　單位：家

年別	總計	企業
2010	43	42
2011	67	62
2012	83	77
2013	101	94
2014	300	106
2015	665	132
2016	700	162
2017	520	166
2018	723	172
2019	772	216

※ 資料來源：中華民國勞動部勞動力發展署，http://statdb.mol.gov.tw/html/mon/23040.pdf,
2020。

二、勞資會議實施情形

　　如表 11-2，十年來我國事業單位勞資會議實施情形統計：2010 年 28,953
個至 2019 年逐年急速增加至 115,397 個，其中公營單位 2010 年 505 個增加至
2019 年 1,358 個、民營單位 2010 年 28,448 個急速增加至 2019 年 114,039 個。

表 11-2　十年來我國事業單位勞資會議現況　　　　　　　　　　　單位：家

年別	總計	公營	民營
2010	28,953	505	28,448
2011	34,423	532	33,891
2012	38,541	576	37,965
2013	42,773	577	42,196
2014	48,769	609	48,160
2015	56,205	659	55,546
2016	66,003	684	65,319
2017	79,083	756	78,327
2018	98,512	1,134	97,378
2019	115,397	1,358	114,039

※ 資料來源：中華民國勞動部勞動力發展署，http://statdb.mol.gov.tw/html/mon/23040.pdf,
2020。

　　我國近十年來締結團體協約的工會數量明顯萎縮的現象，但受到先進國家制度的鼓舞，近年來開始有增長的趨勢。正如學界所指出：「我國團體協商的未能發展及普遍採行，其根本原因仍在政府對於舊有的勞動政策及法制，從未隨時代遞嬗而加以結構性的調整，以及法制與行政措施抑制工會運動發展，而致大多數工會缺乏協商力量。從僅有的百餘份既有團體協約作分析，其在當初的簽訂背景，應不乏只是資方對工會要求所展現勞資和諧善意下的結果，既有團體協約集中在少數的產業及縣市，許多協約條款只是拷貝法律既有規定而較少實質意涵，接近九成的協約在效期屆滿後也未再續約或新訂；整體而言，若評論當前我國的團體協約制度已深陷瀕臨消失的困境中，應不為過。」[2]

貳、勞資協議制

一、何謂「勞資協議制」

　　以企業層級而言，團體協商與勞資協議是扮演勞資關係最重要的角色。[3]雖然兩者亦不易區分，然而，從勞資關係的觀點來看，卻極為明顯，因為勞資關係指的是「對立面」（工會與雇主的關係）和「合作面」（員工與雇主的關係），因此，團體協商乃是處理勞資間的利害對立事項，而勞資協議則處理共同利害事項。當然，實務上利害對立事項也可以用勞資協議加以解決。茲繪圖表示如下：

　　勞資協議制相對於團體協商制，不但勞資雙方有機會定期協商之外，其基於合作關係，以勞工控制、勞工參與、聯合諮詢制度、所有權、共同決定、工作會議、聯合生產委員會、勞工代表參與董事會、工作生活品質計畫等為手段，與雇主進行對等的協調機制。

---

[2] 陳正良，《我國工會與協商結構：朝向較集權模式作發展》，我國勞動評論，第二卷第一期（2010 年六月），頁 21～63。

[3] 蘇進安、林有志譯，佐護譽著，人力資源管理，2000。

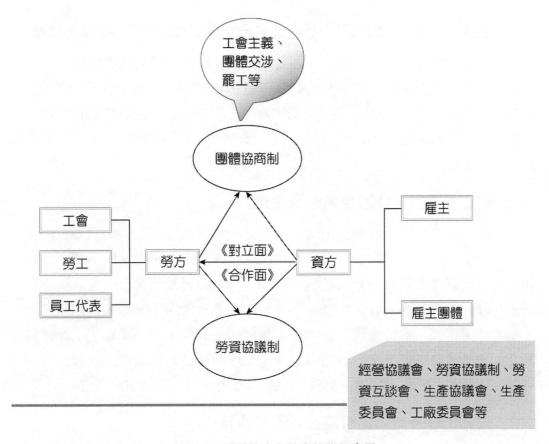

圖 11-1　團體協商與勞資協議概念圖

二、我國團體協商之可行性作法

歸納我國實施勞資協議制的優點如下：

(一) 勞資會議的實施即為勞資協議制

我國勞資會議制度實際上為勞資協議的開端，勞資會議似乎是較為勞資雙方所接受的制度，雖然並未盡理想，然而，假以時日，必能顯出其效果，當然，法律環境也應予考慮。因此，勞資會議實施辦法若提升為法律層級，由法律監督勞資雙方進行會議，雙方採取合作態勢，對產業有好處，雇主也不致於抵死不從或陽奉陰違。當然，勞資雙方代表的產生、會議品質、頻率的要求及事後簽訂協議的方式，為勞資協議制是否推動得宜的真正關鍵。

（二）企業內實施勞資會議，產業工會及企業工會亦得以發揮其功能

除在制度面有待重新設計外，人為的思考及努力亦是成敗的關鍵。例如：目前勞資爭議處理制度上所處理的勞資爭議，實際上，90%為申訴案件（日本稱苦情申訴），應交還由企業內之工會處理，則工會與會員間之情感得以建立，工會亦能了解會員的真正需要在哪裡，工會的功能才得以發揮，工會步上正途指日可待。

（三）勞資會議適合我國目前勞資生態

勞資會議的實施，有助於工業民主制度的實現，在我國傾斜的勞資關係一面倒的現況下，唯有實施勞資會議才能讓勞資關係走上正途，因為勞資會議已在我國形成制度了，而勞資協議制，例如：日本的經營協議會、勞資協議制、勞資互談會、生產協議會、生產委員會、工廠委員會等；或如先進國家工業民主制的勞工控制、勞工參與、聯合諮詢制度、所有權、共同決定、工作會議、聯合生產委員會、勞工代表參與董事會、工作生活品質計畫等，在我國短期內可能無法做到，因此，作者主張應全力推動實施。

（四）職業工會及地區工會應進行團體協商

我國推動團體協商有三、四十年以上，然而，企業實施困難，至今仍一無所成。發生在 1996 年，當時的工總與全總在勞資政及大眾的期待下，進行了全國性也是獨一無二的一次團體協商，可惜由於雇主在簽訂協議後毀約，讓勞工徒呼負負。顯示我國並不適合集體談判，或許主客觀環境仍不允許之故。

（五）工會與企業、雇主之關係可改善

產業工會應與企業定期進行勞資會議、無工會者亦應由勞資代表進行勞資代表會議、地區工會則應致力於與同一層級之雇主團體進團體協商，發揮上級工會應有的功能，維護地域性或全國性的基本勞動條件；而職業工會應健全其組織，仍應致力於與雇主組織（公會）進行團體協商。推動我國勞資關係之有效機制，內容如圖 11-2。

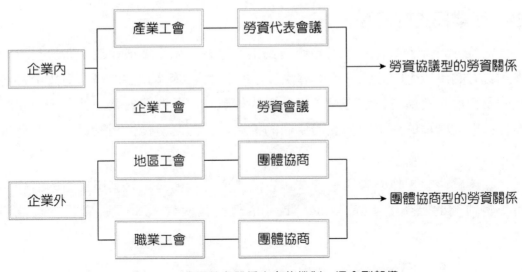

圖 11-2　我國勞資關係之有效機制－混合型架構

參、產業民主

　　企業內產業民主制度之實施，主要的法理基礎來自於三者：立法規範、團體協商及勞資政三方的意圖。在歐美先進國家，在勞資關係扮演重要角色的是團體協商及勞資協議，該兩者甚至被認為是產業民主的兩大支柱，如果要達成產業民主，應該在團體協商及勞資協議上努力，以達到勞資共存共榮，創造雙贏的局面。

一、產業民主的意義

　　「產業民主」一詞在學者撰寫有關管理方面的文章時，為常常引用的觀念。例如，McGregor 認為：「在適當條件下創造機會，使人們能夠影響有關他們自己的決策事項。……是一種特殊的代表型態，即下屬在其相關的責任下，尋求更多的控制權與選擇自由」。Sawtell 則定義為：「受雇者從事積極的行動，以求得制定有利於他們管理決策之任何過程而言」。Lawmers 認為：「下屬以整體的努力，以獲取上級及本身所認可的權利之謂」。產業民主的實施，在先進國家有許多極為成功的例子，如 Glacier 金屬公司、John Lewis 聯合公司及 Scott Bader 商協公司，前南斯拉夫的產業民主制度被認為是最先實施的國家。[4]

---

[4]　朱堅章、呂文通、邱坤玄譯，C. Pateman 著，《參與和民主理論》，臺北：幼獅公司，1978 年，頁 85～93。

二、產業民主的演變

根據 Roberts 的定義：所謂產業民主乃是在一個企業或產業中對於員工代表和資方間所產生的問題，提供解決程序的制度。[5]產業民主的概念並逐漸從解決問題程序，發展為對資方單方面的裁決移至對申訴問題的共同仲裁，使申訴案件獲得更合理的解決。而團體協商的發展則被認為是提供產業民主的一個機制。

在英國，對工作的參與是產業民主的主要意義。員工對其所從事的工作，可以對他們的工作生活(Working Lives)的條件作檢視。[6]於是產業民主可能隱含：

1. 「勞工控制」(Worker's Control)。

2. 「工會主義」(Industrial Unionism)。

3. 「勞工參與」(Workers' Participation)。

4. 「聯合諮詢」(Joint Consultation)。

5. 「所有權」(Ownership)。

6. 「合夥制度」(Partnership)。

7. 「共同決策」(Co-determination)。[7]

總之，所有有關勞工在產業上的權利，特別是在產業決定上的分享其控制權的理論或制度，均屬之。

焦興鎧(1999)認為美國勞工參與制度之型態，依參與程度及層次之不同，可分為品管圈、工作生活品質計畫、共同增進生產力、勞動者分紅入股、勞動者參與董事會及勞動者擁有所有權等。[8]楊通軒(1997)則從憲法觀點評論勞動者參與董事會的合憲性，對於德國聯邦憲法法院 1979.3.1 判決認為有其合理的理

[5] Roberts, Harold S., 《Roberts' Dictionary of Industrial Relations(3rd Ed.)》, Washington D.C. :The Bureau of National Affairs, Inc. 1984.

[6] Clarke R. O. ,D. J. Fatchett and S. G. Rothwell, 《Workers' Participation and Industrial Democracy》, A Bibliography, 1989.

[7] McGregor D. , 《The Human side of Enterprise》, New York: McGregor Hill, 1960, p.126.

[8] 焦興鎧,〈美國勞動參與制度之研究〉,國科會研究, 1999 年。

論依據。[9]朱柔若(1998)從英國產業民主之發展,認為工會制度建立後,出現過各式各樣追求「擴大勞工對勞動過程的參與」行動,包括「產業控制」(Workers' Control of Industry)、「團體協商」(Collective Bargaining)、「員工參與管理」(Employee Participation in Management)及「產業民主」(Industrial Democracy)四種。[10]

　　無論是何種分類方法,可能發展出不同的作法,例如:員工參與制可能指的是「工作會議」(Work Councils)及「聯合生產委員會」(Joint Production Committee),也有可能是「聯合諮詢制度」(Joint Consultation),而產業民主制度有可能是「共同決定制度」(Co-determination),也可能是勞工代表參與董事會的席位。[11]本書擬概念化其觀念,而以「團體協商」及「勞資協議」為兩大重點來探討。

三、我國產業民主實施之現況

　　在我國,雖然公營事業工會在幾年前開始如火如荼的展開爭取「產業民主」的主張,首先由電信工會動員員工以集體抗議的方式,更獲得石油、郵務、中船等工會之聲援,包控運輸、銀行、鋼鐵、造船等公營事業工會爭取公營事業一體適用,我國產業經營和經濟將面臨另一番局面。

　　另一方面,我國企業實施產業民主的情形非常有限。稱得上屬於產業民主方面的立法,僅勞動基準法、「勞資會議」、職工福利金條例「職工福利委員會」的設置,及依勞基法規定所頒布的行政命令「勞資會議實施辦法」而已。撇開職工福利委員會的設置不談,勞基法第 83 條所規定者僅為宣示性條文,真正具體規定者,則僅有「勞資會議實施辦法」而已,但該辦法仍為行政命令,並無強制性,因此,按規定實施之企業非常有限。

　　根據省勞工處之調查(1990),在 5,000 家製造業中,曾經舉行勞資會議者只有 10%而已,而勞委會的統計(1991),以舉行過勞資會議之企業只有 806 家,500 人以上大企業之勞資會議舉行率大約為 50%。

---

[9] 楊通軒,〈從德國憲法法院判決評論我國勞工參與董監事會之合憲性〉,國科會研究,1997 年。

[10] 朱柔若,《社會變遷中的勞工問題》,臺北:揚智文化,1998 年,頁 253～257。

[11] Pod, M., 《Towards a new Industrial Democracy: workers' Participation in Industry》, London: Routledge & Kegan Paul, 1986.

　　針對實施勞資會議的效果分析，林大鈞(1984)之研究調查報告指出：大約50%的企業是形式上設有勞資會議制度，但幾乎沒有發揮功能。而大多數的企業亦認為沒有舉行勞資會議的必要。另外的原因則是「經常不能達成協議」（占44%）、「多為形式的、表面的會議，只不過是報告資方已經決定的事項而已」（占 35%），其他是「決議事項經常無法實行」和「舉行次數不符合實際上的要求」等（各占 1%）。我國目前在民營企業中，工會的組織率極低，約為 2%以下。[12]雖然 80 年代開始工會數量有大幅增加，然而屬於「勞保工會」、「御用工會」、「花瓶工會」者不少。

　　另外，團體協商的機制為建立，縱使工會提議協商，雇主亦可以不理睬，法令並未規定雇主有協商的義務，[13]因此，至目前為止，全國未超過300家簽訂團體協約。占企業的比率極少，其中並以公營企業居多，真正簽訂協約，且能發揮功能者（例如：團體協商並未訂定期限或抄襲法令之規定），寥寥無幾。

肆、總結

　　自從工業革命於 18 世紀開始以來，勞工為了保障其工資待遇及相關利益，免為雇主所剝削，體會到團體的力量比個別的力量大，工會組織即因應而生。先進國家的工會運動發展至今，影響整個國家的經濟、政治及社會至鉅。雖然各國工運之走向不盡相同，一般而言，英國與歐洲大陸之工會與政黨關係密切，甚至工黨由工會控制[14]；美國則著重於利用自身的力量，以換取保護會員利益的團體協約；甚至日本也受到歐美先進國家的影響，一方面企業單位的工會組織普遍設立，盛行企業單位團體協商約的締結，另一方面日本工會受政黨之領導與支持，發展成為獨特且和諧之勞資關係。[15]我國工運之發展較為不同，由於工會力量薄弱，大抵均在政府及執政黨的扶持及控制之下，一方面勞工意識並未抬頭，一方面資方多持反對工運的態度，因此，我國的工會運動仍未具有順利發展的條件。

---

[12] 本研究採用經建會之數據：在 1983 年登記有案之工廠數為 63,220 個，而產業工會僅有 1,104 個，占 1.7%。

[13] 行政院勞工委員會網站資料，http://www.cla.gov.tw/acdept/month/tab0304.xls。

[14] 張其恆，《世界勞動關係總覽》，政大勞研所，1998 年，頁 165。

[15] 張天開，〈工會組織〉，于宗先主編，《人力資源》，經濟學百科全書 7，聯經出版社，1986 年，頁 2240～2241。

　　我國產業民主的實施，在工會過度積弱的先天不足情況下，團體協商的功能無法發揮，而勞資協議制誘因法令強制性不足，企業實施的意願不高，其制度亦可說並未建立。衛民(1995)[16]認為我國的勞資關係乃屬於「非團體協商型」的勞資關係模式，工會並未代表勞工與雇主協商，究竟應如何才能保護或提升勞工的基本權益和福利？

　　其實，長久以來政府在勞資關係上均扮演了極為吃重的角色。政府制定法律和保護勞工的責任，在許多方面政府取代了工會的功能，勞基法、勞保條例、職工福利金條例等，使工會爭取福利之空間受到限制。除非工人覺醒，雇主反工會的態度改變，政府放手讓勞資一搏，否則產業民主在我國的實施有其困難。

　　我國目前遭遇的經濟上、政治上及社會環境的變遷極大，勞資關係的環境似乎也逐漸起了變化。迄今，勞資關係雖仍屬單行道，但轉變為雙向道的日子或許為期不遠。[17]未來面臨國際競爭壓力，步步向前邁進仍是值得嘗試的選擇。據報導：「為因應產業民主的世界趨勢，勞委會檢討我國國情及限制後，有意提升現行『勞資會議實施辦法』位階，改訂『勞資協議法』，作為未來推動產業民主的法令依據。」[18]希望這一天能夠盡快來到。

---

[16] 衛民，《團體協商與勞資關係》，我國省勞資關係協會，1995 年。

[17] 佐護譽、韓義詠，《日韓經營企業與勞務關係的比較》，泉文堂，1991 年，頁 256。

[18] 中國時報，1997/4/8 報導。

案例1 日本的「勞資協議制」

　　日本的勞資協議制乃源自於英國之勞資協議會(Joint Industrial Council)及西德之經營協議會（赤岡功等，1989）。所謂勞資協議制依日本官方的定義為「指以勞資來協議經營、生產、勞動條件與福利衛生等事項的常設機構」（勞動省長官房政策調查部，1990）。在企業層級的勞資協議制度，名稱不一，有經營協議會、勞資協議制、勞資互談會、生產協議會、生產委員會、工廠委員會等。這些措施實質上因單位的不同，有些許差異，不過，大致上乃是由勞工（員工）依自己的需求成立，也有依法令或勞資協定而設置於個別企業之內，其實施方式大致採取以個別企業為單位，設置的聯合協議機構的型態。

　　日本學者之見解，勞資協議制係依據產業民主思想所產生的制度，西歐國家之勞資協議制由非工會之員工代表組成，日本則由團體協商當事人勞資雙方，亦即是代表企業及工會所組成，因此，在制度上即有：1.團體協商與勞資協議制同時存在；2.勞資協議亦處理團體協商之事項；乃至於 3.兩者重覆之型態。日本勞資協議制已成為日本勞資溝通最重要的作法，在實務上，日本企業均以勞資協議機構為主要的勞資協商工具了（鄧學良，1999）。

　　在日本一項對企業的調查中（蘇進安、林有志譯，佐護譽著，2000），顯示計有 401 家企業單位、180 家事業場所單位及 92 家工作場所單位進行勞資協議制，而名稱則不一而足。

勞資協議機構之名稱

	企業單位	事業場所單位	工作場所單位
調查實例	勞資協議會：190 家 經營協議會：73 家 勞資懇談會：52 家 中央勞資懇談會：32 家 中央經營協議會：6 家 中央協議會：15 家 勞動協議會：13 家	事業場所勞資協議會：53 家 勞資懇談會：35 家 分部勞資協議會：26 家 勞資協議會：23 家 事業場所經營協議會：19 家 地方勞資懇談會：14 家 地方經營協議會：10 家	工作場所懇談會：62 家 工作場所協議會：17 家 工作場所經營協議會：8 家 生產委員會：5 家
合計	401 家	180 家	92 家

※資料來源：日本生產力本部(1976)。

　　日本社會經濟生產部於 1955 年開始推動企業內勞資協議制。設置勞資協議之比率，在 1989 年中，50 人以上之企業者占 58.1%，100 人以上之企業占 69.4%，5,000 人以上之企業占 73.3%。根據調查：「勞資協議機構之普及率，在主要企業中高達 90% 以上，可說已變成社會規範的階段了」。在日本大多數企業中，不但組織工會，而且也均設置勞資協議機構。

　　針對日本勞資協議機構之協議項目觀之，有關勞動條件事項中，「工作時間、休日、休假」占 85.8%，「工作場所安全衛生」占 85.6% 為最多；而經營事項中，「公司組織機構的新設或廢除」占 59.6%，「生產、銷售等基本計畫」占 59.5%，其他尚有有關人事管理事項和其他事項。至於其處理方式則按期涉入的程度可分為附議事項、說明報告事項、意見聽取事項、協議事項及同意事項。（見表 11-4）當需要勞資雙方意見一致之事項，而未達到意見一致，在實務上，工會多會將該議題轉至集體協商來處理。

勞資協議機構之協議項目比率

項目		合計
有關經營事項	經營基本方針	56.5
	生產銷售等基本計畫	59.5
	公司組織機構之新設改費	59.6
	引進應用新技術之機器等生產事務之合理化	55.8
有關管理人事事項	採用、分派基準	50.9
	調動職位、出差	58.3
	暫時請假人員整理、解僱	61.9
有關勞動條件事項	勤務方式之變更	79.2
	工作時間、休日、休假	85.8
	工作場所安全衛生	85.6
	退休制度	69.9
	工資、慰勞金	69.9
	退休津貼、年金基準	65.7
其他事項	教育訓練計畫	63.3
	福利保健	81.5
	文化體育活動	72.8

※資料來源：日本生產力本部(1976)。

案例2 團體協約的雇主─以公立學校是否為教師之雇主為例

團體協約法第 10 條規定，團體協約簽訂後，勞方當事人應將團體協約送其主管機關備查；其變更或終止時，亦同。下列團體協約，應於簽訂前取得核可，未經核可者，無效：

一、 一方當事人為公營事業機構者，應經其主管機關核可。

二、 一方當事人為國防部所屬機關（構）、學校者，應經國防部核可。

三、 一方當事人為前二款以外之政府機關（構）、公立學校而有上級主管機關者，應經其上級主管機關核可。但關係人為工友（含技工、駕駛）者，應經行政院人事行政局（今：人事行政總處）核可。另團體協約法第 6 條第 2 項之規定，「勞資之一方」於「有協商資格之他方」提出協商時，如有該條項所列各款情形者，始屬無正當理由拒絕協商。基此，首應確認係由「具備勞資一方當事人之資格」者，對於「亦具備協商資格之他方」所提出之協商，始有團體協約法第 6 條第 2 項各款之適用。尤其該法乃歷經多年努力，始於 97 年 1 月 9 日大幅修正全文 34 條，並於 100 年 5 月 1 日施行，對於依該法進行協商時，公立學校是否為教師之雇主一節，在該法施行初期之本件爭議發生時（即 101 年 3 至 5 月間），被告與教育部間確尚未形成共識，此為當事人所不爭執。而公立學校係各級政府依法令設置實施教育之機構，具有機關之地位，公立學校教師之聘任，固為行政契約，惟因公立學校教師之聘任、敘薪、解聘、停聘、不續聘、退休、請假等事項，不僅影響教師個人權益，同時亦影響學術自由之發展與學生受教育之基本權利，乃涉及重大公益事項。是在公立學校與其教師之行政契約關係中，並不排除立法者就其中部分法律關係，以法律特別規定其要件、行為方式、程序或法律效果，俾限制行政契約當事人之部分契約自由而維護公益。因此，有關公立學校與其教師間之所有行政契約內容，教師依工會法第 4 條第 3 項組織成立之教育產業公會，是否均得以公立學校為雇主，要求根據團體協約法第 6 條之規定進行協商，即非無疑。至前引團體協約法第 10 條第 2 項之規定，參諸該條項之立法理由：「鑒於各級政府機關（構）、公立學校及公營事業機構等之團體協約常涉政府預算或人事管理事項，為免造成政府運作之窒礙或衍生爭議，爰增訂第 2 項，非依程序經

核可者無效。」可知該條項係針對公立學校已符合團體協約法所稱之雇主，而成為一方當事人之情形所為規範。至於公立學校針對哪些協商事項，得基於團體協約法以雇主身分，與有協商資格之他方進行協商，尚無從自該條項推知。…確有進一步針對個別協商事項之權責確認適格之協商當事人之必要。

案例3　團體協約「禁搭便車」條款爭議

團體協約是工會與雇主間的契約，透過集體談判讓勞動條件明確及明文化，從法階位而言，團體契約之效力大於工作規則及勞動契約。如工作規則或勞動契約牴觸團體協約者，則無效。

一、法源依據

《團體協約法》第 13 條規定，團體協約得約定（任意性），受該團體協約拘束之雇主，非有正當理由，不得對所屬非該團體協約關係人之勞工，就該團體協約所約定之勞動條件，進行調整。但團體協約另有約定，非該團體協約關係人之勞工，支付一定之費用予工會者，不在此限。同法第 19 條規定，團體協約所約定勞動條件，當然為該團體協約所屬雇主及勞工間勞動契約之內容。勞動契約異於該團體協約所約定之勞動條件者，其相異部分無效；無效之部分以團體協約之約定代之。但異於團體協約之約定，為該團體協約所容許或為勞工之利益變更勞動條件，而該團體協約並未禁止者，仍為有效。

二、企業管理與工會立場不同

長榮空服員罷工事件爭議在於「禁搭便車」條款，期待勞資雙方能簽訂團體協約。從管理層面而言，雇主必遭非會員之員工有差別對待及剝奪憲法不結社之自由權。另管理上一體兩制很難撫平員工情緒。尤其在薪資待遇上不論勞動基準法或性別工作平等法均規範同工同酬，自不應員工有無工會會員資格而有不同處理方式，否則有違公平原則。但從工會角度而言，會員之抗爭，由非會員享受同等待遇，是讓非會員坐享其成、更不公平。若有「禁搭便車」條款一宣示「只有加入工會才能享有」有利於團結權壯大。

三、勞雇雙方分勝負之指標

有「禁搭便車」條款，等同工會獲勝嗎？本文認為應促動勞資和諧與同舟共濟之理念進行團體協商方能順利，若雙方無互信或無誠意再付出更多的社會成本仍無法讓雙方滿意，只能任其惡性發展。因此，考量使用者付費之原則或許可行，更可落實《團體協約法》第 13 條的但書中有提到：「但團體協約另有約定，非該團體協約關係人之勞工，支付一定之費用予工會者，不在此限。」簡言之就是補票上車，皆大歡喜。

四、勞資爭議調解中的警覺

從各種類型之勞資爭議案件中作者發現均與「錢」有關，例如：工資短缺或職業災害補償金或退休金發給。因此，合理與合法的薪資結構與考勤制度應具體明確規範或約定，方能解決基本爭議問題，但事實上，中小企業之典章制度仍有缺漏，政府可從旁協助方為根本之道。

筆者曾訪問第一商業銀行工會理事長宋介馨女士表示，工會與企業簽定團體協約時，有列入禁搭便車條款，但勞資雙方協商共識係工會會員必須達96%，在達標下，執行順利（如圖 11-3）。宋理事長又表示，工會聯合運作之團結力量，亦可讓工會功能提升。近日因疫情嚴重，財政部所屬泛公股 12 大工會聯合陳情，將 109 年度績效獎金調降及增加班費與加熱菸增加緩衝時間等。基此，禁搭便車條款之落實與工會扮演之角色及所處企業文化度有正相關。

圖 11-3

問題與討論

一、 我國團體協約法修正的重點為何？

二、 勞資雙方訂定團體協約時，有哪些內容上的限制？

三、 團體協約之效力有哪些？規範性效力又包括哪些原則？

四、 何謂團體協約之競合？

五、 我國團體協約具有何種特性？

我國勞資爭議處理

INDUSTRIAL RELATIONS

　　本章是勞動三權的第三權——爭議權的介紹。研究指出所有以立法方式決定工資及其他僱用條件，就某種意義而言，所有立法體系對團體協商制度之詮釋，而爭議權則是實現團體協商權的輔助性權利。當團體協商陷入僵局、破裂或資方拒絕談判時，為實現勞工協約自治原則，工會可以行使爭議權向資方施壓，促使其重新回到談判桌前，或在無法達成協議時，通過仲裁程序實現勞資協約自治的最終目標。因而爭議權是實現團體協商權的一項輔助性權利。本章先從勞資爭議的意義及範圍談起，然後介紹爭議行為的類型，最後再對勞資爭議的處理加以討論。

第一節　勞資爭議與爭議行為

　　勞資爭議係由於勞工與雇主間的關係失調所引起。勞工為受僱者，雇主則是以工資僱用他人為其從事生產或工作之人；兩者的立場不同，願望與要求也就恰正相反；在雇主方面，惟望工資越低越好，工作時間越長越好（當然有例外的情形）；而勞工方面卻是工資越多越好，工作時間越短越好。[1]所以，勞資爭議乃大致是肇因於勞工與雇主間利益之衝突。另勞工或雇主之固有權利（該權利乃法律所賦予者），一旦遭到對方之侵害，容易引起勞資爭議。故勞資之利益或權利上的衝突，即為勞資爭議，而其爭議可能引起的行為（如罷工、怠工等）即為爭議行為。

壹、勞資爭議之意義及範圍

一、勞資爭議之意義

　　所謂「勞資爭議」(Labor Dispute)，在美國，意即有關僱傭上之勞動條件之維持或改變所為之爭論或交涉。廣義地並包括勞資間所有無法達成協議之狀態。[2]而日本，通稱為「勞資紛爭」，並直接以「團體行動權」表示勞工對爭議權的保障。事實上，先進國家對上述勞資爭議的定義，乃指團體協約期滿前後

---

[1] 柴松林，〈勞工最關心什麼問題〉，財訊月刊 39 期，1985 年 6 月，頁 172～179。

[2] Harold S. Robert, 《Roberts' Dictionary of Industrial Relations》, Manoa: University of Hawaii Industrial Relations Center, 1970, p.345.

之交涉狀態，在尚未達成協議時之緊張狀態，此與團體協約簽訂未盛行之我國，在概念上，有極大的不同。國內學者對勞資爭議的意義，大致為廣義與狹義兩種，廣義的意義指以勞動關係為中心而發生的一切爭議；但實務上，指狹義的意義較為合適，即雇主與受雇者之間所能發生的一切爭議，以及雇主或雇主団體與受雇者団體之間所能發生的一切爭議。[3]勞工立法制度上所稱之勞資爭議，指個別的勞工與雇主所發生之勞動關係上之爭議，以及雇主或雇主団體與勞工団體（或一定多數之集體勞工）所發生之爭執，謂之勞資爭議。[4]

然而，以勞資爭議發生之原因，歸納為交涉未達協議及勞資爭議發生之原因，如係由於勞工與雇主間利益之衝突，或在勞動條件之爭議與交涉，無法達成協議者，吾人可稱之為利益爭議(Dispute on Interest)或事實上之爭議(Dispute in Fact)即為前者之謂。而勞工（或雇主）之權利受對方侵害，可稱為權利爭議(Dispute on Right)或法律上的糾紛(Dispute in Law)，[5]亦即本書所稱之不當勞動行為之爭議。因為不當勞動行為可能導致勞資爭議，亦是勞資爭議的本質所在。

二、勞資爭議之範圍

勞資爭議之範圍，若以其性質來劃分，為「權利事項」及「調整事項」爭議，勞資爭議處理法上之勞資爭議即準此而言。若以其內容來劃分，又可分為四大類：1.為由於雙方對於団體協約所規定條款的解釋發生差異；或對於協約中條款的履行與否發生爭執。2.為雙方關於工資、工時以至其他勞動條件尚未議定載入協約前所發生的爭執。3.為有關工會的承認或議訂団體協約的代表權，以及其他団體協商等問題。4.為有關勞工與雇主或其代理人間的人事問題。[6]

因此，除非上述四大類之範圍，應不得為勞資爭議之原因，例如公司之生產計畫或業務上之爭執，及公司之人事任用、訓練，非妨害工會運作之人事上之派任、調遷、出差等項，為均純為公司業務上之考慮，屬於雇主之營業權。

---

[3]　陳國鈞，〈我國地區勞資爭議問題及其解決之道〉，實踐月刊 789 期，1989 年 3 月，頁 11~12。

[4]　陳繼盛，《勞資關係》，臺北：正中書局，1981 年，頁 140。

[5]　陳繼盛，《各國勞資爭議處理制度之研究》，行政院勞工委員會，1991 年，頁 4~5。

[6]　陳國鈞，《我國勞工新課題》，臺北：中華民國勞資關係協進會，1986 年，頁 294。

依法理，勞工不應主張或干涉，否則即為侵犯雇主之權利，因此，不在勞資爭議之範圍。

貳、爭議行為之意義及主體

一、爭議行為之意義

　　爭議行為的概念有多樣性，在日本以憲法上的觀點，即憲法第 28 條所稱之「受爭議權保護之行為」之意，而勞動關係調整法對爭議行為的定義為「本法所稱的爭議行為，指對於罷工、怠工、關廠及其他有關行為的當事人，所主張為貫徹其目的之行為及對抗行為，而阻礙業務之正常營運者。」（勞調法第 7 條）。[7]因此，依此定義，多數學者乃主張「凡阻礙雇主之正常業務之營運的一切行為」，均為爭議行為之定義（以勞工之爭議行為而言）。而近來較有力的學說認為：爭議權是以罷工（集體不提供勞務）權為中心的法律保障下之權利，而爭議行為的概念是以其行為之類型來說，謂「勞動者的集體主張及示威，為貫徹其目的，所為之勞務完全或不完全停止。必要時，為達到維持勞務停止之效果，並以糾察行為（糾察罷工）以防止雇主採取破壞行動者」。[8]一般吾人亦可以「罷工」為總稱，兩種雖不能指為完全一致，但卻是最直接之稱呼，在美國，所謂「罷工」(Strike)，謂「一群受雇者為表示其情緒上或工資、工時等勞動條件的不滿，而中止或停止勞務」。

　　由上述概念得知：爭議行為乃勞資爭議發生後，勞工（或雇主）可能採取之行動。因此「爭議行為」與「勞資爭議」之區別為：爭議行為為達到爭議目的，所採取的一種手段，是勞資爭議的一種具體行動，但非一定得採取行動。故就狀態言：已發生爭議行為者，固屬於勞資爭議的範疇，然縱未發生爭議行為，亦非當然不屬於勞資爭議。[9]即勞資爭議乃是爭議行為發生之原因，而爭議行為是勞資爭議後之一種具體行動或有發生之虞者，而為「罷工」等行動之本身，包括完全及不完全停止提供勞務者。此一定義即日本所稱「團體行動」之謂（日本憲法第 28 條：「勞動者之團結權、團體協商權及其他團體行動權，應

---

[7] 菅野和夫，《勞動法》，東京：弘文堂，1989 年，頁 482~483。

[8] 金井正元，《勞動基準法解說－個別的勞動關係法》，東京：一橋出版社，1989 年，頁 4。

[9] 魏朝光，〈爭議行為之正當性－從日本的觀念與做法談起〉，勞工研究季刊 97 期，1989 年 10 月，頁 44。

予保障」，學界稱之為勞動權）。亦有學者稱為「勞動鬥爭權」，指勞工為改善勞動條件，以工會為主體進行團體協商，為使這種交涉發生一定的壓力，以有計畫、有組織的集體暫不工作，破壞生產秩序，以達成最後修訂或重新締結團體協約之行為，[10]以爭議行為作用之角度言之，晚近之日本學者菅野和夫及金井正元並將「團體行動」分為「爭議行動」與「工會活動」兩者，而謂「爭議行動」為勞工集體之行動，在團體行動上所受法律保障者之行為，而「工會活動」則為利用團體協商以外之抗議行為。因此，爭議行為應可廣泛將罷工、怠工、糾察、杯葛等之實際行動，稱為「有形罷工」，而對以具服飾抗爭、貼標語抗爭、散發傳單及集會演講等活動，稱為「精神罷工」。蓋精神罷工在主觀上，其行動未必足以妨害公司營運之正常進行；在客觀上，勞工為達其主張之目的，採取集體行動之行為，造成對方之壓力，此類行為亦為爭議行為之另一種型式，而為爭議權所涵蓋之範圍，仍應受法律之保障。

雇主之爭議行為，亦為法律保障之爭議權，其為對抗勞工爭議行為所採取之行動，包括關廠等，則為以雇主為主體之爭議行為。

二、爭議行為之主體

爭議之主體應以勞工及雇主為限，包括勞工或勞工團體與雇主或雇主團體。亦即個別的勞工與個別的雇主及雇主團體間之爭議，及勞工團體與個別的雇主及雇主團體間之爭議行為。所謂爭議之主體指個別的勞工與個別的雇主間之爭議行為，即稱為個別的爭議行為之主體；勞工團體與個別的雇主或雇主團體間之爭議行為，即稱為集體的爭議行為之主體。

個別爭議與集體爭議之區別，各國並不相同：在德國，指個人與其僱用者所生之糾紛，除此之外，均屬集體爭議之範圍；因此，個別爭議仍屬民法範疇中，個別爭議之「罷工」視為違法。而美國、日本、澳洲及義大利大致皆認為「個別爭議」與「集體爭議」之區別並不具特別意義。[11]國內學者的看法乃基於上述爭議行為之意義，把個別爭議排除在勞資爭議概念之外，始合乎勞動法中個別勞動法與集體勞工法分類之體系，否則將有引發勞工法體系崩壞之危險。[12]

---

[10] 黃越欽，《勞動法論》，臺北：政治大學勞工研究所，1991 年，頁 337~340。

[11] 簡良機，《勞資爭議立法規範及處理制度之研究》，臺北：五南出版社，1991 年，頁 21。

[12] 黃程貫，《勞資爭議法律體系中之罷工的概念、功能及基本法律結構》，政大法學評論 39 期，1989 年 6 月，頁 181。

簡而言之，依法理，個別爭議行為被認為非法之爭議行為，沒有法上之適用，此亦為我國勞資爭議處理法第 6 條第 2 款（舊）「前項爭議之勞方當事人應為勞工團體或勞工 10 人以上。但事業單位勞工未滿 10 人者，經三分之二以上勞工同意，亦得為勞方當事人」之立法精神。因此，勞工個別之爭議或 10 人以下之爭議，應透過集體之力量，使個別爭議行為轉變為集體爭議行為，並依法採取正當之手段，方為合法。依現行法令規定，非工會者須有三分之二以上勞工同意方可行之。至於是否應以工會為主體，部分國家及學者主張「惟有工會具有罷工權」，然亦有部分國家（如英國、日本）及國內學者認為工會雖為正常之罷工之主體，但未成立工會及多數合法之集體意見亦有爭議權，對於是否發動罷工，仍有主張之權利。

爭議行為之主體，大致分成兩說，一為個別的勞工與雇主或雇主團體間之爭議行為不應包括在內，一為不管法令如何界定，一般勞工與雇主或雇主團體間之爭議行為亦為爭議行為之範圍。本文乃採前說，認為個別勞動契約上之紛爭，應由當事人個別與資方進行交涉。而上述個別之爭議行為，可經個別交涉，再由工會合法之決議，仍得以集體之爭議行為救濟之，方能符合學理上之意義。[13]

因此，爭議行為之範圍乃以集體之爭議行為為限，至於個別之爭議行為則應歸納於勞工之不當爭議行為之範疇；當事人之一方遭受來自另一方之不當勞動行為時，可採取兩種途徑為之：一為透過集體之運作，使之成為集體之行動，一如上述；另一者為依法調查，舉行聽證，若被認定為違法時，則以法律之方式救濟之，亦即本書第八章所建議者，設立一公權中介機構，以法律禁止之，並發布不作為命令及救濟等制度。

參、勞工爭議行為之型態

勞工爭議行為之型態，乃以罷工為中心的各類型行動，包括怠工（Sabotage，日本稱怠業），糾察罷工（Picketing，日本稱ピケッティング），占據工廠（日本稱職場占據）、杯葛（Boycott，日本稱ボイコット），另以其他壓力行動者如具服飾抗爭，貼標語及散發傳單抗爭，均為勞工爭議行為之型態。

---

[13] 楊日旭等，《我國勞資爭議行為規範之立法研究》，行政院勞工委員會，1989 年，頁 1～2。

一、怠工

係勞工就其提供勞務之債務為不完全之給付。分消極性、積極性及揭發性怠工三種。

二、糾察罷工

為使集體之罷工行動，遭雇主之替代人力所瓦解，因此，附帶以監視行動對工會會員的糾察，以勸說方式阻止員工進場工作為合法，否則即為實力或積極性之糾察行為，屬不當爭議行為。

三、杯葛

為勞工對於雇主之措施，不採直接之對抗，而向第三人所為之間接爭議行為。又可分為商品杯葛及勞動杯葛兩種。

四、精神罷工

有「具服飾抗爭」、「貼標語抗爭」及「散發傳單抗爭」，亦為間接對雇主施加壓力之非有形罷工。

肆、勞工爭議行為類型

一、勞工爭議行為分類

一般所謂之「罷工」，乃為爭議行為之統稱（日本稱為同盟罷工）。因其種類繁多，合法性與非法性依其國情與環境之不同，亦有一致之看法或解釋。歸納言之，勞工的爭議行為應做如下之理解：1.罷工為單純勞動之休止、生產秩序之中斷而非勞動契約之終止；2.罷工為多數勞工所共同為之，個別之罷工為觀念所不許；3.罷工為基於勞方勞動條件之維持，改善或其他經濟利益之獲得目的，並以締結或修訂團體協約為目標之行為；4.罷工為和平方式之抗爭手段。

因此，依此定義，勞工爭議行為可作如下之區分：

（一）依爭議手段之先後

分為攻擊性罷工與防禦性罷工。

（二）依罷工之組織

分為工會罷工與非工會罷工（或稱山貓罷工 Wildcat Strike）。

（三）依罷工之目的

分為協約罷工、同情罷工(Sympathetic Strike)及示威罷工。「同情罷工」即罷工之目的並非對其雇主有所要求，而係以此罷工作為對其他勞工對抗所屬雇主時之一種聲援行為。「示威罷工」，此種罷工所訴求者，並非針對團體協約所規範之勞動條件，而以其情緒或意見可透過其他傳播媒體，造成對雇主之壓力。

（四）依罷工層面之強度

分為總罷工、全面罷工及部分罷工。全面罷工：即特定之產業之全部工會組織之全面性罷工。部分罷工：即僅特定經濟行業中，居於關鍵地位之事業或廠場之罷工。

（五）依罷工之策略

分為波狀罷工、輪迴罷工、遲滯罷工(Go-slow Strike)及警告罷工。

1. 警告罷工：即工會要求其勞工短暫中止其工作，藉以表示及警告雇主，如其拒絕工會之要求時，工會有對抗之決心與準備。

2. 遲滯罷工：即消極性怠工。

3. 輪迴罷工：即各個不同之事業或廠場輪流接續進行一定時間之罷工。

另有如「政治罷工」，係以拒絕向雇主提供勞務之方式，作為向國家機關為某種訴求之手段。「波狀罷工」，又稱鏈串罷工、間隔罷工或間接性罷工。「總罷工」，即所有工會組織之全面性罷工。

二、爭議行為之限制

依現行法令所稱合法爭議行為範圍，在程序上（調解無效後，經會員以直接、無記名投票起經全體過半數通過），手段上（不得妨害公共秩序之安寧，不得加危害他人之生命，財產及身體之自由）及目的上（非經濟性罷工及與罷工本意相違背之罷工），乃為法律所允許之爭議行為。另非誠實信用與權利濫用原

則之情形，包括預告雇主、妥協性、和平性等之未遵守，乃為違反社會正義之不當爭議行為。至於不當勞動行為罷工，乃由於雇主（或勞工）採取之妨礙、干預、介入工會運作，及對勞工個人之不當處分等，茲分析如下：

　　爭議權為憲法或法律賦予勞資雙方的基本權利，但並非漫無限制的絕對自由權。然世界各國對該爭議自由權之規定範圍也不盡相同，如英國之對罷工（合法）採兩項定義：一為停止工作，指離開工作崗位或雇主之產業而言；二為集體的行動。因此，個別孤立的行動不能成為罷工。[14]

　　以學者之看法，咸認為合法之爭議行為，應經過一段期間繼續交涉後，仍不能達到目的，工會經過工會章程所規定的手續；投票決定是否實施罷工，並將實施罷工的決心預告雇主，藉之迫使雇主妥協接受團體協商，如雇主不接受，再依計畫實施罷工。歸納其要件約如下：

1. 須經團體協商（或勞資爭議處理法上之調解程序）：須符合工會章程之投票手續（一般之工會均未規定章程，以經全體會員過半數之同意為之）。

2. 須經預告。

3. 須基於正當之目的：所謂正當之目的，係指以增進勞工正當權益、改善勞動條件、提升勞工經濟地位為目的者。

4. 須為正當非暴力之手段行之：此項「正當非暴力」概念，則受所謂「禁止過分原則」、「公平進行對抗原則」及「公共利益拘束原則」所拘束。[15]

三、我國合法爭議行為之規定

　　勞資爭議處理法第 53 條第 1 項規定：「勞資爭議，非經調解不成立，不得為爭議行為」。其意旨乃在可能之勞資談判方法已用盡而無效果，因而確定談判係失敗時，始足當之。蓋罷工係一種施加壓力以影響對方意願之方法，故須在對方表明已不再談判；或再為談判已屬不能期待，即可能談判之方法已用盡而仍無結果時，乃不得已運用罷工做為最後之攤牌手段，此即罷工係「最後手段」之原則。

---

[14] 楊念祖譯，《論罷工》，中山社會科學譯粹季刊，1988 年 7 月，頁 70。譯自：Paul Davis and Mark Freedland，《Labor Law: Test and Materials》。

[15] 呂榮海，《怎樣進行罷工才算正當》，管理雜誌 173 期，1988 年 11 月，頁 103。

　　勞資爭議處理法第 54 條第 1 項:「工會非經會員以直接、無記名投票且經全體過半數通過」。此項規定,對於罷工是否合法及輕易進行,有重大影響。換言之,規定應經其同意之會員人數越多,則合法罷工之條件即越難而不易進行;反之,規定應經其同意之會員人數越少,則合法罷工之條件即越容易而可輕易進行。由於罷工時,勞工並未提供其勞務,故亦不能請求罷工期間之工資,因此,是否罷工,影響勞工個人權益甚大,故規定須經其投票表示是否同意,此項規定,應屬必要及合理。

　　勞資爭議處理法第 54 條:「下列勞工,不得罷工:一、教師。二、國防部及其所屬機關(構)、學校之勞工。(第 2 項)下列影響大眾生命安全、國家安全或重大公共利益之事業,勞資雙方應約定必要服務條款,工會始得宣告罷工:一、自來水事業。二、電力及燃氣供應業。三、醫院。四、經營銀行間資金移轉帳務清算之金融資訊服務業與證券期貨交易、結算、保管事業及其他辦理支付系統業務事業。(第 3 項)」如發生勞資糾紛而有罷工情事,將嚴重影響公眾生活,因此,對該等事業工會之罷工,在立法政策上,縱不必絕對禁止之,但應嚴格其條件,始得為之。此種異於一般事業之工會罷工而做不同條件之規定,由於該等公共事業、大眾傳播事業及公用事業等之社會責任特別重大,因而該等事業之工會罷工應受特別限制,顯有正當理由。

　　工會罷工應於事前預告雇主。未經預告程序之罷工,為違反誠信原則及權利濫用原則,為日本學界之通說。而例外的以是否對雇主之事業營運造成不公的混亂與麻痺來作為認定之標準判例亦有之。

四、正當爭議行為之原則

(一)原則

　　依法理勞工實施爭議行為應有三原則:

1. 妥協原則:工會行使爭議權時,應是非到最後關頭不輕言罷工(亦即為最後手段原則);即使行使爭議權,也應盡力提前結束,隨時接受雇主之條件,停止罷工。

2. 預告原則:爭議權之行使,乃在展現實力,以為談判的籌碼,故警告性質大於實質意義,則預告對方即有其必要。一般法令雖無法對預告期間加以規

定，然對時間上迫近之罷工，應為禁止者，乃為雇主「繼續營業自由」之保護措施。

3. 和平原則：為顧及雇主及第三人之生命財產之自由，實施爭議行為時，工會應能維持工廠最低之運轉，或安排「保安人員」維持秩序，乃屬必要之措施。

（二）禁止之罷工類型

除上述爭議行為之限制外，法應明定在手段上應行禁止之罷工類型。其中，多數已根據以上之限制以為參考，另亦參考國內發生爭議之性質及其合理性，提出其要點如下：

1. 占據工作地點或生產工具之行為應予禁止

爭議行為如以此為手段，法令應明文禁止，以避免侵害資方之所有權與設施管理權。

2. 監視與封鎖行為不得侵害資方對財產之自由支配權

即勞方為達到集體不提供勞務之效果，方得展開監視與封鎖之抗爭行動。

3. 工會經決議，得指定部分會員停止提供勞務

即部分罷工行為若經工會決議，為造成資方在營運或資金上的困難，藉以產生心理上的壓力，並在罷工手段上採取最小損失之方式時，得為合理罷工之行為。

4. 集體不出勤應於事前報准，否則即為非法

因勞工請假如為病假應提出足資證明文件，請事假及其他假亦應於事前親自以口頭或書面敘明請假理由（勞工請假規則第 10 條）；請特別休假亦應於事前排定，並由勞雇雙方協商排定（勞基法施行細則第 24 條第 2 款），因此不可能有集體休假之爭議行為之情形。若以集體休假而行罷工之實，應多禁止。

5. 以減少產量但不降低品質，或對機器、原料等產品危害之怠工行為應屬合法行為

但必須限制的是：(1)事先預告（與罷工相同）；(2)不得造成生產品質之下降，進而導致公司產品滯銷，破壞企業形象；(3)不可因怠工而造成生產場所、

機器、原料之危害情形（屬積極性怠工）；(4)不得暴露或宣傳資方之營業祕密
（屬揭發性怠工）。

6. 順法鬥爭除有權利濫用之情事外，應為合法行為

以嚴格遵守法令規定，包括按時上、下班、拒絕加班、及安全衛生等法
令，以阻止業務之正常營運而造成資方的損失之抗爭行為，有其合理性，而若
超出其合理與必要之限度，則有權利濫用之虞，仍應禁止。

7. 禁止山貓罷工行為

勞方個人或團體不得違反工會之決議或命令而進行罷工，在世界各國均有
不同程度之規定，但為保障工會之團體與社會之安定，以全面禁止山貓罷工為
宜。

8. 禁止冷不防式之罷工行為

未經團體協商之過程或事先一定時間告知資方罷工的時間和方式，為違反
誠信原則，在讓資方有協議之機會或充分準備替代工作之人員時方為合理。

9. 精神罷工得在正當與最小限度範圍內視為合法

包括具服飾抗爭與貼標語抗爭，以保障憲法所賦予的言論權，但其服飾抗
爭的綁頭巾、戴肩章等乃於工作時間內從事工會活動，在日本判例中仍亦為違
法；至於貼標語抗爭（或具服飾抗爭）因係以和平方式，向資方施壓，除非影
響生產工作或造成危險及侮辱、毀謗之行為，否則應為合理之抗爭之行為，而
應受法令之保障。

10. 波狀罷工應為連續性罷工

依據「非經團體協商不得為爭議行為」與「爭議行為只為喚起對方法意而
進行團體協商」之原則，勞方應給資方再一次判斷的時間與可重新判斷之經濟
力而進行交涉。因此，不連續罷工（包括無限期罷工），有置資方於死地之意味
而無談判之誠意者，乃屬非法之行為。

伍、雇主爭議行為之型態

一、型態

雇主爭議行為之類型，在我國爭議案例中，以關廠與停工居多。然在其他國家則包括關廠(Lockout)，停工、臨時僱工、黑名單(Black List)、工業偵探(Stool Pigeon)及排工(Discard)等六種型態，茲簡述如下：

（一）關廠

指發生勞資爭議後，雇主為貫徹其勞資關係或勞動條件之主張，強制關閉工作場所，不繼續生產營運，並使勞動者無法進入工作場所之一種對抗行為。

（二）停工

指當發生勞資爭議時，雇主所採行暫停工作的爭議手段，而使全體或多數受僱勞工暫時退出工作，以促使勞工反省之對抗行為。因停工只是暫時性地停止企業之營運，並無解僱勞工之意思，故與關廠仍有所不同。

（三）臨時僱工

指當勞工罷工時，雇主另找一批人來代替工作，以維持企業營運，使罷工喪失其原有效果，解除雇主之壓力的爭議行為。

（四）黑名單

指雇主將工會積極抗爭之分子或不受歡迎之勞工列冊，而與其他相關雇主相互通知及交換名冊，共同採取不予僱用之聯合手段。

（五）工業偵探

指雇主為了祕密收集工會活動消息，僱用偵探滲入工會，以取得有關工會罷工之計畫，及勞工對雇主之不利言論與行動者。

（六）排工

指雇主排斥僱用加入工會的勞工，並以不加入工會作為僱用之條件，或對已加入工會者予以解僱之行為。

美日等國之勞資關係法令，類皆已將第 4、5 及 6 項歸類為雇主之不當勞動，由法令明令禁止。

二、關廠之限制

基於上述不當爭議行為之意義，吾人了解：雇主爭議行為之範圍指雇主為對抗勞工的爭議手段，暫時閉鎖工廠或其他足以對抗勞工的爭議手段，所採取的行動之合法範圍者。而雇主不當爭議行為之範圍則指雇主所採取的對抗行動，非為法律所允許之範圍，而屬違背誠信原則與權利濫用之情事時稱之。通常雇主所採取之手段為「關廠」(Lookout)，有稱鎖廠、閉廠、停工、停業、歇業等。茲以該關廠行動，探討其學理上之意義範疇：

（一）關廠之意義

所謂關廠，國內學者以「僱用人於短期內封關廠店，以對抗受雇人之主張，而促其反省之方法，謂之單純閉鎖。此時勞動契約不因之而消滅，惟發生僱用人受領遲延之問題。」[16]即：1.是雇主的爭議行為；2.用以對抗勞工之主張，並以促進勞資間問題之解決為目的；3.勞動契約仍然繼續存在。不當之繼續經營行為、雇主之背信行為及違反保安作業協定均屬之。

（二）關廠的範圍

1. 以雇主為主體

即必須是雇主自己的行為，包括雇主以關廠阻止勞工進入廠場工作，使勞工感到有喪失工作或工資的威脅，而減低或中止抗爭。其與勞工或第三者採取的「封鎖工廠」，不讓雇主進行生產有所不同。

2. 以對抗勞工的爭議行為，並以促進勞資間問題解決為目的

當勞工採取罷工等為爭議手段時，雇主亦採取關廠行動，展示其力量，促使勞工重新考慮其利害關係，藉以消弭抗爭，其目的乃在回到談判桌，進行團體協商。

3. 勞動契約仍存在

勞動契約係暫時性的中斷，其勞動契約仍然繼續存在，故當事件結束後，雇主不得主張勞動契約不存在而片面終止勞動契約。

---

[16] 史尚寬，《勞動法原論》，臺北：三民書局，1978 年，頁 263。

（三）關廠之態樣

由於關廠的目的在於解決勞資間的問題，一旦雙方力量平衡，取得妥協後，即應停止爭議行為，以便再進行生產或營業。因此，勞動契約仍然存在，與解僱之間並無關聯。超出以上之範圍以外，大致可歸類為雇主之不當爭議行為，即「不當之關廠」之謂。茲可以關廠之性質，劃分為攻擊性關廠、防禦性關廠及同情性關廠，加以進一步之說明：

1. 攻擊性關廠

指雇主之關廠行動先於勞工之爭議行為，有先發制人之意味。由於雇主之行動非在勞工採取罷工等手段之後的行為，故先進國家對此有不同之看法。是否非得在勞工採取手段之後，才能採取行動？若雇主已先獲知勞工即將罷工，是否仍須等待勞工實際採取行動，雇主遭受損失後始得關廠？各國學者也未有清楚的見解，但從德國聯邦之法院判決中可看出該法院並不認為罷工與關廠，一定要有平等的對待，其認定「雇主在一協約區域內發動勞資爭議，而且是要追求一特別的集體契約上之調整目的時，則應允許雇主採取攻擊性關廠以為爭議手段」。[17]而美國勞工關係局認為雇主僅可行使防禦性之關廠行動，惟美國最高法院則採取與勞工關係局相反的觀點，認為基於勞資雙方對等之原則，應認定雇主也可採行攻擊性之關廠，則與德國相同。

2. 防禦性關廠

指雇主對已發生之勞工爭議行為，所採取之爭議手段，為防禦性關廠。是否對勞工之爭議行為為已然，則雇主有關廠之權利？恐不盡然。日本不少學者與判例，通常從勞資平等原則出發，基本上認為雇主社會性權利之行使，應和勞工的罷工受到同等的保護，是採取平衡的觀點。其原理為：相對於勞工之罷工權，雇主的關廠在民法上，是受領的遲延，本也應負民事上責任，但基於平等原則，排除其行為責任，並免除工資支付義務。此學說與英美等國之理論極為接近。[18]因此，近來各種學說均傾向於必要性之因素，認為：只有在防止使雇

---

[17] 林佳和，〈德國聯邦勞工法院及聯邦憲法法院有關關廠之判決〉，勞工研究季刊 101 期，1990 年 11 月，頁 124。

[18] 林振賢，《從臺達化工的勞資糾紛論「封關廠店」的法理》，國立臺中商專學報，1990 年 6 月，頁 69。

主產生過度的損害，以及為保護企業之生存所必須或不得已時，才可為之。[19]德國聯邦勞工法院亦對於防禦性關廠，提出「競爭理論」，認為：有限的部分罷工，應在雇主競爭之基礎上，合理地使市場關係發生變化，而有效地侵害了雇主之一致性，此時雇主的防禦性關廠為合法之評價；若雇主缺乏有限之競爭，而使自己力量減弱的情形，無需為必要之均衡時，（亦即罷工及競爭的扭曲之間無因果關係時），雇主則無關廠之權利。

3. 同情性關廠

同情性關廠為雇主之聯合行為，相對於同情罷工，雇主採取支援他廠之關廠行動，乃為對非罷工之自己廠內之勞工之對抗，因此，顯然已超出爭議權之範圍。故在德國原則上均以禁止，但如同情性關廠為建立協商平等所適當且必要時，則例外地允許之。

（四）正當關廠之範圍

由上分析得知，關廠乃雇主之爭議行為，可在必要性與合理性之情況下，採取對抗勞工之行動。且包括各類型之關廠。國內部分學者僅以防禦性關廠為合法爭議行為之範圍，對於攻擊性或同情性關廠歸類於不當關廠範圍，似嫌粗糙，雖然著者亦不贊同國內若干企業之隨意關廠行為。但認為攻擊性關廠並非過當，而防禦性關廠又非均得允許。其是否違反誠信原則與不得權利濫用原則，仍為不當關廠之判定準則，因而本書認為關廠的時機應為：

1. 勞工的爭議行為損害過重，已嚴重威脅企業的生存時。

2. 已脫離正當的爭議行為的界限時。

3. 由於部分罷工致其他相關部門的機能已完全麻痺，而該部門的勞工仍然上班時。

4. 勞工採用間歇性罷工（波狀罷工），而每次復工都要耗費巨額經費與時間時。

5. 因怠工而致生產力下降，產量嚴重減少時。

---

[19] 參考吳全成，《關廠，要符合理論要件》，中國論壇，323 期，1989 年 11 月，頁 38～41。

　　不過,「正當性」並沒有一定的基準,何者屬正當?何者又是不正當?殊難認定。何況,在勞資爭議之際,整體上是否保持著勞資之對等性與平衡性,司法機關也難判斷。因此,資方在行使該項爭議權時必須對「正當性」有相當的了解,自認屬「正當防衛」之行動外,將來必須要能面對司法的判決方可。而「必要性」要從對付勞方的怠工、波狀罷工,部分罷工、無生產效果之上工等卻要資方支付工資之罷工戰術與罷工型態來斟酌,資方在遭受損失的情況下,則「有必要」行使爭議權。

　　由上述可知,關廠的要件是保持勞資「武器」之對等性與平衡性。資方行使爭議權時必須合乎必要性與正當性,而勞方行使爭議權失其妥當性時,方才是關廠的正當範圍。

 第二節　勞資爭議處理法及現況

　　勞資爭議處理法於 2017 年 1 月 18 日修正通過,修正重點為:1.將權利事項之勞資爭議,納為得依本法仲裁程式處理之對象;2.增訂不當勞動行為裁決機制之相關規定;3.明訂特定機關不得行使爭議權;4.針對爭議行為予以專章規範,使其更加明確。茲針對新修正之法令,說明我國勞資爭議處理制度如下。

壹、法令內容

　　我國勞資爭議處理制度乃依照勞資爭議處理法之規定,調解、仲裁及裁決三個程序來處理。其處理程序、特性及其問題,分別說明如下:

一、勞資爭議處理程序

(一)勞資爭議之性質

1. 權利事項之勞資爭議

　　權利事項之勞資爭議,得依本法所定之調解、仲裁或裁決程序處理之。法院為審理權利事項之勞資爭議,必要時應設勞工法庭。(第 6 條第 1、2 款)

2. 調整事項之勞資爭議

調整事項之勞資爭議，得依本法所定之調解、仲裁程序處理之。勞資爭議之勞方當事人，應為工會。或(1)未加入工會，而具有相同主張之勞工達 10 人以上。(2)受僱於僱用勞工未滿 10 人之事業單位，其未加入工會之勞工具有相同主張者達三分之二以上。（第 7 條第 1 項、第 2 項）

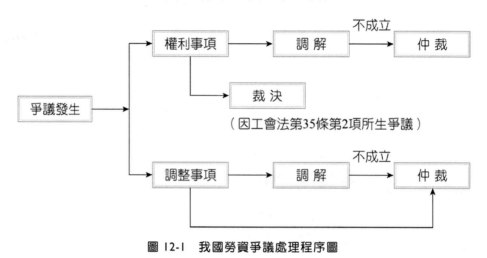

圖 12-1　我國勞資爭議處理程序圖

（二）調解、仲裁及裁決期間

勞資爭議處理法規定：勞資爭議在調解、仲裁或裁決期間，資方不得因該勞資爭議事件而歇業、停工、終止勞動契約或為其他不利於勞工之行為；勞方不得因勞資爭議事件而罷工或為其他爭議行為（第 8 條）。

（三）調解程序

權利事項及調整事項之勞資爭議，其處理程序及相關規定均如下：

1. 申請調解與交付調解

勞資爭議當事人一方申請調解時，應向勞方當事人勞務提供地之直轄市或縣（市）主管機關提出調解申請書。（第 9 條第 1 項）直轄市、縣（市）主管機關對於勞資爭議認為必要時，得依職權交付調解，並通知勞資爭議雙方當事人。（第 9 條第 3 項）

2. 調解委員會委員

調解委員會置委員 3 人或 5 人，由下列代表組成之，並以直轄市或縣市主管機關代表 1 人為主席：(1)直轄市、縣市主管機關指派 1 人或 3 人。(2)勞資爭議雙方當事人各自選定 1 人。（第 13 條）

3. 調解方案

依前條規定作成之調解方案，經勞資爭議雙方當事人同意在調解紀錄簽名者，為調解成立。（第 19 條）

4. 調解不成立

勞資爭議當事人對調解委員會之調解方案不同意者，為調解不成立。（第 20 條）有下列情形之一者，視為調解不成立：(1)經調解委員會主席召集會議，連續二次調解委員出席人數未過半數。(2)未能作成調解方案。（第 21 條）

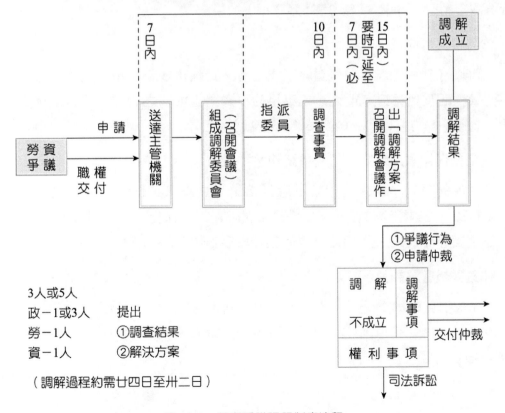

圖 12-2　勞資爭議調解制度流程

5. 調解成立

勞資爭議經調解成立者，視為爭議雙方當事人間之契約；當事人一方為工會時，視為當事人間之團體協約。（第 23 條）

（四）仲裁程序

1. 申請交付仲裁

勞資爭議調解不成立者，雙方當事人得共同向直轄市或縣市主管機關申請交付仲裁。(1)勞資爭議當事人之一方為第 54 條第 2 項之勞工者，其調整事項之勞資爭議，任一方得向直轄市或縣市申請交付仲裁；(2)其屬同條第 3 項事業調整事項之勞資爭議，而雙方未能約定必要服務條款者，任一方得向中央主管機關申請交付仲裁。（第 25 條第 1、2 項）

2. 逕行交付仲裁

勞資爭議經雙方當事人書面同意，得不經調解，逕向直轄市或縣（市）主管機關申請交付仲裁。（第 25 條第 3 項）

3. 依職權交付仲裁

調整事項之勞資爭議經調解不成立者，直轄市或縣（市）主管機關認有影響公眾生活及利益情節重大，或應目的事業主管機關之請求，得依職權交付仲裁，並通知雙方當事人。（第 25 條第 4 項）

4. 選定獨任仲裁人或組成勞資爭議仲裁委員會

主管機關受理仲裁之申請，應依申請人之請求，以下列方式之一進行仲裁，其為一方申請交付仲裁或依職權交付仲裁者，僅得以第 2 款之方式為之：(1)選定獨任仲裁人。(2)組成勞資爭議仲裁委員會。（第 26 條）

5. 仲裁委員會置委員

仲裁委員會置委員三人或五人，由下列人員組成之：(1)勞資爭議雙方當事人各選定 1 人。(2)由雙方當事人所選定之仲裁委員於仲裁委員名冊中，共同選定 1 人或 3 人。（第 30 條）

6. 調查事實

仲裁委員會應指派委員調查事實，除有特殊情形外，調查委員應於指派後10 日內，提出調查結果。仲裁委員會應於收到前項調查結果後 20 日內，作成仲裁判斷。但經勞資爭議雙方當事人同意，得延長 10 日。（第 33 條第 1、2 項）

7. 仲裁判斷

仲裁委員會由主任仲裁委員召集，其由委員 3 人組成者，應有全體委員出席，經出席委員過半數同意，始得作成仲裁判斷。（第 34 條）

8. 仲裁判斷書

仲裁委員會作成仲裁判斷後，應於 10 日內作成仲裁判斷書，報由主管機關送達勞資爭議雙方當事人。（第 35 條）

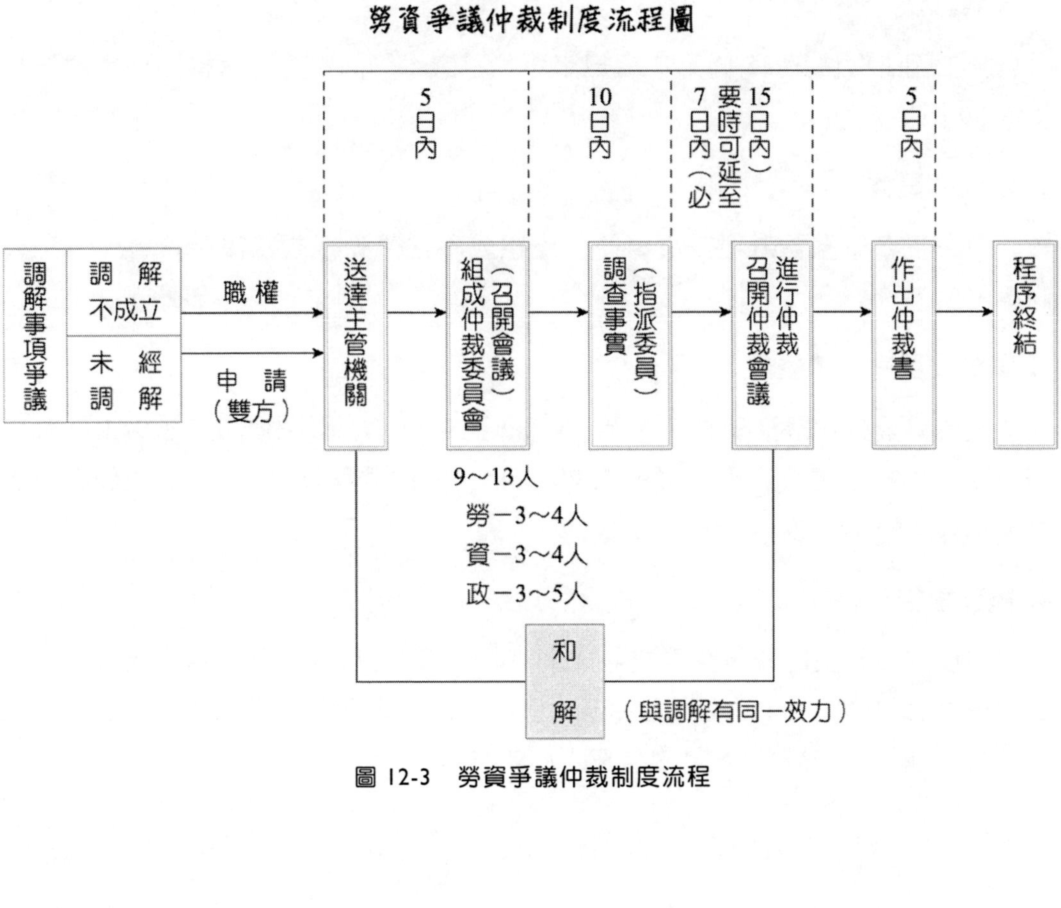

圖 12-3　勞資爭議仲裁制度流程

9. 仲裁程序中和解

　　勞資爭議當事人於仲裁程序進行中和解者，應將和解書報仲裁委員會及主管機關備查，仲裁程序即告終結；其和解與依本法成立之調解有同一效力。（第36條）

10. 仲裁判斷之效力

　　仲裁委員會就權利事項之勞資爭議所作成之仲裁判斷，於當事人間，與法院之確定判決有同一效力。仲裁委員會就調整事項之勞資爭議所作成之仲裁判斷，視為爭議當事人間之契約；當事人一方為工會時，視為當事人間之團體協約。調整事項經作成仲裁判斷者，勞資雙方當事人就同一爭議事件不得再為爭議行為。（第37條）

（五）裁決程序

1. 申請裁決

　　勞工因工會法第35條第2項規定所生爭議，得向中央主管機關申請裁決。（第39條）

2. 裁決委員會

　　中央主管機關為辦理裁決事件，應組成不當勞動行為裁決委員會。（第43條第1項）

3. 裁決委員會裁決委員

　　裁決委員會置裁決委員7人至15人，由中央主管機關遴聘熟悉勞工法令、勞資關係事務之專業人士任之，任期2年，並由委員互推1人為主任裁決委員。（第43條第2項）

4. 調查報告

　　主任裁決委員應於裁決委員作成調查報告後7日內，召開裁決委員會，並於開會之日起30日內作成裁決決定。但經裁決委員會應出席委員二分之一以上同意者得延長之，最長以30日為限。（第45條）

5. 裁決決定

　　裁決委員會應有三分之二以上委員出席，並經出席委員二分之一以上同意，始得作成裁決決定。（第 46 條）

　　勞資爭議處理法第 46 條第 1 項後段規定，作成裁決決定程序前，應由當事人以言詞陳述意見，乃考量裁決決定影響勞資雙方權益甚鉅，由勞資雙方透過言詞暢所欲言，充分表達，以助爭議之解決；而同條第 2 項規定委員應親自出席，不得委任他人代理之規定，則係因裁決決定事涉專業性，旨在確保裁決決定之公信力；再就勞資爭議處理法第 51 條第 1 項規定於團體協約法第 6 條第 1 項規定所為之裁決申請，其程序準用同法第 46 條第 1 項部分，依其立法理由記載，亦僅在說明作成裁決決定前，應有當事人言詞陳述意見程序，無得認裁決決定係採直接審理方式。（最高行政法院判決 107 年度判字第 648 號）

　　不當勞動行為裁決委員會作成裁決決定前之言詞陳述仍為法定必要之程序；且委員應親自出席，不得委任他人代理，因此若未參加言詞陳述程序之委員，本不應參與作成裁決決定，如任由未參與言詞陳述程序之委員參與裁決決定之作成，有違勞資爭議處理法第 46 條第 2 項規定裁決委員應親自出席之意旨，且與法律程序有違。（最高行政法院判決 107 年度判字第 648 號）

6. 效力

　　裁決經法院核定後，與民事確定判決有同一效力。（第 49 條）

二、勞資爭議行為之限制

（一）爭議行為之平衡原則

　　爭議行為指勞資爭議當事人為達成其主張，所為之罷工或其他阻礙事業正常運作及與之對抗之行為。在實務上，勞方的爭議行為即為「罷工」、資方的爭議行為即為「關廠」。本書認為在非調解、非仲裁或非裁決期間，勞工在調解或仲裁期間，得採取罷工、怠工之爭議行為，資方也應該有歇業、停工之經營上的考量，一方面保障資方的爭議行為，另一方面也可以對勞工施加壓力，以達到勞資在爭議權上的平衡原則。

1. 合法之爭議行為：

　　(1) 須經調解。

(2) 勞資爭議，非經調解不成立，不得為爭議行為。（第 53 條第 1 項）

(3) 權利事項之勞資爭議，不得罷工。（第 53 條第 1 項）

(4) 罷工投票：工會非經會員以直接、無記名投票且經全體過半數同意，不得宣告罷工及設置糾察線。（第 54 條第 1 項）

2. 不得罷工之行業

下列勞工，不得罷工：

(1) 教師。

(2) 國防部及其所屬機關（構）、學校之勞工。

影響大眾生命安全、國家安全或重大公共利益之事業，勞資雙方應約定必要服務條款，工會始得宣告罷工：

(1) 自來水事業。

(2) 電力及燃氣供應業。

(3) 醫院。

經營銀行間資金移轉帳務清算之金融資訊服務業與證券期貨交易、結算、保管事業及其他辦理支付系統業務事業。（第 54 條第 2 項）

3. 誠實信用及權力不得濫用原則

爭議行為應依誠實信用及權利不得濫用原則為之。（第 55 條）

4. 最低運轉之必要

爭議行為期間，爭議當事人雙方應維持工作場所安全及衛生設備之正常運轉。（第 56 條）

我國勞資爭議行為的限制如圖 12-4。

（二）訴訟費用之暫減

勞工或工會提起確認僱傭關係或給付工資之訴，暫免徵收依民事訴訟法所定裁判費之二分之一。（第 57 條）

勞資爭議經調解成立或仲裁者，依其內容當事人一方負私法上給付之義務，而不履行其義務時，他方當事人得向該管法院聲請裁定強制執行並暫免繳裁判費；於聲請強制執行時，並暫免繳執行費。（第 59 條）

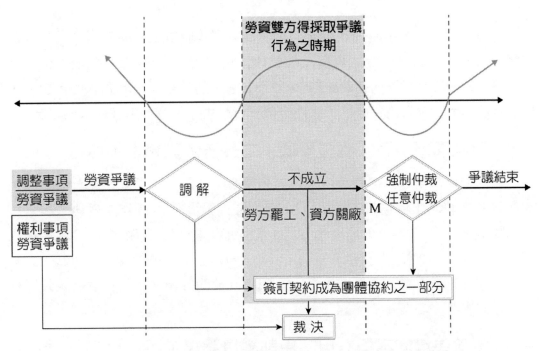

圖 12-4　我國勞資爭議行為的限制（灰色部分為可罷工時機）

（三）強制執行之裁定

　　有下列各款情形之一者，法院應駁回其強制執行裁定之聲請：

1. 調解內容或仲裁判斷，係使勞資爭議當事人為法律上所禁止之行為。

2. 調解內容或仲裁判斷，與爭議標的顯屬無關或性質不適於強制執行。

3. 依其他法律不得為強制執行。（第 60 條）

貳、我國勞資爭議處理法之缺失

一、對工會與罷工權的限制

　　依立法院通過之新法，大幅放寬罷工條件，除了教師和國防部所屬機關、學校勞工不得罷工，水、電、燃氣、電信、證交所等特定行業在罷工時須維持基本服務外，其餘各行業只要經工會半數會員投票同意即可罷工，勞工相關權益大幅獲得鬆綁。但遺憾的是「罷工權」仍被視為洪水猛獸，修法增訂了「明定禁止及限制罷工權規範」，包括教師及國防事業禁止罷工，明顯違憲。

新修正之勞資爭議處理法中，仍可處處見到政府對工會的限制，尤其對罷工權的限制，建議應回歸國際勞工組織(ILO)所主張國際勞動基準之「結社自由」與「組織與團體協商權的保障」，給予工會與勞工爭議行為更大的自由，並以會務自由與爭議自治為原則，政府應嚴守行政中立，避免過多介入與管制。

二、「權利事項」與「調整事項」二分法，實務上不可行

新法繼續舊制的「權利事項」與「調整事項」二分法。如此劃分的結果，卻使得其在實務上的處理更複雜。亦即，現行勞資爭議區分「權利事項」與「調整事項」，是「非黑即白」的方式（況且每年發生的勞資爭議，90%為「權利事項」，只有10%的「調整事項」），例如「分紅」、「年終獎金」之爭議，究應歸屬「權利事項」抑或「調整事項」？或有其他的歸類？主管機關認定皆不相同，更何況勞資當事人。

三、「誠信與權利不得濫用」原則應具體規定

新法第 2 條參考先進國家之立法，如美國、日本，卻不知如何運用。如果勞資任何一方對勞資爭議各持己見，在實務上並不可能或不容易履行，恐將淪為宣示條文，聊備一格而已。對於「法定議題」、「自願議題」和「非法議題」的定義與規範，不見得可以真正執行。

四、「權利事項」之勞資爭議不得罷工，剝奪了勞工的罷工權

新法第 53 條之規定，乃認為：如未依本法及其他法律之調解、仲裁程序加以解決，當有尋求司法救濟，以訴訟解決方式得以為之。本書則認為，從法理上言，事實上，權利事項之勞資爭議在先進國家係「申訴」(Grievance)。申訴行為本不應是認為是勞資爭議，該爭議（即申訴）應由工會及資方自行協商，最後如果無法解決，交由仲裁處理。無論如何，不管是權利事項或調整事項之勞資爭議，勞工均有罷工的權利！我國勞資爭議處理法對於勞工罷工權的規定，始終採取保守的態度，限制罷工權的幅度非常大，勞工罷工權事實上只是開了個小門而已，根本無法與資方對抗。

五、缺乏有效的處理勞資爭議之機制

　　如果為了避免勞資爭議進一步擴大，應設「冷卻期」之特別限制規定。勞資爭議處理程序禁止行為之規範，以現行制度利用調解及仲裁程序，作為遏止罷工的作法，是對爭議權的一種限制，恐有違憲之虞。概因爭議行為為勞資雙方主張其權力的手段之一，若給予行政單位方便行事，勢必傷害勞資雙方的爭議權，本文認為唯一可以讓爭議行為中止者，必須是國家的最高行政首長在徵得大法官同意後，方可下令停止爭議行為。並且在中止爭議行為的規定期間，介入斡旋或調解，否則不得任意行使公權力。

六、缺乏獨立的勞資關係機構

　　先進國家對於勞資爭議，均設置一個訴訟外處理機制(Alternative Dispute Resolution, ADR)，以常設及獨立之機構處理勞資爭議。如美國全國勞工關係局(NLRB)、英國斡旋與仲裁機構(ACAS)、澳洲勞資關係委員會(ALRC)、日本勞動委員會等等。新法第 43 條規定設置裁決委員會委員 7 至 15 人，任期 2 年，事實上僅聊備一格而已。不僅不能減少行政單位的負擔，亦無法保持中立的角色。

參、我國勞資爭議的未來挑戰

一、進一步實施工會之自由化

　　我國現行工會法之規定：強制入會、單一工會及若干行業不得組織工會等均應在國際化、自由化情勢下，予以廢除。任何形式之壓抑工會、控制工會在未來均應視為非法，而應予以禁止。

二、促進勞資關係之制度化

　　勞資政三邊會議機制在我國並未正常建立。勞資政三方如果沒有固定方式展開談判，即不可能有協商，也不可能建立團體協約，勞動條件即不可能改善，勞資關係也不可能穩定，這是先進國家的經驗。國際勞工組織在數十年來即提倡各國應遵循此法。沒有三邊會議即不能談工會運動；沒有三邊會議，自由組織工會也就等於白談。

三、加強就業之公平化

我國現行法令對於就業機會平等、性別歧視、年齡歧視等，均未規定禁止。而同工同酬雖有明文，卻疏於執行。為促進就業自由化，我國勞工政策應針對以上數項問題，禁絕各種歧視行為。

四、特別保護勞工之落實化

除依法實施最低年齡、夜間工作、母性保護外，我國勞工政策應針對問題，提供最完善之勞動環境。以女性勞工為例：政府應推動「部分工時制」，以解決女性勞動參與率偏低的問題；掃除不合理的就業市場型態，減少「臨時工」、「編制外勞工」或「無薪資業務員」等之不合理勞動型態、增加育嬰托兒設備及補貼婦女、兒童津貼等。

五、就業安全體系之完整化

失業保險、就業服務與職業訓練三者，被認為是就業安全體系的三個環節，政府應積極達成並力行，使之確實得到功效。勞工政策應該能使每一個勞工得到失業津貼、每一個在職的勞工及退休勞工得到健康及醫藥津貼，及由政府及雇主共同負擔對每一個員工的退休年金計畫。

六、促進就業市場之正常化

從近年我國失業比率逐漸攀升的情況來看，我國就業市場失調的現象，值得警惕。雖然與其他國家比較仍然偏低，然而此一數字，並不令人信服。結構性失業情形在我國就業市場異常嚴重（求職與求才無法契合）。初次尋職者因為找工作不容易，被迫在「非正式部門」(Informal Sector)工作，甚至從事非法的工作。非但得不到法令的保護，甚至幫助雇主製造犯罪、不人道、非道德的勾當。服務業部門(Service Sector)過度膨脹，法令鞭長莫及，根本沒有就業保障(Employment Security)可言。促進就業市場之正常化，為唯一可行的社會正義之勞工政策。

七、安全、健康工作環境之理想化

政府應透過立法規定一個職業安全與健康的標準，確實執行。創造一個足以保護每一個勞工的生命安全、健康及幸福的工作環境。

案例1　RCA職業災害爭議案

美國無線電公司，簡稱 RCA，曾經是美國家電第一品牌，生產電視機、映像管、錄放影機、音響等產品。在臺灣經濟起飛時期的 1970 年至 1992 年期間，RCA 在臺灣設立子公司「臺灣美國無線電股份有限公司」（RCA Taiwan Limited），並在桃園、竹北、宜蘭等地設廠。[20]1994 年環保署委託工業技術研究院調查 RCA 桃園廠附近民井地下水質，發現主要之汙染物為 1,1-二氯乙烷、1,1-二氯乙烯、四氯乙烯、1,1,1-三氯乙烷、三氯乙烯等當時電子業常使用的具有揮發性之含氯有機化合物。RCA 桃園廠許多受僱勞工在工作時吸入或皮膚接觸有機溶劑，員工長期暴露在高度致癌風險之工作環境。另外，RCA 桃園廠生產線勞工在廠區喝的飲水機是接地下水而非自來水，而外地受僱勞工住在廠外附近的員工宿舍，宿舍內使用的水也是地下水；因此員工洗澡或飲水皆容易大量暴露在高致癌性之有機溶劑。案經訴訟救濟因時間經過太長且證據資料收集不易，歷經三審定讞。2017 年 10 月 27 日，臺灣高等法院經兩年審理，宣判 RCA 等四家公司須連帶賠償 486 人，賠償金額增加到新臺幣 7 億 1840 萬元。最高法院也肯認二審採用的揭穿公司面紗原則，認為 RCA 及其幕後的母公司法國 Technicolor、百慕達 Thomson 及美國奇異公司（GE），應負起連帶賠償責任。

關於時效抗辯，最高法院認為，本案相關化學物質及暴露證據都在 RCA 及其母公司掌握，難以期待受害員工能夠及時行使權利，不應該被評價為權利睡眠者。[21]相關內容如下：

最高法院 107 台上 276 號判決略以，按時效制度之設，其一在尊重久已存續之客觀事實狀態，以維持社會秩序及交易安全，維護法律關係安定及平和。其二為避免因時間久遠，證據湮沒散失，造成舉證困難，且權利上睡眠者，法律不予保護，亦非過當。在取得時效，側重前者；於消滅時效，則以後者為重。準此，消滅時效之抗辯，固屬債務人之權利，惟稽之消滅時效制度設立之目的，倘債務人對債權人之未能行使權利有可責難之事由，參照債務人行為的內容與結果、債權人與債務人間社經地位、能力及該案各種事實關係等，足認

---

[20] https://zh.wikipedia.org/zh-tw，2020 年 1 月 28 日查詢

[21] https://www.thenewslens.com/article/15429，2020 年 1 月 28 日查詢

債務人時效抗辯權之行使有悖誠信原則或公平正義，不容許行使時效抗辯並未顯著違反時效制度之目的時，應解為債務人為時效抗辯係屬權利濫用。查本件受害人均為 RCA 公司之員工，而雇主應防止原料、材料、氣體、化學物品、蒸氣、粉塵、溶劑、廢氣、廢液，或含毒性物質、缺氧空氣、生物病原體等引起之危害，分別為 63 年 4 月 16 日及 80 年 5 月 17 日勞工安全衛生法第 5 條所明定，是雇主本應防止化學物品、溶劑所引起之職業災害，以保障勞工之安全及健康。本件為化學物質長期繼續性侵權行為所造成之大型職業災害事件，相關化學物質及暴露證據均由 RCA 公司及其母公司掌握，受害員工與 RCA 等四公司之智識、能力、財力相差懸殊，參以 RCA 公司員工因系爭化學物質所受損害具特殊性，其間因果關係須藉由流行病學等相關研究資料，始能得知，此舉證之難度非個別勞工所能負擔，自難合理期待 RCA 公司員工及時行使權利，即難謂其可得行使權利而不行使，不應將之評價為權利上睡眠之人；RCA 等四公司不僅未盡保護勞工安全及健康之義務，又未告知 RCA 公司員工上開系爭化學物質毒害，甚且於知悉汙染後掩藏相關事證，並以減資、匯款海外等方式惡意規避債務，而環保署專案小組早於 83 年間即要求其等提出 RCA 公司場址內使用之化學品項目、使用量、處置方法、使用時間等相關資料以利整治及受害人健康影響調查作業，其等猶拒不提出，致 RCA 受僱勞工流行病學調查研究未能蒐集到 RCA 公司有機溶劑作業環境相關資料，嚴重影響關懷協會會員之求償。

案例2 基○客運勞資爭議事件

事實經過

　　基○客運員工為爭取里程獎金、保養獎金、內勤職員薪資三項之調整案，勞資雙方協商、調解未果，於民國 81 年 6 月 2 日基客工會召開會員大會，在緩衝期二天經過後，於同年同月 4 日工會宣布無限期罷工，同年同月 12 日、16 日勞委會兩次協商失敗，18 日資方對罷工的 146 名員工停止勞保，並發出解僱令。19 日臺北縣勞工局依職權將本案交付仲裁，21 日罷工員工舉行復工儀式，惟 22 日資方卻拒絕員工復職，其後在 24 日資方正式對外公告招募新員工。

　　在前述 19 日當天，臺北縣政府鑑於基客勞資糾紛難以解決，已損及大眾行的權益，決定依職權交付仲裁，而基客工會亦於 25 日推薦出三名仲裁委員，然而資方卻不在 3 日內選定仲裁委員，而後臺北縣政府雖代為選定三名仲裁委員，該等人員卻拒不出席，形成僵局。

基○汽車客運勞資爭議事件經過

基○汽車客運勞資爭議事件表

日期	事件
1992/4/30	基客工會向臺北縣政府勞工局申請調解，要求調整里程津貼、保養獎金、內勤人員薪資。
1992/5/19	第一次調解會，不成。
1992/5/29	第二次調解會，不成。
1992/6/2	勞方召開會員大會決議罷工。
1992/6/4	下午四時起開始罷工。
1992/6/18	資方依勞基法第 12 條第 6 款以勞方無故連續曠職三天下令解僱 146 名參加罷工之會員，勞工情緒反彈。
1992/6/20	臺北縣政府依勞資爭議處理第 24 條第 2 項依職權交付仲裁。
1992/6/22	仲裁效力生效。惟資方不願收回解僱金，亦未恢復營運狀態，遭罰鍰新臺幣 30 萬。

二審判決結果

本件被上訴人於原審起訴主張：民國 81 年 4 月間，被上訴人與上訴人因里程津貼、保養獎金、內勤人員調薪事項發生爭議，經被上訴人所屬臺北縣基○客運股份有限公司產業工會（以下簡稱基○客運工會）申請臺北縣政府勞工局調解，但未能達成協議，基○客運工會遂於同年 6 月 2 日召開臨時大會，並決議自同年 6 月 4 日下午起進行罷工，被上訴人乃依據基○客運工會決議採取罷工行動。據上訴人於被上訴人依法罷工期間，竟違反工會法第 37 條之規定，自同年 6 月 18 日起將被上訴人等解僱，該項解僱係屬非法，兩造間之僱傭關係仍繼續存在。

工會法第 26 條第 1 項明定：「勞資或僱傭間之爭議，非經過調解程序無效後，會員大會以無記名投票經全體會員過半數之同意，不得宣告罷工」，足見法律賦予勞工就勞資爭議事項，得經由一定之程序，而有罷工之權利，本件被上訴人均屬於基○客運工會會員，因里程津貼、保養獎金、內勤人員調薪等事項發生爭議，經工會申請臺北縣政府勞工局二次調解無效，並召開臨時大會，以超過半數之會員同意決議罷工，有該工會臨時大會紀錄在卷可稽（證物外放），並為兩造所不爭執。足見被上訴人參與罷工，係遵守公會之決議，並已踐行法律所規定之程序，顯為法律所賦予之合法權利。

工會法第 26 條第 3 項規定：「工會不得要求超過標準工資之加薪而宣告罷工。」惟本件被上訴人係為里程獎金、保養獎金、內勤人員調薪而宣告罷工，此有仲裁書可憑。則本件罷工有無前開工會法第 26 條第 3 項規定之適用，已非無疑。況「現行工會法第 26 條第 3 項雖有『工會不得要求超過標準工資之加薪而宣告罷工』之規定，惟標準工資之數額迄未訂定。」此業據行政院勞工委員會於民國 83 年 5 月 3 日臺 83 勞資一字第 30379 號函中予以指明（見本院前前審卷第 223 頁）。是縱被上訴人罷工係為要求加薪，因標準工資數額既未經主管機關訂定，自無罷工所要求之加薪超過「標準工資」之可言，被上訴人之罷工即非不法。

罷工乃勞工為爭取其利益，集合多數勞工，以停止工作為手段，要求雇主同意給予特定利益之行為。是其並非僅就僱主之行為違法時，爭取法定之權益，而常為爭取超過法定最低標準之利益，以改善勞工之生活。至勞動基準法所規定者，為最低標準之勞動條件，勞工於其勞動條件未達勞動基準法所定之

最低標準致權利受損時，可依法提起訴訟以求救濟，無須再依罷工方式爭取。惟若依上訴人之主張「標準工資」即「基本工資」，則被上訴人得依罷工方式爭取加薪者，僅限於上訴人所給付之工資未達「基本工資」之違法情形，而要求加薪至達「基本工資」之標準，否則即不得以罷工方式要求加薪，則罷工制度之功能豈非幾近無法實現，顯難謂已符合法律容許勞工罷工以保障勞資雙方權益之意旨。上訴人所為抗辯，尚難認為有據。

上訴人又辯稱：交通事業關係社會大眾「行」的便利福祉，從事客運司機服務者，皆有如此之認知，基於公共利益，自不得任以私利「加薪」，而以集體罷工之方式為抗爭，其以犧牲大眾權益，作為抗爭之籌碼，嚴重影響社會大眾生活秩序與社會安全，自非法之所許，故被上訴人之貿然罷駛，有違誠信原則，顯屬權利濫用云云。按觀之修正前勞資爭議處理法第 36 條第 1 項，就非國營之公用或交通事業勞工其罷工權之行使，定有限制之規定。而於民國 77 年修正該法時，則刪除該有關限制之規定，及公用或交通事業之勞工，已無不得罷工之限制。另交通事業之勞工如行使罷工權，對大眾生活原有不利之影響，此乃罷工之性質使然。惟法律既賦與勞工以罷工之權，即不得以罷工會造成大眾之不利，即謂其係權利濫用，或謂其行為違反公共利益，而認係違法，否則無異係對從事交通事業之勞工罷工權之剝奪。查本件被上訴人雖為交通事業之勞工，其依法享有罷工權，依前開說明，自不得以其行使罷工權，認係權利濫用或違反公共利益，而屬違法行為。

最高法院裁判

依工會法第 26 條第 1 項規定：「勞資或僱傭間之爭議，非經過調解程序無效後，會員大會以無記名投票經全體會員過半數之同意，不得宣告罷工」，足見法律賦予勞工就勞資爭議事項，得經由一定之程序，而有罷工之權利。被上訴人均屬於基○客運工會會員，因里程津貼、保養獎金、內勤人員調薪等事項發生爭議，經工會申請臺北縣政府勞工局二次調解無效，並召開臨時大會，已超過半數之會員決議罷工，為上訴人所不爭，並有該工會臨時會記錄在卷可稽。是被上訴人遵守工會決議，並踐行法律所規定之程序，參與罷工，顯屬行使法律所賦予之合法權利。

在工會法第 37 條規定：「在勞資爭議期間，僱主或其代理人，不得以工人參加勞資爭議為理由解僱之。」之立法目的，在於保護勞工，避免僱主動輒以

工人參加勞資爭議行為為由，解僱勞工，造成社會問題。該項規定，係屬情行規定，違反者，其解僱行為當屬無效。對照修正前之該條文係規定「僱主或其代理人在勞資爭議調解仲裁期間，不得解僱工人。」觀之，所謂勞資爭議期間，應從廣義解釋，即包括自勞資爭議事件發生開始，以至爭議事件全部結束為止，否則不足以保護為經濟上弱者之勞工，不得以勞資爭議處理法第 7 條、第 8 條作相同之解釋，僅限於調解或仲裁期間。被上訴人依所屬基○客運工會之決議，自民國 86 年 6 月 4 日起至同年月 18 日止之罷工，既在臺北縣政府勞工局就本件勞資爭議調解不成立之後，交付仲裁之前，自為法律所允許。罷工期間，被上訴人未到上訴人公司工作，即非曠職。上訴人於民國 81 年 6 月 18 日解僱被上訴人，係在勞資爭議期間，依以上說明，顯係違反工會法第 37 條之規定，自不生終止勞動契約之效力，兩造間之勞僱關係仍屬存在。

被上訴人投保勞工保險之平均月投保薪資額，為每月 20,100 元，有臺閩地區勞工保險人異動資料可按，被上訴人主張以此做為其每月工資，應屬可採。被上訴人請求上訴人給付各自被非法解僱之民國 81 年 8 月 6 日起至民國 81 年 10 月 17 日止之薪資，計 48,240 元整，及自起訴狀繕本送達翌日即民國 81 年 11 月 29 日起至清償日止按週年利率百分之五計算之利息，及於原審擴張請求自民國 81 年 10 月 18 日起至民國 83 年 1 月 17 日止之薪資計每人 281,400 元，暨除詹益清外之其於十一位被上訴人另擴張請求自民國 83 年 1 月 18 日起至民國 86 年 4 月 17 日止之薪資，每人各 783,900 元，並分別自擴張聲明狀繕本送達之翌日即民國 83 年 2 月 2 日、民國 86 年 5 月 9 日起，至清償日止，按年息百分之五計算之利息，應予准許，為其心證之所由得。並說明對兩造其餘攻擊防禦方法之取捨意見，因而除維持第一審所為命上訴人給付被上訴人各 48,240 元本息，駁回上訴人之上訴外，並命上訴人再給付被上訴人各上開擴張聲明之金額，經核於法並無違誤。

問題與討論

一、 請說明勞資爭議之意義及範圍？

二、 爭議行為之意義及主體。

三、 勞工爭議行為之型態。

四、 我國合法爭議行為之規定為何？

五、 雇主爭議行為之型態。

六、 我國勞資爭議處理法之調解、仲裁程序各有哪些規定？

七、 我國勞資爭議處理法之缺失為何？

一、勞動三權係哪三種？如將勞動法令歸納為六種，有哪些？

（一）意義

1. 團結權：可以組織工會，例如我國工會法的規範。

2. 團體交涉權：係就勞動條件或相關事項為交涉而訂團體協約的權利，例如我國團體協約法的規範。

3. 爭議權：例如我國勞資爭議處理法的規範。

（二）勞動法令之種類

1. 勞動基準方面：勞動基準法、勞工安全衛生法、勞動檢查法、性別工作平等法。

2. 就業安全方面：就業服務法、職業訓練法。

3. 勞工福利方面：職工福利金條例。

4. 勞工組織方面：工會法。

5. 勞資關係方面：勞動契約法、團體協約法、勞資爭議處理法。

6. 勞工保障方面：勞工保險條例、勞工退休金條例、國民年金法。

二、現行勞工法令的法源為何？

（一）國際法

指國家批准之國際勞動公約。國際勞工公約係以公約或建議書形式由勞工大會通過。公約是經簽署國批准，凡批准國均應保證實施公約內容。至於建議書僅是各國制訂勞動政策的參考，不需經各國批准。我國批准之國際勞工公約計有：結社權公約、廢止強迫勞工公約、男女勞工同工同酬公約、勞工檢查公約、創設訂定最低工資機構公約、工業工人每週應有一日休息公約、標明航運中包裹公約、意外事故之防護公約、外國工人與本國工人災害

賠償應受同等待遇公約、禁止僱用婦女於一切礦場地下工作公約、最低年齡工業修正公約、獨立國家內土著及其他部落與半個部落人口保護與融合之公約、海員僱傭契約公約、規定海上僱用兒童最低年齡公約、限制僱用火夫或扒炭之最低年齡公約、僱用海上之幼兒及兒童強制體格檢查公約、遣送海員回國公約。

（二）憲法

我國憲法是國家最高位階的規範。憲法對於對於勞工事務有相關條文規範，包括憲法第 7 條平等原則、第 15 條工作權的保障。

（三）法律

所謂法律是指依經立法院三讀通過，總統公布之法律，其種類有：法律、條例、通則。例如勞動檢查法、性別工作平等法、國民年金法。

（四）命令

指行政機關依職權或基於法律授權所訂定之規章。依據行政程序法的分類有兩種：1.法規命令（基於法律授權）。2.行政規則（基於職權）。

依據中央法規標準法之規定，命令的種類計有：1.規程。2.規則。3.細則。4.準則。5.綱要。6.標準。7.辦法。例如勞動基準法施行細則、就業服務法施行細則、勞工保險條例施行細則。

（五）勞動契約

指在勞資關係中之契約，係雇主與勞工訂定之契約，為雙方行為，基於私法自治原則，雙方契約不違反強制禁止規定或公序良俗者原則上屬有效行為。

（六）工作規則

係雇主單方行為。其內容包括懲處勞工事由、撫卹金…等之規定。但考量勞資關係之和諧，工作規則於雇主送勞工局核備時、勞工局會請該事業單位之工會表示意見，無意見後才會核備。實務上常見之爭議是，未經勞工局核備之工作規則效力如何？如依據未經核備之工作規則解僱勞工是否有效？依據司法實務之見解認為仍有效。

（七）團體協約

　　係雇主與勞工團體（通常為工會）所簽訂之契約。一經簽訂勞資雙方均應依據誠信原則履行。近日工會法之全面修正，工會組織及權限業受到法律多層保障，勞雇雙方應加強團體協約內容之充實，避免勞資爭議而傷及無辜之勞資雙方。例如調動是否應經勞方同意？在工作規則及團體協約中均無約定而勞資雙方又無法達成和諧之雇主調動權，未違反強制禁止及公序良俗下，應被尊重，但為避免勞方之杯葛與報復，應在團體協約中適度為雙方意見能被容納之規範。

（八）解釋

　　包括司法解釋、行政解釋。例如大法官的解釋或行政院勞工委員會的解釋。

（九）判例

　　指法院對具體個案所做之判決，於日後有相同或類似案件之處理時可以做各級法官之參考。

（十）習慣

　　民法第 1 條：「民事，法律所未規定者，依習慣，無習慣者，依法理。」但習慣不能背於公序良俗。

（十一）法理

　　指自法律精神演繹而成之原理原則或條理。例如勞動基準法第 1 條規定，勞基法為規定勞動條件最低標準，保障勞工權益，加強勞雇關係，促進社會與經濟發展，特制定本法；本法未規定者，適用其他法律之規定。雇主與勞工所訂勞動條件，不得低於本法所定之最低標準。基此，勞資關係之和諧及產業營運之發展，應建構在勞資雙方守法、守紀上，方有共贏局面。

（十二）外國相關法令

　　例如國際勞工公約。

三、何謂勞資關係？

　　勞資關係係指勞工及雇主關係。從司法判決之見解，最高法院在民國 80 年間，對於勞工之定義採三種判斷標準：1.人格從屬性，2.經濟從屬性，3.組織從屬性。其中主要的判斷因素為人格從屬性。臺北地院 91 重勞第 2 號：「就原告是否為被告之受僱人？」之爭點部分：按勞基法對於勞動契約之性質及成立生效要件並未有具體明確之規定，惟依國民政府 25 年 12 月 25 日公布尚未施行之勞動契約法第 1 條規定，稱勞動契約者，謂當事人之一方對於他方在從屬關係提供有職業上之勞動力，而他方給付報酬之契約。一般學理上亦認勞動契約當事人之勞工，具有下列特徵：(1)人格從屬性，即受僱人在雇主企業組織內，服從雇主權威，並有接受懲戒或制裁之義務。(2)親自履行，不得使用代理人。(3)經濟上從屬性，即受僱人並非為自己之營業勞動而是從屬於他人為該他人之目的而勞動。(4)納入雇主之生產組織體系，並與同僚間居於分工合作狀態。故勞動契約之特徵，即在具此從屬性（最高法院 81 度臺上字第 347 號判決要旨參照）。

　　羅伯氏勞資關係字典(Roberts' dictionary of industrial relations)的定義是：「廣義地包括所有有關影響勞工個人或團體與雇主之間的關係之謂，其範圍為當一個受僱者在職場面談開始到離開工作為止的所有問題。」根據這個定義，勞資關係即是包括：招募、僱用、配置、訓練、紀律、升遷、解僱、終止契約、工資、津貼、加班、獎金、入股分紅、教育、健康、安全、衛生、休閒、住宅、工作時間、休息、休假、失業、有給病假、職災、老年和殘廢等，也就是以團體協商的整個過程為觀點。

四、勞資關係之內容有哪些？

　　勞資關係應包含四個構面，分別為：

1. 勞工穩定構面：主要在探討企業內部的穩定性，包含請假率、曠職率、離職率、解僱率、工作環境等項。

2. 勞工投入構面：從與員工最關切之問題分析勞資關係，包含員工薪資、員工福利、員工考績、員工參與、員工激勵、工作滿意等項。

3. 勞資爭議構面：主要探討勞資間之爭議行為，包含罷工、關廠等項。

4. 勞資協商構面：從協商之角度分析勞資關係發展，包含員工申訴處理、工會機制、勞資會議、勞資協議、團體協商等項。

五、何謂勞動三權？

　　所謂勞動三權，包括團結權、交涉權及爭議權。所謂團結權，乃指為了維持及改善適正之勞動條件，並以進行團體交涉為目的，而組織勞工團體的權利；所謂交涉權乃指勞工藉組成之工會，與雇主交涉有關勞動條件及相關事宜，並締結團體契約之權利；所謂爭議權乃指由於團體交涉乃改善勞工權益之重要核心，但若無爭議權之實力作後盾，則在團體交涉過程中仍難以有抗爭的對等力量。

六、集體勞資關係的特點有哪些？

（一）獨立自主性

　　集體勞資關係的主體即工會與股主或雇主組織之間，不存在著相互隸屬或附屬的關係。工會是勞動者自願結合而成的勞工團體，是勞動者利益的代表者、維護者，任何第三者不得干涉、操縱工會的活動。雇主或雇主組織是集體勞資關係的另一方，是由同一行業的團體或者同一職業的從業人員組成的團體，與勞工團體處於對等地位。

（二）明確的團體利益意識

　　集體勞資關係具有明確的團體利益。工會的目的在於促進勞動條件的改善和提高勞動者的經濟地位。為達到這一目標，工會享有與雇主、雇主組織平等交涉的權利，在勞動條件的談判中，任何一方都無權對另一方發號施令。為確保工會作用的發揮，先進國家一般都規定，凡是雇主代表，包括經理、人事部門主管等屬於對勞動者有直接監督管理權限的人，均不得參加工會，而是另外組織其利益團體。這些對勞動管理事務負有保密義務的人如果加入工會，不但會影響工會的自主性，而且自身也難免陷於左右為難的利益衝突困境。

七、 勞工工作權與雇主財產權均為憲法所保障，兩者有衝突 關係時如何處理？

我國憲法第 15 條規定：「人民之生存權、工作權及財產權應予保障」，一方面對財產權之保障予以宣示，另一方面又對勞動者生存、工作權加以規定，以確保勞動者經濟上的基本權。

為保障雇主與勞工之權益，我國勞動法令設置許多勞資糾紛之規範，例如勞動基準法、勞資爭議處理法、團體協約法、工會法…等。尤其團體協約法強調勞雇在私法自治範圍內應堅守誠信原則。

八、不當爭議行為有哪些？

對勞動者而言，主要有罷工、集體怠工、聯合抵制、設置糾察、占領工廠等爭議行式。雇主的爭議行動主要有關閉工廠、僱用罷工替代者、充當罷工破壞者、黑名單等形式。

九、試說明「勞工」的特性與類型及保護有哪些？

勞工之特性除少數的自僱者外，應有下列三種特性：1.有價受僱以產生近代社會的財富者；2.大體上使用他人供給的生產工具者；3.為工資而出售勞力或勞心者。由此，以實務的觀點來區分，應可大略分成三種型態：有一定雇主，無一定雇主及自營作業者三種：

（一）有一定雇主之型態

此一類型為較普遍而為一般所認知者，不論其所擔任的是體力的勞動或精神的勞動，其職位之高低上自總經理（非代表事業主處理有關勞工事務時），下至工友及一般所稱之「臨時工」，且不論其行業究屬公營事業，抑或私人企業；其構成之條件在於「一定雇主」及「受僱」並「領薪」，因此，非受僱之「家庭主婦」自非所謂之勞工。

（二）無一定雇主之型態

此一類型發生在工業社會中，分工越細，型態越多。以木工為例：該木工可能在短期內受雇於甲雇主，另一個時期受雇於乙雇主，其雇主並非長久固定者謂之；而此類型與「承擔」間仍有一段意義上的差距，例如清潔工承攬甲公司之清潔工作，又承攬乙公司的清潔工作，其以承攬標的之完成計算工資，與無一定雇主者有所不同，在勞動法學的觀點上，「承攬」並未建立勞資關係，無一定雇主之型態則為勞資關係之類型。

（三）自營作業者之型態

此一類型指凡只有業務，但並不僱用他人以從事業務之人。例如：自營計程車司機、擦鞋工人等，通常亦屬於勞動法適用之對象，因自營作業者雖非「雇主」，又非「受僱人」，僅為自身工作，但仍對其自身權利與義務有所決定。在實務上，雖此類型仍為勞工之定義，然亦應將部分如自耕農、漁船主、小商店經營者之自營作業者排除在勞資關係範圍之外，似較為妥當，免生困擾。

對於勞工法之體系而言，個別勞工保護之內容包括工時、工資、安全衛生、職業災害女工、童工等之保護規範，例如勞動基準法、勞工保險條例。

十、從理論上而言，雇主的定義為何？

美國 1953 年之全國勞資關係法(The National Labor Relations Act, 1935)，將雇主(employers)定義為「任何直接或間接代理資方的利益之人」；1947 年勞資關係法(The Labor and Management Relations Act, 1947)，則將雇主定義為「任何直接或間接扮演資方的代理人」，其間的不同在於前者僅單純地表現代理人的地位，而後者認定任何領班、督導人員或其他受僱者必須是代理雇主之人，且在全國勞工關係局（National Labor Relations Board，簡稱 NLRB）監督下，對於不當勞動行為產生時，能找出負責的當事人。

日本勞動基準法對於雇主的定義與範圍與我國勞基法之規定大致相同，即「僱用勞工之事業主、事業經營之負責人或代表事業主處理有關勞工事務之人」。其包含之意義有三：

（一）事業主

是指勞動契約當事人之一方所謂。在形式上，必須是勞動契約之一方，在實質上，擁有該事業之人。故事業主是指事業的經營主體，在法人組織時，是該法人；在個人企業，是該企業主。

（二）事業經營之負責人

是對該事業經營，具有權力與責任之人而言。在合夥事業，是執行合夥事業的合夥人；在公司組織，是董事長或董事；在個人企業，是該企業的主持人。

（三）代表事業主處理有關勞工事務之人

是指承事業主之命令，從勞動條件的決定，至具體的指揮監督以及在勞務管理上的各種行為具有權利與責任之人而言，如職位較高的廠長、經理、課長，職位較低的領班、督導人員等均「可能」是所指。

十一、工會的意義為何？

所謂「工會」(trade union)乃是一個為提升其自身利益的職業或產業工人團體，特別是對工資、工時和僱用條件的談判時的工人組織。亦即一個勞工組織，用來改善所屬會員的薪資與工作條件者。或者是說，一個勞工團體，為改善他們的工作條件及經濟及社會地位，以組織的力量進行罷工行動。簡單地說，一般對工會的定義，必須包含多樣化的組織，不同層次的工會核心、種類，其範圍由傳統以至流行性的工會，更包含「白領階層協會」(White Collar Associations)、「員工協會」(Staff Associations)及「專業性協會」(Professional Associations)；在英美等國，甚至有些直接稱為：「協會」(Associations)、「同業工會」(Guilds)、「機構」(Institutions)等。

十二、工會的特性為何？

　　1974 年英國工會與勞工關係法案(The Trade Union and Labor Relations Act, 1974)就法律上而將工會的層級分為：

（一）　有登記的工會(Registered Trade Union)：有登記的工會在財務處理上較具有某方面的好處。

（二）　獨立性工會(Independent Trade Union)：為有登記的工會的一種，但標榜獨立性，在於對政府表明其工會組織之人事命令並不受任何雇主所指派與控制，且在經濟與財務上不受任何雇主所參與，為完全獨立的組織。

（三）　公認的工會(Recognized Trade Union)：一個工會被雇主所承認，並不以登記為要件，實際上當處理集體罷工事件時，代表全體或部分勞工。

　　根據英國學者也是英國工運先驅韋柏夫婦(S. & B. Webb)認為：一個工會為「一個靠賺工資者的持續性組織，而這組織以改善及維持工作生命的條件為存在的目的」。而這古老傳統的定義，工會主義保留其真正的特質，因為工會的工作如何，就如同一個員工決定他是否成為工會會員的潛在的合法性一樣，是有意義的。

　　故而，所謂的「工會主義」(trade unionism)並不是一個「全部或沒有」的性質。不同種類及數量，可能被認為連續性的非單一組織。而事實上他的存在非常複雜，每一個工會均具有多階層、且代表不同的比率與工會的完整性。故而，「工會主義」可以被認為是當工業化及資本主義出現時，的一種社會現象。

十三、何謂勞資關係社會？請舉例說明。

（一）勞資關係社會簡單概念如下

1. 一個勞資關係系統可以被看成是，一個工業社會的分析性的「次級系統」，如同工廠之被認為是經濟系統的次級系統一樣。

2. 每一個勞資關係系統，例如一個經濟系統的一個工廠，並非經濟系統的補充，而是社會的獨立和分配的次級系統。

3. 如同一個社會和一個經濟體系的關係與界限一樣，一個社會和一個勞資關係系統也同樣有關係與界限。

4. 一個勞資關係系統是一個抽象的概念，如同經濟系統也是個抽象的概念。

5. 勞資關係系統論的觀點，允許作個別的分析和理論性的主觀意見。這個觀點已使得其他科學研究——歷史、經濟、政府、社會主義、心理學和法律等，必須重新思考。統合理論係指勞資一元論，統合理論者認為，勞資雙方各自成立團體或組織，並整合成中央集權式之單一組織，由國家賦予勞資團體特殊地位，進行勞動條件之協商。

（二）咖啡的經營者——星巴克的成功案例

星巴克(Starbucks)在臺灣到處看得到，已成為口碑很好的品牌，因勞資關係和諧，創造良好的營業成績，主要的成功關鍵如下：

1. 提供好的工作環境，創造互相尊重與信任之組織文化。

2. 經營原則明確——以多樣化為主。

3. 咖啡之購買、烘焙、保鮮運送等過程，以嚴謹態度及採用最高標準處理。

4. 以顧客滿意為手段及目的，熱情服務。

5. 積極回饋社會，做好社區及環境之公益事項。

6. 利潤日增使公司不斷發展。

十四、試說明統合理論之內容？

統合理論乃假定勞資關係在一個單一的權威結構和共同的價值觀、利益及目標上。提供資本的雇主和提供勞力的勞工間乃為互補的結合組織，該組織是否和諧或衝突，有賴雙方的合作程度而定。衝突主要係來自於勞方的不滿，其本身就是不合理的行動。衝突的發生，可能是組織本性瓦解、計畫管理決策缺乏溝通、管理當局的好意遭勞工的誤解等，此種解釋乃基於權威主

義和干涉主義的結果，高壓政策就變成管理當局的合法工具了。以我國為例，其勞資關係即屬於國家統合主義，是統合理論的一種型態。

到了 1980 年代，由於勞資糾紛不斷發生，統合理論者乃修正其論點，致力於發展人際關係及溝通系統，並且宣傳員工認同，例如「同舟共濟」(Let's pull together, We're all in the same boat.)的論調等。Fox 於是批評統合理論者乃是一種管理的意識型態(management ideology)，認為統合理論是：1.讓權威角色的合法化，將雇主和勞工的利益視為相同，並強調雇主的統治就是整個組織的目標；2.重新肯定衝突的過失不在管理上，而是執行的問題；3.提出各種證據說明對管理決策的批評和挑戰都是錯的。

統合理論是勞資關係的精華，是所有組織和工會，以整體和諧為一個共同的存在目的。他們假設所有員工均坦然接受企業目標和經營方式。因此，提供財物的雇主與代表他們的管理階層沒有利益衝突，而那些貢獻他們的勞力和工作技術者，在雇主和管理階層之認知，認為組織是聯合經營的模式，透過該組織才能產生一個高效率、高利潤和高薪資的團隊，勞資和管理者有共同的理念才是目標。的確，雇主和管理者屬於同樣的團隊，然而，這個團隊被期待擁有堅強的領導，由上而下，所有人不斷地工作，並且產生「企業承諾」(enterprise commitment)。

在管理上，員工或部屬應接受指揮，形成一個獨裁和家長式的管理方法、與員工常保持適當的溝通與聯繫、管理者單獨對企業作決策。相反地，對員工及部屬則應該對雇主忠誠，並且根據管理規則，共同承擔經營的後果。企業應用此一理論，就像職業橄欖球隊的名言：「團隊精神和管理當局共存，才能造福所有的人」。此種單一結構和單一工作組織，擁有單一的目的，唯一的當局和一致的言詞是統合理論的特性。「勞資關係」在雇主和被管理者之間，被認為係承擔相互合作與和諧為利益考量的準則(criteria)。

統合理論的另一種涵義是把其他派別或看法當作是病理現象。員工或部屬是無法參與管理、諮詢或權利的決定，工會的理念被看作是非法干預企業的運作和合作的架構。尤其，統合理論對於工會是否有權與管理者之間交涉和衝突的有效性，持否定的看法。那些明顯的衝突包括：1.單純的摩擦。例如，由於不相容的個性或處事的態度；2.錯誤的溝通。例如，有關企業目標或方法未獲良性互動，而造成誤解；或 3.愚蠢的結果。以錯誤的形式掌握公眾性利益；或4.罷工。主事者為了達到目的，造成的員工抗議行為。

因此，工會和集體交涉在統合理論者之認知，乃是反社會、反管理機制，透過工會代表的協商是無法解決無益性和破壞性的產業衝突，兩者是競爭的對象而非合作的對象。統合理論最明顯的情形是，在實際運作上，雇主和管理者認為了解理論內涵，才能保障他們的角色，不致讓權威受到挑戰，員工及部屬完全採納他們的決策。因此，人力資源部門乃制定對公司管理有利的各種規章，依照其規定，不須與工會接觸談判。雖然公司被強迫承認工會存在的事實，他們經常非常勉強地接受工會的要求權利。但是，私底下公司仍然由董事會指揮、處理其勞資關係決策，例如，他們會在與工會代表談判前，先針對問題訂定一個限制範圍，作為討論事項。

某些員工也支持統合理論。某些較保守的行業，例如歐洲教會和軍方，傳統上傾向公眾輿論價值，接受管理者的指揮是其天職，紀律可能是這些行業最受重視的準則。總之，傳統統合理論以最單純的形式，強調企業的和諧本質和良好的勞資關係。

統合理論者在 1980 年後期，在英國興起與結合人力資源管理(human resource management)，成為研究勞資關係的主流。美國則將人力系統納入成為勞資關係的武器。Kochan, Katz 和 McKersie 等人提議將人力資源及勞資關係合為一個系統，簡稱 HRM/IR system 來考慮，並著手研究組織系統的現象。至今，統合理論者乃是勞資關係理論歷久不衰之研究模式。

十五、在我國勞資關係多以個別勞工法規範，集體勞工法之互動較少，何謂「個別勞工法」？何謂「集體勞工法」？請例舉說明三項係屬集體勞工法之規定？

勞工法的基本功能在於規範勞資雙方的關係，使雙方的利益受到應有的保護、和諧共處。勞工法的內容可以區分為：個別勞工法（勞動契約法）、勞工保護法、集體勞工法、勞工司法、以及國際勞工法。茲就個別勞工法與集體勞工法分述如下。

（一）個別勞工法

勞動關係是以勞動為主要範圍係規定私人之間之權利義務關係，通常以私法效力為主，但在例外情也會發生公法效果。個別勞工法包括職業訓練

法、就業服務法、性別工作平等法、就業保險法、勞工退休金條例、勞工保險條例、勞工安全衛生法、職業災害勞工保護法、勞動基準法。

1. 職業訓練法

「職業訓練法」規定了職業訓練機構、職業訓練實施方式與政府的主要職業訓練服務。業訓練機構包括三類：(1)由政府機關設立；(2)由事業機構、學校或社團法人等團體附設；(3)以財團法人名義設立。由政府機關設立者最為重要，稱公立（或公共）職業訓練機構。

職業訓練的實施方式分為養成訓練、技術生訓練、進修訓練、轉業訓練及殘障者職業訓練五種。

2. 就業服務法

對於一個人就業前階段的保護，我國現行勞工法主要有「職業訓練法」、「就業服務法」、「原住民族工作權保障法」、「兩性工作平等法」等法律，其中就業服務有四項基本原則，即就業自由、禁止歧視、雇主招募員工時之禁止作為、勞資爭議期間保持中立。規範就業服務機構，並且規定公立就業服務機構的主要服務。我國容許公、私立就業服務機構並存，「公立就業服務機構」是指由政府機關設置者，「私立就業服務機構」則是指政府以外的私人或團體所設置者，外籍勞工的引進與仲介，就是目前私立就業服務機構的主要業務。

公立就業服務機構（例如地區就業服務中心）主要的服務內容包括免費辦理媒介就業、提供就業市場資訊、提供就業諮商、協助學生職業輔導與參加職業訓練、失業認定等。

3. 性別工作平等法

「性別工作平等法」保護女性勞工就業前與就業中之保障。以就業前而言，雇主對女性求職者不得有差別待遇。就業中之規範，包括：(1)工資、福利及各項工作條件平等；(2)禁止雇主訂定單身條款女性從事危險性或有害性的工作；(4)女性夜間工作有部分限制；(5)女性生理假；(6)母性保護（包括給予產假、哺乳時間、育嬰假與家庭照顧假等等）；(7)工作場所性騷擾的防治。

（二）集體勞工法

　　集體勞工法係指團結權、協商權及爭議權三權之規範，該三權稱為集體的基本權，學者多有稱之為勞動三權者。我國的實證法，早在民國十八、九年，國民政府即已相繼制定工會法、勞資爭議處理法及團體協約法，對於集體的勞動關係之規範。集體勞工法包含勞工與雇主組織團結體、進行團體協約與（必要時進行）勞資爭議、以及勞工參與（產業民主）的各項法律問題。

1. 團體協約法

（1）團體協約自治

　　　團體協約指一個或多數雇主或雇主團體與一個或多個勞工團體間的協商，該協商內容包括工作條件（僱傭條件），例如汽車公司僱用駕駛，其進用條件是國中畢業或大學畢業之條件可以在團體協約中訂定。勞僱協商僅是手段，最終目的是簽訂團體協約。我國團體協約法第 1 條規定，為規範團體協約之協商程序及其效力，穩定勞動關係，促進勞資和諧，保障勞資權益，特制定本法。暨同法第 2 條規定，本法所稱團體協約，指雇主或有法人資格之雇主團體，與依工會法成立之工會，以約定勞動關係及相關事項為目的所簽訂之書面契約。

　　　團體協約自治，是對於契約自由及以要約與需求所形成之市場機制予以修正，乃修正個別勞動契約之缺失而產生集體勞工法之團體協約自治制度。基此，團體協約自治係指工會和雇主或雇主團體擁有一個締結團體協約之自由，而經由這個團體協約對於勞資雙方的勞動條件有所規範。勞動條件應由勞資雙方以團體協約規範，國家不必干預，任由勞資雙方自行判斷能要求或接受的勞動條件，國家亦可減輕其負擔。在德國，學者及實務均認其係由基本法第 9 條第 3 項團結自由基本權所導引而來。另「勞資自治原則」，係指應由勞資雙方自行處理勞資事務，國家應居於中立而不介入之地位，但其內涵包括個別的勞動者與雇主自治地協商個別的勞動條件在內，事實上，勞資自治原則與團體協約自治相異。

　　　團體協約的效力包括取代性、優先性、強制力、直接性，團體協約優先於工作規則及勞動契約，凡牴觸者無效，該無效部分由團體協約取

代之。但團體協約並不全然排除（取代）勞動契約。為了落實憲法所保障之團體協約自治，立法者有權利且有義務對於團體協約之拘束性、爭議行為之合法性以及爭議行為之方式等，以法律規範之，目前我國團體協約法已規定個別勞動契約與團體協約間之關係，並明訂勞資雙方當事人應本誠信、自治原則，以解決勞資爭議。

(2) 國家中立原則

　　國家中立原則，係由社會自治(soziale Selbstverwaltung)、團體協約自治與爭議行為所導引而來。國家有義務對於勞資爭議之當事人採取中立之行為，不得藉公權力對單方之爭議當事人限制或給予特權。國家中立原則首先出現於威瑪共和國時代之勞資爭議法。該國於 1920 年代實施有關職業介紹與職業保險的法律時，即已有國家中立之概念，即對於有利於爭議行為一方之干預措施以及削弱一被允許之爭議行為之效力之行為，國家有義務不採取。

　　基於國家中立原則，國家必須建構一團體協約制度(Tarifsystem)。由團體協商之當事人能自行創造一合理的利益平衡。中立原則之內涵包括消極的中立與積極的中立。

a. 消極的中立：消極的中立係禁止國家介入團體協商及爭議行為。國家只能處於旁觀者地位，勞動與報酬由市場決定。由於爭議行為會給第三人及社會大眾帶來不便或損害，法制上必須設置爭議的限制與禁止規定。強調國家不得介入勞資爭議，容易造成爭議當事人中較弱之一方之不利 。

b. 積極的中立：在團體協商程序的有效運作以及社會制度的確保與合理性的確保受到威脅或喪失時，國家有權利且有義務採取積極的作為，並加以檢驗與修正相關法令。

2. 勞資爭議處理法

　　勞資爭議處理法規定勞資雙方當事人應本誠信、自治原則，解決勞資爭議。勞動三權係憲法上所保障之自由權，但因我國特有的政治環境生態，國家機關（立法、司法及行政）對於集體基本權介入頗深。尤其行政機關對於勞資間所發生之爭議，不問其為個別的或集體的，係採積極介入之態度。

3. 工會法

工會是指基於共同利益而自發組織的社會團體。工會組織的功能，在於與雇主談判工資、工作時間和勞動條件等。工會組織的產生源於工業革命，當時許多農民離開農場湧入城市，為城市的工廠雇主打工，但工資低廉且工作環境極為惡劣，單一的受僱者無法對抗雇主，因而誘發工潮，導致工會組織誕生。初期組織工會被認定違法行為，例如美國鞋匠團體對提高工資要求，就是一例。隨著勞工運動之推展，工會組織從被拒絕，到承認，到保障已有階段之歷史軌跡可稽。

我國工會法之立法目的在於促進勞工團結，提升勞工地位及改善生活，工會為法人，為落實憲法保障人民有集會結社之權利，除各級政府行政及教育事業、軍火工業之員工不組織工會外，均可加入工會。為避免雇主妨害工會發展，加強保護勞工加入、籌組工會等權利，工會法已朝規範雇主妨害工會發展之不當勞動行為態樣、「勞工團結權保護」、「會務自主化」、「運作民主化」、「組織團結化」等方向修正。

十六、 試依據「締結團體協約須知」說明團體協約之內容有哪些可以訂定？

締結團體協約之主要功能在於使勞資雙方之權利與義務明確化，避免常有爭議問題存在而影響產量或產品，若有明確締約內容可以促進勞資合作、穩定生產秩序，進而有助於國家社會之經濟環境之成長。團體協約之參考內容如下：

（一） 一般性質者：包括規定協約適用之範圍、協約之效力、締結協約之程序等；此類條款多屬一般性質，無論何業何廠（場）均可適用。特舉例如下：

　1. 本協約關係人間之勞動關係，除政府法令已有規定外，悉依本協約之規定。

　2. 勞動契約及工廠規則有異於本約者，其相異部分無效，無效部分以本約代之。

　3. 本協約之有效期限。

4. 本協約期滿前○個月應由雙方互派代表會商續約或另行締結新約。

5. 本協約經一方之提議徵得另一方之同意得修改之。

6. 本協約一式四份，除以二份呈報主管官署認可外，雙方各執一份存照。

（二） 工資：包括規定工資率、工資等級、工資之發放次數等事項。

（三） 工作時間：包括規定每日工作時間、延長工作時間，在何種情況下始得延長工時、及延長工時之工資加成數等事項。

（四） 休息與休假：包括規定休息時間及休假日數、休假如必需工作時之工資加給等事項。

（五） 僱用與解僱：包括規定雇方得僱用一定工會之會員、工會得介紹工人之權、及解僱工人之條件與遣散費之數額等事項。

（六） 賞罰與升遷：包括規定雇方對工人賞、罰、升、遷之標準及種類。

（七） 請假：包括規定工人請病假、事假、婚假、喪假、公假（工會職員辦理會務請假亦包括在內）。

（八） 童工及女工保護：包括規定童工之年齡、童女工之工作時間及工作種類等事項。

（九） 學徒之保護：包括規定學徒之人數、工作時間、工作種類、習藝期限及待遇等事項。

（十） 安全與衛生設施：包括規定雇方應為工人身體上、工廠建築上、機器裝設上、預防災患之安全設備，及空氣流通、飲料清潔、盥洗所、廁所、光線、防衛毒質之衛生設備等事項。

（十一）福利設施：包括規定雇方代辦勞工保險、提撥福利金、組織福利機構辦理福利事業、工人傷病津貼、喪葬費、撫恤費之發給標準，及發給工人獎金或紅利數額等事項。

（十二）促進生產：包括規定設立工廠會議、工人如何保護雇方機器設備、保證提高工作效率及產品品質等事項。

（十三）勞資爭議：包括規定勞資雙方間如發生爭議如何協商解決、如無法
　　　　協商時如何依法報請主管官署調解或仲裁等事項。

（十四）違約之賠償：包括規定任何一方不履行協約所定義務時如何給付對
　　　　方賠償金數額等事項。

（十五）其他：學徒、技術生、見習生、建教合作之學生等關係；不得限制
　　　　雇主採用新式機器，改良生產買入製成成品或加工品之約定。

十七、勞資訂定團體協約如何約定生效日？其效力又如何？

（一）　生效日的決定：當事人可約定自協約簽訂之翌日生效；也可以約定自
　　　　簽訂後某特定日期起、或是經過一定期限後生效，甚至溯及既往適用
　　　　均可。

（二）　效力

　　　　　　團體協約之內容，依其性質，會發生債法性效力與規範性效力。
　　　　團體協約既然係勞資雙方當事人所簽訂，本來就具有債法性效力，也
　　　　就是與私法上契約相同之債之效力，拘束簽訂協約之當事人。此外，
　　　　團體協約中，主要是關於勞動條件之條款，還具有規範性效力，而拘
　　　　束非簽約當事人之團體協約關係人。

　　1. 債法性效力

　　　　(1) 團體協約，具有債法性效力（即民法債之效力），拘束簽訂契約之
　　　　　　雙方當事人。

一般私法上契約與團體協約之區別	
私法上契約	團體協約
不簽訂時，一方當事人不得逼迫他方協商簽約。	當事人有協商請求權，逼迫他方協商簽約（不能拒絕簽瞪團替協約）。

　　　　(2) 債法性效力之內容

　　a.　履行義務

　　　　　　團體協約訂定後雙方均需遵守誠信原則並有履行義務。團體協
　　　　約當事人之一方或雙方為多數時，當事人不得再各自為異於團體協
　　　　約之約定。但團體協約另有約定者，從其約定（第16條）。

b. 和平義務

　　團體協約當事人及其權利繼受人，不得以妨害團體協約之存在或其各個約定之存在為目的，而為爭議行為（第 23 條第 1 項）。此項義務，應屬相對的和平義務。有約定事項不能爭議，無約定事項可以爭議。

c. 敦促義務

　　團體協約當事團體，對於所屬會員，應敦促所屬成員遵守團體協約（第 23 條第 2 項）。因為團體協約所具有之債法性效力，僅發生在簽約之當事人間。所以，團體協約當事人，不能直接要求另一方當事人所屬會員履行約定，只能要求另一方當事人敦促其會員履行。

d. 違約金條款之約定

　　團體協約得約定當事人之一方不履行團體協約所約定義務或違反規定時，對於他方應給付違約金。

2. 規範性效力

　　指有關勞動條件之條款，除了具有債法性效力以外，更具有規範性效力；不僅拘束簽訂契約之當事人，更直接拘束當事人之會員，也就是團體協約關係人。

(1) 直接強制條款

　　團體協約中之下列條款，具有規範性效力，或稱法規性效力，直接拘束非簽訂團體協約之團體協約關係人：

a. 勞動條件：亦即工資、工時、津貼、獎金、調動、資遣、退休、職業災害補償、撫卹等勞動條件（第 20 條第 1 項、第 12 條第 1 項第 1 款）。

b. 企業內勞動組織之設立與利用、就業服務機構之利用、勞資爭議調解、仲裁機構之設立及利用（第 20 條第 1 項、第 12 條第 1 項第 2 款）。

(2) 拘束力

　　規範性效力條款為個別雇主與勞工間勞動關係之規範，本就無法拘束雇主團體與工會。但雇主團體與工會，仍有和平義務，及敦促其會員遵守協約之義務。因此，團體協約關係人，應遵守

團體協約所約定之勞動條件，除團體協約另有約定者外，包括下列各款之雇主及勞工：（第 17、18 條）

a. 為團體協約當事人之雇主。

b. 屬於團體協約當事團體之雇主及勞工。

c. 團體協約簽訂後，加入團體協約當事團體之雇主及勞工：除該團體協約另有約定外，自取得團體協約關係人資格之日起適用之。

d. 團體協約簽訂後，自團體協約當事團體退出之雇主或勞工：於該團體協約有效期間內，仍應繼續享有及履行其因團體協約所生之權利義務關係（第 18 條第 2 項）。

(3) 規範性效力之內容

團體協約所約定勞動條件，當然為該團體協約所屬雇主及勞工間勞動契約之內容。勞動契約異於該團體協約所約定之勞動條件者，其相異部分無效；無效之部分以團體協約之約定代之。但異於團體協約之約定，為該團體協約所容許或為勞工之利益變更勞動條件，而該團體協約並未禁止者，仍為有效。

a. 直接效力

勞動條件條款直接成為團體協約關係人之法規範。因此，勞工不得拋棄其由團體協約所得勞動契約上之權利；勞工得以此等協約條款作為法律依據，向雇主主張權利。且雇主不得因勞工主張權利而對其為不利益之處分。團體協約關係人，如於其勞動契約存續期間拋棄其由團體協約所得勞動契約上之權利，其拋棄無效。但於勞動契約終止後三個月內仍不行使其權利者，不得再行使（第 22 條第 1 項）。

受團體協約拘束之雇主，因勞工主張其於團體協約所享有之權利或勞動契約中基於團體協約所生之權利，而終止勞動契約者，其終止為無效（第 22 條第 2 項）。

b. 強制效力

勞動條件條款，有強制效力，即不容團體協約關係人另為劣於團體協約之勞動契約。若勞動契約之約定，劣於團體協約，則該部分無效，且以團體協約之約定替代之。故又稱有利原則、不可貶低性效力、替代性效力、補充性效力。所謂有利原則，指勞動契約的

勞動條件優於團體協約者，團體協約均應退讓。因此，團體協約之規範性效力條款，乃團體協約關係人間之最低勞動條件。但是否有利、勞動條件是否優於團體協約？應將相異的數項勞動條件，做整體的比較，而不是僅比較其中一項而已。

c. 餘後效力

餘後效力，非團體協約內容之性質。所謂餘後效力，是指團體協約在期間屆滿、新約尚未簽訂時，就勞動條件之約定，對於關係人仍會繼續發生效力。

本法第 21 條規定：「團體協約期間屆滿，新團體協約尚未簽訂時，於勞動契約另為約定前，原團體協約關於勞動條件之約定，仍繼續為該團體協約關係人間勞動契約之內容。」目的在於維護勞動條件的持續性，避免當事人拖延簽訂新的團體協約。就原團體協約之非屬勞動條件條款，並不會發生餘後效力。

(4) 損害賠償與權利保護

團體協約當事團體，對於違反團體協約之約定者，無論其為團體或個人為本團體之會員或他方團體之會員，均得以團體名義，請求損害賠償（第 24 條）。團體協約當事團體，得為其會員為訴訟擔當，及參加訴訟。團體協約當事團體，得以團體名義，為其會員提出有關協約之一切訴訟。但應先通知會員，並不得違反其明示之意思。因此，團體協約當事人，就有關協約之民事訴訟，在通知會員而會員無明示之反對意思後，即有訴訟實施權能，無須會員另為訴訟上之委任，即得以團體名義擔任原告起訴。在民事訴訟上，稱此為訴訟擔當。又關於團體協約之訴訟，團體協約當事團體於其會員為被告時，得為參加（第 25 條第 2 項）。此係指團體協約當事人，得依民事訴訟法第 58 條之規定，參加會員為被告之關於團體協約之民事訴訟。

十八、 雇主組織制度化的建立及管理方法與勞資關係的和諧有密切關係，試說明管理方法之理論有哪些？

雇主為經營事業，必以管理方法建立秩序，避免脫序，但管理方法不當會引發勞資間之糾紛，例如勞工因病請假，雇主不准，並解僱勞工，勞資爭議發生常有見之。因此，雇主組織制度化的建立及管理方法與勞資關係的和諧有密切關係，茲就企業發展之管理時期之管理方法與制度之處理說明如下：

（一）科學管理時期（x理論）

泰勒(Taylor)科學管理之父，費堯(Fayol)行政歷程之父，葛立克(Gulick-POSDCoRB-planning、organizing、staffing、directing、coordinating、reporting、budgeting)，韋伯(Weber)「科層體制」建立，被各類組織採用。此時期注重組織靜態結構的研究。其管理模式具有以下特徵：強調組織目標達成，注重工作效率提高，專業分工，層級制的指揮管理系統，著重正式組織。

韋伯(M.Weber)從組織結構及權力的觀點，強調理想的組織必須建立完整的法規制度、官僚體系、專業分工、依法取才、依法報酬、升遷、獎懲等。

在科學管理時期之管理者認為工作者只愛報酬，所以一切之工作設計，建立在人性本惡之基礎上，例如工作者會偷懶所以設計懲罰制度；又資本家只愛賺錢，為達工作效率之最高化及製造快速又大量產品，因此，建立系統化之管理流程，完全把工作者當成機器人，忽略人性之層面。

在科學管理學派的努力下，他們分析人體在工作時各個部位的動作，並且建立完成某項工作所需的標準時間，亦即從事工作時間的研究，引發創造工作時間8小時的制度。

總之，科學管理學派的研究發明了論件計酬、差別計件比率、獎金計畫及升遷三職位計畫等激勵制度，但是此一派別由於過分強調生理層面、物質欲望之滿足，忽略心裡及社會因素，並且有視員工為生產工具之嫌，而遭致批評。

（二）行為科學時期（y 理論）

　　以科學方法研究人類行為問題的科學，藉以預測人類的行為。強調非正式組織的影響，個人需求的達成，民主式領導。主要學派與實驗有：

1. 霍桑實驗學派：

　　　著名的「霍桑研究」(Hawthorne Works Studies)：1924 年美國西方電氣公司(Western Electric Company)霍桑廠(Hawthorne Plant)所做長達十二年的系列研究。最開始的研究是探討「不同照明度對工作表現的影響」，研究中意外發現早先所假設「照明度對績效有影響」並非決定性，即行為的改變是由於環境改變（實驗者的出現），而非由於實驗操弄造成，這種假設性效果目前我們常稱之為「霍桑效應」。在霍桑研究中，讓工作者說出心中的不滿情緒，而傾聽者不可否定式的批評，只是傾聽不去回應。研究結果中發現，因為工作者的不滿情緒有了一個發洩的管道，壓力減少，工作效能竟然增加，這也就被社會心理學家稱為霍桑效應了。霍桑效應的原因是：(1)上級尊重及關懷下級。(2)下級自尊心提升，因為感受到自己受到尊重，所以自我覺醒。(3)產生了良性的互動關係，下級努力工作。

　　　霍桑效應可謂是人際關係學派的起源。亦即，社會與心理因素是影響組織工作績效最重要的因素。人在小團體中會形成團隊力量，提高產量。小團體之形成與六同關係有關，即有同鄉、同學、同宗、同嗜好、同個性、同事關係者容易形成小團體，在事業組織中，勞工會形成許多小團體，如每個小團體意見不同則容易產生向心力之不足。因此，雇主在管理模式上應有變通及權變措施，避免勞資爭議事件增多。

2. 動態平衡學派：以巴納德為代表。

3. 激勵保健學派：以賀滋柏為代表，影響工作滿足的因素：成就感、受賞識、工作本身、責任感、升遷發展。

4. XY 理論：麥理格稱科學管理時期的管理理論稱為 X 理論（認為人性為惡），他自己的理論為 Y 理論（人性不為惡），乃是因為組織管理決策不當，所以必須以協助、鼓舞、參與、自律、雙向溝通加以替代。

5. 馬斯洛(Maslow)需要層次理論：人的需求分為生理需求、心理需求，其中心理需求分為安全感需求、歸屬感需求、尊榮感需求、自我實現。每個層

次是循序漸進，當生理需求達到某種滿足後，會追求安全感之需求，以此類推。

（三）系統理論時期（z 理論）

1. 社會系統理論：蓋哲(Getzels)，組織是由制度與個人交互作用所組成。

2. Z 理論：麥哥里(Megley)認為制度與人兼顧，整罰與激勵並用，生理與心理並重，靜態與心態組織要兼顧，靜態、動態與生態組織並重。

3. 權變理論：費德勒(Fiedler)認為不同領導情境，需有不同領導形式，才能產生良好效果。

十九、 政府在勞資關係上扮演重要角色，政府制定勞動基準法課雇主負擔勞工退休金是否違憲？

國家為改良勞工之生活，增進其生產技能，應制定保護勞工之法律，實施保護勞工之政策，憲法第 153 條第 1 項定有明文，勞動基準法即係國家為實現此一基本國策所制定之法律。至於保護勞工之內容與方式應如何設計，立法者有一定之自由形成空間，惟其因此對於人民基本權利構成限制時，則仍應符合憲法上比例原則之要求。

勞動基準法第 55 條及第 56 條分別規定雇主負擔給付勞工退休金，及按月提撥勞工退休準備金之義務，作為照顧勞工生活方式之一種，有助於保障勞工權益，加強勞雇關係，促進整體社會安全與經濟發展，並未逾越立法機關自由形成之範圍。其因此限制雇主自主決定契約內容及自由使用、處分其財產之權利，係國家為貫徹保護勞工之目的，並衡酌政府財政能力、強化受領勞工勞力給付之雇主對勞工之照顧義務，應屬適當；該法又規定雇主違反前開強制規定者，分別科處罰金或罰鍰，係為監督雇主履行其給付勞工退休金之義務，以達成保障勞工退休後生存安養之目的，衡諸立法之時空條件、勞資關係及其干涉法益之性質與影響程度等因素，國家採取財產刑罰作為強制手段，尚有其必要，符合憲法第 23 條規定之比例原則，與憲法保障契約自由之意旨及第 15 條關於人民財產權保障之規定並無牴觸。

　　勞動基準法課雇主負擔勞工退休金之給付義務，除性質上確有窒礙難行者外，係一體適用於所有勞雇關係，與憲法第 7 條平等權之保障，亦無牴觸；又立法者對勞工設有退休金制度，係衡酌客觀之社會經濟情勢、國家資源之有效分配，而為不同優先順序之選擇與設計，亦無違憲法第 7 條關於平等權之保障。復次，憲法並未限制國家僅能以社會保險之方式，達成保護勞工之目的，故立法者就此整體勞工保護之制度設計，本享有一定之形成自由。勞工保險條例中之老年給付與勞動基準法中之勞工退休金，均有助於達成憲法保障勞工生活之意旨，二者性質不同，尚難謂兼採兩種制度即屬違憲。惟立法者就保障勞工生活之立法選擇，本應隨社會整體發展而隨時檢討，勞動基準法自民國 73 年立法施行至今，為保護勞工目的而設之勞工退休金制度，其實施成效如何，所採行之手段應否及如何隨社會整體之變遷而適時檢討改進，俾能與時俱進，符合憲法所欲實現之勞工保護政策目標，以及國內人口年齡組成之轉變，已呈現人口持續老化現象，未來將對社會經濟、福利制度等產生衝擊，因此對既有勞工退休制度及社會保險制度，應否予以整合，由於攸關社會資源之分配、國家財政負擔能力等全民之整體利益，仍屬立法形成之事項，允宜在兼顧現制下勞工既有權益之保障與雇主給付能力、企業經營成本等整體社會條件之平衡，由相關機關根據我國憲法保障勞工之基本精神及國家對人民興辦之中小型經濟事業應扶助並保護其生存與發展之意旨，參酌有關國際勞工公約之規定，並衡量國家總體發展，通盤檢討，併此指明。

二十、 全球化的發展趨勢，對我國勞資關係有哪些影響？在全球治理(global governance)中社會責任 8000 (Social Accountability 8000)的意義及重要性為何？

※ 相關考題：全球化對於個別勞工、工會和企業內勞資關係都會產生莫大的影響，請問在全球化的環境之下，國家的角色會面臨那兩種重要的困境？再請問在全球治理(global governance)中社會責任 8000(Social Accountability 8000)的意義及重要性為何？（98 高考）

　　由於加入 WTO，國內市場與國際市場形成全球化現象。Beck(1990)認為全球化是「距離的消失；被捲入經常是非人所願、未被理解的生活形式」。Giddens(1994)認為全球化是空間與時間概念的轉變，是一種「對遠距離的行動」。

（一）全球化的影響

1. 勞工類型之改變：非典型勞工、女性勞工、中高齡勞工大量增加之影響，有下列幾種情形
   (1) 雇主為節省健保、勞保及退休金、特別休假加班費等，大量進用非典型勞工，但其對工會之參與感不高，造成加入工會的比例降低。
   (2) 女性勞工雖日增，但對工會事務無興趣者多，加入工會更少。
   (3) 全球化之影響外籍勞工增加，除不喜歡加入工會外，常因受排擠，導致無加入工會意願。

2. 企業的改變
   (1) 從中央集權改為分散型之勞資關係。
   (2) 政府減少干預個別企業自治及自由度充分發揮，企業家對於經營方法及理念更具彈性。
   (3) 雇主採用與績效有關之薪酬制度，利潤分享，員工入股，使員工向雇主靠攏，向心力增加，對工會建有疏離感。

3. 政府之角色
   (1) 擴大雇主經營管理空間。
   (2) 工會為勞工集體利益的代表，得與雇主簽訂團體協約或與政府雇主共商經濟、社會及勞工政策，但工會因會員大量流失，使工會代表性受到挑戰。

(3) 在開發中國政府關注經濟發展與吸收外資，對於工會組織並不重視，更排除參與國家重要政策的決定及排除工會參與，甚至減少工會參與決策空間。

4. 就業層級之改變

(1) 藍領製造業工作者轉變為白領之服務業工作。

(2) 公營事業大量民營化，原屬公部門得工作轉向民間部門。

5. 技術改變

(1) 雇主會利用優厚的勞動條件和福利措施吸引並留住技術工人。

(2) 工會會吸收自主性強具專業技能的白領勞工。

(3) 產業結構的改變在工業國家中為弱化工會的因素，但非決定性或最主要的因素。

（二）社會責任

近年來不論國內及國外均論及企業責任，例如國內長榮集團所做之社會活動責任包括音樂會及慈善公益；中華航空公司則以捐贈為主，目前社會大眾公認一個企業之永續經營需做好社會責任。

1. 責任 8000 意義

於 1997 年 10 月份公布之社會責任標準 Social Accountability 8000（簡稱 SA8000）是全球首個有關道德規範的國際標準，為國際性「社會責任」驗證標準，適用於各種行業及規模之公司。

SA8000 社會責任標準認證，是一項勞工標準認證，為第一個在社會責任領域的稽核標準建立在 IS09000（產品品質保障體系認證）和 IS014000（環境管理品質認證）架構、國際勞工組織公約、多邊人權宣言和國際兒童權益公約之上，雖不是強制性標準，但呈現了出口企業管理的新趨勢。涉及促進勞工權益的管理系統之開發與稽核，用以提倡社會所能接受的工作條件，並為整個供應鏈帶來利益。加入 WTO 後，內外資企業都同等享受國民待遇，企業內設立工會的標準應該相同，都適用國際勞工標準。企業除了追求利潤之外，還應該承擔社會責任。

總之，企業的社會責任(social responsibility of corporation)主要是勞工保護和環境保護的責任。主要勞工問題涉及企業勞工的工資、工時、安全衛生、社會保障、勞動爭議、突發性事件、失業等等。

2. 責任 8000 重要性

企業的社會責任運動最初是由於消費者運動的壓力，1991 年，美國牛仔褲品牌商 Levi-Strause 被指責為「血汗工廠」，為重塑良好的社會形象，公司制定了維護工人權益的「企業內部生產守則」，然而在各類人權、勞工組織的支援下，促使更多的跨國公司制定「企業內部生產守則」。

企業八大社會責任如下：(1)聯合國全球盟約；(2)國際勞工組織公約；(3)ISO 環境系列；(4)社會責任會計指標；(5)全球永續性報告協會綱領；(6)全球蘇利文原則；(7)社會道德責任標準 SA8000；(8)經濟合作暨發展組織多國企業指導綱領。例如有效的廢止童工；消除強制與強迫勞動；針對就業條件與勞工代表及善意協商。

（三）國際勞工標準

國際勞工標準（國際勞動標準），係指國際勞工大會通過的公約和建議書，及其他達成國際協定之處理勞動關係原則、規則。國際勞工公約的核心和宗旨是確立和保障世界範圍內的勞工權利。

1995 年在哥本哈根召開的社會發展問題世界首腦會議中，通過了一些義務承諾和一項《行動綱領》，其中提到了四點「工人的基本權利」：(1)禁止強迫勞動和童工；(2)結社自由；(3)自由組織工會和進行集體談判；(4)同工同酬以及消除就業歧視。以上四項基本勞工權利，主要體現在八項《國際勞工公約》中，分別為：(1)《1948 年結社自由與保護組織權公約》（第 87 號公約）；(2)《1949 年組織權與集體談判權公約》（第 98 號公約）；(3)《1930 年強迫勞動公約》（第 29 號公約）；(4)《1957 年廢除強迫勞動公約》（第 105 號公約）；(5)《1951 年男女工人同工同酬公約》（第 100 號公約）；(6)《1958 年就業與職業歧視公約》（第 111 號公約）；(7)《1973 年最低就業年齡公約》（第 138 號公約）；(8)《1999 年禁止最惡劣形式童工勞動公約》（第 182 號公約）。

工人的基本權利		
1	禁止強迫勞動和童工。	
2	結社自由。	
3	自由組織工會和進行集體談判。	
4	同工同酬以及消除就業歧視。	
四項基本勞工權利在國際勞工公約之實現		
1	第 87 號公約	1948 年結社自由與保護組織權公約。
2	第 98 號公約	1949 年組織權與集體談判權公約。
3	第 29 號公約	1930 年強迫勞動公約。
4	第 105 號公約	1957 年廢除強迫勞動公約。
5	第 100 號公約	1951 年男女工人同工同酬公約。
6	第 111 號公約	1958 年就業與職業歧視公約。
7	第 138 號公約	1973 年最低就業年齡公約。
8	第 182 號公約	1999 年禁止最惡劣形式童工勞動公約。

（四）社會責任標準(SA8000)

SA8000 標準是一個通用的標準，不僅適用於發展中國家，也適用於發達國家；不僅適合於各類工商企業，也適合於公共機構。

SA8000 社會責任管理體系的內容主要包含九大項目：童工、強迫性勞工、組織工會的自由和集體談判的權利、歧視、健康與安全、懲罰性措施、工作時間、薪酬、管理體系。其中前四項是國際勞工標準。簡言之，SA8000 要求的重點包括：童工、強迫性勞工、健康安全與衛生條件、組織工會的自由與談判權利、歧視、懲罰性措施、工作時數、工作報酬、管理系統。

1. 童工：禁止僱用、禁止為危險性工作、童工保護措施。

2. 禁止強迫勞動：禁止僱用強制性勞工之行為。禁止任何人在任何受懲處威脅下被榨取的非志願性工作或服務。

3. 健康與安全：雇主應具備避免各種工業與特定危害的知識，為員工提供安全健康的工作環境。雇主必須派駐管理代表、職業安全衛生訓練、提供安全衛生宿舍。

4. 懲戒性措施：雇主不得從事或支援肉體上的懲罰、精神或肉體脅迫以及言語凌辱。

5. 工作時間：雇主遵守法律及行業標準。超時工作應付額外報酬且協議加班，亦即以自願性質的加班為主（須經勞工同意）。例如在任何情況下都不能經常要求員工一週工作超過 48 小時，並每 7 天至少應有一天休假；除非法定事由，否則每週加班時間不超過 12 小時。禁止強迫加班。必要時應有彈性工時之設計。

6. 薪酬：雇主支付給員工的工資不應低於法律或行業的最低標準，例如符合基本工資之金額，禁止懲戒扣薪，並以員工方便的形式如現金或支票支付，不可巧立名目逃避應盡之義務。對於員工應盡責任不可規避。

7. 管理體系：雇主高層應根據本標準制訂符合社會責任與勞工條件的公司政策，並定期審核。例如政策、外部溝通、核實管道、處理意見及糾正行動……等。

8. 禁止歧視：禁止就業歧視，例如某補習班之男性老師穿著特別不一樣——像女生而被解僱，構成歧視。禁止性騷擾。

9. 結社自由及集體談判權利：勞工應有組織工會權利。禁止歧視工會會員。雇主不得任意介入工會會務。建立與勞工溝通談判機制。

二十一、 我國勞勞資爭議處理的方法主要是「調解」與「仲裁」，現今「勞資爭議處理法」新增加一種「裁決」的處理方法，請問你對此一方法的看法與評價為何？

※ 相關考題：工會法、團體協約法、勞資爭議處理法的修正已研議多年，請指出上述勞動三法的重要修法方向。【96 薦升】

　　所謂不當勞動行為係指雇主和勞工不合理的行動，包括不合理的直接或間接歧視、受僱者根據協議申請復職，雇主卻拒絕恢復或重新僱用。實務上勞工行政單位則多數使用「協調」，但協調非勞資爭議處理法之程序，因此無法受法律保障，效力不強。依據新修正勞資爭議處理法之規定，分述如下：

（一）申請條件

雇主涉及私權爭議之不當勞動行為，係指雇主或代表雇主行使管理權之人，有下列行為者，勞工得申請裁決：　對於勞工組織工會、加入工會、參加工會活動或擔任工會職務，所為之解僱、降調、減薪；或對於勞工提出團體協商之要求或參與團體協商相關事務，所為之解僱、降調、減薪；或對於勞工參與或支持爭議行為，所為之解僱、降調、減薪。

（二）不變期間

申請裁決之不變期間為 90 日。裁決之申請，應以書面為之勞工應自知悉有違反工會法第 35 條第 2 項規定之事由或事實發生之次日起九十日內，申請裁決（第 39 條第 2 項）。其他違反工會法第 35 條第 1 項或團體協約法第 6 條第 1 項之不當勞動行為，亦同。裁決受理機關為行政院勞工委員會。

（三）涉私權之申請（第 42 條）

當事人就涉及私權爭議之不當勞動行為申請裁決，於裁決程序終結前，法院應依職權停止民事訴訟程序。此係採取「裁決優先職務管轄」之立法，由中央主管機關之裁決委員會，優先管轄之。當事人於申請裁決之 90 日不變期間內所提起之民事訴訟，依民事訴訟法之規定視為調解之聲請者，法院仍得進行調解程序。

（四）裁決決定之效力

法院核定前，得為假扣押或假處分之效力（第 50 條）。裁決決定書未經法院核定者，當事人得聲請法院撤銷假扣押或假處分之裁定。法院核定後，有判決既判力與執行力：裁決經法院核定後，與民事確定判決有同一效力。（第 49 條）

（五）不服涉私權之裁決決定

如不服裁決決定，應提起民事訴訟；雙方未表示不服者，視為雙方依裁決決定書達成合意（第 48 條第 1 項）。裁決經依前項規定視為當事人達成合意者，裁決委員會應於前項期間屆滿後七日內，將裁決決定書送請裁決委員會所在地之法院審核（第 48 條第 2 項）。前項裁決決定書，法院認其與法令無牴觸者，應予核定，發還裁決委員會送達當事人（第 48 條第 3 項）。經法

院核定之裁決有無效或得撤銷之原因者，當事人得向原核定法院提起宣告裁決無效或撤銷裁決之訴。前項訴訟，當事人應於法院核定之裁決決定書送達後三十日內提起之（第 48 條第 5、6 項）。只有行政院勞工委員會設有裁決委員會，裁決決定書送請審核時，是送請裁決委員會所在地之法院即臺灣臺北地方法院審核。當事人如有不服，則應在依民事訴訟法規定有管轄權之法院起訴。如裁決決定書經臺灣臺北地方法院核定，只能在該法院提起宣告裁決無效或撤銷裁決之訴。

（六）私權以外之裁決決定

1. 不涉及私權爭執之不當勞動行為，尚未成為當事人間之法律關係，法院無從審核，故對於上述行為之裁決，應採取行政罰，故無須送請管轄法院核定。

2. 作成裁決決定前，有當事人言詞陳述意見程序，性質上類似法院審判程序、或行政程序法中之聽證程序，故當事人不服裁決決定者，無庸提起訴願，得直接提起撤銷該裁決決定之行政訴訟。另如認定為不當勞動行為者，除裁決決定得令當事人為一定之行為或不行為外，主管機關應依工會法或團體協約法相關規定進行行政處罰。

3. 裁決決定得令當事人為一定之行為或不行為（第 51 條第 2 項）。不服者，應提起行政訴訟：對於裁決決定之之處分不服者，得於決定書送達之次日起二個月內提起行政訴訟（第 51 條第 4 項）。

二十二、試說明工會法所謂「會務」之意義，及申請公假須備之證明文件與請假手續？

　　「會務」，一般而言係指辦理工會本身內之事務及從事或參與由主管機關或所屬上級工會指定或舉辦之各項活動或集會。惟是否確為「會務」，仍應就個案事實加以認定。至於因辦理工會會務而申請公假，其有關手續及須備之證明文件，得由工會與事業主雙方參照勞工請假規則協商或於團體協約中訂定之。如工會幹部請公假，卻未到達會場開會，甚至自行處理私務，自有被處罰的可能。

二十三、 雇主有數個但尚未組織具有法人資格之雇主團體時，可否締結團體協約？

（一） 團體協約法第 1 條規定團體協約應由雇主或有法人資格之雇主團體與有法人資格之工人團體締結。故如非雇主或未具有法人資格之雇主團體，即不得為團體協約簽約當事人之資方，亦不必在團體協約上副署。如雇主有數個，但尚未組織具有法人資格之雇主團體時，則可分別與工會締結團體協約。

（二） 團體協約之內容，依團體協約法第 4 條之規定，於勞資雙方簽訂後送主管機關認可時，主管機關依法應予審核，其有必須刪除或修改之條文，如當事人同意時，應由當事人於修正後之團體協約上具名簽章，再報主管機關予以認可，不宜先由主管機關審核同意後，始繕正再送主管機關認可。

二十四、 何謂「產業民主（工業民主）」制度？發展背景為何？試以主要工業國家的發展經驗說明工業民主的主要內容，並就現行法上與工業民主制度相關的法律規定，舉例說明「產業民主」在我國具體的實踐為何？

※ 相關考題：我國勞工立法設計中，有助於提高產業民主，鼓勵勞資雙方建立夥伴關係，以及增進勞工參與的相關設計有哪些？【97普考】

（一）「產業民主」的意涵

根據國際勞工組織（International Labor Organization，簡稱 ILO）對產業民主的定義：「產業民主為一種增進勞工參與管理決策之各項政策或措施之總稱，主要在於增加能讓勞工有機會表示意見或申訴之機構，改變由資方或管理人員專斷之舊式管理方式，使勞工之權益，獲得資方或管理人員之尊重，團體協商(CollBargaining)亦被認為是發展工業民主之主要方式之一。」

（二）發展背景

德國工會運作相當健全，工人在政治上有很大的影響力。1919 年德國工人推翻了德意志帝國建立威瑪共和，並曾提出產業民主的法案，但未具體的施行。直至二次世界大戰結束，盟軍佔領德國，工會提出接管工廠的要求。因同盟國懼怕德國陷入共產主義陣營，又不願意德國掌握產業資源，便於 1954 年通過部分行業的共同決定法。在 1920 年時威瑪共和即已通過「員工代表會法」，規定各公司需設員工代表會，且共同決定法提高了員工代表會的功能。就實務經驗上德國實施產業民主制之成果很好，減少勞資爭議，提高生產效率。

（三）「產業民主」在我國具體的實踐

1. 發展經過

1992 年開始，公營事業加快民營化的腳步。產業民主成為勞工陣線的主軸，1996 年 1 月，電信自主工會發動抗爭，提出「員工推選 1/3 董事席次」的產業民主訴求，後來降為「董事會中有 1/5 席次為專家、學者、員工」之附帶決議，但在三讀時被否決，直至電信抗爭過程中，「產業民主化，工會自主化」的訴求開始萌芽。1994 年上半年，勞工陣線制定「公營事業產業民主條例」草案，於 1995 年春將此條例送進立法院，該條例分為兩部分，即參與經營與參與管理。參與經營包括董事會中至少三分之一為勞工董事；企業經理人之任命，勞工有同意權；賦與工會與勞工權益有關各種事務不同層次之參與權，包括資訊權、諮商權與共同決定權：

(1) 資訊權：雇主定期提供工會關於財務、市場競爭等資訊。
(2) 諮商權：公司有重大改辦或變更勞動條件，資方須事先徵詢工會意見，才能作成決策。
(3) 共決權：薪資結構、勞工福利，必須由工會與資方共同決定。

2. 具體的實踐

憲法第 154 條：「勞資雙方應本協調合作原則，發展生產事業。」89 年 7月 19 日國營事業管理法第 35 條修正規定：「國營事業⋯⋯董事或理事，其代表政府股份者，應至少有 1/5 席次，由國營事業主管機關聘請工會推派之代

表擔任。」該工會推派之代表即所謂「勞工董事」，為政府勞動政策中產業民主具體表現，工會會員依法出任勞工董事，係承工會之意旨參與經營。例如中鋼及高雄市輪船股分有限公司之勞工董事均有具體實踐。

　　勞工董事目前僅限於國營或公營事業適用，勞工代表得以參與董事職權之行使，對事業經營管理權及決策時間成本等難免會造成衝擊，從正面而言，勞工董事得以參與董事職權之行使，對勞資關係的和諧與穩定及提高員工向心力，應有助益，且對防止勞資爭議亦有正面意義，但由於勞資雙方之基本立場並不完全相同，產業界對此一趨勢仍持保留態度。

二十五、 勞資雙方所締結之團體協約，於報請主管機關認可前，或主管機關未予認可，是否發生一般契約之效力？

　　勞資雙方係以增修尚在有效期內之團體協約條款為簽約之始意，增修條款多涉及個別勞工之權益事項，其既未完備法定要件，自不生團體協約法之效力，準此，無從依團體協約法第 19 條規定「團體協約所定勞動條件當然為該團體協約所屬雇主及勞工間所訂勞動契約之內容」轉化成可以行使債權、債務之勞動契約內容，而既無債權債務之請求權存在，則未生效力之團體契約，自亦無從行使債法上之權義。

二十六、團體協商的協商事項可以歸納為哪些？

（一）禁止協商事項

　　僅指違法的事項，例如，要求妊娠或哺乳期間的女工在夜間工作，不得協商。

（二）強制協商事項

　　通常指勞動條件部分，例如，工資（包括工資率、工資等級、工資之發放次數）、工時（包括每日正常工時、延長工時及其加給）、休息與休假（包括休息時間、休假日數、休假日工作之工資加給等）。

（三）任意協商事項

扣除上述兩種，當事人雙方願意進行協商並進而簽約。

二十七、 何謂團體協約？團體協約法第十九條所稱勞動條件之定義及適用範圍？

（一）團體協約之意義

雇主或有法人資格之僱主團體，與有法人資格之工人團體，以規定勞動關係為目的所締結之書面契約。團體協約應由當事人勞雇雙方依據團體協約法及其他有關法令並參酌各業實際情形協議締結之。團體協約法，是規範勞動三權中之協商權之法律。所謂協商權，就是多數勞工可以透過工會，針對勞動關係（尤其是勞動條件）及相關事項，集體與雇主或雇主團體談判交涉之權利。凡雇主或有法人資格之雇主團體，與有法人資格之工人團體，以約定勞動關係為目的所締結之書面契約，稱為團體協約。團體協約得以勞工從事一定之工作為其適用範圍，例如餐飲工會所簽訂之協約，僅對餐飲工人方有適用，如餐飲工人於餐飲廠內另行擔任財務工作，自無該協約之適用。

團體協約係以工會為單位與雇主簽訂契約，亦即，勞資雙方合意簽訂的書面契約，稱為團體協約。所謂「雇主」通說皆認為包括獨資者、合夥及公司。團體協約不是勞動契約，勞動契約是勞工個人與雇主約定勞雇關係的契約，只要彼此講定工作內容與薪水，勞動契約就算成立，而團體協約是勞工團體與雇主或雇主團體所簽訂的書面契約，作為勞動契約的基本準則。團體協約由勞資雙方簽訂後，應由當事人雙方或一方呈請主管機關認可。團體協約自認可之翌日起發生效力。團體協約不是工作規則，工作規則是雇主單方決定，基於事業單位的經營與管理需要，針對勞工在工作場所的行為所定的規範，而團體協約是勞工團體（即工會）與雇主雙方都同意下才簽訂的。在法律位階上，團體協約優於工作規則，若工作規則若違反團體協約，則無效。

（二）勞動條件之定義及適用範圍

為使團體協商結果得以順利簽約，有關協商之勞方代表宜由工會會員擔任。團體協約法第 19 條規定：「團體協約所約定勞動條件，當然為該團體協

約所屬雇主及勞工間勞動契約之內容…」上開規定所稱「勞動條件」係指為保障勞工之最低收入與工作安全及健康生活的必要條件而言。如工資、工時、休息、休假、加班之規定，童工、女工之保護安全衛生設備、福利設施、僱用與解僱等；其最低標準於勞動基準法中已有明定。又勞動基準法第9條規定：「勞動契約分定期契約與不定期契約」；同法第 2 條第 6 款規定：「勞動契約：謂約定勞雇關係之契約。」而團體協約所定勞動條件，當然為該團體所屬雇主與工人所訂勞動契約之內容。

二十八、 我國法令對勞資會議規定的重點為何？並請討論勞資會議對於事業單位勞資互動關係實質的影響為何？

※ 相關考題：根據「勞動基準法」規定，事業單位應召開勞資會議，請問我國法令對勞資會議規定的重點為何？並請討論勞資會議對於事業單位勞資互動關係實質的影響為何？【97 地三】

（一）勞資會議之意義與內涵

勞動基準法第 83 條係規定適用該法之事業單位應舉辦勞資會議，其立法意旨係在協調勞資關係、促進勞資合作、提高工作效率，為我國目前實施勞工參與重要制度之一環。至勞資會議之實施，則應依據現行勞資會議實施辦法為之；例如醫療院所「僱用」之醫師，如有符合勞資會議實施辦法第 7 條及第 8 條，有關勞工年齡與工作年資條件，則不應排除其具有勞資會議勞方代表之選舉權及被選舉權。

勞資會議是為了協調勞資關係、促進勞資合作、並防患各類勞工問題於未然所制定的一種勞資諮商制度。其基本精神，在於鼓勵勞資間自願性的諮商與合作，藉以增進企業內勞資雙方的溝通，減少對立衝突，使雙方凝聚共識，進而匯集眾人的智慧與潛能，共同為執行決議而努力。

勞資會議制度的設計，是藉由勞資雙方同數代表，舉行定期會議，利用提出報告與提案討論的方式，獲致多數代表的同意後，做成決議，創造出勞資互利雙贏的遠景。

（二）勞資會議之特色

勞資會議	出席	決議	特徵
勞方與資方共同參加	勞資雙方代表各過半數	勞資雙方代表各過半數有出席代表 3/4 以上同意	採共識決

（三）主要內容

1. 依據勞動基準法第 83 條及勞資會議實施辦法之規定，應舉辦勞資會議之事業單位包括：

   (1) 適用勞動基準法之事業單位。

   (2) 事業單位之分支機構，其人數在三十人以上者。

2. 依據勞資會議實施辦法之重點：

   　　勞資會議由勞資雙方同數代表組成，其代表人數視事業單位人數多寡各為二人至十五人。但事業單位人數在一百人以上者，各不得少於五人。事業單位工會之理、監事得當選為勞資會議之勞方代表。但不得超過勞方所選出之代表總額之三分之二。勞資會議實施辦法第 4 條規定，勞資會議之資方代表，由雇主或雇主就事業單位熟悉業務、勞工情形者指派之。基此，產業工會理事或常務理事可擔任勞資會議資方代表。事業單位女性勞工人數佔勞工人數二分之一以上者，其當選勞方代表名額不得少於勞方應選出代表總額之三分之一。（為保障單一性別勞工於勞資會議中有表達意見的權利，因此勞資會議實施辦法中，對單一性別代表之名額特別加以規定）。勞資會議代表之任期為三年，勞方代表連選得連任，資方代表連派得連任；勞資會議代表之任期為三年，勞資會議實施辦法第 10 條已有明文規定，為使勞資會議功能得以正常運作，以加強勞資雙方溝通管道，促進勞資和諧合作，並建立勞資會議制度化及法制化，因此勞資會議代表之任期不應由勞資雙方自行協商變更。勞資會議每三個月至少舉行一次，必要時得召開臨時會議。勞資會議應有勞資雙方代表各過半數之出席，其決議須有出席代表四分之三以上之同意。勞資會議實施辦法第 10 條規定：「勞資會議代表之任期為三年」如勞資會議勞方代表任期業已屆滿，在下屆勞方代表尚未產生前，尚無足具資格之代表召開勞資會議。勞資會議勞方代表因故辭職，應向何單位提出疑義乙案，現行勞資會議實施辦法並無

規定，可由公司內部自行處理。至於勞資雙方為協調勞資關係，促進勞資間溝通，而召開座談會，法律並未禁止。

3. 實質影響

(1) 利用勞資諮商制度，協調勞資關係、促進勞資合作、並防患各類勞工問題於未然。例如：員工於工作場所遭遇之困難，及管理者所遇到生產管理上的阻礙等，皆可於會中提出討論，由勞資會議代表充分表達意見，以增進彼此之溝通與了解，消弭勞資爭議於無形。

(2) 勞工可於勞資會議中對事業單位的政策、計畫、方針及目標等，提出意見，從中激發勞工對事業單位的向心力與參與感。

(3) 增進和諧的基礎，達成資方與勞工之期望的，並藉由召開勞資會議，活化企業組織，強化員工參與感，增進管理效能。

二十九、何謂野貓式罷工？

所謂罷工係指企業中之多數勞工，為勞動條件之改善依一定程序，經工會宣告，而停止勞務提供之爭議行為。罷工區分為合法罷工與非法罷工，非法罷工區分為野貓式罷工與冷不防之罷工。未經工會授權或批准而停工，為偶發性舉動者，稱為野貓式罷工。

三十、工會組織類型有哪些？

工會組織類型如下，但教師僅得組織及加入第二款及第三款之工會：

（一）企業工會：結合同一廠場、同一事業單位、依公司法所定具有控制與從屬關係之企業，或依金融控股公司法所定金融控股公司與子公司內之勞工，所組織之工會。企業工會之勞工應加入工會。

（二）產業工會：結合相關產業內之勞工，所組織之工會。

（三）職業工會：結合相關職業技能之勞工，所組織之工會。應以同一直轄市或縣（市）為組織區域。

三十一、產業民主的主要類型有哪些？

（一）概念

產業民主一詞出現的時間甚早，英國學者韋布夫婦(Sidney Webb & Betrice Webb)於 1894 年即出版了《產業民主》(Industrial Democracy)一書，而此著作也是文獻上最早以產業民主為書名的完整著作。產業民主是民主運動的一環，民主運動分兩個階段，第一個階段是政治民主，即人民有選舉官吏和民意代表的權利，接著便是社會民主，是生產與分配民主。

（二）種類

產業民主為一種增進勞工參與管理決策之政策或措施讓勞工有機會表示意見或申訴。工業民主制，係就企業經營有關事項賦予員工共同決定、參與審議、同意權、異意權以及建議權等不同層次之參與權，其目的在團結員工意志，協調勞資關係，以提高工作情緒。產業民主的主要類型：1.共同決定。2.員工代表會。3.廠場層級員工的直接參與。

三十二、何謂勞動人權？

（一）經濟全球化促進勞動關係的自由化、私有化、個人化、去中心化，勞動人權是經濟全球化下的新問題、新思考與新形式。所謂勞動人權，係反血汗工廠運動而起，係指具有勞工身分者應有與生俱來的權利，於其提供勞務時，雇主應該維護其基本尊嚴、權利和健康與安全。1990 年聯合國依據「世界人權宣言」通過國際人權公約「遷移公約」，此乃外勞與其家庭成員全力保護最完備的一部世界性法典，我國勞動法令亦有相關的保障規範。其內容包括結社自由、禁止強迫勞動、平等對待、廢止童工、維護健康與安全、禁止歧視、合理合法之工時及同工同酬。外勞適用之勞動法符合國際勞動人權保障之標準，惟家庭外勞看護工屬於家庭服務業目前不能適用勞動基準法，此為應改進之處，蓋國際上有關外籍家事工作者權益之國際勞動基準，大多散見於各個保護移民勞工(migrant workers)或外籍勞工(foreign workers)之相關國際公約中，尤以國際勞工組織著力最深，並陸續以公約

(conventions)或建議書(recommendations)之方式加以保障，未來政府
可朝向該方向檢討相關法令以因應之。

（二）　「人權與國民國家主權完整性的不可分割」，沒有國家，沒有主權，
　　　　就沒有人權保障可言。經濟全球化改變了全球政治、經濟、社會生
　　　　態，也改變「國家－資本－勞動」的制式三角關係，更創造出新的國
　　　　際勞動人權環境及條件，發展出新興的運動模式，尤其是非官方的跨
　　　　國勞動檢查。就國際勞動人權而言，為國際勞工組織努力之方向，90
　　　　年代以來的國際勞動人權發展出現兩個主要的方向：第一個是以國際
　　　　自由工會聯盟為主，結合其他國家的非政府組織，在世界貿易組織和
　　　　國際勞工組織這些已經建立起來的國際體制中，透過既定的管道來推
　　　　動實施核心勞動基準。它是透過多邊經濟組織（尤其是世界貿易組
　　　　織）將勞動人權與貿易規範結合；而第二個方向的目標也是要建立
　　　　「核心勞動基準」，但是在做法上卻以建立跨國勞動檢查的機制為
　　　　主，它是透過對跨國企業施壓來建立跨國勞動檢查的制度為主。

三十三、　勞資爭議處理法中所稱「爭議行為」為何？「爭議行為」行使原則為何？

（一）　指勞資爭議當事人為達成其主張，所為之罷工或其他阻礙事業正常運
　　　　作及與之對抗之行為。

（二）　爭議行為應依誠實信用及權利不得濫用原則為之。

三十四、雇主不當行為有哪些？

（一）　雇主或代表雇主行使管理權之人，不得有下列行為：
　　　1.對於勞工組織工會、加入工會、參加工會活動或擔任工會職務，而拒
　　　　絕僱用、解僱、降調、減薪或為其他不利之待遇。
　　　2.對於勞工或求職者以不加入工會或擔任工會職務為僱用條件。
　　　3.對於勞工提出團體協商之要求或參與團體協商相關事務，而拒絕僱
　　　　用、解僱、降調、減薪或為其他不利之待遇。

4. 對於勞工參與或支持爭議行為，而解僱、降調、減薪或為其他不利之待遇。

5. 不當影響、妨礙或限制工會之成立、組織或活動。

（二）　如雇主或代表雇主行使管理權之人，有上開解僱、降調或減薪行為，無效。

三十五、 何謂「職場霸凌」（Workplace Bullying），並請說明職場霸凌的態樣和分析職場霸凌對於勞資雙方可能產生的影響？（108 年公務人員高等考試三級）

　　Leymann 是被認為是最早描述的工作場所欺凌現象的學者，並 1996 年指出其為工作者長期暴露於敵對環境中，如：面臨遭遇過度批評、傳播謠言、社會隔離等場域之受害者（Einarsen, Hoel, Zapf, & Cooper, 2010；Balducci, Fraccaroli, & Schaufeli, 2011）。Askew、Schluter 與 Dick(2013)則指出，職場霸凌是具有重複性、力量失衡，造成受害人與組織的負面影響的行為。

　　根據我國勞動力發展辭典解釋，職場霸凌係指在工作環境中，個人或團體對於同事或下屬進行不合理的欺凌行為，包含：語言霸凌、關係霸凌、肢體霸凌或排擠、羞辱等。[1]

　　臺北市衛生局 2014 年曾針對國內 1539 名 20~55 歲在職的民眾進行職場心理健康暨職場霸凌(workplace bullying)調查，發現逾六成上班族曾遭遇職場霸凌及潛在受霸凌（蔡長峰，2016）。至於國外方面，根據美國「職場霸凌學會」(orkplace Bullying Institute; WBI)010 年的調查研究，平均每三名美國成人就有一人曾受到職場霸凌，而且將近四分之三的霸凌事件，都是上司欺負下屬的下行霸凌(BI,2010)Namie(2000)、Rayner、Hoel & Cooper(2002)的研究報告，亦皆顯示有高達 70%~80%的職場霸凌，為上司或主管所為。2012 年北市府勞工局調查發現，超過 5 成 4 的勞工曾經在職場上遭受到霸凌。霸凌型態以「言語霸凌」最常見，占 53.96%，包括道人長短、冷嘲熱諷等；其次為「人際關係霸凌」，占 26.04%，例如同事搞小圈圈、刻意孤立某人。[2]

---

[1] 王俐淳(2019)，從台灣勞動基準法與澳大利亞防治職場霸凌指南分析─非型勞工的職場霸凌與防治策略新，*社會政策雙月刊*，頁 103-107。

[2] 楊東震、葉琳婷、楊淑椀(2017)，餐飲服務業職場霸凌及因應策略之個案研究，*經營管理學刊*，第十四期，頁 1-14。

　　霸凌的定義性特徵包括：(1)為一長期事件；(2)對受害者進行語言或非語言的攻擊行為(3)受害者權力低於加害者；(4)受害者無力反擊或終止攻擊行為；(5)對受害者產生負面的影響。例如 A 護理師於某加護病房工作，一年中，B 主治醫師經常在其病人病情產生不良變化時，不斷地批評其照顧措施，甚至口出惡言辱罵，A 護理師雖曾向護理長反應，但情況並未獲得改善，她在被批評後常暗自哭泣，並容忍該主治醫師的行為。最近 A 護理師表示因為長期處在這種狀態下，她覺得相當無力，對工作心灰意冷，表示不願再從事護理工作。[3]

　　職場霸凌類型分為言語霸凌、排擠霸凌、職權霸凌，職場霸凌的後果為：(1)合理化霸凌行為、(2)煩惱或逃避工作、(3)影響健康、(4)阻斷工作或職涯、(5)影響照護品質、以及(6)產生職場偏差行為。企業宜重視教育訓練建立良好的群體規範與企業文化。[4]換言之，要防範職場霸凌，須由公司最高層級負責人宣告公司禁止霸凌相關行為並在公司工作規則或人事規章中明確規定霸凌行為的範圍。

三十六、 何謂「勞工參與」(Labor Participation)和「產業民主」(Industrial Democracy)，請比較兩者之間的異同，並請說明和評析我國目前發展的概況？（108年公務人員高等考試三級）

　　勞工參與的方式依照國際勞工組織(ILO)的分類，可以分成四種：1.獲得資訊、2.勞資諮商、3.共同管理、4.自我管理。所謂產業民主不是新名詞，在德國有 100 年歷史，是指一群人透過組織之規範,進行權力資源整合與分配，本文認為宜發展企業參與機制，因企業組織中是由資方與勞方共同組成，資方是利潤追求者，勞方是以工作權及工資之保障為目的。勞工直接或間接參與企業經營管理決策之制度可稱為產業民主。產業民主發展過程起於工業革命後至 20 世紀初期，當時勞工只有被告知之義務，只有被解僱時可略為發

---

[3] 同上註

[4] 馬淑清、王秀紅、陳季員(100)，職場霸凌的概念分析，*護理雜誌*，第 58 卷 4 期。

言，但為單向的表達而已。之後有廠務委員會之運作及參與，但只限於招募或調動須經勞方同意，其餘決策或提供替代方案均無權限。[5]

2002 年美國加州碼頭工人罷工 9 個月，資方為抒解長期抗爭貨物囤積之困擾，所導入的自動化設施，於罷工結束後提升碼頭運能，勞資都增加收。但臺灣呢？過去華航機師罷工爭權益的同時，蘋果供應商嘉聯益驚傳裁員四百人？因為嘉聯益是私人企業，被裁員者多為短期派遣工，是屬可取代性的勞工。在機師罷工後華航同意罷工者之條件，致每年增加了 24 億元的支出，即減少獲利三分之一，加上政府未能事前調解勞資爭議，罷工成街頭秀，此寒蟬效應是否會阻礙員工直接參與公司治理，有待觀察？[6]

目前我國實施產業民主之方式計有勞資會議及勞工董事與社會對話，其中勞資會議是依據《勞資會議實施辦法》辦理，有關勞資會議之資方代表，由事業單位於資方代表任期屆滿前三十日就熟悉業務、勞工情形之人指派之。勞方代表必須票選。另事業單位單一性別勞工人數逾勞工人數二分之一者，其當選勞方代表名額不得少於勞方應選出代表總額三分之一。

臺灣的工會團體長期推動「產業民主」理念，並進一步主張應落實「設置勞工董事」的修法。2000 年 6 月 30 日，在國公營事業工會推動下，立法院三讀修正通過《國營事業管理法》第 35 條，其中第 2 項、第 3 項規定：「前項董事或理事，其代表政府股份者，應至少有五分之一席次，由國營 事業主管機關聘請工會推派之代表擔任（第 2 項）。前項工會推派之代表，有不適任情形者，該國營事業工會得另行推派之（第 3 項）。」依此規定，工會可以推派代表政府股份之董事席次，以及撤換其所推派之不適任代表。這項修法於 2001 年 5 月 1 日正式施行，也是推動產業民主(industrial democracy)的重要突破。2003 年 6 月 6 日，立法院再通過附帶決議：「國公營事業移轉民營後政府資本合計超過百分之二十以上之事業，代表政府股份之董事應至少有一名該事業工會代表擔任。」至此，已民營化但官股仍持有 20%以上之事業，工會亦可推派 1 席勞工董事。[7]

---

[5] 黃北豪(1996)，產業民主性結構之探討，勞資關係論叢。

[6] 國家政策研究基金會：https://www.npf.org.tw/1/20231

[7] https://www.mol.gov.tw

國家圖書館出版品預行編目資料

勞資關係 / 馬翠華, 吳全成 編著. -- 第二版. -- 新
　北市：新文京開發, 2020.05
　　面；　公分

　　ISBN　978-986-430-618-3（平裝）

　　1.勞資關係

556.6　　　　　　　　　　　　　　　109005383

勞資關係（第二版）　　　　　　　　　　　　（書號：**H206e2**）

編 著 者	吳全成　馬翠華
出 版 者	新文京開發出版股份有限公司
地　　址	新北市中和區中山路二段 362 號 9 樓
電　　話	(02) 2244-8188（代表號）
Ｆ　Ａ　Ｘ	(02) 2244-8189
郵　　撥	1958730-2
初　　版	西元 2017 年 08 月 15 日
第 二 版	西元 2020 年 07 月 10 日

有著作權　不准翻印　　　　　　　　　　建議售價：550 元
法律顧問：蕭雄淋律師
ISBN　978-986-430-618-3

New Wun Ching Developmental Publishing Co., Ltd.

New Age · New Choice · The Best Selected Educational Publications — NEW WCDP

新文京開發出版股份有限公司

新世紀・新視野・新文京 ─ 精選教科書・考試用書・專業參考書